U0617496

集人文社科之思 刊专业学术之声

集 刊 名：中华文化海外传播研究
主办单位：大连外国语大学中华文化海外传播研究中心
主　　编：丛明才　张恒军　唐润华
执行主编：蔡馥谣
副 主 编：芦思宏　谢清果

Chinese Culture Overseas Communication No.12

编辑委员会（按姓氏音序排列）：

白乐桑（法国巴黎东方语言文化学院教授）

曹顺庆（四川大学文学与新闻学院教授）

程　龙（加拿大哥伦比亚学院亚洲研究系教授）

丛明才（大连外国语大学校长、教授）

葛兆光（复旦大学文史研究院教授）

郭　尔（Gor.Sargsyan）（亚美尼亚埃里温布留索夫国立语言和
　　　　社会科学大学孔子学院院长）

姜　飞（中国社会科学院大学副校长、教授）

荆学民（中国传媒大学政治传播研究所教授）

雷蔚真（中国人民大学新闻学院教授）

陆俭明（北京大学中文系教授）

李喜根（香港城市大学媒体与传播系教授）

林香伶（台湾东海大学中文系教授）

苏　炜（美国耶鲁大学东亚语言文学系教授）

唐润华（大连外国语大学中华文化海外传播研究中心首席研究员）

王　宁（清华大学外文系教授）

吴　飞（浙江大学传媒与国际文化学院教授）

于运全（中国外文局副局长，当代中国与世界研究院院长、研究员）

张恒军（大连外国语大学中华文化海外传播研究中心主任、教授）

张　昆（华中科技大学新闻与信息传播学院教授）

编辑部成员（按姓氏音序排列）：

刘明阳　潘婧妍　宋　歌　孙冬惠　王夕斐
王　莹　吴潇阳　章　彦　郑　敏

总第十二辑

集刊序列号：PIJ-2018-254

集刊主页：www.jikan.com.cn/ 中华文化海外传播研究

集刊投约稿平台：www.iedol.cn

中华文化海外传播研究

CHINESE CULTURE
OVERSEAS COMMUNICATION
No.12

总第十二辑

丛明才　张恒军　唐润华　主编

大连外国语大学中华文化海外传播研究中心　主办

社会科学文献出版社
SOCIAL SCIENCES ACADEMIC PRESS (CHINA)

中华文化海外传播研究

总第十二辑
2025年6月出版

·卷首语·

加强国际传播能力建设，增强中国国际话语权 ················· 邵培仁 / 1

·本期发布·

中国图书海外馆藏影响力研究报告（2024 年版） ····· 何明星　刘晓宇 / 4
中国文化东北亚传播研究报告（2020～2022）：韩国篇
················· 张恒军　单良涛　潘婧妍 / 47

·名家访谈·

在古今、中西坐标中审视中华优秀传统文化的现代价值
——潘祥辉教授访谈录 ················· 潘祥辉　王　莹 / 81
张爱玲作品的翻译哲学与解码
——访谈金凯筠教授 ················· 黄　华 / 89

·文明交流互鉴与中华文明海外影响力研究·

国际传播视域下主流媒体时政报道的实践与思考
——中新社"近观中国"报道评析 ················· 丁　一 / 99
从文明城市到"文明范式"城市：构建中国城市文明自主知识
体系的理论思考 ················· 李义杰 / 109
数字人文视域下的中国网络文学"出海"研究 ····· 方　亭　王平阳 / 131
华夏传播的"厦大学派"：基于世代与校本的学术书写
················· 王　彦　汪炳华　陈艺铭 / 145

·跨文化传播研究·

从"丝路书香"工程看"一带一路"主题出版的跨文化传播
················· 李红秀 / 168

基于数字媒介的"一带一路"共建国家留学生跨文化传播教学研究
.... 张 金 / 184
川剧变脸在日本的传播现状与问题分析 .... 刘 洋 / 193
趣缘接近、具身共情与身份转换：海外虚拟主播跨文化实践的三个层面
.... 张 路 史雪怡冰 / 203

·国际传播能力建设研究·
中国式现代化进程中的国际传播：现实背景与未来策略 ...... 张桂芳 / 217
"把中国故事讲好"：TikTok 中的中国国家形象图景呈现
.... 张 媛 卢山郑秀 / 225
21 世纪以来我国国际传播的格局演化与范式升维
　　——基于 CSSCI 与 Web of Science 数据库的历时性分析
.... 张雨时 姜洁冰 / 238
国际传播中的媒介化路径与信息失衡归因 .... 张 玥 李欣潼 / 252
新质生产力推动国际传播高质量发展的理论逻辑、价值意涵与实践要求
.... 张秀丽 傅逸芒 / 262

·影视国际传播研究·
华莱坞电影全球传播的发展现状及策略研究 .... 蔡馥谣 金书颖 / 273
"网感"的指引与融入
　　——网络自制剧的内容生产研究 .... 戴 哲 杨婷婷 / 286
"用文物讲好中国故事"的影像呈现与价值引领
　　——基于 CGTN 中国文物报道的实证研究 .... 廖卫民 田佳琪 / 298
共情·共识·共享：文化类节目《故事里的中国》传播研究
.... 袁爱清 杨钰琦 / 322

·汉语国际传播研究·
语言选择视角下法国和美国国际中文传播比较研究 .... 王姝桥 / 332

征稿启事 / 347

加强国际传播能力建设，增强中国国际话语权

邵培仁*

中华文明源远流长，中华文化博大精深，增强中华文化的传播力影响力已成为以人类命运共同体理念引领构建中国式现代化的必然要求，迫切需要突破当前的国际传播瓶颈，不断丰富世界对中华文化的立体化、多层次想象。习近平总书记指出："中华文化是我们提高国家文化软实力最深厚的源泉，是我们提高国家文化软实力的重要途径。"[①] 面对世界之变、时代之变、历史之变，人类文明形态正在经历前所未有的巨大变革。由数字化、网络化、智能化引领的新一轮科技革命和产业变革方兴未艾，由新科技引发的社会创新正在以一种加速度全面、广泛渗透并深度融合到人类社会领域的方方面面，成为全球性变革的核心动力因素。当前，必须切实加强国际传播能力建设，优化中国文化和国际传播产品的供给机制，构建更有效力的国际传播体系，增强中国国际话语权，使中国文化更加响亮、清晰地向世界传播，从而不断增强中国文化传播的国际到达度、认知度、认同度和好感度。

加强国际传播能力建设，增强中国国际话语权，首先要加快构建更有效力的国际传播体系，打造安全可控的国际传播渠道，培养一批适应智能时代国际传播需要的专业人才，从而更好地发声、传声、影响世界。通过构建多元化、立体化的国际传播体系，利用现代传媒技术，创新传播内容与形式，精准定位国际受众，讲述中国故事，传播中国声音，让国际社会更加全面、客观、深入地了解中国，从而提升中国在国际舞台上的知名度和美誉度。通过深化中华文化的感召力，深入挖掘中华文化的独特魅力与

---

* 邵培仁，浙江大学传播研究所教授，博士生导师，研究方向为传播学、媒介管理、华莱坞电影理论。
① 习近平：《加强文化遗产保护传承 弘扬中华优秀传统文化》，《求是》2024年第8期。

时代价值，推动中华文化的创造性转化和创新性发展，通过文化交流、教育合作、旅游推广等，增强中华文化的国际吸引力、影响力和亲和力。要加强国际话语体系建设，提升中国话语的科学性、系统性和针对性，用事实说话、用数据支撑，以理服人、以情动人，增强中国话语的说服力和感染力，让国际社会更加信服和接受中国的立场和主张。面对复杂多变的国际舆论环境，要加强国际舆论的引导力，主动作为，加强国际舆论的监测和分析，及时回应国际关切，有效引导国际舆论走向。通过举办高端论坛、发布权威报告、开展媒体合作等方式，积极设置国际议题，引导国际舆论朝着有利于我国的方向发展，为维护国家利益和形象营造有利的国际舆论环境。

加强国际传播能力建设，增强中国国际话语权，需要深入研究国际传播规律，掌握构建对外话语体系和叙事体系的方法。要打破西方媒体话语霸权，主动设置议题，用中国话语解读中国现象、中国经验、中国道路。习近平总书记深刻洞察了国际传播的重要性，指出："更深层次地看，我们在国际上有理说不清的一个重要原因，是我们的对外传播话语体系没有完全建立起来。"① 话语，是思想的载体，是"道"的传递者。不能单纯地为讲故事而讲故事，而应让"道"深深扎根于故事之中，通过引人入胜的方式引领人们探寻"道"的奥秘，通过循循善诱的方式使人们领悟"道"的真谛。②

加强国际传播能力建设，增强中国国际话语权，需要我们在表达方式上创新，探寻中华文明的源头，提炼和展示中华优秀传统文化的精神标识。在传播中国故事的过程中，必须注重由浅入深、由表及里精准传播。要贴近不同区域、不同国家、不同族群的受众，深入研究国外受众的文化背景、习惯和特点，采取讲好中国故事的全球化叙事策略，实现区域化的精准传播以及分众化的细致表达，打造既符合国际潮流又富含中国特色的新概念、新范畴、新表述。我们应致力于以中国理论为基石，阐释中国实践之精髓，同时以实践为动力，不断升华中国理论之内涵，积极融入全球文明交流互鉴的广阔舞台，将中华民族文化创新的累累硕果贡献于世界，以更加鲜明、

---

① 《习近平在党的新闻舆论工作座谈会上强调 坚持正确方向创新方法手段 提高新闻舆论传播力引导力》，《人民日报》2016年2月20日，第1版。

② 陈诚：《以习近平文化思想为指导开拓国际传播工作新局面》，《红旗文稿》2024年第4期。

有力的姿态展现中国精神，旨在让中国声音在全球范围内更加鲜明、更加有力。

加强国际传播能力建设，增强中国国际话语权，促进文明交流互鉴是一项长期而艰巨的任务。要充分认识讲好中国故事、进行中华文化海外传播研究的重大意义，举旗定向、谋篇布局，正本清源、守正创新，准确把握其基本原则和规律认识，不断创新传播理念、内容和方式方法，努力提升国际传播水平。这不仅要求我们深入理解和传承中华文化的核心基因，更要结合中国国情和传播实际，弘扬和合汇通的精神，形成具有中国特色和国际品性的传播理论。

党的二十届三中全会提出了"构建更有效力的国际传播体系"① 的战略决策，体现了坚定中国文化自信、在国际传播舞台上提升中国话语权和增强文化软实力的决心和布局。相信经过不懈努力，中国不仅能够保持和传播其独特的文化特色，而且能够促进与世界文化的交流和合作，共同推动人类文明的进步和发展。

---

① 《中共二十届三中全会在京举行》，《人民日报》2024年7月19日，第1版。

中国图书海外馆藏影响力研究报告（2024 年版）

课题单位：北京外国语大学国际新闻与传播学院、中国文化走出去效果评估中心、中国出版传媒商报社

报告撰写：何明星、刘晓宇

数据搜集整理（按姓氏笔画排序）：刘晓宇、杜佳慧、张萌、赵霞

一　缘起与说明

由北京外国语大学、中国出版传媒商报社联合发布的中国图书海外馆藏影响力研究报告，截至 2024 年已连续发布 13 届。这项研究报告以海外图书馆系统入藏中国出版机构（不含港澳台）的书目数据为基础，追踪中国出版物（不含港澳台）在全球的流通轨迹，勾勒出中华文化在当今世界的传播范围。中国图书的海外馆藏影响力年度研究报告，是基于第三方客观数据的年度评估研究，不仅及时为业界提供了世界机构市场对于中国出版物（不含港澳台）的反馈，也丰富了传播学界对于传播效果研究的方法和手段，因此得到了业界和学界的积极响应与高度评价。如今海外馆藏数据已经成为中国出版界机构衡量世界影响力的一个行业认可的客观指标。

二　2024 年度研究报告的数据条件

（1）与往年报告一样，基础数据为 OCLC（Online Computer Library Center）的 WORLDCAT 全世界图书馆联机书目数据，并以日本 CINII 数据库的数据，弥补 OCLC 数据偏重欧洲、北美地区的不足。CINII 包含了日本 1200 所大学图书馆的馆藏联合目录，其数据完全可以说明中文图书在日本的影

响力情况。

（2）与往年报告一样，本次检索中文图书的出版时间为中国近 600 家出版社（不含港澳台）在 2023 年 1～12 月出版（含再版）的中文、英文图书，并扣除了国家图书馆、浙江图书馆等多家机构向 OCLC 上传的中文书目数据。

（3）与往年报告一样，限于研究手段、设定目标以及海峡两岸和出版历史的特殊性，中国出版机构的海外馆藏影响力排名不包含我国香港、澳门、台湾出版机构的数据。

（4）与往年报告一样，出版社名称省略了出版集团及有限公司等名称。

（5）报告首次引入 Goodreads 海外读者阅读平台数据，利用平台检索中国出版机构的中英文图书品种、海外读者评分、海外读者留言的数据排名，时间段为 2000 年 1 月至 2024 年 4 月。

（6）此次数据检索时间为 2024 年 4 月 1～21 日，连续三周。

三　入藏品种持续减少，地方出版机构保持活力

由表 1、表 2 可以发现 2024 年度图书海外馆藏情况呈现如下特点。

第一，2024 年度海外图书馆永久收藏品种数依旧呈现下滑趋势，并未有所改善。2024 年度共有 454 家出版社的 12590 种图书进入世界图书馆系统永久收藏，与 2023 年度相比，减少了 979 种，这是自 2017 年以来连续第 8 年中文图书入藏品种下降。

入藏海外图书馆品种数量的下降，反映出国际机构市场除了对于图书内容质量、学术价值、出版机构的品牌等方面严格筛选之外，在数字信息传播技术时代背景下对于国际机构市场的需求发生了彻底改变。也就是说，中国出版机构的主体产品，依旧是以印刷时代的单本图书为大宗产品，而数字信息传播技术时代的专题性数据库、高质量在线出版物、以大数据为基础的知识服务大模型等出版物还较少，因此持续的海外馆藏品种下降是一个必然趋势。

第二，人文社科综合实力大社排名稳定，地方出版机构发展稳健，新进入 30 强的地方出版机构增多。从各出版社总体排名情况来看，2024 年名列前三位的出版机构排名均没有发生变化，商务印书馆以 265 种的数量由

2023 年的第 6 位上升至第 4 位；湖南文艺出版社和科学出版社成为新进十强。与此同时，在 2024 年度中国出版机构（不含港澳台）海外馆藏百强榜中，有 7 家出版社成为新进三十强。例如，新进三十强的机械工业出版社，从 2023 年度的第 38 名一跃成为 2024 年度的第 14 名，有 141 种图书被世界图书馆系统收录，其中馆藏收录最多的图书为《一个人的四季餐桌》，该书是国内首部本土化"一人食"料理书，图书依托四季时令，分春、夏、秋、冬讲述"一人食"料理制作过程。浙江文艺出版社从 2023 年度的第 38 名一跃成为 2024 年度的第 27 名，2024 年度共有 100 种图书被世界图书馆系统永久收藏。浙江文艺出版社是一家以出版文学艺术书籍为主的专业出版社，2023 年浙江文艺出版社收集、整理、出版了《世说俗谈》，该书为刘勃对《世说新语》的解读，将魏晋时期的诸多名士放进具体的历史背景中进行分析，并展开多重线索的想象与推理，以更加多元的视野诠释魏晋时期的故事。历史文化类一直是海外图书馆馆藏中国图书的主要门类，作为历史文化类的《世说俗谈》是 2024 年度海外图书馆馆藏的重点书目。新进入五十强的上海交通大学出版社从 2023 年度的第 72 名一跃成为如今的第 46 名，2024 年度有 59 种图书被世界图书馆系统永久收藏。上海书画出版社 2024 年度海外馆藏量大幅上升，2024 年度有 66 种图书被世界图书馆系统永久收藏，与中国友谊出版公司并列第 41 名。新进入五十强的东方出版社在 2024 年度有 70 种图书被世界图书馆系统永久收藏。总体来看，地方出版机构知识生产活力依旧强劲，日益在中文图书出版中占据重要位置。

表 1　2024 年度中国出版机构（不含港澳台）入藏品种排行榜（TOP50）

单位：种

排名	出版社名称	2024 年进入世界图书馆系统品种	排名变化	说明
1	中国社会科学出版社	635	无变化	
2	中华书局	343	无变化	
3	社会科学文献出版社	266	无变化	
4	商务印书馆	265	上升	
5	广西师范大学出版社	255	无变化	
6	上海古籍出版社	249	上升	

续表

排名	出版社名称	2024 年进入世界图书馆系统品种	排名变化	说明
7	人民文学出版社	236	上升	
8	上海人民出版社	222	上升	
9	湖南文艺出版社	203	上升	新进十强
10	科学出版社	174	上升	新进十强
11	北京大学出版社	172	上升	
12	江苏凤凰文艺出版社	166	下降	
13	电子工业出版社	144	上升	
14	机械工业出版社	141	上升	新进三十强
15	文物出版社	132	下降	
16	人民邮电出版社	131	上升	
17	法律出版社	130	上升	新进三十强
18	九州出版社	126	上升	新进三十强
19	新星出版社	125	下降	
20	中信出版社	122	上升	新进三十强
21	中译出版社	113	无变化	
22	浙江大学出版社	110	无变化	
23	作家出版社	109	下降	
24 （2家）	天地出版社	104	下降	
	上海文艺出版社	104	下降	
25	人民出版社	103	下降	
26	青岛出版社	101	下降	
27 （2家）	北京科学技术出版社	100	下降	
	浙江文艺出版社	100	上升	新进三十强
28	中国人民大学出版社	95	下降	
29	上海三联书店	90	上升	新进三十强
30 （2家）	国家图书馆出版社	89	无变化	
	人民美术出版社	89	上升	新进三十强
31 （2家）	化学工业出版社	88	下降	
	接力出版社	88	下降	

排名	出版社名称	2024年进入世界图书馆系统品种	排名变化	说明
32	生活·读书·新知三联书店	86	下降	
33	巴蜀书社	82	下降	
34	中国文史出版社	76	上升	
35	天津人民出版社	75	下降	
36	清华大学出版社	74	下降	
37 (2家)	中国法治出版社	73	下降	
	重庆出版社	73	下降	
38	江苏人民出版社	72	下降	
39 (2家)	四川文艺出版社	71	下降	
	贵州人民出版社	71	下降	
40	东方出版社	70	上升	
41 (2家)	上海书画出版社	66	上升	
	中国友谊出版公司	66	上升	
42	光明日报出版社	65	上升	
43	台海出版社	64	上升	
44 (2家)	花城出版社	62	下降	
	中国纺织出版社	62	下降	
45 (3家)	凤凰出版社	61	下降	
	上海译文出版社	61	下降	
	复旦大学出版社	61	上升	
46	上海交通大学出版社	59	上升	
47	广东人民出版社	58	下降	
48 (2家)	南京大学出版社	57	下降	
	长江少年儿童出版社	57	下降	
49 (3家)	广东旅游出版社	55	下降	
	四川人民出版社	55	上升	
	译林出版社	55	下降	
50	海豚出版社	51	上升	

表2 2024年度中国出版机构（不含港澳台）入藏品种排行榜（TOP51～97）

单位：种

排名	出版社名称	2024年进入世界图书馆系统品种	排名变化
51（3家）	上海辞书出版社	50	上升
	上海人民美术出版社	50	上升
	上海社会科学院出版社	50	上升
52	浙江古籍出版社	49	上升
53（2家）	河南文艺出版社	48	下降
	长江文艺出版社	48	下降
54（2家）	北京日报出版社	46	上升
	世界图书出版公司	46	上升
55（3家）	上海文化出版社	45	上升
	浙江教育出版社	45	上升
	浙江摄影出版社	45	上升
56（4家）	人民卫生出版社	44	下降
	上海文汇出版社	44	上升
	浙江人民出版社	44	下降
	中国轻工业出版社	44	下降
57（3家）	百花文艺出版社	43	上升
	华中科技大学出版社	43	无变化
	外语教学与研究出版社	43	上升
58（3家）	东方出版中心	42	上升
	二十一世纪出版社	42	下降
	武汉大学出版社	42	下降
59（3家）	华东师范大学出版社	40	上升
	民主与建设出版社	40	上升
	中国科学技术出版社	40	上升
60（3家）	南海出版公司	38	无变化
	四川少年儿童出版社	38	下降
	现代出版社	38	下降
61（2家）	浙江科学技术出版社	37	上升
	浙江少年儿童出版社	37	上升

续表

排名	出版社名称	2024 年进入世界图书馆系统品种	排名变化
62	河北少年儿童出版社	36	上升
63	万卷出版公司	35	上升
64（2家）	北京十月文艺出版社	34	下降
	江苏凤凰科学技术出版社	34	下降
65	团结出版社	33	上升
66	中西书局	32	下降
67（3家）	国际文化出版公司	31	上升
	辽宁科学技术出版社	31	上升
	中央编译出版社	31	上升
68（3家）	山西人民出版社	30	上升
	中国工人出版社	30	下降
	中国致公出版社	30	上升
69（7家）	崇文书局	29	上升
	东南大学出版社	29	上升
	河南科学技术出版社	29	上升
	辽宁人民出版社	29	下降
	上海大学出版社	29	下降
	四川美术出版社	29	上升
	中国书籍出版社	29	下降
70（3家）	格致出版社	28	上升
	陕西师范大学出版总社	28	上升
	四川大学出版社	28	下降
71（7家）	哈尔滨工业大学出版社	27	上升
	海南出版社	27	上升
	华龄出版社	27	上升
	江西高校出版社	27	上升
	天津科学技术出版社	27	下降
	文化发展出版社（原印刷工业出版社）	27	上升
	文化艺术出版社	27	下降

排名	出版社名称	2024年进入世界图书馆系统品种	排名变化
72（6家）	湖南美术出版社	26	下降
	陕西人民出版社	26	上升
	上海教育出版社	26	上升
	上海科学技术文献出版社	26	下降
	天天出版社	26	无变化
	长江出版社	26	上升
73（7家）	春风文艺出版社	25	下降
	湖南科学技术出版社	25	上升
	漓江出版社	25	上升
	外文出版社	25	上升
	学苑出版社	25	下降
	浙江人民美术出版社	25	下降
	中国少年儿童出版社	25	下降
74（5家）	北京燕山出版社	24	下降
	上海科学技术出版社	24	上升
	上海少年儿童出版社	24	下降
	中国华侨出版社	24	上升
	中国统计出版社	24	上升
75（4家）	安徽文艺出版社	23	上升
	科学技术文献出版社	23	下降
	科学普及出版社	23	上升
	知识产权出版社	23	下降
76（5家）	北京师范大学出版社	22	下降
	山东画报出版社	22	上升
	长春出版社	22	上升
	中国财政经济出版社	22	上升
	中国青年出版社	22	下降
77（9家）	安徽少年儿童出版社	21	下降
	北岳文艺出版社	21	下降
	吉林科学技术出版社	21	上升

排名	出版社名称	2024 年进入世界图书馆系统品种	排名变化
77（9家）	江苏凤凰美术出版社	21	下降
	山东文艺出版社	21	上升
	新华出版社	21	上升
	岳麓书社	21	上升
	中国文联出版社	21	上升
	中国中医药出版社	21	下降
78（4家）	百花洲文艺出版社	20	下降
	吉林大学出版社	20	下降
	西泠印社	20	下降
	中国和平出版社	20	上升
79（6家）	黄山书社	19	下降
	暨南大学出版社	19	下降
	厦门大学出版社	19	下降
	中国电影出版社	19	上升
	中国人口出版社	19	下降
	重庆大学出版社	19	上升
80（9家）	北京理工大学出版社	18	下降
	北京时代华文书局	18	下降
	当代世界出版社	18	下降
	高等教育出版社	18	上升
	华夏出版社	18	下降
	时代文艺出版社	18	上升
	文津出版社	18	上升
	中国经济出版社	18	下降
	中国农业出版社	18	下降
81（10家）	大象出版社	17	下降
	广陵书社	17	上升
	花山文艺出版社	17	下降
	金城出版社	17	上升
	南开大学出版社	17	下降

排名	出版社名称	2024 年进入世界图书馆系统品种	排名变化
81（10家）	上海财经大学出版社	17	上升
	学林出版社	17	上升
	中国建筑工业出版社	17	下降
	中国铁道出版社	17	下降
	中国言实出版社	17	下降
82（2家）	河北教育出版社	16	下降
	宁波出版社	16	上升
83（12家）	北方文艺出版社	15	上升
	北京出版社	15	下降
	故宫出版社	15	下降
	华文出版社	15	下降
	齐鲁书社	15	下降
	三秦出版社	15	下降
	山东教育出版社	15	上升
	山东人民出版社	15	下降
	新疆青少年出版社	15	下降
	新世界出版社	15	下降
	中国大百科全书出版社	15	上升
	中国画报出版社	15	上升
84（8家）	晨光出版社	14	下降
	福建人民出版社	14	上升
	民族出版社	14	下降
	苏州古吴轩出版社	14	上升
	天津人民美术出版社	14	上升
	新蕾出版社	14	下降
	冶金工业出版社	14	上升
	中国妇女出版社	14	上升
85（9家）	福建教育出版社	13	上升
	甘肃教育出版社	13	上升
	河南美术出版社	13	下降

续表

排名	出版社名称	2024 年进入世界图书馆系统品种	排名变化
85（9家）	经济管理出版社	13	下降
	三环出版社	13	上升
	山东友谊出版社	13	上升
	五洲传播出版社	13	上升
	研究出版社	13	下降
	中国政法大学出版社	13	下降
86（7家）	福建少年儿童出版社	12	下降
	江苏凤凰少年儿童出版社	12	下降
	人民法院出版社	12	下降
	中国地图出版社	12	无变化
	中国美术学院出版社	12	下降
	中华工商联合出版社	12	下降
	宗教文化出版社	12	下降
87（16家）	安徽科学技术出版社	11	上升
	甘肃文化出版社	11	上升
	海峡文艺出版社	11	下降
	河北科学技术出版社	11	上升
	湖南人民出版社	11	上升
	吉林美术出版社	11	下降
	人民日报出版社	11	下降
	山东大学出版社	11	下降
	四川教育出版社	11	上升
	四川科学技术出版社	11	下降
	同济大学出版社	11	上升
	浙江工商大学出版社	11	上升
	中国广播影视出版社	11	上升
	中国民主法制出版社	11	下降
	中国商业出版社	11	上升
	中山大学出版社	11	下降

续表

排名	出版社名称	2024 年进入世界图书馆系统品种	排名变化
88（11 家）	北京语言大学出版社	10	上升
	东华大学出版社	10	上升
	黑龙江科学技术出版社	10	下降
	华中师范大学出版社	10	上升
	江西教育出版社	10	上升
	三晋出版社	10	下降
	上海远东出版社	10	上升
	中国传媒大学出版社	10	上升
	中国金融出版社	10	上升
	中国书店	10	上升
	中国戏剧出版社	10	上升
89（8 家）	成都时代出版社	9	上升
	海燕出版社	9	上升
	济南出版社	9	无变化
	苏州大学出版社	9	上升
	希望出版社	9	上升
	中国藏学出版社	9	下降
	中国海洋大学出版社	9	上升
	中央文献出版社	9	上升
90（11 家）	北京工业大学出版社	8	上升
	江西科学技术出版社	8	无变化
	经济科学出版社	8	下降
	南方出版社	8	下降
	上海外语教育出版社	8	上升
	世界知识出版社	8	无变化
	天津古籍出版社	8	上升
	西北大学出版社	8	下降
	中国水利水电出版社	8	下降
	中国医药科技出版社	8	下降
	中国宇航出版社	8	上升

续表

排名	出版社名称	2024 年进入世界图书馆系统品种	排名变化
91（15家）	北京工艺美术出版社	7	上升
	广东经济出版社	7	无变化
	哈尔滨出版社	7	上升
	湖北教育出版社	7	上升
	湖北美术出版社	7	上升
	湖南少年儿童出版社	7	下降
	华南理工大学出版社	7	上升
	江西人民出版社	7	无变化
	辽宁少年儿童出版社	7	下降
	南京出版社	7	上升
	群言出版社	7	上升
	四川辞书出版社	7	上升
	中国财富出版社（原中国物资出版社）	7	上升
	中国科学技术大学出版社	7	上升
	中州古籍出版社	7	下降
92（16家）	安徽大学出版社	6	下降
	安徽师范大学出版社	6	下降
	北方妇女儿童出版社	6	下降
	当代中国出版社	6	下降
	河北大学出版社	6	上升
	河海大学出版社	6	上升
	黑龙江少年儿童出版社	6	上升
	开明出版社	6	上升
	明天出版社	6	下降
	南方日报出版社	6	上升
	群众出版社	6	上升
	线装书局	6	下降
	云南人民出版社	6	下降
	中国国际广播出版社	6	下降

续表

排名	出版社名称	2024 年进入世界图书馆系统品种	排名变化
92（16家）	中央民族大学出版社	6	上升
	中医古籍出版社	6	上升
93（11家）	北京少年儿童出版社	5	上升
	成都地图出版社	5	上升
	甘肃科学技术出版社	5	上升
	广州出版社	5	上升
	海天出版社	5	下降
	山东美术出版社	5	上升
	石油工业出版社	5	上升
	首都经济贸易大学出版社	5	无变化
	天津大学出版社	5	上升
	西藏人民出版社	5	上升
	中南大学出版社	5	上升
94（22家）	安徽美术出版社	4	上升
	北京教育出版社	4	上升
	北京联合出版社	4	上升
	东北财经大学出版社	4	下降
	广西科学技术出版社	4	上升
	国防工业出版社	4	上升
	海洋出版社	4	上升
	合肥工业大学出版社	4	上升
	吉林人民出版社	4	上升
	吉林文史出版社	4	下降
	江西美术出版社	4	上升
	教育科学出版社	4	上升
	经济日报出版社	4	下降
	孔学堂书局	4	上升
	农村读物出版社	4	上升
	山西科学技术出版社	4	上升
	商务印书馆国际有限公司	4	上升
	天津社会科学院出版社	4	上升

续表

排名	出版社名称	2024年进入世界图书馆系统品种	排名变化
94（22家）	燕山大学出版社	4	下降
	郑州大学出版社	4	下降
	中国旅游出版社	4	下降
	中国商务出版社	4	下降
95（32家）	安徽人民出版社	3	上升
	北京航空航天大学出版社	3	上升
	大连出版社	3	上升
	甘肃人民出版社	3	下降
	广东科技出版社	3	下降
	广西教育出版社	3	上升
	国家行政学院出版社	3	上升
	哈尔滨工程大学出版社	3	上升
	河南人民出版社	3	上升
	黑龙江大学出版社	3	下降
	华东理工大学出版社	3	上升
	江苏大学出版社	3	上升
	兰州大学出版社	3	无变化
	立信会计出版社	3	上升
	辽宁美术出版社	3	上升
	辽宁民族出版社	3	上升
	青海人民出版社	3	下降
	荣宝斋出版社	3	上升
	山东科学技术出版社	3	上升
	山西教育出版社	3	上升
	上海科技教育出版社	3	下降
	上海音乐学院出版社	3	上升
	四川民族出版社	3	上升
	武汉出版社	3	下降
	西安交通大学出版社	3	上升
	新疆人民出版社	3	上升

续表

排名	出版社名称	2024 年进入世界图书馆系统品种	排名变化
95（32 家）	云南大学出版社	3	下降
	云南美术出版社	3	下降
	中共党史出版社	3	下降
	中国检察出版社	3	下降
	中国建材工业出版社	3	下降
	中国农业科学技术出版社	3	上升
96（41 家）	安徽教育出版社	2	上升
	北京大学医学出版社	2	上升
	北京交通大学出版社	2	上升
	北京美术摄影出版社	2	上升
	北京人民出版社	2	上升
	朝华出版社有限责任公司	2	上升
	地震出版社	2	上升
	东北师范大学出版社	2	下降
	方志出版社	2	下降
	福建美术出版社	2	上升
	广西民族出版社	2	上升
	广西人民出版社	2	无变化
	贵州民族出版社	2	下降
	杭州出版社	2	下降
	河南大学出版社	2	下降
	黑龙江美术出版社	2	下降
	黑龙江人民出版社	2	上升
	红旗出版社	2	上升
	湖北科学技术出版社	2	下降
	湖南大学出版社	2	上升
	岭南美术出版社	2	下降
	宁夏人民出版社	2	下降
	企业管理出版社	2	下降
	人民音乐出版社	2	上升

续表

排名	出版社名称	2024 年进入世界图书馆系统品种	排名变化
96（41家）	山西经济出版社	2	下降
	汕头大学出版社	2	上升
	沈阳出版社	2	下降
	时事出版社	2	下降
	天津杨柳青画社	2	上升
	武汉理工大学出版社	2	无变化
	西安出版社	2	上升
	西北工业大学出版社	2	上升
	西苑出版社	2	下降
	学习出版社	2	下降
	延边大学出版社	2	下降
	中共中央党校出版社	2	下降
	中国电力出版社	2	下降
	中国海关出版社	2	上升
	中国农业大学出版社	2	上升
	中国三峡出版社	2	无变化
	中国中福会出版社	2	上升
97（47家）	北京体育大学出版社	1	无变化
	北京邮电大学出版社	1	上升
	大连理工大学出版社	1	上升
	党建读物出版社	1	上升
	东北大学出版社	1	上升
	对外经济贸易大学出版社	1	下降
	敦煌文艺出版社	1	下降
	广东高等教育出版社	1	上升
	广东教育出版社	1	上升
	贵州大学出版社	1	下降
	河北人民出版社	1	上升
	湖北人民出版社	1	上升
	湖南教育出版社	1	上升

排名	出版社名称	2024年进入世界图书馆系统品种	排名变化
97（47家）	湖南师范大学出版社	1	下降
	华艺出版社	1	上升
	江苏凤凰教育出版社	1	上升
	解放军出版社	1	上升
	连环画出版社	1	上升
	辽宁大学出版社	1	上升
	南京师范大学出版社	1	上升
	内蒙古人民出版社	1	上升
	人民体育出版社	1	上升
	上海音乐出版社	1	上升
	首都师范大学出版社	1	上升
	书海出版社	1	上升
	泰山出版社	1	上升
	未来出版社	1	下降
	西南师范大学出版社	1	上升
	湘潭大学出版社	1	下降
	羊城晚报出版社	1	上升
	远方出版社	1	上升
	云南科技出版社	1	下降
	知识出版社	1	下降
	中国标准出版社	1	上升
	中国城市出版社	1	上升
	中国发展出版社	1	下降
	中国方正出版社	1	无变化
	中国矿业大学出版社	1	上升
	中国劳动社会保障出版社	1	无变化
	中国林业出版社	1	下降
	中国社会出版社	1	无变化
	中国摄影出版社	1	下降
	中国石化出版社	1	上升

续表

排名	出版社名称	2024年进入世界图书馆系统品种	排名变化
97（47家）	中国市场出版社	1	上升
	中国税务出版社	1	上升
	中国协和医科大学出版社	1	无变化
	中国原子能出版社	1	无变化

四 数字出版物海外馆藏品种下降，融合出版步伐迫切需要加快

2024年度我国454家出版社进入世界图书馆系统永久收藏的12590种图书中，有362种是数字出版物（电子书、互联网在线出版物），约占总数的2.9%。相比2023年度，2024年度进入世界图书馆系统永久收藏的数字出版物减少了275种（见表3）。

表3 2024年度中国出版机构（不含港澳台）数字出版物海外馆藏数量排行榜

单位：种

排名	出版社名称	数字出版品种数
1	中华书局	136
2	中译出版社	47
3	国家图书馆出版社	37
4	巴蜀书社	36
5	广西师范大学出版社	23
6	青岛出版社	11
7	国际文化出版公司	10
8	河南文艺出版社	6
9（2家）	华文出版社	5
	社会科学文献出版社	5
10	中华工商联合出版社	4
11（4家）	南开大学出版社	3
	人民邮电出版社	3
	万卷出版公司	3
	贵州人民出版社	3

续表

排名	出版社名称	数字出版品种数
12（4家）	广东人民出版社	2
	广陵书社	2
	文化发展出版社	2
	线装书局	2
13（22家）	东南大学出版社	1
	福建人民出版社	1
	广西民族出版社	1
	深圳出版社	1
	河北大学出版社	1
	湖南美术出版社	1
	孔学堂书局	1
	立信会计出版社	1
	民族出版社	1
	人民文学出版社	1
	山东文艺出版社	1
	上海古籍出版社	1
	文汇出版社	1
	台海出版社	1
	天津社会科学院出版社	1
	文物出版社	1
	浙江摄影出版社	1
	郑州大学出版社	1
	中国财政经济出版社	1
	中国书店出版社	1
	中国文史出版社	1
	复旦大学出版社	1

通过表 3 的数据可以发现，2024 年度中国出版机构（不含港澳台）数字出版物海外馆藏数量排行榜前 10 位的出版社，集中为著名的大型出版社。例如，中华书局、中译出版社、国家图书馆出版社、巴蜀书社、广西师范大学出版社等。其中，隶属于中国出版集团的中华书局近年来一直位居榜

首，2024 年度 136 种数字出版物进入海外馆藏，是第 2 名的 2 倍多。这是中华书局长期以来关注数字出版物、加大融合出版力度的成果体现。海外图书馆收藏的数字出版物以古籍文史类、人物故事、诗词节选为主，例如《中古道教仙传文学研究》《纵浪大化：汉晋文学的终末书写》《李白》《岳飞》《苏轼词选》《李商隐诗选》等，保留了中华书局的一贯特色。从翻译和出版权威理论著作发展到出版各类综合性用书，以中外语言学习和文化交流为出版特色的中译出版社，2024 年度有 47 种数字出版物被世界图书馆系统永久收藏，与 2023 年度相比，海外馆藏数量下降 16 种。2024 年被海外图书馆收藏的是《语篇反馈研究：基于社会认知理论》《风雨人生》《Web 3：互联网的新世界》《数字经济及其治理》《汉英对比视角下的翻译实践分析》等。以古籍影印、民国文献、图书馆学、信息管理科学以及人文社会科学等领域为电子出版物主要出版方向的国家图书馆出版社，从 2023 年度的第 7 名于 2024 年度一跃成为第 3 名，2024 年度有 37 种数字出版物被世界图书馆系统永久收藏，进入海外馆藏的数字出版物以人物传记、文献丛刊为主，包括《王继香日记》《星烈日记》《知止斋日记》《王庆云日记》《近代纺织工业调查报告汇编》《西厢记曲谱丛刊》《山西文献丛编》等。这也体现了海外图书馆对于中国数字出版物的一贯需求特色，即以历史、古籍等珍稀传统文献大宗收藏品为主。巴蜀书社 2024 年度有 36 种数字出版物被世界图书馆系统永久收藏，较 2023 年度减少 3 种，本年度位居第 4。广西师范大学出版社从 2023 年度的第 6 名成为 2024 年度的第 5 名，其进入馆藏的数字出版物以文史教育、选集汇编为主，例如《连筠簃丛书》《金泽文库本春秋经传集解》《榆园丛刻》等。总体来看，进入 2024 年度中国出版机构（不含港澳台）数字出版物海外馆藏数量排行榜前 10 位的出版社，大多数是隶属于国家级或省部级单位的专业类出版机构，出版品类以古籍、文史、社科、教育、人物传记类为主。

通过表 3 可知，数字出版物海外馆藏品种仍在下降，一方面体现在出版机构数量的减少，另一方面体现在单个出版机构品种数量的降低。相较于 2023 年度，2024 年度数字出版物海外馆藏出版机构从 2023 年度的 50 家下降为 2024 年度的 41 家。比较 2023~2024 年排名可知，同名次出版机构的数字出版物品种数均有所下降。这反映出中国出版机构的融合出版仍旧处在起伏不定的转型过程中。就数字出版物内容来看，2024 年度海外馆藏收录数量较多的图书，以体量大、价格高的古籍类图书和文献汇编类图书为主，这体现出在融合出版的新兴业态下，数字化的历史古籍文献出版物和数字化的教育出版物是海外机构用户的大宗购买产品。数字出版物的优势在于检索迅速、存储便捷、互动性强，而历史古籍文献出版和教育出版类图书专业性强、内容体量大，较传统出版形式而言，数字出版物更易于传播、成本效益低、更新速度快等，受到海外图书馆等机构市场的青睐。

随着数字信息技术的发展，全球出版业界都在进行数字化转型。数字出版物形式种类多样，它们将图书内容与新兴技术相结合，根据所面临的市场受众差异，进一步突出了大众出版与教育、科技、医药、古籍等专业出版在产品形式、市场回报等方面的差异。如果说大众出版依旧以传统图书为产品形式的话，海外图书馆则是数字信息技术时代专业出版内容的主要用户。中国出版机构应不断创新，推出更多的主题性数据库、高质量在线出版物、以大数据为基础的知识服务大模型等，以适应时代变化、满足全球读者的需求，从而深入推动中国数字出版物进入海外市场。

五　世界图书市场中国当代文学影响力依旧稳固

从 2000 年以来，中国当代文学图书一直是海外图书馆收藏的主要图书品种，与以往研究报告一样，本报告将收藏图书馆数量 30 家作为一个最低的评选标准，以此遴选 2024 年度海外馆藏影响最大的中文图书榜单（见表 4）。

表 4　2024 年度中国图书（中文）海外馆藏数量 30 家及以上排行榜

单位：家

排名	书名	作者	出版社名称	收藏图书馆数量
1	《潮汐图》	林棹	上海文艺出版社	70
2	《鳄鱼》	莫言	浙江文艺出版社	46
3	《狂飙》	朱俊懿 徐纪周 白文君	青岛出版社	43
4	《如雪如山》	张天翼	人民文学出版社	42
5	《一百年，许多人，许多事：杨苡口述自传》	杨苡口述；余斌撰写	译林出版社	39

续表

排名	书名	作者	出版社名称	收藏图书馆数量
6 (2家)	《太白金星有点烦》	马伯庸	湖南文艺出版社	35
	《欢迎来到人间》	毕飞宇	人民文学出版社	35
7	《盐镇》	易小荷	新星出版社	33
8	《白鸟与蝙蝠》	东野圭吾著；李盈春译	南海出版公司	32
9	《起初·竹书》	王朔	新星出版社	30

　　2024年度上榜图书有10种，比2023年度增加2种。通过表4可知，在上榜的10部作品中，文学类出版机构出版的文学类作品居多。其中，人民文学出版社和新星出版社均有2部作品上榜。上海文艺出版社、浙江文艺出版社、青岛出版社、译林出版社、湖南文艺出版社、南海出版公司均有1部作品上榜。

　　在10种海外馆藏最多的中文图书中，收藏图书馆数量排名第1的是作家林棹的《潮汐图》，收藏图书馆数量为70家。《潮汐图》是2021年11月由上海文艺出版社出版的图书，2022年、2023年分别再版、重印。小说以19世纪初广州珠江的一只雌性巨蛙为叙事者，讲述它在广州、澳门以及欧洲帝国动物园的遭遇与见闻。巨蛙不仅是生物学意义上的蛙，更是世界文明意义上的东方之蛙。通过巨蛙的叙述，进行了东西方的文明话语交流。排名第2的是浙江文艺出版社推出的作家莫言的《鳄鱼》，收藏图书馆数量为46家。该作品于2023年6月由浙江文艺出版社出版，是莫言在获得诺贝尔文学奖10年后的又一力作，展现了他从小说家到剧作家的转型。《鳄鱼》是一部具有魔幻色彩和鲜明现代性特征的话剧剧作，也可以被视作一部对话体的、以戏剧形式呈现的小说。故事围绕潜逃海外的腐败官员单无惮及其在生日派对上收到的贺礼——鳄鱼展开。通过这条无限生长的鳄鱼，故事挖掘了人性深处的秘密，深刻探讨了"欲望"这一主题。排名第3位的是作家朱俊懿、徐纪周、白文君的《狂飙》，收藏图书馆数量为43家。该作品因为同名电视剧在中国的上演，获得了海外图书馆的关注。排名第4的是女作家张天翼的《如雪如山》，该书2022年由人民文学出版社出版，2023年再版重印，收藏图书馆数量为42家。总体来看，2024年度海外收藏图书馆数量不低于30家的10种图书，从内容分类来看都是中国当代文学作品，这表明随着全球化的加深和中国国际影响力的提升，中国当代文学作品在海外保持着稳定的国际影响力，是中国中文图书最具海外传播影响力的类别之一。

六 提升中国出版的国际化水平，增强国际传播效能

2024年度的研究报告继续监测中国近600家出版机构（不含港澳台）2023年1~12月出版的英文品种馆藏数据。研究发现，2024年度共102家中国出版机构（不含港澳台）出版了540种英文图书，进入世界图书馆系统永久收藏的品种数量为379种（见表5）。

表5 2024年度中国出版机构（不含港澳台）出版英文品种排行榜

单位：种

排名	出版社名称	总品种数	收藏品种数
1	世界图书出版公司	47	36
2	外语教学与研究出版社	30	26
3	外文出版社	29	24
4	哈尔滨工业大学出版社	28	26
5	清华大学出版社	27	12
6	中国人民大学出版社	25	9
7	东南大学出版社	23	20
8（2家）	上海交通大学出版社	15	10
	电子工业出版社	15	10
9	冶金工业出版社	14	11
10	五洲传播出版社	13	7
11（2家）	广西师范大学出版社	12	11
	中南大学出版社	12	3
12	化学工业出版社	10	10
13（3家）	高等教育出版社	8	5
	中国建筑工业出版社	8	3
	科学出版社	8	8

排名	出版社名称	总品种数	收藏品种数
14	中央编译出版社	7	6
15（4家）	人民卫生出版社	6	3
	武汉大学出版社	6	4
	科学技术文献出版社	6	4
	中国海洋大学出版社	6	4
16（8家）	中国农业出版社	5	2
	社会科学文献出版社	5	2
	北京大学出版社	5	4
	厦门大学出版社	5	4
	北京航空航天大学出版社	5	3
	江苏大学出版社	5	3
	华中科技大学出版社	5	3
	中国社会科学出版社	5	3
17（10家）	台海出版社	4	4
	中国铁道出版社	4	3
	浙江大学出版社	4	4
	中国科学技术大学出版社	4	3
	上海大学出版社	4	4
	青岛出版社	4	4
	上海社会科学院出版社	4	2
	上海译文出版社	4	4
	上海科学技术出版社	4	4
	河海大学出版社	4	3
18（13家）	商务印书馆	3	3
	崇文书局	3	3
	郑州大学出版社	3	2
	北京交通大学出版社	3	2
	同济大学出版社	3	3
	中国画报出版社	3	2
	复旦大学出版社	3	2
	上海外语教育出版社	3	3

续表

排名	出版社名称	总品种数	收藏品种数
18（13家）	华中师范大学出版社	3	0
	吉林大学出版社	3	2
	北京理工大学出版社	3	1
	四川大学出版社	3	1
	天津大学出版社	3	1
19（17家）	西安交通大学出版社	2	2
	中国农业大学出版社	2	2
	山东大学出版社	2	1
	南京大学出版社	2	1
	中国纺织出版社	2	2
	东华大学出版社	2	1
	中国科学技术出版社	2	2
	苏州大学出版社	2	1
	新世界出版社	2	1
	机械工业出版社	2	2
	中国财政经济出版社	2	1
	西北工业大学出版社	2	2
	重庆大学出版社	2	1
	对外经济贸易大学出版社	2	1
	上海人民出版社	2	1
	湖南大学出版社	2	1
	人民交通出版社	2	0
20（32家）	学林出版社	1	0
	北京大学医学出版社	1	0
	西安电子科技大学出版社	1	0
	中国财富出版社	1	0
	河南文艺出版社	1	0
	大连理工大学出版社	1	0
	中国原子能出版社	1	1
	大象出版社	1	0
	中国水利水电出版社	1	1

排名	出版社名称	总品种数	收藏品种数
	杭州出版社	1	1
	辽宁大学出版社	1	0
	中国协和医科大学出版社	1	1
	北京邮电大学出版社	1	1
	安徽师范大学出版社	1	1
	武汉理工大学出版社	1	1
	哈尔滨工程大学出版社	1	1
	中国宇航出版社	1	1
	国家图书馆出版社	1	1
	学苑出版社	1	1
	广西科学技术出版社	1	1
20（32家）	上海三联书店	1	1
	中国电力出版社	1	1
	上海财经大学出版社	1	1
	浙江文艺出版社	1	1
	中国矿业大学出版社	1	1
	北京语言大学出版社	1	0
	河北教育出版社	1	1
	浙江教育出版社	1	1
	花城出版社	1	1
	南开大学出版社	1	1
	浙江工商大学出版社	1	0
	湖南师范大学出版社	1	0

通过表5的数据可以看到，2024年度进入世界图书馆系统英文品种的中国出版机构（不含港澳台）的总体数量达到102家。永久收藏品种数量为379种，净增267种。这表明中国出版机构的国际出版能力有所提升，但与跨国集团在华出版的数量、规模仍相差较大，中国出版机构仍须提升国际出版能力。本报告特别指出如下几项建议。

（1）提高中国出版的国际化水平，增强中国国际出版能力

从2024年度中国出版机构（不含港澳台）英文品种数据来看，全国出

版机构（不含港澳台）出版的英文品种为 540 种，较 2023 年度增加了 54 种，进入世界图书馆系统的数量有 379 种，占比约 70%。相较于 2023 年度，2024 年度中国出版机构（不含港澳台）被海外图书馆收藏英文品种数大幅增加。这是连续多年推出对外翻译资助工程的结果，即中国出版机构的英文品种数已经达到了一个相当大的规模。通过数据收集、整理发现，中国出版机构出版的教育、政治、文史类英文品种较容易进入世界图书馆。如外语教学与研究出版社出版的《语料库语言学导论》（*Introduction to Corpus Linguistics*）、《语用学引论（第二版）》（*Pragmatics：An Introduction*, Second Edition）、《批判性思维（第 13 版）》（*Critical Thinking*, Thirteenth Edition）等，外文出版社出版的《开放中国：新时代新格局》（*An Open China: Creating a New Dynamic in the New Era*）、《中国速度——中国高速铁路发展纪实》（*China Speed：Development of China's High-Speed Rail*）等，清华大学出版社出版的《项目管理：流程、方法论和经济学（第三版）》（*Project Management: Processes, Methodologies, and Economics*, Third Edition）等。但整体来看，中国出版机构（不含港澳台）的英文图书出版比例还很低，全国约 600 家出版社尚且没有达到平均一种的水平，入藏海外图书馆的品种均值仅为 0.6 种。中国出版的国际化水平和中国国际出版能力，主要体现在用英语出版的图书品种上。

（2）推动地方出版机构均衡发展，全面提升国际化水平

通过表 6 的数据可以发现，2024 年度英文品种出版地署名中国城市的数量较 2023 年度减少 2 个，中国 22 个城市的英文品种数量为 2574 种，较 2023 年度减少了 482 种。2024 年度出版地署名城市为北京的英文品种数量为 696 种，仅次于香港，出版品种数远超中国其他城市。对比 2023 年度的数据可知，2024 年度较 2023 年度英文品种出版地署名中国城市排名基本保持不变，但是品种数较 2023 年度有所下降。香港书籍市场面向国际，许多国际出版机构的分支机构设立在香港，这使得香港每年能出版丰富的英文图书。北京作为中国的首都，正在进行全国政治中心、文化中心、国际交往中心、科技创新中心的四个中心建设，除了有着专门出版和销售发行英文书籍的中国本土出版机构、世界图书出版公司、外文出版社之外，还有世界著名的跨国出版集团的办事机构和在华投资的相关出版服务公司，以及数

万家民营出版公司。以上这些都是英文图书品种数较多的主要原因。

表6　2024年度英文图书品种出版地署名中国城市一览

单位：种

排名	城市	出版英文图书品种数量
1	香港	1182
2	北京	696
3	台北	294
4	上海	175
5	澳门	53
6	南京	34
7	武汉	30
8	哈尔滨	29
9	杭州	22
10	长沙	17
11（2家）	成都	7
	天津	7
12	广州	6
13	长春	5
14（2家）	郑州	4
	合肥	4
15	重庆	3
16	济南	2
17（4家）	沈阳	1
	南宁	1
	石家庄	1
	南昌	1

相比北京、上海，全国其他城市的英文出版品种数较低。如作为经济发达的重镇江苏省，其省会南京的英文品种数仅为34种，而作为经济大省的浙江，其省会城市杭州仅为22种，天津、广州、长春、郑州、合肥、重庆、济南、沈阳、南宁、石家庄、南昌等多个城市都在10种以内。这凸显了各个省份在国际出版能力建设方面发展不均衡。图书出版作为文化事业

发展的关键基础，英文品种出版地署名城市排名是一个综合指标，凸显了全国各个城市文化发展方面的人才培养、经济投入、国际化交往水平等多方面的差距。因此，推动地方出版机构均衡发展、全面提升国际化水平是国际传播的当务之急。

七 加强与海外读者直接互动，加大中国出版的海外营销推广力度

长期以来，中国出版的海外营销推广一直是一个短板，也就是说中国本土出版机构虽然出版了许多图书，但是一直没有开展直接的海外推广营销活动，导致相关翻译资助工程的传播效能不佳。本报告从 2018 年开始就介入了海外读者研究，经过几年的准备，在 2024 年度报告中推出了中文品种海外读者评价排行榜，其意在于推动中国出版机构加强与海外读者互动，加大中国出版的海外营销力度，提升中国出版的国际传播效能。

Goodreads 是一个全球性的图书分享型社交网站，拥有超过 8000 万名来自世界各地的读者，并与全世界最大的网络书店亚马逊打通，读者购买一本图书后就可以在网站上发表对图书的评论，对图书进行星级评价，推荐自己喜欢的图书。Goodreads 平台能够真实且客观地反映读者对于图书的认可度。

本报告依托 Goodreads 平台，通过平台检索了中国近 600 家出版社（不含港澳台）的中文名称和英文名称，时间段为 2000 年 1 月至 2024 年 4 月，由此获得了中国出版机构（不含港澳台）上传亚马逊和 Goodreads 平台的中英文品种排行榜、读者评分榜、读者留言评价榜。通过关注、评分、评论等数据，分析海外读者对中文品种的阅读情况、评价情况，以期探究中国出版机构书籍海外传播情况（见表 7、表 8）。

表 7　中文品种海外读者评价排行榜（2000.1～2024.4）

单位：种

序号	出版社名称	搜索中文名称平台 图书总品种数	具有评分或评论的 图书品种数
1	人民文学出版社	221	19
2	湖南文艺出版社	41	10
3	中信出版社	105	8

续表

序号	出版社名称	搜索中文名称平台图书总品种数	具有评分或评论的图书品种数
4	百花洲文艺出版社	33	8
5	译林出版社	44	7
6	机械工业出版社	482	6
7	人民教育出版社	480	6
8	外语教学与研究出版社	140	5
9	河北教育出版社	37	5
10	中国华侨出版社	53	4
11	生活·读书·新知三联书店	33	4
12	上海译文出版社	21	3
13	清华大学出版社	420	3
14	中国友谊出版公司	12	3
15	上海辞书出版社	106	3
16	上海文艺出版社	27	3
17	上海古籍出版社	120	2
18	长春出版社	26	2
19	广西师范大学出版社	62	2
20	海豚出版社	23	2
21	陕西人民出版社	14	2
22	知识产权出版社	105	2
23	九州出版社	50	1
24	人民出版社	135	1
25	东方出版社	57	1
26	民主与建设出版社	29	1
27	四川美术出版社	83	1
28	北岳文艺出版社	17	1
29	新蕾出版社	9	1
30	北京少年儿童出版社	7	1
31	云南美术出版社	13	1
32	人民音乐出版社	120	1
33	四川天地出版社	44	1

续表

序号	出版社名称	搜索中文名称平台图书总品种数	具有评分或评论的图书品种数
34	上海文化出版社	18	1
35	武汉大学出版社	70	1
36	江苏凤凰美术出版社	65	1
37	华夏出版社	23	1
38	南京出版社	14	1
39	中国方正出版社	21	1
40	光明日报出版社	80	1
41	崇文书局	25	1
42	北京时代华文书局	35	1
43	中国政法大学出版社	90	1
44	当代中国出版社	15	1
45	经济日报出版社	19	1
46	上海三联书店	27	1
47	浙江古籍出版社	112	1
48	中国科学技术出版社	31	1
49	外文出版社	64	1
50	中国大百科全书出版社	46	1
51	湖北美术出版社	59	1
52	中国国际广播出版社	19	1
53	湖北人民出版社	9	1

表8 英文品种海外读者评价排行榜（2000.1～2024.4）

单位：种

序号	出版社名称	搜索英文名称平台图书总品种数	具有评分或评论的图书品种数
1	北京语言大学出版社	110	16
2	万国学术出版社	30	8
3	外语教学与研究出版社	135	7
4	人民文学出版社	114	5
5	上海译文出版社	89	4
6	华语教学出版社	8	4

序号	出版社名称	搜索英文名称平台图书总品种数	具有评分或评论的图书品种数
7	商务印书馆	31	4
8	清华大学出版社	318	4
9	北京大学出版社	112	4
10	上海交通大学出版社	21	3
11	外文出版社	49	3
12	译林出版社	42	2
13	人民邮电出版社	80	2
14	中华书局	10	1
15	人民出版社	1	1
16	化学工业出版社	242	1
17	重庆出版社	17	1
18	新华出版社	36	1
19	中国书店出版社	19	1
20	生活·读书·新知三联书店	23	1
21	四川文艺出版社	7	1
22	中国画报出版社	8	1
23	红旗出版社	10	1
24	云南教育出版社	18	1
25	凤凰出版社	29	1
26	华东师范大学出版社	86	1
27	中国地图出版社	9	1
28	海燕出版社	1	1
29	河北美术出版社	4	1
30	人民教育出版社	221	1
31	天津人民出版社	30	1
32	暨南大学出版社	17	1
33	南方日报出版社	3	1

通过表 7 和表 8 可知，搜索出版社中文名称和英文名称，出版社图书具有评分或评论的品种数量存在差异。例如，搜索出版社中文名称，有 53 家出版机构的图书在 Goodreads 平台上具有评分或评论，如人民文学出版社、

湖南文艺出版社、中信出版社、百花洲文艺出版社、译林出版社等出版机构的图书，其中多数为中文文学类、管理类书籍。例如，人民文学出版社出版的巴金的《家》，湖南文艺出版社出版的萧红的《呼兰河传》、张嘉佳的《从你的全世界路过：让所有人心动的故事》，中信出版社出版的莱迪·克洛茨的《减法：应对无序与纷杂的思维法则》，百花洲文艺出版社出版的查克·温迪格的《知更鸟女孩》，译林出版社出版的艾丽丝·门罗的《我一直想要告诉你的事》等。搜索出版社英文名称，有 33 家出版机构的图书在 Goodreads 平台上具有评分或评论，多数为英文版书籍，评价品种数量较多的图书多出自翻译类出版社，如北京语言大学出版社、外语教学与研究出版社、人民文学出版社、上海译文出版社等。

2000 年至今，本课题组在 Goodreads 平台上逐一搜索国内 582 家出版社。以出版社中文名称搜索，共计 53 家出版机构的 140 种图书具有海外读者评分或评论，出版社占比为 9.1%。以出版社英文名称搜索，共计 33 家出版机构的 86 种图书具有海外读者评分或评论，出版社占比为 5.7%。据数据统计，多数国内出版机构出版的图书在海外无读者评分或评论，其读者关注度及读者提及率均处于偏低水平，许多书籍上传至海外阅读平台，却因营销力度不足、宣传不到位等因素无人问津。在图书品类方面，中文图书中的文学类及管理类书籍相较于其他品种更受海外读者的关注，出版此类图书的出版社居多。受海外读者关注较多的英文图书，大多出自翻译类出版社，翻译类出版社出版的英文品种在海外传播中受到读者关注。总体而言，国内出版机构出版的图书中受关注的品类偏少，图书海外传播推广仍有待加强。

除图书品类外，图书评论数量体现了海外读者对图书的直接反馈，通过对出版机构图书评论数量进行分析，可进一步探究图书的海外读者评价与反馈，进而分析海外互联网平台与海外读者直接互动的能力与水平。

用出版社中文名称搜索可知，有 1 本图书评论数量达 3 万多，除此之外有 13 本图书评论数量上千，另外有 16 本图书评论数量上百，如表 9 所示。其中图书评论数量位居第一的是由天地出版社出版的澳大利亚作家艾米·考夫曼和杰伊·克里斯托夫合著的科幻小说《星谜档案》，该书以其独特的叙事方式和创新的阅读体验受到读者和评论家的广泛赞誉。小说中的故事时间设定在 2575 年，讲述主角凯蒂在科伦扎星陷落后的生存斗争。随着命运发生戏剧性变化，凯蒂在逃亡过程中不仅要面对敌舰的追击，还要揭露隐藏在背后的真相。《星谜档案》获得《纽约时报》畅销榜的认可，并在 Goodreads 读者票选中成为好书，其图书评论数量在 Goodreads 平台上遥遥领先，该书受到出版人周刊、娱乐周刊、MTV 等媒体的赞誉。该书的装帧设计和文本创意布局均得到了读者和媒体的好评，出版社的出版提高了图书的可获取性，使其广泛触及读者群体并收获大量图书评论，达到了良好的海外传播推广效果。位居第二的是由上海译文出版社出版的日本作家村上春树的小说《国境以南 太阳以西》，该书讲述一个 37 岁男主人公的故事，他在东京市区拥有两家酒吧，并拥有一个看似完美的家庭。然而，他始终念念不忘自己的青梅竹马岛本。当岛本经历了失败的婚姻后再次出现在他的生活中，两个人迅速坠入爱河。但岛本突然消失，留给主人公深刻的思考。小说以丰富的情感、深刻的内涵，通过主人公的内心世界和对过去的追忆，探讨了爱情、记忆和人生选择等复杂话题，得到读者的好评和青睐。位居第三的是由光明日报出版社出版的约瑟夫·墨菲（Joseph Murphy）所著的《潜意识的力量》，该书是一本关于潜意识心理学和自我激励的书籍，该书探讨了潜意识对个人生活的影响，提供了一些实用的自我提升方法，受到一定读者群体的喜爱。通过分析可知，图书评论数量位居前三的图书，其作者均为外国作家，属于国内出版社翻译引进的图书。这体现出优质的翻译引进图书有助于海外传播推广。但是同时表明，国内出版机构出版的国内作者的优质图书有待进一步宣传推广。国内出版社应当加大营销推广力度，增强中国文化的输出，助力中国文化"走出去"。

表 9　Goodreads 搜索出版社中文名称所获图书评论排行

序号	出版社名称	图书名称	图书评分人数（人）	图书评分（分）	图书评论数量（条）	年份
1	天地出版社	《星谜档案》	152322	4.24	30075	2017
2	上海译文出版社	《国境以南 太阳以西》	129204	3.86	9414	2005
3	光明日报出版社	《潜意识的力量》	76577	4.08	5215	2018
4	武汉大学出版社	《尽力而为》	35831	4.36	4963	2017
5	南海出版公司	《爵士乐》	32398	3.88	2509	2006

续表

序号	出版社名称	图书名称	图书评分人数（人）	图书评分（分）	图书评论数量（条）	年份
6	明天出版社	《信谊世界精选图画书：猜猜我有多爱你》	142233	4.39	2197	2018
7	江西人民出版社	《与神对话》	38983	4.2	2148	2015
8	海南出版社	《心智力》	46528	4.02	2054	2013
9	河北教育出版社	《让路给小鸭子》	89188	4.24	1929	2019
10	百花洲文艺出版社	《知更鸟女孩》	9497	3.75	1571	2012
11	机械工业出版社	《刻意练习》	17289	4.21	1520	2016
12	中国华侨出版社	《国富论》	32941	3.88	1305	2019
13	河北教育出版社	《花婆婆》	27688	4.45	1229	2019
14	上海三联书店	《工作的意义》	13187	4.29	1204	2016
15	人民文学出版社	《这样你就不会迷路》	6108	3.25	893	2014
16	上海文艺出版社	《卑微的英雄》	5761	3.76	635	2013
17	上海译文出版社	《我遗失了时间》	4405	4.04	511	2007
18	四川美术出版社	《惊奇队长2：保持飞翔》	5317	3.19	418	2014
19	海豚出版社	《变》	3409	3.44	408	2010
20	生活·读书·新知三联书店	《邓小平时代》	3445	4.46	367	2011
21	译林出版社	《我一直想要告诉你的事》	3931	4.07	352	2018
22	河南文艺出版社	《告别娑婆》	5327	4.05	301	2017
23	河北教育出版社	《和甘伯伯去游河》	4532	3.99	281	2020
24	中信出版社	《减法：应对无序与纷杂的思维法则》	1799	3.46	269	2021
25	明天出版社	《爷爷一定有办法》	2873	4.43	236	2013
26	台海出版社	《文豪野犬2：太宰治与黑暗时代》	1530	4.6	208	2014
27	河北教育出版社	《我喜欢自己》	1599	4.12	170	2011
28	译林出版社	《地下室里的黑豹》	1888	3.69	159	2012
29	中国友谊出版公司	《边城》	1321	3.95	154	2019
30	人民文学出版社	《家》	1338	3.87	125	2007
31	河北教育出版社	《我妈妈》	699	3.92	84	2007

续表

序号	出版社名称	图书名称	图书评分人数（人）	图书评分（分）	图书评论数量（条）	年份
32	湖南文艺出版社	《呼兰河传》	794	4.4	67	2018
33	湖南文艺出版社	《从你的全世界路过：让所有人心动的故事》	427	3.64	63	2013
34	人民文学出版社	《城南旧事》	691	4.41	63	2018
35	商务印书馆	《从古代到封建主义的过渡》	515	4.25	46	2016
36	上海文艺出版社	《我的帝王生涯》	547	3.51	44	2005
37	天津大学出版社	《设计结合自然》	624	4.26	36	2020
38	人民文学出版社	《朝花夕拾》	624	4.4	30	2018
39	故宫出版社	《紫禁城的黄昏》	246	3.91	29	2010
40	商务印书馆	《第一次世界大战的起源（第三版）》	297	3.79	28	2022
41	生活·读书·新知三联书店	《中国大历史》	245	3.99	24	2014
42	百花洲文艺出版社	《不存在的父亲》	325	3.95	24	2013
43	云南美术出版社	《Re：从零开始的异世界生活 7》	574	4.4	21	2017
44	贵州人民出版社	《神奇校车 探索人类进化》	117	4.31	19	2021
45	百花洲文艺出版社	《乌云遇皎月》	77	4.17	18	2018
46	长江文艺出版社	《文化苦旅》	260	4.12	16	2014
47	知识产权出版社	《结构主义与符号学》	191	3.7	16	2018
48	东方出版中心	《四世同堂》	272	4.43	15	2017
49	人民文学出版社	《四世同堂（全二册）》	272	4.43	15	2018
50	人民文学出版社	《人间词话》	243	4.41	14	2018
51	上海古籍出版社	《子不语》	55	4.02	12	2012
52	云南人民出版社	《德干社会史（1300—1761）》	61	4.3	12	2005
53	新蕾出版社	《无字书图书馆》	90	3.38	11	2004
54	中国文联出版社	《他的红颜》	99	3.52	10	2016
55	人民文学出版社	《海子的诗》	71	4.17	10	2018
56	百花洲文艺出版社	《一座城，在等你》	46	4.04	8	2017

序号	出版社名称	图书名称	图书评分人数（人）	图书评分（分）	图书评论数量（条）	年份
57	中信出版社	《谁动了我的奶酪？》	49	3.8	7	2015
58	译林出版社	《帝国的铸就（1861—1871）：改革三巨人与他们塑造的世界》	54	3.16	6	2017
59	长江文艺出版社	《白说》	47	3.87	6	2015
60	商务印书馆	《施特劳斯的真相：政治哲学与美国民主》	39	3.97	5	2006
61	生活·读书·新知三联书店	《蓝房子》	50	4.34	5	2015
62	商务印书馆	《基础旅游学》	29	3.66	4	2015
63	中国国际广播出版社	《第四病室》	15	3.6	4	2000
64	百花洲文艺出版社	《原来你还在这里》	33	3.76	3	2016
65	广西师范大学出版社	《赖声川的创意学》	19	4.32	3	2015
66	湖南文艺出版社	《圆舞》	24	3.75	3	2017
67	花城出版社	《平原客》	8	4	3	2017
68	北京十月文艺出版社	《世间已无陈金芳》	10	3.9	3	2016
69	上海古籍出版社	《夏商周：从神话到史实》	5	5	2	2013
70	中国友谊出版公司	《非人哉》	17	4.65	2	2016
71	广东旅游出版社	《长月无烬完结篇》	17	4.41	2	2022
72	羊城晚报出版社	《全职高手5》	9	4.11	2	2018
73	新星出版社	《小资女的人生整理术》	4	2.75	2	2019
74	作家出版社	《俗世奇人》	11	3.82	2	2015
75	机械工业出版社	《关键对话：如何高效能沟通（原书第2版）（珍藏版）》	2	5	1	2017
76	民主与建设出版社	《世界历史很有趣：袁腾飞讲日本史》	3	2.67	1	2014
77	商务印书馆	《大革命写真画》	1	3	1	2011
78	商务印书馆	《纯粹理性批判》	1	1	1	2020
79	上海人民出版社	《半小时漫画党史1921—1949》	2	3.5	1	2021

续表

序号	出版社名称	图书名称	图书评分人数（人）	图书评分（分）	图书评论数量（条）	年份
80	中信出版社	《宁向东讲公司治理：共生的智慧》	2	3.5	1	2021
81	中信出版社	《我是如何一步步毁掉我的生活的》	2	4.5	1	2014
82	国家图书馆出版社	《社会部公报两种》	1	3	1	2011
83	上海辞书出版社	《唐诗鉴赏辞典》	3	4.67	1	2013
84	南海出版公司	《繁星·春水》	11	3.18	1	2015
85	南海出版公司	《人气小店设计解剖书》	1	3	1	2016
86	金城出版社	《科比：黄金年代（1996-2016）》	1	3	1	2016
87	南京出版社	《南京名片》	1	3	1	2016
88	广西师范大学出版社	《书之旅：一个出版社30年的故事》	1	4	1	2016
89	湖南文艺出版社	《我不》	6	3.33	1	2017
90	湖南文艺出版社	《你所谓的稳定，不过是在浪费生命》	5	3.6	1	2016
91	湖南文艺出版社	《初次爱你，请多关照》	3	4.67	1	2017
92	外语教学与研究出版社	《花木兰（萤火虫·世界经典童话双语绘本）》	9	3.89	1	2010
93	外语教学与研究出版社	《阿里巴巴和四十大盗（萤火虫·世界经典童话双语绘本）》	3	4.67	1	2010
94	中国地图出版社	《日本地图册》	2	4	1	2008
95	当代中国出版社	《我的人生故事》	1	1	1	2013
96	羊城晚报出版社	《全职高手8：草根齐聚》	19	4.32	1	2018
97	人民文学出版社	《秋》	31	4.16	1	2013
98	人民文学出版社	《那不勒斯四部曲》	1	5	1	2019
99	人民文学出版社	《无梦之境》	1	4	1	2018
100	人民文学出版社	《愤怒的葡萄》	9	4.67	1	2022
101	北京大学出版社	《新丝路：初级速成商务汉语2》	1	1	1	2010

续表

序号	出版社名称	图书名称	图书评分人数（人）	图书评分（分）	图书评论数量（条）	年份
102	北京大学出版社	《庚子勤王与晚清政局（第 2 版）》	1	4	1	2015
103	中国科学技术出版社	《小企鹅和小冰山》	3	1	1	2014
104	陕西人民出版社	《延安时期文献档案汇编（全 60 册）》	1	3	1	2014

以出版社英文名称搜索可知，有 2 本图书评论数量上百，分别为天津人民出版社出版的《乡下兔与小金鞋》（*Countryside Rabbit and Oscar Shoes*）和译林出版社出版的《借着父亲的微笑之光》（*By the Light of My Father's Smile*），如表 10 所示。图书评论数量较多的为英文版童书，还包括历史类、教辅类、字词典类图书。而国内出版机构出版的外文版图书的品种数量、图书评论数量均少于中文版图书。由此可知，中国的外文版图书在海外传播方面应加大营销推广力度。

表 10　Goodreads 搜索出版社英文名称所获图书评论排行

序号	出版社中文名称	图书名称	图书评分人数（人）	图书评分（分）	图书评论数量（条）	年份
1	天津人民出版社	《乡下兔与小金鞋》（*Countryside Rabbit and Oscar Shoes*）	10449	4.34	385	2015
2	译林出版社	《借着父亲的微笑之光》（*By the Light of My Father's Smile*）	3292	3.89	220	2003
3	上海译文出版社	《亲吻并告诉波顿》（*Kiss and Tell the Botton*）	1177	3.59	79	2004
4	化学工业出版社	《父与子》（*Father and Son*）	137	4.06	13	2014
5	清华大学出版社	《网络安全基础》（*Network Security Essentials*）	197	3.7	11	2007
6	人民邮电出版社	《IDA Pro 权威指南》（*IDA Pro Posts and Telecom Press Definitive Guide*）	174	4.3	6	2010
7	北京大学出版社	《你最喜欢谁》（*Whom Do You Like More?*）	31	3.77	6	2007

序号	出版社中文名称	图书名称	图书评分人数（人）	图书评分（分）	图书评论数量（条）	年份
8	华语教学出版社	《中国统治：五千多年来中国思想家的金句》（صينية حكم صينيين مأثورة ذهبية أقوال （عا آلاف خمسة مدى على	19	3.14	5	2010
9	万国学术出版社	《乌托邦的概念（第二版）》（The Concept of Utopia, Second Edition）	50	3.84	5	2011
10	译林出版社	《侏罗纪公园》（Jurassic Park）	42	4.29	3	2007
11	华语教学出版社	《分级中文阅读器》（Graded Chinese Reader）	15	3.93	3	2005
12	万国学术出版社	《戴安娜·韦恩·琼斯：令人兴奋和严格的智慧》（Diana Wynne Jones: An Exciting and Exacting Wisdom）	33	3.88	2	2002
13	商务印书馆	《英汉双解新华字典》（Xinhua Dictionary Chinese-English Edition）	9	4.67	2	2000
14	商务印书馆	《新华字典》（Xinhua Dictionary）	5	4.4	2	2006
15	人民文学出版社	《杰克伦敦小说精选》（A story Collection of Jack London）	10	4.2	2	2003
16	华语教学出版社	《通过部首学习汉字》（Learn Chinese Characters by Radicals）	2	3	1	2008
17	万国学术出版社	《当代加勒比地区的土著复兴：美洲印第安人的生存与复兴》（Indigenous Resurgence in the Contemporary Caribbean: Amerindian Survival and Revival）	3	4	1	2006
18	万国学术出版社	《黑人抗议思想与教育（第237卷）》（Black Protest Thought and Education, Vol. 237）	3	4	1	2005
19	万国学术出版社	《参数估计与逆问题》（Parameter Estimation and Inverse Problems）	7	4.29	1	2001
20	商务印书馆	《中国图符》（Chinese Symbols and Icons）	3	4	1	2009

续表

序号	出版社中文名称	图书名称	图书评分人数（人）	图书评分（分）	图书评论数量（条）	年份
21	人民邮电出版社	《零基础英语语法》（*English Grammar for Beginners*）	1	4	1	2015
22	四川文艺出版社	《无目的美好生活》（*A Better Life Without Purpose*）	3	3.33	1	2007
23	外语教学与研究出版社	《八戒吃西瓜》（*Pig Eating Watermelon*）	5	4.6	1	2008
24	北京语言大学出版社	《我是世界上最幽默的人》（*I am the Funniest Person in the World*）	3	3.67	1	2010
25	海燕出版社	《玉观音》（*Guanyin*）	9	4.56	1	2012
26	商务印书馆国际有限公司	《中国符号和图标》（*Chinese Symbols and Icons*）	3	4	1	2009
27	北京大学出版社	《读报纸，学中文》（*Reading Newspapers, Learning Chinese*）	1	5	1	2009

通过 Goodreads 检索可知，中国出版机构的图书海外传播存在三个问题。一是中国出版机构出版的一些图书未及时出现在海外阅读平台上，也就是说对于相当一部分图书没有举办相关的推广活动。这也印证了本报告的判断，即中国出版机构仅仅是出版了图书，但是未在海外广泛推广。二是部分图书上传至海外阅读平台，但是无读者、无评论、无打分，基本上没有引起海外读者的关注。三是部分图书的内容质量、文化价值都受到读者青睐，但是其传播影响力、读者提及率均偏低。这也印证了本报告的判断，即中国出版机构在海外营销推广方面基本上处于较低的水平。2005 年至今，国家相继推出了一系列对外翻译资助出版工程，从 CBI 计划到经典中国、丝路书香，再到今天仍在继续的中国当代文学外译工程、中华学术外译计划，历经近 20 年时间，基本上解决了外文出版物的匮乏问题，但是由于中国出版机构缺乏国际营销推广能力，相关工程的国际传播效能欠佳。事实上，出版大国、出版强国的标志之一，就是国际市场的推广、营销能力，而这一点正是中国出版机构的短板，中国出版机构需要百尺竿头更进一步。

总之，本报告通过 OCLC、CINII 等世界图书馆系统监控、海外读者平台 Goodreads 检索发现，中国出版机构传统纸质图书入藏品种数量、数字出版物数量总体上不乐观。随着数字出版技术与行业融合发展加速，海外图书馆这个最大的机构用户市场对于中国出版产品的需求正在迅速发生变化，中国出版图书的海外传播效果仍有待进一步加强。

本报告一直呼吁"三跨"是加强中国出版机构对外传播能力建设的有效途径，一是要提升跨文化、跨语种的出版能力。中国出版机构出版的图书、期刊、数字化产品不仅能够满足中文本土读者的需要，还要能够被不同国家、民族以及不同文化区域的人们所喜爱。二是要提高跨地域、跨国别的市场占有率。跨地域、跨国别的出版市场，意味着未来中国出版机构不再以中国大陆为单一市场，还要面对世界不同国家、地区的读者需要，在出版对象国有针对性地开展出版活动。一个国家出版的文化产品能否占有跨地域、跨国别的市场，在多大程度上占有，是这个国家是否为出版大国的核心指标。三是要聚合世界化、多元化的出版人才。这意味着未来中国出版企业不仅仅以中国员工为主，还要招募大量具有不同文化背景、不同宗教信仰的编辑、出版和发行人才。

在这里再次提出，除了"三跨"之外，还要加快出版深度融合的步伐。中国出版机构在"三跨"的基础上，应当以"智"提质、以质取胜、以服务创新培育发展动能，深化出版物数字化、智能化发展，增强图书对外传播效力，积极探索数字出版新形式，运用海外阅读平台加大图书的对外宣传力度，从而满足读者个性化、多元化需求，释放新质生产力潜力，提升中国出版业国际竞争力，为推进中国式现代化贡献力量。

中国文化东北亚传播研究报告
（2020~2022）：韩国篇[*]

张恒军　单良涛　潘婧妍^{**}

前　言

2020~2022 年中韩关系受到多种因素的影响。韩国自身战略目标的重新定位以及韩中贸易关系的变化，都对两国关系产生了重要影响。

在经济领域，中韩有广泛的合作潜力。韩国政府提出的碳中和绿色发展战略和数字经济战略与中国的发展规划相契合，双方可以加强合作，共同推动绿色技术创新和数字经济发展。此外，中韩在政治安全领域的合作将继续加强，为地区的和平与稳定作出贡献。然而，中韩关系尽管在政治和经济领域取得了显著进展，但在民间交流方面仍存在一些挑战。加强民间交流、增进双方互信是当前重要的任务。

为了推动中韩友好关系发展，双方计划建立中韩关系未来发展委员会，规划中韩关系的长期发展蓝图。同时，两国可以通过加强人文交流、教育合作、旅游交流等方式增进了解和友谊。民间组织、学术界和媒体也应发挥积极作用，促进正面的中韩互动，加强双方民众之间的沟通和了解。中

* 本文系国家社科基金重点项目"人类文明新形态的对外传播策略研究"（项目编号：23AX-W004）、教育部国际中文教育创新项目"中华文化经典推动亚洲文明对话"（项目编号：21YH003CX6）的阶段性成果。

** 张恒军，大连外国语大学新闻与传播学院教授、院长，国际传播研究院院长，中华文化海外传播研究中心主任；单良涛，大连外国语大学新闻与传播学院英籍专家；潘婧妍，大连外国语大学新闻与传播学院办公室主任。

韩友好关系的进一步发展需要双方的共同努力。通过相互尊重、平等对话和务实合作，中韩可以进一步深化合作伙伴关系，造福于两国人民，并为地区的和平、稳定和繁荣做出积极贡献。

在上述时代背景下，中国对韩国文化传播也呈现一定的特殊性。中国通过官方和民间等多方渠道，充分利用线上和线下结合的方式，开展对韩友好和文化交流活动。特别是在政治经济、中韩友好、文化交流、旅游合作、北京冬奥、教育科研等方面做了大量的宣传和报道。

政治友好：宣传和报道中韩两国的政治友好关系，可以增进两国政府和民众之间的相互了解和信任，加强双方在政治领域的合作和互动。

经贸合作：宣传中韩之间的经贸合作成果和潜力，可以吸引更多的企业和投资者参与中韩双边经贸合作，促进双方的经济发展和互利共赢。

文化交流：宣传中韩之间的文化交流活动和成果，可以增进两国人民对对方文化的了解和认同，加强民间友好，推动文化领域的合作和交流。

旅游合作：宣传中韩之间的旅游资源和旅游合作项目，可以吸引更多的游客相互访问，促进旅游业的发展，推动人员往来和民间交流。

北京冬奥：宣传和报道中韩两国在北京冬奥会上的合作和交流，可以增进两国在体育领域的互动，提高两国人民对冬奥会的关注和参与。

教育科研：宣传和报道中韩两国在教育科研领域的合作成果和交流活动，可以促进学术交流和合作，推动两国教育科研水平的提升。

综上所述，这些传播活动的意义在于加强中韩两国各领域的合作与交流，增进两国人民之间的互信和友好，营造一种积极的社会氛围，并促进共同利益的实现。这将为中韩关系的发展提供良好的社会和民意基础，推动两国走向更加美好的未来。

宣传和报道中韩之间的合作成果和潜力，可以加强各领域的合作与交流，激发两国在政治、经济、文化、教育、科研等领域的更深层次合作与交流。这将推动双方共同探索新的合作机会，深化双边关系，促进双方共同繁荣和发展。

宣传文化交流、旅游合作和民间交流活动，可以增进人民之间的互信和友好，加深中韩两国人民对彼此的了解和认知。这有助于消除误解和偏见，增进人民之间的互信和友好，为两国民众之间的深度互动奠定坚实基础。

宣传中韩友好的故事和合作案例，可以营造一种积极向上、亲中友韩的社会氛围。这将有助于减少负面舆论和误导信息的影响，推动两国民众更加客观地认识对方国家，提高两国之间的社会认同感和凝聚力。

传播中韩合作的成果和前景，可以促进共同利益的实现，吸引更多企业和投资者参与双方的经贸合作。这将促进共同利益的实现，推动两国经济的繁荣和可持续发展。

一　中国对韩国文化传播理论研究现状

为了全面了解2020~2022年中国学界对韩国文化传播的研究现状，本文以"中韩""友好""文化""交流"等为关键词在知网进行文献检索，搜索到2095篇相关文献，运用Citespace文献计量软件，对关键词进行聚类分析。

结果显示，目前学界对韩国传播的研究主要集中在中韩两国、中韩关系、中韩比较、东北亚、自由贸易协定、贸易潜力、产业园，以及对中韩教育的比较和探讨上。这反映了学界对于中韩传播方面的关注点和热点。首先，政治经济方面是重要的研究方向，主要关注中韩关系，包括中韩建交、韩美同盟、中韩两国关系以及双方的经贸合作，也关注"一带一路"倡议和自由贸易协定（FTA）等方面的合作。其次，学界关注了中韩文化交流，主要涉及比较研究和对比研究，探讨中韩文化之间的异同、交流情况以及影响因素，还包括翻译实践报告，关注翻译方法和中韩翻译等内容，以及调查研究和比较分析。再次，学者们在社会文化方面主要探讨了与韩国相关的内容，如大韩民国、韩国人、东北亚和朝鲜半岛等。这方面的研究主要探讨社会文化现象和趋势。最后，在文化教育方面主要关注汉语教学和韩国语学习，其中包括对外汉语教学、汉语教师志愿者等相关研究内容。此外，还关注韩国留学生在中国的教育情况（见图1）。

中国对韩国传播的政治经济方面，中韩关系和经济合作方面的研究数量持续增长。这反映了中国对双方政治、经济合作的深化进行分析和探讨，特别是中韩两国关系、贸易合作和"一带一路"倡议等方面的研究热度较高，反映了中国与韩国在政治经济领域的密切联系。

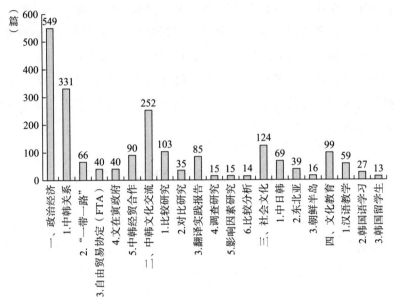

图 1 中国对韩国文化传播的研究现状

中国对韩国传播的文化交流方面，文化比较研究、文化对比研究和翻译实践报告是研究中韩文化交流的主要类型。这表明中国学者对中韩文化之间的异同、交流情况以及翻译实践具有较浓厚的兴趣。同时，调查研究和影响因素研究在一定程度上反映了中国学者对中韩文化交流背后的动因的关注。

中国对韩国传播的社会文化方面，中国学者对韩国社会文化的探讨较多。这反映了中国学者对东北亚地区的关注以及对朝鲜半岛局势的关注。对韩国人和大韩民国等社会文化现象的研究也占有一定比例，表明中国学者对韩国社会文化具有研究兴趣。

中国对韩国传播的文化教育方面，汉语教学和韩国语学习是中国学者关注的重点。对外汉语教学以及对汉语教师志愿者的研究反映了中国学者对推动汉语国际传播和教学的重视。此外，韩国留学生的研究占有一定比例，反映了中国学者对韩国语言和文化学习具有兴趣和需求。

此外，中国学者对中韩文化传播的研究表现出了多学科的关注，以研究论文为主要形式，高校和研究机构在该领域发挥重要作用。这反映了中国学术界对中韩关系和文化交流的兴趣和重视，为促进中韩文化传播的深入发展提供了学术支持和智力支持。

首先，政治与国际政治、经济体制改革和贸易经济是研究中韩关系和政治经济的主要学科分类。其次，外国语言文字和中国语言文字是研究翻译和语言交流的重要学科分类。最后，工业经济、中等教育、世界文学、戏剧电影与电视艺术、新闻与传媒以及文化等学科分类也有一定的研究量，涉及文化交流、教育、文学和艺术等方面的内容。

在研究文献类型上，研究论文是最主要的文献类型，数量达到897篇，说明中国学者在中韩文化传播领域进行了深入的研究和探讨。资讯类型的文献数量较多，表明中国学者对中韩关系和相关动态的关注程度较高。而综述类型的文献数量较少，可能需要更多综合性的研究来全面总结中韩文化传播的发展。

在研究机构分布上，首先可以看出延边大学是研究中韩文化传播领域最活跃的机构，有116篇相关文献，展示了该机构在这一领域的研究实力。其次，山东大学、吉林大学、大连外国语大学等高校也在中韩文化传播研究方面具有一定影响力。最后，中韩（武汉）石油化工有限公司的出现可能与中韩经贸合作有关，反映了企业在中韩文化传播方面具有研究兴趣。研究机构的分布情况显示了中韩文化传播研究的地域分布广泛，涵盖了各地的高校和研究机构。

综合以上统计，可以看出中国学者在中韩文化传播研究中呈现对政治经济、翻译语言、教育文化等方面的关注。同时，高校和研究机构在这一领域中发挥重要作用，推动了中韩文化传播研究的深入发展。这些统计数据也反映了中国学者对中韩关系和文化交流的关注程度，并且综合以上统计，可以看出中国学者在中韩文化传播研究中呈现对政治经济、翻译语言、教育文化等方面的关注。同时，高校和研究机构在这一领域中发挥重要作用，推动了中韩文化传播研究的深入发展。这些统计数据也反映了中国学者对中韩关系和文化交流的关注程度，并且表明了中国在加强与韩国的经济合作、推动语言教学与交流方面的努力。

总体而言，中国对韩国文化传播的研究主要关注政治经济、文化交流、社会文化和文化教育等领域。未来的研究趋势可能包括更加深入和多角度地研究中韩关系的发展、加强文化交流和合作、探索中韩文化之间的异同以及研究文化传播的影响因素。随着中韩关系的不断深化和两国在经济、科技、教育等领域的合作增多，可能会出现更多关于中韩合作的研究，特别是在"一带一路"倡议和自由贸易协定等方面的研究。需要注意的是，以上总结仅基于给定的文献类型和数量，可能无法全面反映所有的研究趋势。实际上，中国对韩国文化传播的研究是一个广泛且多样化的领域，可能还存在其他类型和趋势。因此，在进行具体研究时，建议结合最新的研究动态和领域专家的观点获取更全面的信息。

二 中国对韩国文化传播实践现状

1. 人民网为主要信息源

在研究中国对韩国文化传播方面，本研究选择人民网作为主要媒体，筛选新闻报道和评论样本。人民网作为中国权威媒体也是研究中国对韩国文化传播的重要来源之一。人民网是由《人民日报》建设的以新闻为主的大型网上信息交互平台，是国际互联网上最大的综合性网络媒体，目前，也是党和国家治国理政的重要资源和手段。作为一个具有国际影响力的媒体，人民网作为党和国家治国理政的重要资源和手段与"网上的《人民日报》"，在网络舆论生态中努力发挥"领航者"、"排头兵"和"中流砥柱、定海神针"的作用。

此外，人民网在31个省（自治区、直辖市）设立地方频道，在全球范围内设立多个分公司和办事处，旗下有环球网、海外网、人民在线、人民视讯、人民创投、澳客等多家控股网站，例如在日本东京、美国纽约、美国旧金山、韩国首尔、英国伦敦、俄罗斯莫斯科、南非约翰内斯堡、澳大利亚悉尼、法国巴黎、北欧瑞典以及中国香港等地设立了11个分公司或办事处。人民网日常传播覆盖超过1.3亿人次，拥有丰富的资源和经验，可以提供深入和全面的报道。因此，人民网的对韩宣传报道是研究中国官方媒体对韩国文化传播的首选。

同时，需要关注人民网的传播形式和传播内容。针对中国对韩国的文化传播，人民网报道的传播形式和传播内容非常多样化和丰富，例如文化频道报道了许多有关韩国文化和艺术的文章，还有关于中韩文化交流的报道和评论，同时有视频直播和在线访谈等形式，可以提供更加生动和立体的报道。除了媒体的报道，我们还需要关注受众的反应和反馈。人民网有着庞大的受众群体，可以通过社区互动和网络评论等方式了解受众在中国对韩国文化传播的态度和看法，这将有助于我们更好地理解中国对韩国文化传播的策略和效果。

当然，在使用人民网作为研究样本时，需要保持客观和谨慎，不要过度解读或扭曲其报道的含义，以免影响研究结论的准确性。同时，需要关注其他媒体的报道，以获取更全面和多样化的信息，避免信息偏差或单方面报道，从而保证研究结论的准确性和可靠性。综上所述，选择人民网这样的权威媒体来筛选研究样本，是进行中国对韩国文化传播研究的基础和关键。

2. 中国对韩国文化传播新闻报道和评论的样本

本研究旨在深入探究中国对韩国文化传播的情况，为此，以"中韩""友好""文化""交流"为关键词，选取时间段为 2020 年 3 月 21 日至 2023 年 3 月 21 日，在人民网进行检索。通过 Python 软件对 2297 篇相关新闻报道和评论文章的标题、时间、来源和正文等内容进行提取。在此基础上，本研究人工剔除重复报道和不相关的信息，最终筛选出 494 篇相关报道和评论用于编码分析。在编码分析过程中，本研究使用了 Divominer 平台进行数据处理和分析，以获取全面和准确的信息。

本研究采用了定量和定性相结合的研究方法。其中，定量分析主要通过编码分析对 494 篇相关报道和评论进行分类和整理，以获取数据的分布情况和变化趋势；定性分析则主要通过对相关报道和评论的阅读和理解，结合实际背景和情境，深入探究中国对韩国文化传播的态度和策略及其对中韩关系和文化交流的影响和意义。

在编码分析方面，本研究采用了 Divominer 平台对相关报道和评论进行了主题编码和框架分析等，以了解中国对韩国文化传播的主要话题、情感倾向和关联关系等。在定性分析方面，本研究采用了内容分析法，对相关报道和评论的文本内容进行了逐字逐句的阅读和分析，以获取更加详细和深入的信息。

通过综合分析定量和定性数据，本研究得出了中国对韩国文化传播的

态度和策略及其对中韩关系和文化交流的影响和意义等方面的结论。这些
结论将为中韩文化交流和融合提供参考和借鉴，也将为相关研究提供重要
的数据和信息支持。

3. 中国对韩国文化传播新闻报道和评论的趋势

本研究采用 Divominer 平台对 494 篇相关报道进行了系统性分析。结果
显示，中韩新闻报道和评论呈现四波高峰（见图 2）。主要是时任韩国总统
文在寅发表"韩版新政"综合规划，宣布通过新政推动大韩民国向发达国
家迈进及实现国家转型升级。韩国将重视绿色发展、数字经济等领域。这
与中国多项愿景规划有很多共通之处。希望双方能在绿色发展、数字经济
等新的经济增长点上加强合作、共同研发，创造双方经济合作的新增长点。

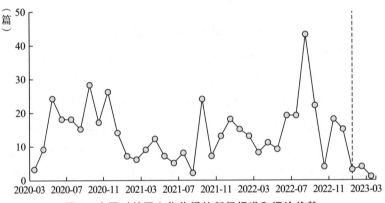

图 2　中国对韩国文化传播的新闻报道和评论趋势

2022 年，韩国举行了总统大选，尹锡悦当选为新总统。这次大选标志
着政权的交替，对韩国的政治格局和发展方向产生了重大影响。

值中韩建交 30 周年之际，两国官方及民间往来的频繁程度和互动强度
不断增强，新闻报道和评论迎来了第四个高峰。为了纪念中韩建交 30 周年，
两国官方及民间往来的频繁程度和互动强度增强，说明重要纪念日对两国
关系的推动作用不可忽视。同时，民间交流一直是中日关系的重要组成部
分，彰显了民间友好往来对两国关系的推动作用。

不难看出，中韩外交关系的发展趋势表现为在重大国际事件面前加强
合作、不断深化政治互动与经贸往来，以及在重要纪念日和民间交流方面
不断增进友好。这有助于我们更好地理解两国关系的发展动态，为未来的

政策制定提供参考。

4. 中国对韩国文化传播的新闻报道和评论来源

通过中国对韩国文化传播的 494 篇新闻报道和评论来源的追踪，本研究在中国对韩国文化传播的新闻报道和评论来源与数量方面进行了详细的统计，具体分布如下。

人民网系列：包括人民网各频道、《人民日报》、《人民日报》（海外版），共有报道 294 篇。

新华网系列：包括新华网、新华社、《新华日报》等，共有报道 129 篇。

各省市日报：《吉林日报》《辽宁日报》等，共有报道 37 篇。

中国新闻网：共有报道 22 篇。

其他中央媒体：如央视网等，共有报道 12 篇。

利用 Divominer 平台对新闻报道和评论来源生成词云图，如图 3 所示。

图 3　新闻报道和评论来源词云

从这些数据可以看到，人民网、新华网是刊发中韩文化传播新闻的主要来源，占较大比例。此外，中国新闻网、各省市日报、其他中央媒体和地方媒体对韩国文化传播有所报道。

中国对韩国文化传播的新闻报道和评论来源主要有以下特征。

人民网系列占主导地位，数量达 294 篇。人民网国际频道和人民网韩国频道是主要来源；其次是《人民日报》和《人民日报》（海外版）。新华网系列紧随其后，数量为 129 篇。在该系列中，新华网是数量最多的来源。各省市日报在整体中也占据一定比例，共计 37 篇，其中《吉林日报》数量相对较多。中国新闻网有 22 篇（见图 4）。

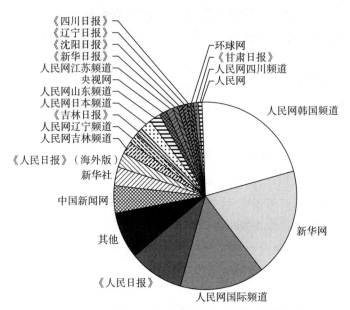

图 4　中国对韩国文化传播的新闻报道和评论来源

此外，商务部、外文局等相关部门提供了中国对韩国文化传播的新闻报道和评论。报道来源呈现整体性和多样性。

综合来看，这些数据反映了中国媒体对韩国文化传播的关注程度和报道方式。首先，人民网对韩国的文化传播最为集中，新闻报道和评论涉及的领域非常广泛。其中，人民网国际频道有大量的韩国相关报道，显示了人民网作为国际频道，在报道国际新闻和进行跨国文化交流方面的重要性。人民网韩国频道是中国媒体对韩国文化传播报道数量最多的频道，表明人民网作为中国主要的新闻媒体，对韩国文化传播非常关注，投入了较多的资源。其次，除了人民网系列外，其他媒体如新华网、中国新闻网等也有一定数量的相关报道，显示了中国各大主流媒体对韩国文化传播的普遍关注，意味着韩国文化在中国具有较大的影响力。

媒体报道机构多元化。中国媒体对韩国文化传播报道涵盖了多个报道机构，包括人民网系列、新华网、央视网等，这显示了不同层面和领域的媒体都对韩国文化传播持有关注。

主流媒体关注度高。人民网韩国频道以及人民网国际频道等的报道，显示了主流媒体对韩国文化传播的高度关注。

彰显主流媒体影响力。人民网作为中国主要的新闻媒体之一，对韩国文化传播的报道量大，这反映了它在国内媒体领域具有很高的影响力和报道优势。中国媒体对韩国文化传播的广泛报道为中韩两国的文化交流提供了平台和契机，有助于加深两国人民之间的友谊。

注重舆论引导和国际形象塑造。中国媒体的报道对公众舆论产生影响，能够提高韩国在中国的国际形象和品牌认知度，对韩国旅游、经济和外交等领域的发展产生积极影响。

通过中国对韩国文化传播的494篇新闻报道和评论的来源词云图，我们可以看到中国媒体对韩国文化传播的关注程度和报道方式呈现媒体报道机构多元化、主流媒体关注度高、主流媒体影响力大和中国注重舆论引导及国际形象塑造的特点。同时反映出中国媒体对韩国文化传播的报道在推动中韩文化交流、促进两国合作发展以及塑造舆论和国际形象方面的重要作用。这些报道对于增进两国人民之间的了解、促进友好交流具有积极的意义。

5. 中国对韩国文化传播新闻报道和评论的主题

在Divominer平台上，对人民网中对韩国文化传播的494篇新闻报道和评论主题关键词进行提取和统计分析，通过词云图可以初步判断在中国向韩国文化传播的新闻报道和评论中，最常见的关键词是"中韩""韩国""中国""合作"。报道通常涉及中韩友好、中韩合作、经贸往来、论坛和研讨会、青年和文化传播活动与事件等方面。这表明新闻报道和评论经常强调中韩之间的友好与合作，同时关注文化传播的国际意义（见图5）。

图5 新闻报道和评论主题关键词词云

这些关键词反映了中国在文化传播方面对韩国的关注点和报道焦点。从这些关键词可以看出，中韩之间的政治和经贸合作是重要的议题，政治领域包括中韩建交、友好活动、纪念和庆典等活动。经贸合作方面也是报道的重点，比如 RCEP、企业论坛、经贸活动、博览会等。在活动方面，韩国举办的活动是报道的重要角度，如在首尔等地的活动，以及涉及周年纪念的活动等。此外，青少年、大学生、企业家等群体也是报道的重点，展现了中国对韩国民间交流和教育合作的关注。此外，这些报道涵盖了诸如经济、教育、文学、艺术等领域的交流合作。可以看出，中国与韩国之间的文化交流不仅仅局限于传统文化，也包括现代文化和各个领域的合作交流。总之，这些关键词呈现了中国对韩国文化传播的全面关注。

从关键词中可以看出中国对韩国文化传播的关注点和报道焦点主要包括以下几个方面。

中韩外交关系。关键词中出现了中韩、周年、友好等词语，表明中国对中韩政治友好交往非常关注。中国对中韩建交 30 周年纪念活动的报道较多。值得一提的是，中国特别关注并报道了中国人民志愿军烈士遗骸被送回的相关情况，例如关键词中出现了烈士、遗骸等词语。

中韩经贸合作。关键词中出现了合作、交流、创新、论坛等词语，表明中国对中韩之间的经贸合作与交流的关切。经贸活动的举办地也集中在韩国的首尔和中国的长春、沈阳、山东等地。

中韩文化交流。关键词中出现了文化、文化交流、中韩关系、青年等词语，显示中国对中韩之间的文化交流以及中国文化在韩国的传播有一定关注。

总的来说，中国对中韩之间的合作、交流、友好关系以及相关的庆祝活动和文化传播都非常关注。此外，报道中对北京冬奥和中韩抗疫合作有所涉猎，这反映了两国之间密切的联系和共同发展的愿望。这些报道强调了两国友好关系的重要性，展示了中韩两国在文化交流领域的广泛合作。同时，这些报道反映了中国积极主动推动与周边国家文化交流合作的态度。

6. 中国对韩国文化传播新闻报道和评论的框架

通过中国对韩国文化传播新闻报道和评论主题关键词的统计分析，可以初步得到中韩外交关系、经贸往来、文化交流与合作、北京冬奥等报道框架，再通过 Divominer 平台，对全部 494 篇报道和评论的正文进行关键词提取，并生成词云图（见图6）。

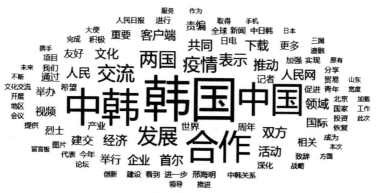

图6 新闻报道和评论的正文关键词词云

根据关键词的出现频率，可以将中国对韩国文化传播新闻报道和评论的方向进行初步的分类。

在政治经济关系中涵盖了中韩外交关系、经贸往来和中国政策等几个方面。

中韩外交关系。关键词包括中韩、两国、中韩关系、建交、大使等。

经贸往来。关键词包括经济、贸易、合作、发展、投资、市场等。

中国政策。关键词包括发展、推动、共同、推进、实现、提供等。

文化交流合作主要集中在文化交流和文化解读两个方面。

文化交流。关键词包括交流、活动、友好、合作、文化、人民、文化交流等。

文化解读。关键词包括表示、分享等。

社会文化传播涉及的方面比较分散，大致可以分为媒体新闻、文学影视、文化旅游和冬季奥运等。

综合以上分类，中国对韩国文化传播的新闻报道和评论呈现多个方向和趋势。政治经济关系方向显示了中国对中韩外交关系和经贸往来的关注，以及中国在对韩文化传播中的政策引导和支持。文化交流合作方向突出了文化交流与解读的重要性，强调了两国在人文交流方面的互动。社会文化传播方向包含了新闻媒体、文学影视、文化旅游和冬季奥运等多个子方向，显示中国对韩国社会文化领域的广泛关注。文化教育方向则关注学校教育和活动竞赛，推动两国在文化教育领域的交流与合作。

总的来说，这些关键词围绕政治经济关系、文化交流合作、社会文化传播和文化教育等主题进行了归类，反映了中韩两国在不同领域的合作和交流，推动了两国之间的关系友好。

7. 中国对韩国文化传播新闻报道和评论的框架分析

通过中国对韩国文化传播的新闻报道和评论正文关键词的抓取，2020~2022 年，中国对韩国文化传播的报道框架主要涵盖了政治经济关系、文化交流合作、社会文化传播、文化教育等几个方面，再通过 Divominer 平台对494 篇文章和评论逐一归类。

政治经济关系。中国对韩国的新闻报道和评论主要包含政治经济的内容，特别是中韩建交 30 周年之际，报道主要围绕中韩外交关系、经贸往来和中国政策展开，反映出中国在韩国文化传播中政治经济层面的关注和参与。报道涉及中韩两国之间的外交关系、两国领导人会晤、外交活动等方面的内容。这显示中国对与韩国的外交关系非常重视。中韩之间的经贸关系、合作项目、经济合作区等方面的内容反映了中国对中韩经济往来的关注和与韩国合作的愿望。中国在对韩国文化传播方面的政策、倡议、支持等方面的内容表明中国在韩国文化传播中具有一定的政策引导和支持。

文化交流合作。中国对与韩国的文化交流和合作非常关注，报道涉及两国的文化交流活动、友好合作关系以及文化产业的发展与成果等方面。这表明中国致力于加强与韩国在文化领域的交流与合作，推动两国之间的人文交流。

社会文化传播。包含了媒体新闻、文学影视、文化旅游和冬季奥运等多个子方向，这表明中国媒体对韩国文化和相关事件的关注度较高。这种趋势可能意味着中国希望通过媒体渠道传播韩国的文化成就、活动和重要事件，促进两国之间的文化交流与理解。报道涉及文学和影视作品的创作、影响力和国际交流。这反映了中国对韩国文学和影视产业的关注和认可，表明中国对韩国文学和影视作品的传播有一定的推动力。这可能意味着中国希望通过引进、推广韩国的文学和影视作品，加深两国之间在文化艺术领域的交流与合作。报道涉及文化旅游的重要性和潜力。这显示中韩两国对文化旅游的关注和认可，意味着中韩两国在旅游领域各具独特的文化吸引力。这种趋势可能意味着中国希望通过推动中韩之间的文化旅游交流，促进两国人民的相互了解和友好互动。报道突出了中国和韩国在冬季奥运方面的合作与交流。这表明中国把冬季奥运会作为文化传播的平台，希望通过与韩国的合作，在奥运会期间推广两国的文化和进行体育交流。这种趋势可能意味着中国希望借助冬季奥运会的契机，加深中韩两国在体育文化领域的合作与交流。

文化教育。主要关注活动竞赛和学校教育，通过举办活动和竞赛等，促进两国在文化教育方面的交流与合作。同时强调学校教育的重要性，这显示中韩两国都重视文化教育事业，并希望通过教育领域的合作与交流加强两国的人文联系。

这些方向和趋势表明中国对韩国文化传播具有多元化的关注点和合作领域。通过加强中韩政治互信、文化交流、社会文化传播，以及推动文化旅游、促进文化教育合作等举措，中国致力于增进与韩国的友好交流，深化双方在政治、经济和文化领域的合作与理解。

（1）政治经济关系

本研究通过 Divominer 平台，在 494 篇新闻报道和评论中逐一筛选，涉及政治经济关系框架的报道共计 335 篇，其中反映两国经贸往来的报道 135 篇，占总篇幅的 40.30%；反映中韩外交关系的报道 124 篇，占总篇幅的 37.01%；反映中国政策的报道 76 篇，占总篇幅的 22.69%（见图 7）。

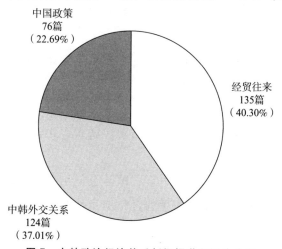

图 7　中韩政治经济关系新闻报道和评论分布

中国和韩国之间的政治经济关系一直都是两国媒体关注的焦点，中国政府对此也十分重视。2022 年中韩建交 30 周年之际，中韩两国通过各种形式的高层互访和庆祝活动来加强彼此间的联系，其中新闻报道和评论涉及了两国经济贸易、政治交往和中国政策等方面。这反映了中韩关系在文化传播领域中的重要性，同时说明了政治经济关系的发展对两国之间的合作和未来关系的发展至关重要。

经贸往来

反映中韩经贸往来的 135 篇报道主要涉及中韩经贸往来的多个领域，包括自贸区、产业合作、贸易协定、跨境电商、区域合作示范区、投资对接、合作会议等。中韩之间的经贸合作在各个领域呈现积极发展的特征，并得到双方政府和企业的支持和重视。

相关的新闻报道和评论包括《中韩自贸协定的生效和双方进口额的增长》《韩国企业支援中心在中国设立和经济学者对中国经济的看好》《中韩合作推进绿色经济、物流产业和产业园的建设》《中韩食品与流通产业跨境合作中韩示范区专场推介会顺利举办》《中日韩经贸合作在后疫情时期有望加速发展》《中韩在山东烟台自贸区设立海外离岸创新平台》《青岛与韩国釜山举办云上洽谈会，加强地方经济合作》《中韩（长春）国际合作示范区的建设和推进会议》《"科创共赢" 2022 中韩智能制造产学研合作发展论坛圆满落幕》《山东与韩国加强合作，开展经贸交流合作》等。

根据中韩经贸往来新闻报道和评论的内容，可以看出中韩经贸往来具有以下内容和特征。

①自贸区建设。中韩、中俄等国海外离岸创新平台在山东烟台自贸区落地，说明双方在自贸区建设方面有合作意愿。

②双边会议和沟通。中韩部长和官员之间的电话交流、会议和视频会议的举行，表明双方保持着经贸往来的密切联系，并就合作项目和领域进行商讨。

③经贸合作项目。涉及跨境电商、国际合作示范区建设、进口商品博览会、医疗器械产业园等多个领域的合作项目，显示了中韩开展经贸合作的范围广泛。

④双边合作机制。中韩经贸联委会会议的召开，显示中韩双方建立了

用于推动双边经贸关系发展的合作机制。

⑤持续合作意愿。新闻中涉及多个年份的活动和会议，显示了中韩双方对于经贸合作的长期合作意愿。

⑥经济合作期望。新闻中提到了中韩经贸合作有望提速，韩国专家对中国经济发展充满信心等，显示中韩双方对于经济合作的期望和积极态度。

总体而言，中韩经贸往来呈现广泛的合作领域和合作项目，双方保持着密切沟通和合作，并表达了进一步加强经济合作的强烈愿望。

中韩外交关系

反映中韩外交关系的 124 篇报道主要涉及加强中韩双边交流与合作、庆祝中韩建交 30 周年、地方政府交流以及人文交流活动等。

主要涉及中韩建交 30 周年的新闻报道和评论包括《中韩双方举行招待会，宣读中韩两国元首就建交 30 周年互致的信函》《李克强在纪念中韩建交 30 周年商务合作论坛上致辞》《栗战书对韩国进行正式友好访问》《纪念中韩建交 30 周年音乐会在首尔成功举行》《"科创共赢"首届中韩民间科技创新合作论坛暨中韩建交 30 周年科技创新系列活动启动仪式成功举办》《"纪念中韩建交 30 周年专家及青年论坛"开幕式在首尔举行》，其他关于人文交流活动和国际合作的新闻报道和评论包括《辽宁省与韩国忠清南道开展守望交流展》《韩国忠清南道与辽宁省首开中韩地方政府"云"外交》《建起高质量发展"朋友圈" 山东与日韩在经贸人才文化等领域展开深度合作》《李克强在出席东亚合作领导人系列会议期间分别同日本首相岸田文雄、韩国总统尹锡悦、菲律宾总统马科斯会面交谈》等。

这些新闻涵盖了庆祝中韩建交 30 周年的各种活动，包括高层对话、磋商、国际合作、地方政府交流以及人文交流活动等，反映了中韩两国在政治层面的交往，这些交往活动有助于增进两国之间的友谊和合作。

根据对这些新闻报道和评论的分析，可以得出以下关于中韩外交关系传播的主要内容和特征。

①两国关系的改善。中韩两国在过去几年中一直致力于改善双边关系。这包括高层互访、经济合作和人文交流的增加。双方都意识到保持稳定的中韩关系对于地区和全球的稳定至关重要。

②经济合作的增强。中韩之间的经济合作持续增强。双方在贸易、投

资和科技领域寻求更多合作机会。中韩自贸协定的签署和执行加深了两国之间的经济联系，并为双方的企业提供了更多的商机。

③地区合作的拓展。中韩在地区事务上保持密切合作。两国都致力于推动东北亚地区的和平、稳定与繁荣。此外，中韩在一些国际组织和论坛中加强协调，共同应对全球新的机遇与挑战，以及地区安全问题。

④人文交流的增加。中韩之间的人文交流也在不断增加。学术交流、文化交流和旅游等领域的合作逐渐加深。人民之间的相互了解和友谊有助于增进两国之间的互信和合作。

总的来说，中韩政治交往呈现良好的发展势头，这些特征反映了中国在庆祝中韩建交 30 周年的过程中，强调两国间的友好关系、合作机会和人文交流，旨在加深双方的互信和合作。双方都重视保持稳定和积极的双边关系。经济合作、地区合作和人文交流是中韩关系的重要组成部分，这些方面的合作将进一步促进两国关系的发展。

中国政策

反映中国政策的 76 篇报道涉及中国在与韩国的合作中中国政策强调经济合作、文化交流和区域合作、英烈回国等。这些政策体现了中国政府致力于加强与韩国的友好关系、推动共同发展的愿望和努力。

主要的新闻报道和评论包括《中国驻韩国大使馆降半旗悼念抗疫牺牲烈士和逝世同胞》《RCEP 签署！山东高水平对外开放迎来新机遇》《〈中韩（长春）国际合作示范区总体方案〉印发》《中韩"快捷通道"助力复工复产 树立合作抗疫典范》《中韩交流合作"国际客厅"启动仪式》《中韩海上高速公路搭建"八小时经济圈"》《中韩双边本币互换协议再次展期》《中韩举行海洋事务对话合作机制第二次会议》《第九批在韩中国人民志愿军烈士遗骸交接仪式在韩国仁川举行》等。

通过以上分析，可以看出中国在与韩国的合作中中国政策具有以下内容和特征。

①经济合作。中韩之间开展了多个经济合作项目，如中韩国际合作示范区、中韩交流合作"国际客厅"等。这些合作项目旨在促进双方的经济发展、推动贸易合作和共同应对全球挑战。

②志愿军烈士回国。中国政府积极组织回收在韩中国人民志愿军烈士

的遗骸，并举行隆重的迎接和安葬仪式。这一举措展示了中国对英烈的尊重和纪念，强调了中韩两国在历史和人文领域的纽带。

③文化交流。中韩之间开展了一系列文化交流活动，如脱贫工作成就展、中韩智库媒体对话研讨会等。这些活动旨在增进两国人民的相互了解、加强文化交流与合作。

④区域合作。中国与韩国在区域合作方面保持密切联系，如中韩双边本币互换协议展期、海洋事务对话合作机制会议举办等。这体现了双方在促进地区稳定、推动共同发展方面的共识和努力。

总体而言，这些新闻报道和评论突出了中韩之间在经济交流和文化交流方面的合作。中国通过传播政策，强调了两国之间的合作关系，鼓励双方在多个领域深化合作。报道中提及的中韩（长春）国际合作示范区总体方案以及中韩交流合作"国际客厅"等，展示了中国政策的示范作用。这些政策通过搭建平台、提供便利措施等方式，促进了中韩之间的交流与合作，为其他地区或国家提供了借鉴和学习的范例。关于中国人民志愿军烈士遗骸回国仪式的报道，展示了中国对英烈的敬意和纪念，传递了中韩友好的信息。这些报道表明中国政策在传播中强调历史纪念和人文关怀，通过回顾历史事件和纪念英烈来加强中韩之间的情感联结。

中国对韩国进行政策传播的意义在于加强双边合作、树立示范、传递友好与纪念。这些政策的传播有助于加深中韩两国的合作和交流，推动两国关系的发展与增进彼此间的了解与友谊。

（2）文化交流合作

本研究通过 Divominer 平台，在 494 篇新闻报道和评论中逐一筛选，涉及文化交流合作的报道共计 282 篇，其中文化交流报道 193 篇，占总篇幅的 68.44%；文化合作报道 79 篇，占总篇幅的 28.01%；文化解读报道 10 篇，占总篇幅的 3.55% *（见图 8）。

中韩通过线上和线下互动举行各种不同的文化交流合作活动，例如艺术展览、文化节、演出等。这些报道强调两国间文化交流的积极性和成果，旨在加深双方人民的了解和友谊。同时，反映中韩在教育和学术领域的合

---

* 本文对此不再详细说明。

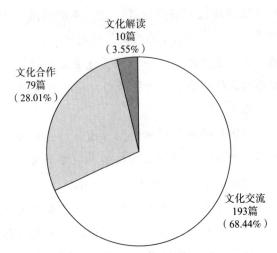

图8 中韩文化交流合作新闻报道和评论分布

作，如举办学术研讨会、开展学术交流访问等的报道着重于加强两国教育和学术界的合作，促进知识和经验的交流。中韩之间举行了多场旅游和体育交流活动，如旅游推介会、体育赛事等，这类报道关注两国间旅游业和体育界的合作与互动，有助于促进旅游业的发展和两国人民之间的互动。反映中韩在电影和娱乐领域的合作，如电影合拍、艺人交流等的报道关注两国影视产业的合作与交流，有助于丰富两国电影文化、拓展市场和观众。

这些新闻报道和评论具有积极的传播意义，它们通过展示中韩之间的文化交流与合作，促进两国关系的发展和深化。这些报道可以消除文化隔阂和误解，增进中韩两国人民的相互了解和友谊。同时，报道中韩合作项目和成果，可以吸引更多的机构和个人参与到文化交流与合作中，促进各领域的合作和发展。

此外，这些新闻报道和评论有助于推动旅游业和文化产业的发展。展示中韩之间的旅游和体育交流活动，可以吸引更多观众，增加旅游收入和促进文化产品的销售。同时，报道电影与娱乐合作，可以推动两国影视产业的发展，扩大市场和观众规模。

在传播意义方面，这些报道有助于塑造中韩两国的国际形象。展示两国的积极合作和文化交流，可以树立两国友好、开放、合作的形象。总体而言，这些新闻报道和评论的传播意义在于促进中韩两国之间的文化交流合作，推动两国关系的发展，增进人民之间的相互了解与友谊，促进旅游业和文化产业的发展。

文化交流

193篇反映文化交流的新闻报道和评论涉及中韩友好交流与纪念活动、影视艺术文化交流、经贸合作与科技创新、教育与人文交流，以及社会交流与民间活动。这些报道反映了中韩两国在各个领域进行的广泛文化交流与合作，涵盖了政府间合作、艺术展览、音乐会演出、影视展映、经贸洽谈、科技创新、教育交流、青年交流等多个方面。这些交流活动展示了两国之间深化了解、加强友谊、促进互利合作的努力。

反映中韩友好交流与纪念活动的主要新闻报道和评论包括《纪念中韩建交30周年中韩友好论坛在首尔举行》《"纪念中韩建交30周年演讲会"在韩国釜山举行》《纪念中韩建交30周年音乐会在首尔成功举行》《"庆祝中韩建交30周年"美术交流展在韩开幕》等。

反映影视艺术文化交流的主要新闻报道和评论包括《"亚洲之光"中国华语影展〈不老奇事〉展映及创作交流会在首尔举行》《第八届中韩青年梦享微电影展在京落幕》《中国电影特别放映展11月在韩举行》《2022中韩友好之夜音乐歌舞晚会在沈阳举办》《第二届岁寒松柏"秋史杯"中韩青少年书法大赛颁奖典礼在韩举行》《2022中国（沈阳）韩国周在沈阳开幕》等。

反映经贸合作与科技创新的主要新闻报道和评论包括《中日韩专家：抓住RCEP机遇务实推动三国经贸合作》《经贸互利合作助力韩中关系健康稳定发展》《第二届韩国（山东）进口商品博览会在威海国际经贸交流中心召开》《第二届中韩科技创新企业家论坛举行》等。

反映教育与人文交流的主要新闻报道和评论包括《威海聚首共叙"金桥情"！中韩人才云上交流添彩"黄金路"》《第九届郑律成童谣节大赛在韩国光州举行》《"汉语桥俱乐部首尔站"揭牌仪式在韩举行》《"汉语桥"俱乐部在韩国成立》《第十四届中韩媒体高层对话聚焦新起点上两国发展与未来》等。

反映社会交流与民间活动的主要新闻报道和评论包括《韩国全罗北道—中国友城线上围棋友谊赛落幕》《"90后眼中的中韩友好合作"短视频大赛

获奖作品揭晓　9件作品脱颖而出》《江西省青年联合会参与第二届中韩科技创新企业家论坛》《中国驻釜山总领馆举办"温暖迎春""春节包"发放仪式》《中国驻韩国大使馆举办旅韩侨界新春座谈会》等。

根据对上述新闻报道和评论的分类，可以看出在中韩文化交流中，中国对韩国文化传播的主要内容和特征如下。

①中韩友好交流与纪念活动。这一类报道涉及了中韩建交30周年的庆祝活动、友好论坛、纪念演出等。中国通过组织各种纪念活动和论坛来加强中韩两国之间的友好关系，并进一步促进两国人民之间的交流与了解。

②影视艺术文化交流。中国华语影展在首尔的展映及创作交流会、中韩建交30周年音乐会等报道体现了中韩两国在影视文化领域的交流与合作。中国通过在韩国展示华语电影、举办音乐会等方式，向韩国观众展示中国的文化艺术成就，促进两国之间的文化交流。

③经贸合作与科技创新。中韩科技创新企业家论坛等报道反映了两国在经济和科技领域的合作。中国通过促进经贸合作和科技创新，加强了与韩国在这些领域的联系，推动了双方的共同发展。

④教育与人文交流。中韩公共外交论坛、中韩媒体高层对话、汉语桥俱乐部等报道突出了教育和人文交流的重要性。中国通过举办论坛、成立俱乐部等方式，促进了中韩在教育、媒体等领域的交流与合作，增进了两国人民之间的了解和友谊。

⑤社会交流与民间活动。中国与韩国的友好城市围棋友谊赛、中韩友好合作短视频大赛等报道反映了两国在社会交流和民间活动方面的合作。通过举办友好赛事、短视频大赛等活动，中国与韩国的民间交流得以深化，促进了两国人民之间的互动和交流。

总体来说，中国对韩国文化传播的特征是多领域、多层次的交流与合作。中国通过各种形式的活动和合作，以多角度展示自身的文化艺术成就，并与韩国分享经验和资源。同时，中国致力于加强中韩两国人民之间交流与互动，通过举办论坛、俱乐部、赛事等，鼓励两国人民参与其中，增进了解和友谊。此外，中国注重经贸合作和科技创新，通过加强与韩国在这些领域的联系，推动双方的共同发展。这种多领域、多层次的文化传播和交流活动体现了中国对韩国文化传播所具有的综合性和多样性的特点。

此外，这些报道显示中国对于中韩文化交流的重视和努力。通过举办纪念活动、影视展映、音乐会等方式，中国不仅展示自身的文化成就，也重点关注及认可韩国文化。中国在文化传播中注重人文交流、民间活动和教育合作，从而培养人才、加强人民之间的联系，并推动两国关系的深化与发展。

总体而言，中国对韩国文化传播的主要内容和特征是多领域、多层次的交流合作，注重影视文化、经贸合作、教育交流和人文互动。这种综合性的文化传播有助于加强中韩两国的友好关系，促进双方人民之间的交流与理解，推动两国在各个领域的合作与发展。

文化合作

79篇反映中韩文化合作的新闻报道和评论涉及艺术展览、科技合作、教育交流等。它们有助于增进两国间的友谊与合作，促进文化交流与互鉴，推动经济发展，提升国家形象与软实力。

文化合作的主要新闻报道和评论包括《王清宪：发挥中韩"国际客厅"虹吸效应 打造高质量对外开放高地》《首尔中国文化中心举办中韩合作抗疫展》《中日韩智慧城市线上研讨会成功举办》《探索中日韩合作新模式》《中韩签署关于经典著作互译出版的备忘录 开启两国人文交流互鉴新阶段》《长春大学旅游学院中韩融创产业学院、中韩服装时尚设计研创中心成立暨合作协议签署仪式举行》《2021中韩跨境电商产业创新合作论坛在南京举办》《人民网与韩国国际文化交流振兴院签署合作协议》等。

根据对上述新闻报道和评论的分类，可以看出中韩文化合作中，中国对韩国文化传播的主要内容如下。

两国在文化领域开展广泛的交流与合作，包括视觉艺术展览、演出和展示，促进中韩艺术合作。通过孔子学院合作，推动中文教育和文化交流。组织中韩智慧城市、智能制造等领域的线上研讨会和论坛，促进科技创新与产学研合作。文化中心的设立，为两国民众提供了一个了解彼此文化的平台。跨境电商合作，推动中韩之间的贸易和商业交流。银行、经贸机构和大学之间的战略合作，加强经济、金融和人才交流。教育合作，提供留学生金融和通信服务，并举办中韩语言专家座谈会等。体育竞技合作，强调在体育领域建立合作与友谊。

中韩文化合作中，中国对韩国文化传播的特征包括以下几个方面。

①多领域合作。中韩在文化、经济、科技、体育和教育等多个领域进行合作，展示了广阔的合作空间。

②双向交流。中国与韩国之间的文化传播是双向的，不仅有中国文化在韩国的传播，也有韩国文化在中国的传播。

③多层次合作。除了政府间的合作，还有企业、机构和大学之间的合作，形成多层次、多方面的交流与合作。

④科技驱动。中国的智能技术为韩国的智慧防疫提供支持，体现了科技在文化传播中的重要作用。

⑤长期合作。通过签署合作协议、建立合作机构等形式，中韩之间的文化合作呈现长期稳定的发展趋势。

总体而言，中国对韩国文化传播的主要内容包括艺术展览、科技合作、教育交流等，特征则体现在多领域合作、双向交流、多层次合作、科技驱动和长期合作等方面。

（3）社会文化传播

本研究通过 Divominer 平台，在 494 篇新闻报道和评论中逐一筛选，涉及社会文化传播的报道共计 147 篇，其中涉及多元文化的报道 51 篇，占总篇幅的 34.69%；传统文化的报道 46 篇，占总篇幅的 31.29%；文学影视的报道 18 篇，占总篇幅的 12.24%；冬季奥运的报道 14 篇，占总篇幅的 9.52%；文化旅游的报道 9 篇，占总篇幅的 6.12%；文化研究的报道 5 篇，占总篇幅的 3.40%；文化产业的报道 4 篇，占总篇幅的 2.72%（见图 9）。

中国对韩国社会文化传播包含了多元文化、传统文化、文学影视、冬季奥运和文化旅游等多个子方向，这表明中国媒体对韩国文化和相关事件的关注度较高。这种趋势可能意味着中国希望通过媒体渠道传播韩国的文化成就、活动和重要事件，促进两国之间的文化交流与理解。报道涉及文学和影视作品的创作、影响力和国际交流。这反映了中国对韩国文学和影视产业的关注和认可，表明中国对韩国文学和影视作品的传播有一定的推动力。这可能意味着中国希望通过引进、推广韩国的文学和影视作品，加深两国在文化艺术领域的交流与合作。报道涉及文化旅游的重要性和潜力。这显示中韩两国对文化旅游的关注和认可，意味着中韩两国在旅游领域各

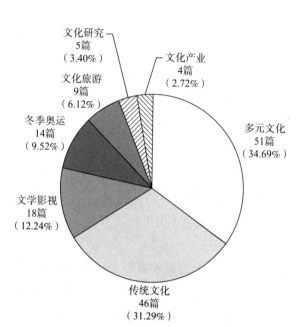

图 9   中韩社会文化传播新闻报道和评论分布

具独特的文化吸引力。这种趋势可能意味着中国希望通过推动中韩之间的文化旅游交流，促进两国人民的相互了解和友好互动。报道突出了中国和韩国在冬季奥运方面的合作与交流。这表明中国重视把冬季奥运会作为文化传播的平台，希望通过与韩国的合作，在奥运会期间推动两国的文化和体育交流。

中国的关注和推广也有助于加深中韩两国在新闻媒体、文学、影视、文化旅游和冬季奥运等领域的合作与交流，进一步促进两国人民的互动与合作。这种传播和交流的努力有助于增进两国之间的友好关系，并促进亚洲地区的文化多样性。

多元文化

涉及多元文化的 51 篇新闻报道和评论涵盖了中韩之间在 2020~2022 年的文化交流活动、经济合作和产业交流、纪念和庆祝活动，以及外交交流和友好城市关系等方面。中国积极参与韩国的各类活动和合作，展示了两国之间的友好关系和文化交流的广泛性。

涉及文化交流活动的主要新闻报道和评论包括《第六届中韩人文学论坛举行》《中韩大学生演讲大赛总决赛暨颁奖仪式在京成功举办》《第二届

中韩青年＆留学生"CHINA 路"短视频大赛启动 42 支队伍参赛》《中韩文化艺术交流展"城市图鉴"在沈阳开展》《纪念中韩建交 30 周年音乐会在首尔成功举行》《中韩围棋 10 人对抗赛 韩国队暂反超中国队》《"中韩青年交流歌曲大赛"决赛暨颁奖典礼在韩举行》《大熊猫"华妮"在韩国产下雌性熊猫宝宝》《三星杯决赛将上演中韩"巅峰战" 柯洁、申真谞三番棋争冠》等。

涉及经济合作和产业交流的主要新闻报道和评论包括《"双 11"战绩在韩引关注》《2020 梵净山抹茶产业发展高端对话 中日韩专家赴会》《贵州省与韩国忠清南道缔结友好省关系 5 周年纪念活动——中韩青少年网络围棋赛成功举办》等。

涉及纪念和庆祝活动的主要新闻报道和评论包括《中国驻韩使馆举行庆祝中华人民共和国成立 72 周年招待会》《韩国举办中韩建交 30 周年纪念演出》《"庆祝中韩建交 30 周年"美术交流展在韩开幕》《"中韩共同抗战"专题展览在中国人民抗日战争纪念馆开幕》《韩国举办中韩建交 30 周年纪念演出》《"庆祝中韩建交 30 周年·U-Star 30 中韩大学生才艺大赛"在韩举行》等。

涉及外交交流和友好城市关系的主要新闻报道和评论包括《辽宁丹东与韩国首尔衿川友好交流合作"云签约"》《湖北洪湖与韩国扶安郡结为友好城市》《中国驻釜山总领馆向韩国各界宣介党的十九届六中全会精神》《"中韩文化交流年纪念活动"在青举行 奏响中韩文化交流新乐章》等。

这些报道表明中国对韩国多元文化传播的特征包括以下几个方面。

①多领域覆盖。中国的多元文化传播涉及动物保护、文化艺术、体育赛事、经济合作、纪念活动等多个领域，展示了两国在各个方面的合作和交流。

②高层支持。中国驻韩国使馆和领事馆积极组织和参与各种活动，举办庆祝活动和纪念活动，显示了政府层面对文化传播的重视和支持。

③交流平台。通过举办各种论坛、展览、演出和比赛等活动，中国为中韩两国的学者、艺术家、运动员和年轻人提供了交流与展示才华的平台。

④友好城市关系。中韩之间的友好城市关系得到加强和发展，通过签约、交流和合作活动促进了两国人民之间的交往和了解。

⑤纪念性活动。通过举办纪念中韩建交、重要历史事件和重要日期的活动，加强两国人民之间的情感联系。

综上所述，中国对韩国多元文化传播的内容丰富多样，体现了两国在各个领域的合作与交流，并展示了中韩友好关系的深度和广度。这些活动和报道有助于增进两国人民的了解和友谊，推动两国文化交流与合作的进一步发展。

传统文化

涉及中国对韩国传统文化传播的 46 篇新闻报道和评论涵盖了语言教育、音乐表演、戏剧演出、学术研讨会、节日庆祝活动、美食文化交流、艺术展览、非遗展示和青少年活动等多个方面。通过这些举措，中国努力促进中韩两国之间的文化交流与合作，并展示中国传统文化的魅力和多样性。

关于语言教育的主要新闻报道和评论包括《"汉语桥"比赛韩国赛区决赛以线上形式举行》《"第 13 届韩国小初中生中文演讲比赛"在线举行》《中韩语言专家召开线上座谈会纪念"联合国中文日"》等。关于音乐表演和戏剧演出方面的主要新闻报道和评论包括《中国精品剧目首登韩国最大文化艺术展演平台》《通讯：从草原到剧院 中国内蒙古马头琴交响乐"奏"出世界风》《第三届中国戏剧朗读演出在韩国举行——展现中韩艺术合作的活力》等。学术研讨会包括《2020 中国长白山健康论坛举行》《2020 梵净山抹茶产业发展高端对话暨中日韩茶文化国际学术研讨会在江口县举行》《中日韩三国陶艺家线上切磋"明州问陶"中韩两地同步开幕》等。节日庆祝活动包括《2020"天涯共此时-中秋节"线上文化周活动在韩国拉开帷幕》《迎春之声，友好之歌 2021 韩国"欢乐春节"线上系列活动拉开帷幕》《"欢乐春节"韩国系列活动云端开幕》等。美食文化交流包括《中韩美食节开幕》《"2021 美美与共·中韩美食文化交流会"在京举办》。艺术展览和非遗展示包括《世界非遗"龙泉青瓷"扎根落户首尔中国文化中心》《"飞扬和平，潍坊——风筝之都走世界"山东潍坊非遗展在韩开幕》《山东潍坊非遗展在韩国线上线下同步举行》《"云上"会友 中日韩名家线上书法展开幕式暨线上笔会举行》等。青少年活动包括《第二届岁寒松柏"秋史杯"中韩青少年书法大赛颁奖典礼在韩举行》《以棋会友 韩国全罗北道—中国友城线上围棋友谊赛圆满收官》等。

上述新闻报道和评论体现了中国对韩国传统文化传播的以下内容和特征。

①语言教育和交流。中国通过举办中文大赛、汉语桥比赛和中文演讲比赛等活动，推动中韩之间的语言教育和交流。

②跨领域的文化交流。中国通过音乐表演、戏剧演出、艺术展览和非遗展示等形式，展示了中国传统文化在不同领域的丰富性和魅力。

③节日庆祝活动。中国通过举办中秋节、春节等传统节日的线上文化周活动和系列活动，让韩国人民亲身体验中国传统节日的文化内涵。

④学术研讨会。中国举办的健康论坛、茶文化国际学术研讨会和书法展开幕式等活动，助力加强了中韩学术界和文化界的交流与合作。

⑤青少年活动和竞赛。中国通过举办青少年中文秀、青少年书法大赛和围棋比赛等活动，促进了中韩青少年之间的文化交流。

⑥双向交流和合作。中国的传统文化传播不仅是向韩国传播，还展现了中韩两国之间的艺术合作、美食交流和友好关系。

总体而言，中国对韩国传统文化的传播旨在增进两国人民的相互了解和友谊，展示中国传统文化的多样性，并通过各种形式的交流活动促进中韩两国的文化交流与合作。

文学影视

涉及中国对韩国文学影视传播的18篇新闻报道和评论涵盖了影视作品、图片展览等内容，中国对韩国文学影视传播的特征是积极推动两国间的文化交流与合作，增进中韩两国人民之间的了解与友谊，丰富两国文化的多样性。

根据上述新闻报道和评论，可以总结出中国对韩国文学影视传播的以下内容和特征。

①文学影视合作与交流。中国与韩国在文学影视领域展开了一系列的合作与交流活动。这包括中韩青年梦享微电影展、中韩青年影像大赛、亚洲之光影片展映等。这些活动为中韩两国的年轻影像工作者提供了展示才华、交流经验的平台。中韩两国举办了多个文学交流活动，例如，中国作家的作品与韩国读者见面、中韩建交30周年纪念画册出版仪式等。这些活动旨在促进两国之间的文学交流与合作。

②艺术作品传播。中国的经典剧目和优秀华语影片通过各种展映、放映活动进入韩国市场，与韩国观众见面。这些活动提供了韩国观众欣赏中国文化艺术作品的机会，并促进了两国间的文化交流。

③脱贫成就展示。中国的脱贫成就在韩国举办了图片展和展览活动，向韩国观众展示了中国在减贫领域所取得的进展。这有助于增进两国人民对彼此国家发展成就的了解和认知。

冬季奥运和文化旅游

中国对韩国宣传的涉及冬季奥运的报道有 14 篇，文化旅游的报道有 9 篇，中国对韩国冬季奥运的传播强调了韩国运动员的积极备战和支持，以及中韩间的友好交流合作。在文化旅游方面，通过线上展播、图片展和庆典等，向韩国观众展示了中国的旅游资源和文化特色，并强调了两国在文化旅游领域的交流合作。

中国对韩国在冬季奥运和文化旅游传播方面的内容和特征如下。

冬季奥运相关报道主要涉及以下几个方面。韩国运动员积极备战北京冬奥会，突出他们的积极态度和参与。中韩冰壶交流活动顺利举行，强调友好合作。韩国官员重申积极支持北京冬奥会，展示合作意愿。韩国举办活动声援北京冬奥会，表达支持。北京冬奥会将增强国际青年友好交流，强调友谊合作的意义。庆祝中韩建交 30 周年暨北京冬奥会应援活动，突出了两国友好关系。

文化旅游相关报道主要涉及以下几个方面。云·游中国线上展播活动向韩国推出，展示中国旅游资源。北京大兴国际机场图片展和中国西部图片展在韩国开幕，强调中国旅游景点和文化。第九届"首尔·中国日"活动云端举行，加强中韩文化旅游交流。韩国担任"一会一节"主宾国，展示两国文化旅游合作。敦煌文博会促进中韩交流合作，凸显文化交流的重要性。

文化研究与文化产业

在中国对韩国社会文化传播中有关文化研究的报道 5 篇和文化产业的报道 4 篇，占总篇幅的比重并不高。简单梳理中国与韩国在文化研究与文化产业方面的新闻报道和评论总结如下。

文化研究方面的报道。在首尔举行"中国共产党百年和中国发展研讨会",探讨中国共产党百年发展历程与中国的发展。在首尔举行"韩国新政府执政后的中韩合作与愿景"中韩专家研讨会,探讨两国合作前景与愿景。召开"中韩建交 30 周年及中韩关系未来"联合学术会议,研究中韩关系发展与未来方向。在韩国举行"韩国独立运动与中国"国际学术研讨会,讨论韩国独立运动与中国的相关议题。隆重举行"庆祝中韩建交 30 周年"《品读中国》座谈会,强调两国建交 30 周年的重要意义。

文化产业方面的报道。强调电竞在危机中的成长,并探讨其发展现状和前景。在陕西建设"中韩直播基地",强调两国在直播产业领域的合作。成功举办"天涯共此时-中秋节"品牌活动,突出中韩文化的交流与融合。举行首届中韩棒球产业线上发展论坛,促进中韩棒球产业的合作与发展。

这些报道凸显了中韩在文化研究和文化产业领域的合作与交流。报道涵盖了举办的各种活动、论坛和会议,突出了两国之间的合作关系和纪念重要事件。这些报道旨在传达中韩之间的文化交流成果、合作前景和学术研究成果,促进两国之间的理解和友好关系。

(4) 文化教育

中国对韩国传播中,文化教育的报道共计 45 篇,其中学校教育报道 13 篇,占总篇幅的 28.89%;活动竞赛报道 31 篇,占总篇幅的 68.89%;语言研究报道 1 篇,占总篇幅的 2.22%(见图 10)。

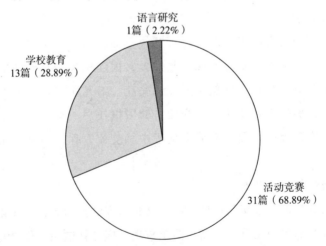

图 10　中韩文化教育新闻报道和评论分布

根据上述新闻报道和评论，中国对韩国在文化教育方面的传播内容主要包括以下几个方面。

①教育合作与交流。报道中提到了多个中韩教育合作的案例，涵盖了知名人士教育培训课程、孔子学院合作论坛、中韩大学的合作项目等。这表明中国在 2020~2022 年积极推动中韩之间的教育合作与交流，并且在韩国开设了多个教育培训项目和研究中心。

②高校合作与建交纪念。报道中提到了中韩大学之间的合作项目、建交 30 周年的庆祝活动等。这说明中国重视加强与韩国高校之间的合作与交流，并且通过举办庆祝中韩建交纪念活动来强化两国之间的友好关系。

③青年交流与文化传播。报道中涉及了许多青年交流活动和文化赛事，如青年影像大赛、演讲比赛、短视频大赛等。这显示中国注重促进中韩青年之间的交流与合作，并且通过文化赛事来传播中华文化和中韩友好合作的理念。

中国对韩国在文化教育方面的传播内容主要呈现了积极推动教育合作与交流、采用在线举办方式、加强高校合作与建交纪念，以及促进青年交流与文化传播等特征。这些传播趋势表明中国重视与韩国的合作与交流，并通过多种方式推动两国之间在教育、文化和科研领域的合作与发展。

总　结

中国对韩国文化传播的新闻报道和评论（2020~2022）具有多方面的特征和意义，其中最重要的包括政治经济关系、文化交流合作、社会文化传播、文化教育等几个方面。

2020~2022 年，中国对韩国的新闻宣传报道呈现了以下内容和特征。

政治经济关系。报道主要涵盖中韩外交关系、经贸往来和中国政策等方面。重点关注中韩建交 30 周年，反映了中国在韩国文化传播中的政治经济关注和参与。

文化交流合作。报道突出了两国之间的文化交流、文化合作和文化解读。表明中国致力于加强与韩国在文化领域的交流与合作，推动人文交流。

社会文化传播。报道涉及多元文化、传统文化、文学影视和冬季奥运等方面。反映了中国媒体对韩国文化和相关事件的高关注度，表明中国希望通过媒体渠道传播韩国的文化成就和重要事件，促进两国文化交流与理解。

文化教育。报道关注活动竞赛、学校教育和语言研究，强调文化教育领域的交流与合作。显示中韩两国对文化教育事业的重视，通过教育领域加强人文联系。

总的来说，2020~2022年中国对韩国的新闻宣传报道在政治经济关系、文化交流合作、社会文化传播、文化教育等方面展现广泛的内容和特征。这些报道对于加强中韩关系、促进双方合作与交流、提升双方形象和互信具有重要的传播意义。通过这些报道，中国可以借助媒体渠道加强对韩国文化的传播，推动两国之间的文化交流与合作，促进两国关系的发展与深化。此外，报道能够推动中韩在经济、文化教育等领域的合作与创新，促进共同发展。总体而言，中国对韩国的新闻宣传报道在增进双方了解、加强合作、促进友好关系方面发挥重要的传播作用。

考虑到目前中韩关系处在一个敏感期，未来要提升中国对韩国的新闻宣传报道和文化传播的传播效果、改善中韩政治关系，可以考虑采取以下措施。

①加强外交交流与对话。加强中韩两国之间的外交交流与对话，通过高层互访、外交磋商、政府间对话等形式，增进双方的政治互信，解决存在的分歧和问题，并共同制定促进两国关系发展的政策。积极回应和解决中韩之间出现的问题。通过开展对话、协商和合作，共同应对共同关心的议题，增加合作成果，减少潜在的矛盾和摩擦。

②建立长期合作机制。建立中韩之间的长期合作机制，确保合作的可持续性和稳定性。通过签署合作协议、建立合作平台等方式，促进双方在政治、经济、文化等领域的合作，并为深化关系提供坚实的基础。强调中韩两国在政治、经济、文化等领域的互惠互利合作。通过宣传两国之间的合作成果、共同利益和发展机遇，展示双方互利合作的正面影响，以增强韩国民众对中国的正面认知。

③强调共同价值观与文化交流。加强中韩之间的文化交流与合作，推动两国人民之间的相互了解和友好互动。通过文化活动、艺术交流、影视作品等方式，宣传韩国优秀的文化成就和独特魅力，增进中韩民众之间的情感。强调中韩两国共同的价值观，如和平、发展、合作、多样性和包容性等。通

过宣传两国在这些共同价值观上的共识，促进相互理解，减少误解和偏见。

④加强人文交流和民间交流。在教育、青年交流、体育、旅游等领域推动中韩之间的人文交流。通过提供奖学金及举办文化交流活动、体育比赛等方式，促进两国人民的相互了解和友谊，提高民众之间的情感联结。鼓励中韩之间的民间交流，包括学术交流、青年交流、文化交流等。通过组织交流活动、学术研讨会、文化节庆等，促进两国人民之间的直接接触和交流，加深相互了解。

⑤加强媒体合作与舆论引导。加强中韩两国媒体之间的合作与沟通，增进信息的共享和传播。通过建立定期的新闻交流机制等方式，促进两国媒体的互动与合作，减少误解和偏见。针对网络上存在的"嫌韩"和"厌华"情绪，可以通过加强互联网舆论引导来缓解民众的负面情绪。可以通过发布正面信息、推广中韩友好交流活动、搭建中韩民间交流平台等方式，积极引导互联网舆论，促进理性、友好的讨论和交流。

⑥建立互动平台和进行多渠道传播。通过建立中韩互动平台，例如中韩交流论坛、文化节、展览会等，促进两国之间的交流与合作。这些平台可以提供一个开放的环境，让双方代表和普通民众能够直接交流、分享意见和建立联系。利用多种传播渠道，包括传统媒体、社交媒体、在线平台等，提高中韩友好合作的影响力。同时，加强对外宣传工作，向国际社会传递中韩友好合作的信息和意愿。加强中韩之间的人文纽带，包括促进旅游交流、留学生交流、城市间的友好合作等。这有助于增进两国民众之间的相互了解和友谊，减少误解和偏见。

总之，要提升中国对韩国的新闻宣传报道的传播效果，改善中韩政治关系，缓和两国民众的负面情绪，需要加强双方的交流与合作，增进相互了解和友好互动，共同推动中韩关系朝更加成熟和健康的方向发展。这需要双方共同努力，增进互信、加强合作，积极解决问题，共同构建中韩关系长期稳定发展机制。

中国文化对韩国传播案例
（2020~2022 年）

1. 《习近平同韩国总统尹锡悦就中韩建交 30 周年互致贺函》

来源：人民网　时间：2022 年 8 月 25 日

2.《纪念中韩建交 30 周年中韩友好论坛在首尔举行》

来源：新华网　时间：2022 年 7 月 20 日

3.《特写："祖国接你们回家！"——记中韩双方交接第九批在韩中国人民志愿军烈士遗骸》

来源：新华网　时间：2022 年 9 月 16 日

4.《中国电信携手中韩石化打造华中地区 5G 全连接智慧工厂示范企业》

来源：人民网湖北频道　时间：2022 年 11 月 11 日

5.《"云·游中国"旅游图片视频系列线上展播活动在韩推出》

来源：新华网　时间：2020 年 4 月 2 日

6.《中国演艺产业走出去 经典剧目登陆韩国艺术市场》

来源：中国新闻网　时间：2020 年 8 月 24 日

7.《"汉语桥俱乐部首尔站"揭牌仪式在韩举行》

来源：人民网国际频道　时间：2022 年 8 月 20 日

8.《潘基文：北京冬奥会将有效增进各国青年友好交流》

来源：新华网　时间：2022 年 1 月 25 日

在古今、中西坐标中审视中华优秀传统文化的现代价值

——潘祥辉教授访谈录

潘祥辉　王　莹

嘉宾介绍：

潘祥辉，教育部青年长江学者，南京大学新闻传播学院教授、博士生导师、传播考古学研究中心主任，福建省"闽江学者"讲座教授，华夏文化促进会传播研究专业委员会副会长，浙江大学传播学博士、历史学博士后。致力于进行传播学的跨学科研究，如媒介制度、跨文化比较传播、传播考古学、政治传播学等。在学术界首创"传播失灵理论"（Communication failure theory），提出了苏联解体的"传播失灵说"，解释"五四运动"的"观众成本说"以及传播史上的"青铜时代"等，近年来主要从事中华优秀传统文化与传播、传播考古学及"日常生活"中的传播学研究。主持多个国家社科基金项目、广电总局重点项目、教育部课题、民政部课题、浙江省哲学社会科学规划课题等。主要著作有《媒介演化论：历史制度主义视野下的中国媒介制度变迁研究》《组织再造：媒介社会学的中国视角》《华夏传播新探——一种跨文化比较视角》等，发表中、英文论文百余篇。

王莹（以下简称"王"）： 潘老师您好，非常感谢您抽出宝贵时间接受这次专访。我们看到您十分关注古代中国的传播媒介以及日常生活中的传播现象，在这次中华文化海外传播大连论坛上，您的会议发言选取了中华传统揖礼作为研究对象，可以请您谈一谈其中的原因吗？您如何看待传播考古学整体的意义呢？

潘祥辉（以下简称"潘"）：好的，谢谢王莹老师的提问。我此次的研究是对揖礼的文化标识功能和国际传播价值做出阐述。我的研究一贯是关注日常生活中的一些传播现象，因为传播也好、媒介也好，很多都跟我们的日常生活相关，其中自然也包括各种礼仪。我之所以从事这一方面的研究，也是因为关注到了中国传统的人际交流或者打招呼的方式，这些都很有中华优秀传统文化的特色。我们古语讲"揖让而天下治"，一个"揖让"之礼，为什么就可以让天下得到大治呢？所以我就想对揖礼进行挖掘，研究传统揖礼的价值、功能，以及揖礼在中国社会生活中的演变，以及它的消失和复兴等一系列问题。

我发现我们传统的作揖，其实是非常好的一种打招呼的方式，它既安全卫生，又不失礼貌。我注意到浙江衢州一直在进行"衢州有礼"这样一个城市文化名片的打造。我在很多年前也与衢州政府相关人员有所接触，一直想对"衢州有礼"进行研究。

另外，研究揖礼当然属于传播考古学的范畴。因为我们所说的传播，它既包括各种器物、媒介、文字，也包括礼仪。传播考古学，其实也就是对古代的一些传播现象、传播媒介、传播制度、传播思想而做的一些正本清源的研究。所以，揖礼既是礼仪，也是一种传播，且主要用于人际传播，古代被叫作相见礼或士相见礼。古代为什么会形成这样一种揖礼？其实这和古代的祭祀有关系。因为古代"礼"的本质是礼敬天地人神，所以揖礼当中包含了"礼敬""谦让"等含义。我们今天在考证揖礼的文化内涵时，要将这一点考证出来，将之当作一个中华文化的精神标识来认识。

那么，从传播考古学的角度研究中华揖礼的前世今生，我们又该如何考证呢？首先，根据图画材料进行考证。比如我在此次会议的发言中所引述的孔子作揖图，就用了一些图像材料。其次，我用到了一些文献材料以研究揖礼在中国文化中所代表的文化内涵。此外，我所从事的传播考古学研究，不仅仅是着眼于古代，也会加强对当代文化遗留的考察。我们今天的"抱拳""拱手"就是古代作揖礼的遗留，在某些特定的场合，如赣南人家的婚礼、诞辰礼中对此还有保留。我在会议发言中梳理了揖礼的起源、内涵演变，在此基础上，研究了它的当代价值及复兴的可能性和必要性，也考察了其作为"中华名片"进行国际传播的价值。这样就把古代和当代、传统和现代、国际和国内都关联起来了，形成了一个整体论述。

传播考古学最核心的东西就是正本清源，从历史发展的脉络去考察某一个媒介，或者一个器物、一种礼仪，从文化的深层次来解析中华文化，从而帮助我们更好地理解中华文化的精髓，并在此基础上进行国际传播。

王：正如您所说，揖礼与我们中国古代"礼敬天地"都是有关系的，您在今天上午的会议主题发言中也提到了揖礼与孔子、儒家文化的关联。在您看来，中华传统揖礼作为一种精神标识，是如何影响中国思想的形成与传播的呢？

潘：揖礼，从现在的文献来看，可能在周代就已经非常普遍了。《周礼》对于揖礼的分类以及使用场合都有十分详细的记载，孔子在《论语》中也提到过揖让之礼。揖礼属于士相见礼，是古代"五礼"的一种，主要在人际交往中使用。从传播的角度来说，揖礼是华夏传播中一种特色鲜明的交际礼仪，也可以被认为是中华文化的一种精神标识。揖礼主要用来调整人际关系，《周礼》十分讲究尊卑秩序，通过不同的作揖方式来表达一种礼敬，这个礼敬的程度又有所不同，视交际对象而定。

此外，揖礼代表一种"礼尚往来"的观念。我们在作揖时，其实就是在表达一种敬意。作揖通常伴随鞠躬，以此抬高对方而降低自己，而对方同样会用揖礼来进行回敬。所以，从这个角度来说，揖礼代表了一种礼的互动，这就将"温良恭俭让"中的"让"表现出来了。从周代一直到清代，揖礼虽然存在一些变异，但整体上它还是人们在日常人际交往中经常使用的礼仪。也正是通过这种揖礼，儒家文化所推崇的谦让与礼敬、"君子人格"传承至今。

所以，要说揖礼对中国思想的形成和传播有什么影响，就在于它传达了一种"谦卑"和"礼敬"的观念。揖礼是一种非常重要的媒介，在日常生活中用于指导人们怎样同他人进行交往。通过这种潜移默化的、身体力行的方式，揖礼在"日用而不觉"中强化了传统儒家所推崇的那种主敬、谦让的思想，这对于塑造我们中国人的国民性格是有很大影响的。

近代以来，在西方思想和礼仪传入以后，中国传统揖礼受到很大的冲击。与中国推崇的尊卑与谦让品格相比，西方社会更多强调平等、强调竞争和力量，其实"握手礼"就包含了这些意思。但在传统社会，总的来说，传统的中华揖礼，对中国思想形成和传播的影响还是非常明显的，它是一种十分重要的传播媒介。

王：所以是不是可以理解为，我们对揖礼这种礼文化的提倡和呼吁，其实就是对我们自己传统文化的一种重新认识呢？

潘：对，是一种重新认识、一种重新评估。我们今天视"握手礼"为理所当然，但它的历史其实很短。反之，我们传统的揖礼有其合理性，但是我们大多数人没有意识到这一点。我们传统文化里有一些东西还是十分有价值的，甚至可以把它们重新进行创造性的转化和创新性的发展。其实，这也是我这次发言的一个最核心的观点，传统文化的"创造性转化"，也是我最想去推动的一件事情。

王：从文明和科学的角度来看，揖礼本来可以成为我们的一个更好选择，但现实是我们把见面行"握手礼"当作理所当然。

潘：是的，我们被格式化了，此前我们也没有反思。我以后将详细阐述"握手礼"在西方的起源以及在中国的传播。我的重点是想告诉大家，随着西方文化传播的不断深入，我们中国传统的很多东西逐渐因被忽视和遗忘而被埋没在历史的尘埃里，这是非常可惜的。

王：这是一个非常有价值也是任重道远的工作，期待早日能拜读到您的新作。既然揖礼是中华传统礼文化的重要表现形式，那您认为研究揖礼对于激发对传统礼文化的现代认同有何价值？

潘：首先，揖礼作为一种礼，需要通过我们的手部语言来表达，任何人在进行揖礼这个动作时，都可能会思考这一动作背后所附带的文化内涵。这种文化内涵，就是我们一直在讲的恭敬、谦让，包括尊崇秩序、注重礼尚往来等，这些是中华民族特有的文化印记。其中，特别是"敬"和"让"这两个价值理念，对现代社会生活来说，仍然是非常重要的。当今社会都讲竞争，但竞争在很多时候都演变成了一种零和游戏，每个人都想要赢，但有赢家就必然有输家。在我们中国文化的语境之下，更多强调的是一种谦让，所以也就有"孔融让梨"这样的故事。我们古代也有"射礼"，但是"射礼"更多是代表一种礼仪，至于最终射箭结果如何，人们并不是特别在意。更为重要的是，在此过程中培养、彰显一种谦卑有礼的君子人格。《仪礼》中有关于"射礼"的详细记载，其中可以看出"射礼"也是非常讲究揖让的。

此外，我们中国人十分讲究"让"，古代帝王最有美德的就是"禅让"，是把皇位"让"出来给有贤德的人。这才是我们提倡的一种美好品行，这与西方社会强调的竞争是不同的。在西方模式中，只有竞争后的胜者才能在人们的簇拥下登上领奖台。我认为，竞争固然重要，但是如若过度竞争，就会引发很多问题。所以，传统文化里的礼让、谦卑，我觉得可以给一些过激的、极端的价值观念一种缓冲。因为不是每个人都能成为最后的赢家。儒家理想所追求的就是人人都成为真君子，真君子一定是讲究礼让的。我主张复兴"揖礼"是因为揖礼承载了这样的一种理念，这种理念对于当今社会、个人都有一定的合理性。

王：是的，其实您刚才所说，就使我联想到当代年轻人可能更需要找到"竞"与"敬"之间一个更适中的程度，在默认需要追逐 KPI 的大环境下，我们仍应该保持自己的一个度。

潘：是的，因为中国的传统文化跟西方文化差异很大，我们中国人比较平和，并不崇尚争强好胜。握手本来就发源于中世纪的决斗，虽然我们今天可能无法体会这一点，"角力"这一点也被淡化，但它的起源就是如此。相比之下，揖礼中不存在威胁与被威胁，并不会带给对方心理上的压力。揖礼并不需要双方有肢体接触，对于异性之间的交往可能会更适合。西方的礼仪中还有贴面礼、吻礼等形式，中国人更是无法接受。这就是文化差异，是不同的文化传统造成的差异。

王：是啊，不同文化之间确实存在很大差异，那么我们由此进入一个更大的问题方向，您认为对古代日常生活中传播现象的关注，对于传播学的本土化研究有何重大意义？

潘：我认为日常生活中的传播现象是非常值得关注的。很多传播现象其实就在我们的日常生活中，需要做研究的人去关注这些现象。中国古代的一些传统文化或文化传统，其实也不需要去经典中寻找，它就存在于我们的日常生活之中。

我自己也做过一些相关的研究。在日常生活中，除了握手和作揖的不同之外，中国人打招呼的时候会问"你吃了吗"，这是表示一种问候，但你也不要真的理解为是在问你有没有吃饭，这种表达属于客套语范畴，更多的是交际功能。但这样一种"问候方式"在其他文化里是没有的。大概在宋朝就已经有了这种问候方式，直到现在我们也依然会在日常生活中用到。这与作揖存在一定的相似性，可以将之作为一个本土传播学的研究课题进行专门研究。

我也比较关注一些本土的民俗现象。在我看来，流传至今的民间仪式、民间信仰、民间风俗中保留了大量古老的传统文化。而这些东西是传统社会整合的重要媒介。很多传统文化不是保留在由文字记载的典籍之中，而是在日常生活当中，特别是礼仪和一些与仪式有关的文化，如婚丧嫁娶、人际交往礼节等，既是日常的，也是传统的，还是历史的。

王：是的，我非常认同您这一观点，最贴近日常的这些行为恰恰是最容易被我们忽略的，在这些行为当中，反而保留着最根本的文化传统和集体无意识。那么您认为揖礼对于同处于儒家文化圈的其他国家的影响是怎么样的？以及揖礼的跨文化比较的价值又是如何体现的呢？

潘：我对于揖礼在儒家文化圈国家，比如日本和韩国的传播没有去做非常具体的考证，但是因为同处于传统的儒家文化圈，所以揖礼至少在古代社会对它们都是有影响、有辐射的。比如说韩国人在祭孔的时候，行的也是揖礼。

复兴揖礼为什么要由我们中国学者率先提出？我觉得也是因为儒家文化的源头和大本营是在中国。关于中国的传统文化中的一些东西，还是应该由中国人来挖掘、倡议和推广。

中国拥有如此之多的文化资产，我认为从周边传播的角度来说，我们确实应该首先对自己的文化资产做一些梳理、审视及价值重估，也做一些创造性的转化工作。从传播的次序而言，可以由近及远地辐射周边，因为周边国家更容易理解这种文化，所以可以先向日本、韩国及越南等国进行辐射，接下来再传播到比如欧美、非洲等区域，循序渐进，形成一种共振效应。

王：揖礼在某种程度上有着十分显著的儒家文化特征，而儒家文化强调秩序，这与大部分西方国家的文化形成了比较鲜明的对比，您认为揖礼在实现其国际价值的过程中会遇到怎样的阻碍呢？

潘：我认为最大的问题，其实就是儒家的"礼"确实是强调秩序，这个秩序主要是一种尊卑，我们所讲的"礼"基本上是身份地位低的人向身份地位高的人表示的一种尊敬。其实揖礼也有这个含义，所以在不同的场合会根据不同的对象来行不同的礼。揖礼在经过一定的改造后，是可以国际化的。我们完全可以把它改造成一种相对平等的礼仪。揖礼只需要保留其谦让的含义即可。因为传统揖礼本身包含了礼尚往来的含义，所以我们可以在揖礼中注入一种平等的思想。因此，尽管我们传统的揖礼和西方的握手礼，可能确实存在一些观念上的冲突，但是只要我们进行创造性转化，也可以把现代的平等观念融入揖礼。

王：能否告知我们您今后的研究方向？

潘：我今后的研究方向，可能还是以华夏传播学和传播考古学为主，因为我自己是古代汉语专业出身，我对古文字包括古代的历史感兴趣。在新闻传播学界，像我这样有古代汉语专业背景的学者并不是很多，我要把这个优势发挥出来。新闻传播学都在研究新的东西，新媒体、新技术，但我会考察历史上的一些传播现象，特别是传播思想，也包括历史上的"新媒介"及其社会影响，然后借助于考据学、考古学、文字学等这些学科的研究方法，去尝试拓展我们的本土传播学研究。

我希望能把古和今、中和西关联起来，在中西、古今的多个坐标下，去审视我们古老的华夏文明，挖掘其中的传播思想、传播智慧；尝试搭建我们本土传播学的自主知识体系。我觉得就构建中国传播学的自主知识体系而言，面向历史的华夏传播学的研究是有这个潜力的。

王：通过文化考古的方式进行研究是十分有必要的，启发了我们如何更好地去看待中华文化。最后非常感谢您来参加中华文化海外传播大连论坛，我们非常荣幸能够邀请到您。谢谢潘老师。

张爱玲作品的翻译哲学与解码

——访谈金凯筠教授*

黄 华**

嘉宾介绍：

金凯筠（Karen S. Kingsbury），美国查塔姆大学人文和亚洲系教授，从事中国现代文学和电影研究及文学翻译工作。1995 年获哥伦比亚大学比较文学系博士学位，师从夏志清、王德威，曾在四川外国语大学、台湾东海大学任教。金凯筠从事张爱玲作品的翻译与研究 30 年，出版《倾城之恋》《半生缘》的英译本，2007 年《倾城之恋》一出版即轰动一时，被著名的"企鹅经典文库"收录，使张爱玲成为继钱钟书之后第 2 个进入"企鹅经典文库"的中国现当代作家。之后，《半生缘》也被收入"企鹅经典文库"。金凯筠曾接受中国外文局、中国翻译研究院的邀请来北京介绍她的翻译工作，目前她正在撰写一部张爱玲传记。

黄华（以下简称"黄"）： 金教授好！感谢您接受这次访谈。您翻译和研究张爱玲作品 30 年，我觉得可以把您称作张爱玲的"异国知音"，您的英文译文能够妥帖顺畅地传达出原作的韵味。期望通过访谈，我们能了解一位美国学者眼中的张爱玲。

金凯筠（以下简称"金"）： 我尽力而为。因为美国人眼中的张爱玲与

＊ 本文系国家社科基金后期资助项目（项目编号：21FZWB088）、中华学术外译项目（项目编号：22WZWB020）和北京市社科基金项目（项目编号：19WXB005）的阶段性成果。

＊＊ 黄华，首都师范大学文学院副教授，博士，研究方向为中国现当代文学、比较文学。访谈语言为英语，时间为 2019 年 8 月，地点在金凯筠教授任教的美国查塔姆大学。

中国人对她的理解肯定有所不同。

一 《沉香屑·第一炉香》：一个愚蠢的爱情故事

黄：您如何评价张爱玲的《沉香屑·第一炉香》？您认为它是一部典型的"张氏小说"吗？您如何看待葛薇龙？

金：如果有"张（爱玲）式小说"的说法，《沉香屑·第一炉香》算一个。这是一个有关女孩失足的故事。它是一个悲剧，发生在20世纪40年代战前的香港。其实，我认为小说中的人物今天仍然存在，或者说以某种方式存在。这是一个关于诱惑、欲望和挫折的故事，无论是在过去、现在，还是在不同的文化环境中普遍存在。我认为这是该故事具有普适性的体现。

黄：如何理解您说的普适性？

金：指的是处于不同文化中的人都能够体会到同样的感情，例如，年长的女性以某种方式利用年轻女性来获取利益，把她们变成牺牲品。这种情形在很多地方存在，我认为这是一个有趣的、在不同文化背景中值得探讨的问题。

黄：这类故事不仅东方有，西方也不少。

金：年轻人都喜欢葛薇龙。葛薇龙是一个在感官上被欲望所欺骗的女孩，我认为故事里有一个非常重要的时刻，葛薇龙开始脱离乔琪争取自己的独立。她觉得自己像磁铁一样被吸引，她想知道是什么吸引了她。张爱玲写出了葛薇龙的心声，葛薇龙知道自己爱的不是乔琪，而是喜欢与乔琪恋爱的感觉，或者说被乔琪爱的感觉。准确来说，葛薇龙知道自己不是爱上乔琪，而是留恋那种被乔琪爱的感觉。在人际关系中，这是两种不同的感情，深陷恋爱中，我们应该扪心自问：我们真的在意别人吗？别人真的在意我们吗？对我而言，这是心理上、情感上的询问。显然，经过测试，乔琪并不爱葛薇龙，他甚至直接告诉葛薇龙这一事实。因此，葛薇龙清楚地知道，自己的行为很愚蠢。但人们做的事情通常都很愚蠢，看别人的愚蠢故事是有意义的，因为我们可以观察它，借以警诫自己。

黄：我记起您提到，尽管张爱玲小说中的人物不够聪明，但他们可以提醒读者。人们当阅读这个故事时，会变得更加明智，或者从人物的命运中获得些许经验，例如，葛薇龙改变了人生轨迹，起初她只是想继续学业，但最后她完全陷落，就像"堕落的天使"一样。她的丈夫说不爱她，她不得不接受。小说结尾，当葛薇龙看到香港新年的夜景时，她觉得自己与妓女没有什么区别，并且她是自愿的。因为她认为这是真爱。这意味着她被自己的欲望所左右。

金：但是在小说中有几处表明她意识到那不是真爱，而是失败者的欲望。我非常喜欢这个故事。虽然梁太太、乔琪自私、贪婪，伤害了葛薇龙，但不能对其全面否定，因为张爱玲深入描写了他们的内心世界。我很欣赏葛薇龙与梁太太吃饭的那一段，梁太太正在切冷牛舌，想到刚刚举办的舞会，她在微笑，沉浸在自己的世界里；同时，葛薇龙也在想自己的心事。那个时候，葛薇龙比姑妈看得透彻一点，她看出姑妈陷入恋爱中。那个时刻也是张爱玲对梁太太施以同情的时刻，这个女人大多时候非常冷酷、贪婪、不好捉摸，但她也是欲望的牺牲品。当然小说中所有人都面临生存的压力，女性与男性的对抗、婢女与主人的对抗、中国人与英国殖民势力的对抗……他们在殖民地以不同的方式生活，梁太太将生存的压力转移到葛薇龙身上，借机压榨她。

黄：不少读者认为葛薇龙不得不依附姑妈，因为在那种情境下她不得不做出读书和依附姑妈的选择，也许是最好或者说是唯一的选择。

金：是的。这是一个恶作剧，在张爱玲的小说中普遍存在。我们不能忽视在张爱玲去世后出版的《小团圆》（*Little Reunions*）、《雷峰塔》（*Fall of the Pagoda*）、《易经》（*The Book of Change*）等作品，在这些自传性小说里，我们能找到一个和张爱玲相似的角色。这些故事中的女性选择了婚姻，放弃读书深造的机会，但在张爱玲和胡兰成的婚姻中，张爱玲保持经济上的独立。因此，张爱玲早期小说中的女性人物都不像张爱玲那般能干，她们依靠男人养活，没有个人的奋斗目标，葛薇龙就是这样。

黄：葛薇龙在与乔琪结婚前，就发现乔琪没有钱，也不善于赚钱。事实上，赚钱是葛薇龙的责任。

金：我注意到这个故事的潜在结构，葛薇龙是半个女主人，由司徒贤这样的男人供给她钱，这是她的经济来源。

黄：我很欣赏您对一些成语、俗语的翻译，比如"站在屋檐下，不得不低头"。我想知道您如何处理人名的翻译？比如，两个丫鬟睨儿和睇睇分别用 Glint 和 Glance，为什么不用拼音？

金：这是翻译中的一个重要问题，特别是在将中文小说翻译成英文时。用拼音翻译人名，对于英语读者而言，确实很难理解和记忆，因为拼音名字没有特点。事实上，我沿袭了大卫·霍克斯（David Hawkes）翻译《红楼梦》的做法。《红楼梦》里上百个人物，霍克斯用拼音翻译宝玉、黛玉等主要人物的名字，但对丫鬟、佣人的名字，采用直译法，即用英文对应他们中文名字的含义。我认为这是一种很好的人名译法，我很欣赏霍克斯翻译的《红楼梦》。如果把仆人的名字与一些特征相关联，就能给读者留下深刻的印象。比如，Glint 和 Glance 在英语中通常不作为人名，我用大写字母表明它们是人名，睨儿和睇睇都有"目"字旁，因此我用 Glint 和 Glance 表明她们的名字都与眼睛有关。Glint 是形容词，英语中常说"There is glint in her eyes"（她的眼睛闪闪发光）；Glance 是动词，表示匆忙一瞥，恰与睇睇的性格和经历相似。故事中，睨儿和睇睇这两个名字都与眼睛有关，她们是梁太太身边最得力的两个丫鬟，堪称左膀右臂，睇睇性格直率，像《红楼梦》里的晴雯，睨儿八面玲珑，像袭人，她们又先后与乔琪发生关系。先是睇睇因私会乔琪，忤逆梁太太，被辞退；睨儿又因为乔琪，与葛薇龙发生矛盾。两个丫鬟的性格不同，葛薇龙跟她们一样，都是梁太太吸引男人的工具。我认为睇睇起到推动故事情节发展的作用，如果睇睇不离开，梁太太就不会尽心调教葛薇龙。睇睇被辞退时，她哭了，但实际上我认为她该庆幸，能够从这场可怕的关系中撤退。（笑）

黄：我非常喜欢这一句翻译，中文大意是"睇睇返身向薇龙溜了一眼，撇嘴说：不至于短不了我，打替工的来了……"，英文译为"Glance turned and cast a glance at Weilong"，名字与动作如此契合，实在是传神之笔！

二　《半生缘》与张爱玲后期的自传性写作

黄：您能谈谈对《半生缘》的翻译吗？我认为书名的翻译很好，在直译与意译之间，富于美感。

金：对于如何翻译《半生缘》的书名，我思考了很久，尝试了很多种翻译，因为"缘"在英文里没有对应的词。最终我选择了 *Half a Lifelong Romance*，但还是有些不满意。

黄：为什么把"缘"译为"romance"？小说结尾，顾曼桢和沈世钧的关系不再是爱情。

金：我不想用"destiny""fate"来翻译"缘"，而是想选一个词，一个在英语中可以覆盖不同领域、指代很多内容的大词（big word），这个词就是"Romance"。在英语中，"Romance"是一个历史悠久、内涵广泛的单词，它起源于拉丁语"romanticus"，意思是"神秘的、奇异的、幻想的"，不仅用于爱情、恋爱关系，而且指中世纪的骑士传奇。法文中的小说叫"roman"，英文中的 romance 也源于此。因此，"romance"指的是传奇故事。

黄：再问一个关于人名翻译的问题，中国人有不同的名字——乳名、学名、原名、笔名，如何翻译？

金：我们把"乳名"翻译成"baby name"，"学名"译为"school name"，"原名"译为"legal name"，"笔名"是"pen name"。

黄：谈到"romance"，张爱玲撰写的罗曼史都与她个人的情感经历有关。您如何看待张爱玲与胡兰成的关系？

金：我谈一下最近读《异乡记》的感受。《异乡记》在张爱玲离世后出版，这是一本关于她的温州之旅的回忆录。这是一场真实的旅行，大约在1946 年初，在日本战败后，胡兰成不得不躲藏起来，次年一月，张爱玲开始了一段奇异的旅行——自上海到温州乡村。《异乡记》是一个未完成的故事，张爱玲的旅行记录在同胡兰成取得联系之前就结束了。她在旅程中发现了他的秘密，他不止有一个女人，事实上，他与另外三个女人保持亲密关系。可以想象，当他们关系破裂时，张爱玲的精神状态真的很糟糕。那时，张爱玲意识到：我不能和世界上每个女人竞争，这个男人是一夫多妻者（polygamist），他相信同时的多重爱情（multiple love affairs），他真诚地相信，可以同时拥有几个女人的爱。我读完《异乡记》后，对张爱玲和胡兰成的关系有了更深的体悟：张爱玲故事中的人物因爱情而哭泣、悲伤，很可能因为张爱玲在现实中经历了一段强烈的悲伤。但在《异乡记》之后，你会看到张爱玲的注意力转移到其他话题上，她对周围发生的事情非常感兴趣，她描述了乡村里发生的许多新鲜事。我想这使张爱玲与其小说中的人物非常不同，例如与葛薇龙很不一样，有些人认为张爱玲一生都在为胡兰成而后悔，我不赞同，我不认为张爱玲是葛薇龙。

黄：您的意思是张爱玲已经摆脱了忧郁、悲伤？

金：是的。但我并不认为张爱玲在 20 世纪 70 年代创作的小说中回顾了自己创伤性的爱情（traumatic love）故事。我不认为张爱玲经历了一种持续的心痛。我个人认为她把这段回忆作为写作材料，当她发现他（胡兰成）不会以她需要的方式回应时，她知道自己需要离开。张爱玲认为自己主要的身份是作家。

黄：张爱玲的经济来源在香港，来自宋淇夫妇的皇冠出版社。

金：张爱玲的朋友大多在香港，但她为什么不回香港？这是我一直苦思冥想的问题，我认为这与她和胡兰成关系破裂导致的伤害有关，当然这种伤害不是永久性的。有人通过张爱玲 70 年代创作的小说认为因为胡兰成，张爱玲在生活中是可悲的，但这些小说是张爱玲去世后才出版的。现在我们读那些小说，可能会认为，从 40 年代到晚年，张爱玲始终遭受与胡兰成糟糕关系的困扰。我认为对于那段关系，张爱玲仍存在焦虑，但不会影响她的余生。我们都能看到张爱玲的心理，她愿意让别人这样想，这是张爱玲神话的一部分，也是她的公众身份（public identity）的一部分，但我不认为这是她个人身份（personal identity）的一部分。我认为当她遇到赖雅时，赖雅的外表很有吸引力，赖雅可能是一个在她的生活中很有帮助的人。赖雅的年龄比张爱玲大很多，没有积蓄，但张爱玲已经习惯了没有钱的生活。这是一件很有趣的事情，她所期望的不是丈夫的经济支持。赖雅很迷人，为张爱玲打开多扇新的大门。赖雅把张爱玲推荐给朋友，帮张爱玲建起新的人脉。如果不是赖雅的介绍，张爱玲永远不会认识这些朋友。张爱玲是个倾向于隐居的人，不会特意去见别人，也不容易与他人建立友谊。赖雅有点像是张爱玲进入美国生活的第一道门（the front door）。我认为需要记住的是，赖雅为德国剧作家布莱希特·贝托尔特（Bertolt Brecht）做出过不少贡献，并对贝托尔特在美国的职业生涯有很大的帮助。因此，对于一个在美国想要创业的外国人来说，赖雅是一个"很有用"的人，能够提供很多帮助。我还怀疑赖雅帮助张爱玲从事英语写作，虽然还没有具体证据来证明这一点，但我很肯定赖雅读了张爱玲五六十年代的一些作品，并帮助她纠正了一些美国俚语。张爱玲学语言很快，所以赖雅不需要经常帮助她，可能只是提供口头建议。赖雅的英语文风真的很好，他的作品读起来令人愉快。因此，赖雅自身是一种资产，一种真正的资产，但赖雅需要钱，他很老了，并且很快就病倒了。赖雅在见到张爱玲之前就患了一次中风，我不知道赖雅是否告诉了张爱玲，当他们恋爱时，我不知道他是否坦陈了自己的健康状况。

　　黄：但中风通常是突如其来、猝不及防的。

　　金：赖雅很自信，我花了两天时间阅读他的私人文件。我对此很感兴趣，可能要花更长时间在马里兰州的图书馆读他的私人文件和信件。赖雅是个很有趣的人，相当正直（integrity）。的确，就像任何一个缺乏财富却用语言谋生的人一样，有时他会稍微利用一些人，但我没有看到他真正欺骗别人的地方。他有很强的个人道德准则，所以我认为赖雅对张爱玲可能就像对自己一样诚实。

三　我在美国翻译和讲授张爱玲

　　黄：您为什么翻译研究张爱玲？是因为夏志清先生吗？我读到夏志清和张爱玲的通信时，发现他在给张爱玲的信中有两三次提到您。

金：他这么做让我真的很感动。夏志清对我有非常深远的影响。因为他是一个非常有活力和不寻常的人。我想说他非常有个性，他可能会令人不安（disturbing），也可能令人不快（unpleasant），他可能非常矛盾（inconsistent），但他重承诺，机智，很有人格魅力。他是令人兴奋的存在（electrifying presence），是一个非常特别的人。在中国文学研究中，夏先生非常受尊敬。对我和其他所有跟夏志清学习的非中国学生（指美国白人学生及其他族裔学生）来说，夏先生发挥了非常重要的作用。对我们来说，夏先生发挥了重要的作用——证实我们，让我们觉得自己有知识和能力在中国文学领域教授和发表自己的观点。当他支持我时，我觉得"噢，我可以做到"。

黄：是夏志清先生建议您读张爱玲的小说？

金：事实并非如此。夏志清先生在 20 世纪 60 年代出版了《中国现代小说史》之后，又编译了一本《中国现代小说集》。在这本小说集中，有张爱玲自己翻译的《金锁记》，这是多年以来人们阅读《金锁记》的主要英文译本。夏志清表示，张爱玲是一个非常重要的作家，所以很多人去看那个英语文本。我读完后，当时没有留下什么印象，后来读了中文的《倾城之恋》，我才明白这个故事对我的意义。我 23 岁才开始学习汉语，你知道这个过程很漫长……当我能读懂足够多的中文之后，我才真正理解了这个故事。

黄：您能否谈谈对短篇小说《封锁》的翻译？

金：《封锁》的翻译与我写给张爱玲的信有关。在 20 世纪 90 年代初，我给张爱玲写过两封信。我很后悔自己写了第一封信，因为我觉得那是一封非常愚蠢的信，这也许就是她不给我回信的原因。尽管我认为她不会给我回信，但我还是告诉了夏志清先生，夏先生说："给她写信，给她写信！"我说自己不理解"几"这个词，不确定它是什么样的桌子。夏先生说："写信给张爱玲，问她这是一张什么样的桌子。"现在我认为和张爱玲通信是愚蠢的，因为这个问题她不感兴趣。

黄：但我认为这确实是一个问题，直到现在，我才知道"桌"和"几"之间的区别。我年轻的时候，也不知道它们的区别。这对译者来说很重要。

金：谢谢你的认同。我的意思是，我现在明白应该找一个更有趣的问题。我和夏先生当时都没有意识到这一点：如果真的想与张爱玲通信，必须找到正确的途径。但我没有找到合适的方法，也许在张爱玲晚年，她真的不想和任何新的人通信。她回应了我关于《封锁》的翻译。张爱玲回复我的原因是，刘绍铭（Joseph S. M. Lau）也写信给她，请她允许翻译《封锁》。她清楚地回复：她在仓库里或什么地方有英文的翻译。于是，我想："哇，也许她的文稿里有很多故事的英文版本。"但据我们所知，这不是真的，因为张爱玲死后，她所有文稿都被宋以朗和其他人研究过。我的意思是，张爱玲还没有把那些故事翻译成英语，但也许是已经翻译又丢失了。事实上，当张爱玲授权给我时，我已经翻译了，因为刘绍铭要求我翻译那个故事。因为刘绍铭和葛浩文（Howard Goldbatt）编译了一本新的中国现代文学选集①，他们想要一篇比《金锁记》英译本更简短的作品，所以他们要我翻译《封锁》。

黄：夏志清也抱怨过张爱玲的翻译很难读懂。

金：所以我说初读《金锁记》没有给我留下什么印象。我认为有两点原因。一是英文译本的文风并没有原著那样好，有些句子甚至令我摸不着头脑。我说的只是英文译本中的语言。二是故事内容和文化背景复杂。虽然这个故事非常感人，但很难理解。如果你不知道《红楼梦》或者《水浒传》，也不了解中国明清的历史，可能很难真正理解张爱玲故事中的描述，复杂的文化背景使这个故事更有意义。

黄：我最初读《金锁记》是在大学期间，起初并不欣赏，因为曹七巧是一个可怕的母亲，想来每个女孩都不希望有这样的母亲。后来读《中国现代小说史》时，我注意到夏志清用很长的篇幅分析《金锁记》，大段引用

---

① 指的是刘绍铭、葛浩文主编的《哥伦比亚现代中国文学选集》。Joseph S. M. Lau, Howard Goldbatt, eds. , *The Columbia Anthology of Modern Chinese Literature*, Columbia University Press, 1995.

了小说原文。

金：这个故事对夏志清意义重大，所以他给予高度赞扬。《金锁记》是一个比《沉香屑·第一炉香》更难讲解的故事，因为《沉香屑·第一炉香》比《金锁记》更具普遍性。我对《沉香屑·第一炉香》有些困惑，比如，我不太明白发生了什么，到最后会怎样进行，我不知道故事的真伪。但对于《金锁记》，我认为故事中的一切都是真的，我相信一切都可能像这样发生。如果你了解中国文化和历史，就会发现《金锁记》非常深刻、有意义和合乎逻辑。

黄：能谈一下您对张爱玲的研究计划吗？

金：我是一个学习速度很慢的人，因为我职业生涯的大部分时间在研究同样的话题，这听起来有点疯狂，但没关系，因为我的教学和工作占据了大部分时间。我认为张爱玲是那种值得多年关注的作者，所以我觉得自己很幸运。出于种种原因，我的文章、著作还没有出版，事实上，我正在做另一个翻译项目。

黄：翻译需要努力领会作者意图，特别花时间，有时翻译一首短短的小诗竟然耗费半天工夫。

金：我期望自己能够长寿，因为只有那样，才能有足够多的时间翻译张爱玲的作品。（大笑）

黄：祝愿您心想事成！再次感谢您接受采访。

国际传播视域下主流媒体时政报道的实践与思考*

——中新社"近观中国"报道评析

丁 一**

摘 要 作为我国主流媒体时评专栏代表,中国新闻社"近观中国"系列时政报道注重"以点带面,小故事呈现大智慧"的选题策划,强调"小中见大,小视角表达大主题"的角度选取,突出"求活求变,小转换阐释大理念"的话语表达,展现"有理有情,小切口塑造大品牌"的文章风格,以优质的主题内容传递主流价值,以多元的话语表达吸引海外用户关注,以主题报道的"悦读性"提升传播力,推动中国声音传得更广更远,让国外受众想了解、听得懂、愿接受。"近观中国"系列时政报道为主流媒体的国际传播提供了新的思考,即立足中国的时代特色,构建对外话语体系的理念支撑;强化报道的创新表达,优化对外话语体系的内容支撑;提升专栏的品牌效力,强化对外话语体系的思想支撑。

关键词 国际传播;时政报道;近观中国

当前,世界百年未有之大变局正在持续演进,全球文化呈现复杂多元的新态势。在国际传播场域下,中国的行为和主张也越来越受到国际社会的广泛关注。丰富对话交流议题,拓展立体传播体系,提升中国声音在国际舞台上的影响力,成为当前国际传播工作的重要内容。在此背景下,讲好生动中国故事、塑造多元国家形象、传递共同价值理念,是提升中国国际传播能力

---

* 本文系 2021 年度国家社会科学基金重大项目"中国核心术语国际影响力研究"(项目编号:21&ZD158)的阶段性成果。

** 丁一,当代中国与世界研究院调查与评价研究中心副主任,研究方向为习近平新时代中国特色社会主义思想国际传播。

的题中应有之义。

作为以对外报道为主要新闻业务的国家通讯社，中国新闻社推出的"近观中国"系列时政报道，以朴素、平实、自然的报道语言，充分、突出、集中地做好习近平总书记的相关报道，扎实推进习近平新时代中国特色社会主义思想的国际传播，把新时代精神和中国式现代化的价值意蕴润物细无声地送入海外媒体和受众心中，形成主题突出、形式多元、渠道丰富的综合报道格局，持续受到海内外受众的关注，彰显了中国主流媒体的传播力、辐射力，有效提升了中国软实力和中华文明传播力、影响力。

一 国际传播背景下"近观中国"专栏报道的特色分析

（一）选题策划：以点带面，小故事呈现大智慧

立足中国与世界的关系，以国际视角、对外报道角度集中地做好习近平总书记的报道在国内外舆论场的呈现，聚焦习近平总书记重要思想、聚焦习近平总书记核心地位、聚焦习近平总书记领袖形象，形成习近平总书记重要思想国际传播矩阵，构建起"近观中国"系列时政报道。

沿着习近平主席在泰国曼谷 APEC 会议上的外交足迹，聆听习近平主席在"大变局"之下对中国、亚洲、世界三者定位与关系的最新考量；以习近平外交思想为指引，聚焦百年未有之大变局与世纪疫情交织叠加中世界发展面临的机遇与挑战；从习近平主席中亚之行讲起，解读其中蕴含的新型国际关系的理念和价值……各场外交的重点理念通过国际形势的延展连接在一起，向世界展现了新时代中国的发展模式。用多边外交这一逻辑线索将之贯穿，让解读拥有更多角度，产生价值增值，便能产生更好的传播效果。每一个故事、每一个场景、每一个讲话，连接起来，从小到大，真正做到"咫尺中显波澜，方寸间见乾坤"。这正给主旋律报道一个提示，建立新架构，对老材料进行新组合、新排列，每一次排列组合就是一次创新。

从一定意义上讲，选题的策划理念和内容特色是提升对外宣传报道传播力的关键。报道以小故事展现大智慧，凸显新闻报道的深度和温度。该专栏植根于时政类新闻事件，精心策划选题，精细打磨内容，在探求深度的基础上回归理性，逻辑性强又不乏创新性，将内涵丰富、思想深刻的宏大主题落

小、落细、落实，将抽象的理念具化为具体的阐释，通过归纳分析同类型事件，剖析本质原因，并进行前瞻性分析，形成了有声势、有特色、有影响的对外宣传报道合力，具有一定的新闻价值，彰显了其在选题方面的独特之处。

（二）角度选取：小中见大，小视角表达大主题

宏大主题如何破题，是方向性、根本性问题。合适的评论角度，是表现新闻事实的着眼点，也是彰显新闻价值的重要环节。要实现传播效果的最大化，需要找准典型、有代表性的故事和角度，"深入"和"贴近"是两大法宝。

在专栏文章中，作者以习近平主席与外国友人交往故事为例，娓娓道来他和老朋友的友谊，诠释"国之交在于民相亲"的中国外交理念；以习近平总书记五次实地考察冬奥筹办来生动讲述"一起向未来"的冬奥故事；以习近平主席2024年新年贺词中提到的"让老百姓过上更好的日子"之类朴实的语言道出了共产党人的责任和担当。小故事选择的准确和独到，以及报道视角的深度和广度，让文章增加了不少色彩，推动了主题的价值升华，使得传播效果实现最大化。

春节在中国人心中有着特殊的意涵。过去十余年来，春节前夕，习近平总书记都会走进基层、深入群众、了解群众的生活情况、送去党和政府的关心和祝福。2023年以视频方式连线黑龙江、福建、新疆、河南、北京、四川等地，习近平总书记说："看的地方更多，东西南北中都有，虽然隔着屏幕，但我依然能感受到全国各地浓浓的年味，感受到大家的幸福和喜悦。"① 这是《视频连线"东西南北中"，习近平表达的新春心愿》开头的一段话，我们用心观察可以发现，一些"微观"的视角，一些民众生活中看似不起眼的"小事"，经常出现在习近平总书记大国治理的议题中。作者从微观视角入手，以小寓大，将内容写得更加深入、更加有价值，诠释大国治理这个看似"宏大"的话题，留给人们更多的思考空间。

由此可见，"近观中国"在报道角度选取方面体现了两个特征。一是以小见大。以小切口阐释大道理，通过小事件体现大时代，透过小部分诠释

① 《视频连线"东西南北中"，习近平表达的新春心愿》，中国新闻网，https://www.chinanews.com.cn/gn/2023/01-19/9939225.shtml，最后访问时间：2025年4月14日。

大整体，深刻解读主题内核的价值意蕴。二是求同存异。从同类的事件中挖掘"特殊性"的亮点，结合国内外发展形势和时代变迁背景，从关键人物的语言和生活中观察每一个细节、捕捉每一个镜头、诠释每一个故事，让评论增加更多的关注度和看点性，以此提升专栏报道的传播力和影响力。

（三）话语表达：求活求变，小转换阐释大理念

要想让传播内容更具吸引力，就需要用新鲜独特的话语表达方式来解读新思想新论断，摒弃"结论性"的宏大叙事，让话语回归人文，更好诠释主题思想。专栏的评论文章体现了"实""短""新"的话语风格。

一是话语实。主要指专栏的文章结合了生动鲜活的时代话语、天然亲和的群众话语、逻辑严密的学术话语进行时政内容的报道，将抽象的内容具体化、要点化、通俗化，打造便于传播和易于受众接受的新概念、新表述、新范畴。"陈情"和"说理"相结合的表达方式，体现了严谨、准确、平实、平稳的特色，不仅满足了受众对观点信息的需求，而且提升了报道的吸引力和可读性，对于形成与中国综合国力和国际地位相匹配的国际话语权具有重要意义。

二是话语短。具体来说，不单指文章短。尽管主题重大、内容丰富，但是因转换了语言表达方法，真正做到了表现风格的"短"。综观专栏文章，尽管体例上都有2000余字，但是，无论是对话还是叙述，基本没有一个长的自然段。"从一穷二白到世界第二大经济体，从百业待兴到'世界上最大的经济和社会变革的实验室'，从现代化的追赶者到走出独有的现代化道路，从温饱不足到奔向小康……中国这些成就'不是天上掉下来的，更不是别人恩赐施舍的'，而是举国上下干出来的。习近平将之定义为'一部感天动地的奋斗史诗'。"这是《站在今日之中国，读懂习近平定位的"世界之中国"》中的一段话，短句、短段，行云流水、轻快自然，自然能够更好地深入人心。

三是话语新。具体表现为标题新。大标题为《防风险，习近平以"先手棋"谋划"一盘棋"》，小标题为《未雨绸缪布"先手棋"》《切中问题对症下药》《多点发力稳定预期》，简明的话语表述、对仗的文字表达，形象生动地阐明了政治、意识形态、经济、科技、社会、外部环境、党的建

设等领域存在的重大风险及对此的防范化解之道，让中国防风险战略布局更加深入人心。这样的例子在专栏文章中俯拾皆是。

总之，以融通中外的话语方式解读中国发展的实践路径，全方位打造国际传播叙事体系，向世界讲好中国式现代化故事，成为做好时政主题报道的关键。

（四）文章风格：有理有情，小切口塑造大品牌

习近平总书记强调："讲好中国故事，传播好中国声音，展示真实、立体、全面的中国，是加强我国国际传播能力建设的重要任务。"① 基于此，"近观中国"专栏在报道风格上体现理性思考、人文情怀，洞悉中国、了解世界；表达平实、专业、清新，探索新时代"中新风格"，构建了具有时代影响力的新闻报道品牌。

文章风格是专栏品牌价值的体现和彰显。"近观中国"的报道文章，内容上聚焦时政领域的新闻事件进行评论，以全球视野阐释解读中国道路和中国理念的重要成果，具有时效性、思想性、专业性等特点；形式上以凝练生动的小标题串联起文章的整体脉络，逻辑鲜明地解读新闻事件背后的实践意义和时代价值，真正做到用情理交融的故事讲好中国共产党治国理政之道，具有逻辑性强、主题突出、新闻价值高等鲜明风格，注重整体的协调性和统一性，更加有利于打造"中新风格"的品牌，更好提高品牌引领力和传播影响力。

例如，专栏推出的《聚焦中国式现代化，习近平开讲"开局之年第一课"》② 一文，全篇以"中国式现代化"为关键词，全面描绘今后五年甚至更长一段时间内中国经济社会发展的美丽长卷。文中指出，"面对'关键少数'的'关键一课'，习近平再次为这一份事关中国长远发展的'蓝图'划出重点，对于中国式现代化的一些重大问题，既有一以贯之的强调，又有新的阐述"。由此，形成了推进中国式现代化的强大动力和合力，引发海内外民众对中国未来发展的持续期待，以及对中国式现代化发展方向的广

---

① 《习近平谈治国理政》（第四卷），外文出版社，2022，第316页。
② 《聚焦中国式现代化，习近平开讲"开局之年第一课"》，中国新闻网，https://www.china-news.com.cn/gn/2023/02-08/9950015.shtml，最后访问时间：2025年4月14日。

泛关注。

由此可见，"小切口"的角度选取注入了客观理性的逻辑思考和内容表达，更加容易与读者产生情感共鸣，增进理解互信，提升传播实效。

二 专栏报道在国际传播中的呈现及效果

在国际传播背景下，用符合海外受众文化背景、阅读习惯的表达方式和话语模式，提升对外传播的针对性、实效性，让时政报道在纷繁复杂的全球背景下更好地得到呈现，将中国故事传播到更广大的"朋友圈"中，是时代赋予我们的重要而紧迫的新课题、新挑战。

关注"近观中国"的系列报道，不难发现它们的共同点：以正能量吸引高流量，以多视角、多维度、多元化的解读分析为大众带来直观、有深度、有思考价值的精品佳作。其中，精简清新、深刻理性、体现人文关怀的系列时政报道，就像一扇窗，不仅让国际社会和海外读者近距离读懂新时代中国，而且推动习近平新时代中国特色社会主义思想等更好地为国际社会所理解、所接受，为中国走向世界、世界读懂中国作出了积极的贡献，充分展现了构建人类命运共同体、推动中外文明交流互鉴的使命担当。

传播实践证明，国际传播必须从内容选择和表达方式上注重针对性和差异性。面临新形势、新挑战、新要求，要坚持守正创新，加快融合发展，以优质的主题内容传递主流价值，以易于使海外受众共情共鸣的话语表达方式和"以小见大"的故事内容吸引海外用户关注，持续探索更加务实有效的内容生产策略和呈现方式，更好让中国走向世界、世界读懂中国。

在做好时政主题专栏报道的过程中，以海外受众需求和传播效果为导向，秉持国际视野、遵循传播规律、创新传播方式、丰富话语表达来提升传播实效，成为国际传播中主题时政报道实现高质量发展的重要模式。这对于提高我国国际话语权和中华文化影响力具有重大的实践意义。

三 国际传播背景下创新报道的思考

党的二十大报告指出："加强国际传播能力建设，全面提升国际传播效能，形成同我国综合国力和国际地位相匹配的国际话语权。"① 党的十八大以来，虽然我国国际传播事业取得了长足的进步，但西方舆论占领国际传播高地的优势还很明显。从整体来讲，我们主流媒体在国际上的影响力还非常有限，热点问题的引领性还不强，固守既有传播思维，导致缺乏创新性话语表达。

传播力决定影响力，话语权决定主动权。要想更好地传播中国声音、塑造国家形象，就必须以战略传播视野升级体制机制，完善具有鲜明中国特色的战略传播体系②，从战略布局、内容生产、话语表达和传播渠道等多维度创新国际传播工作，全面提升国际传播效能。在此背景下，如何因势而变，充分平衡国际环境与中新社关于习近平总书记报道的基调，实现共融共赢呢？这就需要遵循对外报道的新闻传播规律，构建对外话语体系，强化"中新风格"品牌建设，打造具有中新社特色和辨识度的新闻产品，提高新闻传播的"时、度、效"，让我们的声音传出去，让国外受众想了解、听得懂、愿接受。

（一）立足中国的时代特色，构建对外话语体系的理念支撑

如今，新闻报道要想获得广泛的传播力和影响力，好内容依旧是核心竞争力。中国立场、国际表达是提升国际传播影响力的方向。干净、凝练、生动的文字，是让作品能够立得住的本质。用中国话语讲好中国故事，不仅是讲中国的故事，也是讲中国与世界共同发展进步的故事。③

具体到时政报道领域，一方面，要"进得去"，深入领会习近平总书记重要讲话的思想和内涵，融合新时代的特色精神，聚焦国际关注热点，加大议题设置和方式创新力度，确保议程设置的精准性和节奏方向的有针对性，同时，依托建设性的新议题、新主张和新方案，全面、准确、生动地对外阐释习近平总书记重要思想的丰富内涵，既阐明中国发展实践的世界意义，又亮出回应世界关切的中国观点，传递价值、消除隔阂、构建认同，

---

① 习近平：《高举中国特色社会主义伟大旗帜 为全面建设社会主义现代化国家而团结奋斗——在中国共产党第二十次全国代表大会上的报告》，人民出版社，2022，第 46 页。
② 史安斌、刘长宇：《议题·思维·场景：2022 年中国对外传播研究回顾与实践前瞻》，《对外传播》2023 年第 1 期。
③ 徐朝清：《用中国话语讲中国故事》，《国际传播》2024 年第 1 期。

打破中外文化交流的壁垒。另一方面，要"出得来"，让大主题从小切口落地，挖掘最真实、最鲜活、最具标志性的题材，提高议程设置的感染力、吸引力、传播力，实现"小切口、大主题、深浸润"的传播目标，拉近时政类新闻与普通受众间的距离，使国际社会进一步增进对中国发展理念、发展道路、内外政策的理解。高品质的原创内容，加上紧扣"深度"二字，便能够推出更多更好更优的新闻报道作品，收获更多的关注和点赞，提升海外传播的影响力。

未来，只有以打造精品为目标引领业务能力建设，围绕历史纵深和时代特色深层次地把握历史理念与现实发展的关系、中国与世界的关系、媒介创新与社会发展的关系，打造中华优秀传统文化和中国式现代化符号，推动中华文化的创造性转化，推动形成话语创新研究、话语译介表达、话语传播合作的工作链条，形成让海外受众乐于接受的对外话语体系新格局，才能使对外报道在国内外舆论场得到更好的呈现，让习近平总书记的重要思想、治国方略和领袖形象深入人心。

（二）强化报道的创新表达，优化对外话语体系的内容支撑

在国际舆论的激烈交锋中构建对外话语体系，是做好新时代国际传播工作的关键环节。提高时政新闻报道海外传播力和国际影响力的重点在于提升对外话语体系的创新能力，推动实现语言表达体系的转换，即用海外受众听得懂、听得明、易接受的话语表达，多维度、多角度、多层次地讲述中国故事、传播中国理念和彰显中国智慧。

话语表达方式要追求"去宣传味"，讲究"硬内核、软包装"，在不断优化创新时政报道理念的基础上，聚焦话语生产任务，提升译介转换水平，打造融通中外的新概念、新范畴、新表述，以"全球共同体"的视角和思维方式，将官方色彩较为浓厚的语言转换为易于国外民众接受的民间语言，让中国话语和中国声音在国际社会共情共鸣，推动形成有影响力的国际公共产品，不断提高中国国情、中国理念、中国道路的说服力和认可度。这对于提高时政报道的传播效果具有积极的作用。

同样的酒，用不同的瓶子装能吸引不同的人。同样的内容，也要用西方学者和民众能够理解、乐于接受的话语体系解释。丰富中国故事的内容

供给，让生动、温暖的中国故事感动受众，提升报道传播力和影响力；联合各领域专家学者，将报道内容打造为适合国际环境的范例，深入挖掘新闻报道中有共同价值的关键内容，更好地向海外受众讲好中国故事；结合与国外主流媒体名记者、名编辑、名主持人对话的内容，多视角解读相关议题内涵；围绕新闻报道的选题视角和报道逻辑，不断深化主题，打造具有中国魅力的新闻故事；在数字化内容资源整合的基础上，用新媒介、新语言、新形式，将发生在中国大地上的动人故事传播得更远、更久……如此，便能够更广泛地吸引更多人关注、转发、传播，通过推动国际传播协同协作跨越式发展，在多元信息的交流交融中展示中华文化意蕴，提升中华文化的传播效能，不断提高品牌国际传播影响力。

（三）提升专栏的品牌效力，强化对外话语体系的思想支撑

国际传播品牌建设必须紧紧围绕中心，加强战略引领，突出服务党和国家对外工作大局，才能更具影响力和生命力。提升时政报道专栏的品牌影响力，需要注重丰富新闻报道的表达形态和传播手段，创新对外话语和叙事体系，以此形成有时代价值的新闻报道成果，更好地展示中国智慧，讲好中国故事，为世界各国民众架起情感共鸣、价值共振的桥梁。

对此，要围绕高质量的新闻供给与专家点睛评论相结合的内容和形式，从小切口讲述中国发展故事和经验。一方面，始终秉持高站位、广视野的理念，聚焦中国前进中的关键点，多维度提高优质内容的生产力，用更多的优质资源夯基垒台，提升专栏报道的影响力。另一方面，要发挥多元传播主体的联动作用，坚持贯通联动，打造内涵丰富、传播力强的系列创意新闻品牌产品，不断延伸和拓展品牌体系，更好地提升专栏的传播品质、品牌价值和舆论引导的影响力。国际舆论场中不同国家主体之间的较量归根结底是价值观的较量，国际话语权的实现与否同样主要取决于价值观能否被人接受和理解。[1] 讲好中国故事，更要注重把价值表达贯穿始终。只有多元主体高度策略化地彼此呼应、相互促进，才能以共鸣性、普遍性、累积性效果形成新时代国际传播新格局的舆论合力，[2] 更加充分、更加鲜明地

---

① 胡正荣：《新时代中国国际话语权建构的现状与进路》，《人民论坛》2022年第3期。
② 曲莹璞：《新形势下构建中国战略传播体系的思考》，《对外传播》2022年第6期。

展现中国故事及其背后的思想力量和精神力量，不断提升国际传播能力和水平，为加强我国国际传播能力建设添砖加瓦。

新时代"中新风格"品牌的建立，将引领方向，沉淀融合发展的成果，激发更多创新融合的新活力，形成可持续、可拓展的良性发展，更好践行"联接中外、沟通世界"的责任使命，让中国故事在世界舞台上大放异彩。

四　结语

中国新闻社"近观中国"系列时政报道以优质的主题内容、多元的话语表达、丰富的价值内核，推动中国故事的传播力和影响力不断提升，向世界展现了真实、立体、全面的中国。面向未来，强化"中新风格"品牌建设，要在聚焦重点任务、彰显国际传播特色、加强品牌建设、增强发展实力上下功夫。这对于加深国际社会对中国发展理念、发展道路、内外政策的了解，推动中外多元文明的交流互鉴，具有深远的时代价值和世界意义。

从文明城市到"文明范式"城市：构建中国城市文明自主知识体系的理论思考

李义杰 *

摘 要 历经 40 多年的文明城市创建活动深刻改变了中国城市文明的进程，也在事实上形成了中国城市发展治理的文明模式。中国式现代化作为人类文明实践的新形态，深刻地融入和体现在中国城市的发展进程中，在塑造城市文明新形态的同时，让城市成为文明形态演变的载体。因此，中国文明城市的建设已不仅是一项具有重要政治意义的"重大工程"，同时也具有了可挖掘本土经验和知识特色的理论体系建构的潜力。在中国式现代化建设的历史背景下，文明城市建设体现的是中国经验、中国智慧。文章基于文明理论和范式理论，在对中国文明城市创建回溯以及全球城市发展范式演变的基础上，提出中国城市文明建设的"文明范式"，认为"文明范式"城市既有对以往西方工业文明主导城市发展范式的超越，也有基于中国城市文明实践经验和中国式现代化文明自觉自信的自主性生发。它基于中国文明观以"文明"为视角和框架认识城市发展，并持有全球文明交流互鉴的视野。

关键词 文明城市；"文明范式"城市； 自主知识体系建构

一 引言

城市作为文明的容器，承载着文明发展的重要使命。随着社会的快速发展与变迁，城市文明的内涵与外延亦在不断扩展，从单一的物质文明演进到精神文明与生态文明等综合体现。在这一过程中，以"文明城市创建"

---

* 李义杰，浙大宁波理工学院副教授，研究方向为文化传播、文化产业、网络传播。

活动为标志的中国城市文明的建设特别值得关注，它不仅关系到城市自身的可持续发展，更是建设中国式现代化文明新形态的重要组成部分。自1984年三明率先开展"文明城市"创建活动以来，历经40多年的文明城市创建活动和六届"全国文明城市称号"评选，中国城市建设和治理理念发生了深刻变革，呈现鲜明的"中国模式"。系统总结这一宝贵经验，对于应对城市发展挑战、引领未来城市文明进步具有重要意义。

本文旨在通过回溯文明城市的创建历程及城市文明发展范式演变，分析当前文明城市建设的实践与挑战，探讨未来文明城市的发展方向。从文明理论和范式理论视角探索构建基于中国城市文明发展实践经验和具有中国知识特色的城市文明发展理论——"文明范式"城市，着重从"文明范式"转变的角度，对中国城市文明自主知识体系的构建作探索性思考。这一框架有助于更好地理解城市文明的多维度特征，为中国城市的文明建设提供理论支持与实践指导。

二 文明城市创建回溯与研究现状

（一）文明城市创建历程概述

文明城市创建可以追溯到党的十一届三中全会，它对开展的群众性精神文明创建活动进行强调，文明城市创建成为进行精神文明建设的有效载体和重要举措。1983年，福建省三明市率先开展"创建文明城市"的活动。1984年6月，全国"五讲四美三热爱"活动工作会议在三明召开，揭开了全国群众性精神文明创建活动的序幕。此次大会总结了全国大中城市开展"五讲四美三热爱"活动的经验，特别是总结了三明市的经验，要求全国向三明市学习，推动了城市的精神文明建设工作。

1996年，党的十四届六中全会作出了《关于加强社会主义精神文明建设若干重要问题的决议》，明确提出，要以提高市民素质和城市文明程度为目标，开展创建文明城市活动，建成一批具有示范作用的文明城市和文明城区。直辖市、省会城市、自治区首府和沿海沿交通干线的大城市，要率先搞好创建活动。各省、自治区、直辖市要制定规划，到2010年建成一批具有示范作用的文明城市和文明城区。① 党的十四届六中全会以后，全国各地越来越多的城市加入文明城市创建行列。

从 2002 年起，中央文明办组织专家开始研制《全国文明城市测评体系（试行）》，这项研制工作被列为国家社会科学基金特别委托项目。该项目几乎动员了全国各省市文明办的力量，征求了中央 30 多个部门的意见，历时 2 年 8 个月。研制要求之高、工作量之大、涉及面之广、参与人数之多，在我国精神文明建设领域是空前的。②

2003 年 8 月，中央文明委下发《关于评选表彰全国文明城市、文明村镇、文明单位的暂行办法》，明确了全国文明城市的标准、申报和评选范围、指导监督办法，决定在 2005 年评选表彰首批全国文明城市和全国创建文明城市工作先进城市。全国文明城市的具体考核工作依照《全国文明城市测评体系》进行，并且规定"全国文明城市、文明村镇、文明单位每三年评选表彰一次"。③

自 2005 年至今，每三年一届的全国文明城市评选工作已举办六届，第六届全国文明城市入选城市（区）有 133 个，复查确认保留荣誉称号的前五届全国文明城市有 151 个，而 2021～2023 年入选全国文明城市提名名单的城市达到 447 个。

全国文明城市是全国所有城市品牌中含金量最高、创建难度最大的，是反映城市整体文明水平的综合荣誉称号，是国内城市综合类评比中的最高荣誉，也是最具有价值的城市品牌，目前已成为精神文明建设"龙头工程"和"中国特色社会主义制度"优越性的体现："创建文明城市活动是精神文明创建的龙头工程，是体现中国特色社会主义制度优势、提升城市治理能力和治理水平、提高市民文明素质和城市文明程度、保证中国特色社会主义城市化进程顺利推进的重要途径。"④

---

① 《中共中央关于加强社会主义精神文明建设若干重要问题的决议》，《求是》1996 年第 21 期。
② 李斌：《"文明城市"诞生记》，《光明日报》2005 年 9 月 12 日，第 3 版。
③ 李斌：《文明城市评选受到广泛关注》，《人民日报》2005 年 9 月 12 日，第 5 版。
④ 《创建文明城市活动简介》，中国文明网，http://www.wenming.cn/wmcj22/，最后访问时间：2024 年 3 月 30 日。

（二）文明城市相关研究

文明城市创建实践活动的开展推进，推动"如何创建文明城市"的理论讨论。20世纪八九十年代，相关研究主要关注如何创建文明城市，侧重工作操作层面。进入21世纪，尤其是2005年全国文明城市评选以来，相关研究逐步深入系统理论构建和效应测量两个方面。

在系统理论构建方面，学者们围绕"什么是文明城市，如何进行文明城市建设"展开探讨。一些学者提出文明城市建设应坚持"城市经营观"、"市民中心观"和"环境效益观"，[①] 强调物质文明、精神文明、生态文明的协调发展[②]。鲍宗豪进一步指出，文明城市创建是以"文明发展"理念为指导，促进"两个文明"协调发展的理论范式，是对发展研究范式的扬弃。[③] 同时，官方对全国文明城市的界定随时代发展而调整，更加强调以人民为中心和物质与精神文明协调发展。

在效应测量方面，学者们主要关注文明城市创建对城市经济、债务和治理的影响。研究发现，文明城市称号能提升城市品牌价值，吸引流动人口，促进数字企业创业[④]，但对旅游业的影响存在分歧。[⑤] 宏观层面，文明城市创建能影响城市创新水平和绿色生产率，推动产业升级，但经济增长效应因城市属性而异。[⑥] 微观层面，文明城市评选短期内会抑制企业利润率。[⑦] 此外，文明城市创建会扩大城投债务规模。[⑧] 在城市治理方面，文明城市创建有利于提升企业税收遵从度，改善城市环境，促进社会主义核心

---

① 怀忠民主编《文明城市论》，大连出版社，2000。
② 张志刚：《文明城市建设的理论范式》，《学术交流》2002年第1期。
③ 鲍宗豪：《文明城市论》，《河北学刊》2005年第4期。
④ 李言、毛丰付：《城市品牌建设如何影响数字企业创业？——基于文明城市评选视角的分析》，《经济与管理研究》2022年第9期。
⑤ 刘彦秀、孙根紧：《全国文明城市评选是否促进了旅游经济高质量发展？——来自准自然实验的经验证据》，《资源开发与市场》2022年第9期。
⑥ 刘哲、刘传明：《文明城市对产业结构升级的影响效应研究——来自文明城市评选的准自然实验》，《产业经济研究》2021年第1期。
⑦ 郑文平、张冬洋：《全国文明城市与企业绩效——基于倾向性匹配倍差法的微观证据》，《产业经济研究》2016年第5期。
⑧ 袁旭宏、潘怡锦、张怀志：《创建文明城市对地方债务融资的影响效应研究》，《财经理论与实践》2022年第6期。

价值观建设。①

从城市文明角度看，学者主要关注两个方面问题。一是关于城市文明的构成及治理。从其结构来看，城市文明包括市民素质、城市管理、城市环境文明三个方面②；从城市空间而言，城市文明是由"物"的文明、"人"的文明和"制度"的文明所形成的结构状态和整体水平，③ 而对城市文明及其秩序功能的理解，又构成城市治理的理念。有学者提出城市"文明治理"模式，覆盖城市政治、经济、文化、社会、生态全方面建设和治理。④ 二是城市文明的发展趋势。城市文明秩序的建构应以"三大转型"为现实起点，从"发展崇拜"向"发展文明"转型、从"城市化"向"城市文明化"转型、从"创制"的文明秩序向"自觉"的文明秩序转型。⑤ 而"城市文明典范"是对城市文明建设迈向更高层次的探索，作为对未来人类文明跃升的一种前瞻，"城市文明典范"是对社会主义文化强国之城市文明维度的一种现实回应⑥。立足百年未有之大变局新的历史方位，为实现我国社会主义现代化强国目标，有必要思考城市文明的中国转向。⑦

综上所述，相关文献表明，中国文明城市建设充分体现了实践与理论互动的辩证关系。学者们讨论了"什么是文明城市，如何建设文明城市"的理论体系构建以及文明城市建设带来怎样的外部效应等方面，这些研究对我国文明城市建设或者城市文明发展提供了重要的理论支撑。尽管目前相关研究没有明确提出文明城市作为一种新的城市范式，或者说"文明范式"城市，但不少学者实际在讨论相关问题时已指出我国文明城市或"城市文明典范"建设已具有了显著的中国城市文明建设理念和特色，是中国

① 詹新宇、王一欢：《荣誉的力量：共建共享全国文明城市增强企业纳税遵从了吗》，《财贸经济》2022 年第 10 期。

② 成云雷、那述宇：《论城市文明结构》，《内蒙古社会科学（汉文版）》2002 年第 5 期。

③ 金家厚：《城市文明的衡量维度与发展取向——以上海市为例》，《城市问题》2010 年第 10 期。

④ 张丽华：《城市文明治理：中国特色城市治理模式研究》，东方出版中心，2021。

⑤ 金家厚、鲍宗豪：《论城市文明的秩序意蕴》，《天津社会科学》2011 年第 2 期。

⑥ 范玉刚：《文化治理视域下的城市文明典范塑造》，《理论视野》2023 年第 4 期。

⑦ 王焱麒：《从西方文明到全球文明：城市文明的中国转向》，《社会科学战线》2022 年第 5 期。

特色社会主义或中国式现代化文明新形态探索的城市展现。在经历了 40 多年的文明城市创建活动的实践及研究积累之后，目前中国城市建设自己的理论范式似乎已到了呼之欲出的阶段。尤其是在习近平总书记不断强调建构中国哲学社会科学的"三大体系""建立自主的知识体系"的背景下，我们需要基于我国几十年的文明城市创建实践探索，着眼城市文明发展趋势，总结自身城市发展经验，着力建构具有中国知识色彩的文明城市发展范式。

三 城市发展范式演变与"文明范式"城市作为一种可能

从古至今，城市发展经历了多种范式的变迁，每一种范式都与其所处的时代背景、技术进步和社会需求紧密相连。依据不同时期城市发展呈现的整体特征和理念，下文回顾勾勒出一些具有里程碑意义的城市发展范式，以期为"文明范式"城市理论构建提供借鉴和启示。

（一）古代城市发展范式：自然集聚与防御型城市

在早期农业社会中，城市的形成多基于自然资源优势，如河流交汇、交通枢纽等有利于农业生产和商业交流的条件。同时，出于安全考虑，城市通常具备以城墙、护城河等为代表的防御功能。这一时期的城邦和封建城市往往以宗教中心、皇宫或城堡为核心，体现了当时的权力结构和宗教信仰。中国很早就开始了独特的内生城市进程，但大多数早期城市都是小型的宗教仪式中心。[①] 芒福德也指出，古代城市起源于人们定期回归举办祭祀仪典的神圣地点。[②]

这一阶段城市发展主要体现为古代城邦和中世纪封建城市两种模式。古希腊城邦作为早期城市发展的典范，其政治、经济、文化一体化，展现了人类社会从部落向城市迈进的初期形态。欧洲中世纪封建城市则依托城

---

① 〔美〕乔尔·科特金：《全球城市史》，王旭等译，社会科学文献出版社，2014，第 18 页。
② 〔美〕刘易斯·芒福德：《城市发展史——起源、演变与前景》，宋俊岭、宋一然译，上海三联书店，2018，第 91 页。

堡和市场，形成了以手工业和商业为核心的发展范式。^① 中世纪封建城市规划强调市中心核心作用。^② 古代城市发展凸显了自然集聚和防御型特点，形成以宗教与防御为导向的布局。城市从发轫之初，就具有构建神圣空间、提供安全保障及拥有商业市场三种重要功能。^③

（二）工业革命时期的城市发展范式：工业城市与城市化

工业革命推动城市发展进入工业化阶段，标志着城市发展范式的显著转变。大量人口涌入城市，英国在 1851～1911 年，城市人口占比从 29% 猛增至 58%，形成典型的工业城市特征。^④ 工业城市迅速崛起，工厂成为核心元素。城市规划开始围绕工厂、铁路、港口等基础设施展开，城市规模急剧扩大，如 19 世纪上半叶伦敦的扩张速度超过以往任何时期。^⑤

然而，这一时期城市发展也导致环境污染、居住环境恶劣等问题。恩格斯在《英国工人阶级状况》中描述了曼彻斯特工人区的肮脏和令人作呕的环境。^⑥ 芒福德称 1820～1900 年大城市的破坏和混乱如战场一样，不具备人类生命最基本的生存条件。^⑦ 工业革命加剧了社会矛盾，资本家追求利润最大化，工人面临剥削和压迫，导致阶级矛盾加剧，城市呈现劳动场所和居住场所的分离。

为解决这些问题，城市规划者开始探索新的发展模式。霍华德在《明日的花园城市》中提出花园城市理论，主张城市规划中充分考虑居住、工作、休闲等功能，实现城市与自然的和谐共生，为城市发展范式转型奠定

---

① 高原、方茗、王向荣：《西方传统军事防御环境的转型与启示》，《风景园林》2018 年第 4 期。

② 〔美〕刘易斯·芒福德：《城市发展史——起源、演变与前景》，宋俊岭、宋一然译，上海三联书店，2018，第 288 页。

③ 〔美〕乔尔·科特金：《全球城市史》，王旭等译，社会科学文献出版社，2014，第 3 页。

④ Chandler, T., Four Thousand Years of Urban Growth: An Historical Census Lewiston, NY: Edwin Mellen Press, 1987, p.477.

⑤ Wheeler, S. M., The Future of the Metropolis: New Perspectives on Urbanization and Urban Policy, New York: Plenum Press, 1984, p.219.

⑥ 恩格斯：《英国工人阶级状况》，载《马克思恩格斯全集》（第 2 卷），中共中央马克思恩格斯列宁斯大林著作编译局编译，人民出版社，2013，第 304～305 页。

⑦ 〔美〕刘易斯·芒福德：《城市发展史——起源、演变与前景》，宋俊岭、宋一然译，上海三联书店，2018，第 418、433～436 页。

基础。工业革命时期的城市发展以工业生产为中心，采用功利主义原则，虽然在经济发展和城市规模扩张方面取得显著成果，但也带来环境污染、居住环境恶劣等问题，为后世城市规划和理论研究提供了宝贵经验。

（三）现代主义城市发展范式：功能主义与城市规划

20世纪，现代主义思潮开始影响城市发展。城市迅速扩张，人口密度上升，城市问题日益凸显。功能主义城市规划应运而生，它强调提高城市运行效率，通过详细规划各功能分区，实现城市内部协同运作，如住宅区与商业区合理布局，减少通勤时间，提高生活质量。芒福德指出，功能主义城市规划的目标是创造秩序，使城市成为充满活力、和谐共生的有机体。[1] 随着汽车普及，道路交通规划日益重要，有助于缓解拥堵、提高出行效率。勒·柯布西耶认为，城市如一部机器，每个部分有其特定功能，和谐协同工作，提高运行效率。[2]

然而，过度强调功能分区导致城市空间碎片化、社会群体隔离加剧。现代主义城市规划实践中，建筑师和规划师往往过于关注功能分区和基础设施建设，忽视城市生活的多样性和复杂性，加剧了贫富差距、族群隔离等问题。帕克指出，城市不再是人与人相互联系的场所，而成为孤立的空间。[3]

（四）后现代主义城市发展范式：多元共融与可持续发展

后现代主义思潮的兴起，给城市发展带来了新的挑战和机遇。城市规划不再仅关注物质空间构建，而是转向关注社会、文化、环境等多方面因素。后现代主义城市规划强调多元共融，注重历史文化保护与传承，提倡社区参与和合作。[4]

---

① 〔美〕刘易斯·芒福德：《城市发展史——起源、演变与前景》，宋俊岭、宋一然译，上海三联书店，2018，第118页。
② Le Corbusier, *Towards a New Architecture*, London: John Rodker, 1927.
③ 〔美〕罗伯特·E. 帕克等：《城市》，杭苏红译，商务印书馆，2020，第8页。
④ Harvey, D., *The Condition of Postmodernity: An Enquiry into the Origins of Cultural Change*, Oxford: Blackwell, 1989, pp. 5-12.

随着环境问题日益严重，可持续发展成为城市发展的重要指导思想。城市规划开始注重人与自然、人与人之间的和谐共生。社区单元概念应运而生。简·雅各布斯对 20 世纪中叶城市规划实践提出批评，强调混合土地用途、可步行性和社区参与，指出理解城市生态是摆在人类面前的紧迫任务。[1] 花园城市运动逐渐演变为新城镇和美丽城市运动，[2] 强调城市美学和环境质量。多元共融与可持续发展理念逐渐渗透其中，如阿姆斯特丹的自行车之城、新加坡的高密度城市与绿色空间和谐共存等。

在后现代主义思潮影响下，城市向后工业城市转型，服务业逐渐取代制造业成为主导产业，知识经济、创新经济促使城市向智能化、绿色化转变。新城市主义概念对二战后美国郊区化发展模式进行反思与批判，力图恢复传统城市社区活力与连通性，鼓励可步行社区、混合用地、公共交通导向开发、传统邻里社区发展等。后现代主义城市发展范式下的规划与设计，不仅要关注物质空间的创新与改造，还要充分考虑社会、文化、环境等多方面因素。只有在多元共融背景下，城市发展才能实现可持续发展，为居民创造更美好生活。

（五）信息时代的城市发展范式：智慧城市与全球城市

信息时代深刻改变了城市发展的方式，全球超过 100 个城市已设立智慧城市建设目标。智慧城市旨在通过智能交通、智能电网等技术提高城市运行效率和优化资源配置。例如，新加坡自 2006 年起实施多阶段"智慧国家"计划，2017 年推出新加坡人工智能项目，强调利用人工智能推动社会经济发展，并提高国家的战略地位。

中国在"十四五"规划中也强调加快数字社会和智慧城市建设，旨在通过数字化推动现代化，构建竞争新优势。此外，全球城市如伦敦、纽约在经济、文化等方面具有重要影响力，同时需要面对包容性增长和可持续发展的挑战。联合国《全球城市指数报告：衡量城市崛起与变革的指标体

---

① Jacobs, J., *The Death and Life of Great American Cities*, New York: Random House, 1961, pp. 20-33.

② Banham, R., *The Theory and Practice of Garden City Planning*, London: Faber and Faber, 1965, p. 5.

系》指出，城市竞争力不仅在于经济实力，还包括创新能力和环境友好性等①。中国在"十三五"和"十四五"规划中注重城市空间结构优化和城市群发展，推动大中小城市和都市圈协调发展，形成完善的城镇化空间格局。这一战略旨在利用信息技术，构建有中国特色的城市发展新范式。面对挑战，如实现包容性增长和可持续发展，须深入研究城市发展规律，探索适合中国国情的发展路径。

（六）挑战与未来："文明范式"城市作为一种城市新样态

经历过从古代到信息化时代的城市发展范式的变迁，尤其是工业时代的过度开发、污染以及到目前愈加严峻的人口和资源紧张关系，生态、可持续及人文精神逐渐受到重视并回归城市规划之中。各国政府也在争取通过智慧城市建设解决城市资源利用和运行效率的问题，提升城市在全球化连接和资源配置中的作用。但如前文所言，城市的发展仍面临一些挑战，包括城市扩张与资源约束、社会包容性与公平性、数字化与智慧城市等，仍需要进一步寻求更"文明"的发展理念和范式。

中国作为世界上历史最悠久的国家之一，其城市发展有着独特的历程和特色。从古代的防御型城市到现代的智慧城市，中国城市发展经历了多次范式的变迁。在改革开放以后，中国城市化进程加速，形成了若干具有国际影响力的全球城市。同时，中国在城市规划和建设中注重历史文化的保护和传承，如文明标识和文明基因的提取、历史街区的保护、传统建筑的修缮等，展现了中国城市发展的独特魅力。正是在此基础上，我们认为中国城市的发展内在地有其根本性的文明理念和文化逻辑支撑。正如有学者指出"尽管中国城市表面上正在褪去原有的面貌，但骨子里仍然还是存有自己独特的方式"，② "中国核心的传统价值，如天命、以民为本、天人合一和礼仪之邦等基本未变，这些都在新时代城市的人文与物质文化演变中得到明显展现"③。在全球文明变局下，中国应该将体现这种深层文

---

① 《中国城市发展的成功经验——2018 年全球城市指数报告》，《科技中国》2018 年第 9 期。

② 〔德〕迪特·哈森普鲁格：《中国城市密码》，童明、赵冠宁、朱静宜译，清华大学出版社，2018，第 37 页。

③ 薛凤旋：《中国城市文明史》，九州出版社，2022，第 54 页。

明逻辑的城市发展经验提炼出来，向世界贡献自己的城市文明发展理念和范式。

而"文明范式"城市即基于中国深厚的文明传统和文明城市创建实践提出的城市发展理念，也是"文明自觉"的体现。在新时代新文明观下，它包含韧性、包容性和以人为本等未来城市发展理念并符合趋势，旨在构建一个和谐、共生的城市环境，以"文明"为价值统领，将自然、人文、科技等多元素融合在一起。此类城市关注生态、文化、经济和社会等多个层面的可持续发展，强调人与自然、人与人，乃至城市与城市之间的和谐关系。事实上，无论是全国文明城市的创建，还是如宁波、深圳等提出文明典范之都、城市文明典范，都是这一理念的实践和范式体现。从全球城市发展范式变迁的历史演变来看，"文明范式"城市或文明城市，在全球城市发展中已经具有主体性和自身知识体系特色。芒福德认为，城市开始满足人类共同需求，实现人类各种共同职能活动，这固然重要，但尤为重要的是随着当今高效沟通与合作手段而逐渐浮现的人类共同愿景，这一愿景才是最有价值、最重要的。[1] 而"文明范式"城市可以为人类提供这种共同愿景和公共价值。因此，在全球城市文明的时空维度中，"文明范式"城市成为全球城市发展范式转变的一种可能，也为城市文明发展提供了一个新样态。

四 "文明城市"范式理论建构探索

在城市发展范式演变的进程中，"文明范式"城市为未来城市发展提供了一种可能样态，那么如何理解这一城市发展范式？文明理论及库恩的范式理论为此提供了理论视域，而以"中国式现代化"文明新形态及"全球文明"倡议为表征的新时代的文明观为此提供了理论遵循和价值内核。当然，"文明范式"城市是对已有文明城市创建实践的理论提炼和归纳，也是对已有理论探讨的延续和推进。在实践中，一些城市在已有创建基础上，

---

① 〔美〕刘易斯·芒福德：《城市发展史——起源、演变与前景》，宋俊岭、宋一然译，上海三联书店，2018，第 526 页。

不断进行更深入的探索，如宁波提出的建设"文明典范之都"、深圳的城市文明典范等，都可以被理解为典型"文明范式"城市的建设样态。

（一）"文明范式"城市提出的理论和现实需求

文明是观察城市发展的一个视角或范式。世界观或正确理念及因果关系理论对城市文明的发展是不可缺少的指导，文明范式提供了一种新的世界观。托马斯·库恩在其经典著作《科学革命的结构》中，认为思想和科学的进步是由新范式代替旧范式构成的，旧范式当变得日益不能解释新的或新发现的事实时，就被能用更加令人满意的方式来说明那些事实的范式所取代。库恩写道："一种理论要想被接受为一个范式，必须看上去强于其竞争对手，但它不必解释，事实上也从来没有解释所有他可能遇到的事实。"① 借用库恩的范式理论，亨廷顿从文明的视角提出认识世界的"文明范式"。认为文明的范式为理解 20 世纪结束之际世界正在发生什么提出了一个相对简单但又不过于简单的地图。② 而基于文明范式提出的"文明的冲突"及其对国际关系的洞察直到当前仍发挥着影响力。

实际上，马克思很早就从"文明"的视角对资本主义进行了分析批判，揭露资本主义文明本质的矛盾及种种不文明或者"过渡文明"表现。对此，有学者直接将这种分析称为"文明范式"，认为"文明范式"是马克思、恩格斯建构历史唯物主义世界图景的一条重要线索。③

马克思及亨廷顿所采用的文明范式分析为文明城市和城市文明研究提供了重要理论视野参考。而前述国内学者在对文明城市创建的理论建构中，提出城市建设治理的"文明论"或"文明模式"，这些均为"文明范式"城市的提出奠定理论基础。因此，在理论上，文明可以作为观察、理解、指导城市发展的一个框架，"文明范式"可以为我们提供一个新的理解城市发展的视角。

---

① 〔美〕托马斯·库恩：《科学革命的结构》（第四版），金吾伦、胡新和译，北京大学出版社，2003，第 23 页。

② 〔美〕塞缪尔·亨廷顿：《文明的冲突与世界秩序的重建》（修订版），周琪等译，新华出版社，2018，第 15 页。

③ 吴建永：《马克思恩格斯文明范式的逻辑理路与人类文明新形态》，《北京社会科学》2022年第 11 期，第 4~13 页。

另外，"文明范式"城市的提出也有其强烈的现实需求和实践经验基础，是在面对当前城市发展存在的诸多"不文明"问题时，对中国几十年的文明城市创建活动经验材料的一种尝试性总结。

　　首先，满足了应对当前城市发展问题、寻求城市发展新模式的需求。世界城市在经历工业革命之后发生了巨大变化，世界范围内现代化大都市形成是资本主义主导的工业文明的标志，但这种发展模式带来的以"大城市病"为表征的种种后果，让人们不断寻求适应时代发展的新的城市模式及治理方式，也就是新的城市文明乃至人类文明。而在百年未有之大变局下，以人类命运共同体为代表的非西方文明的崛起不仅在重构全球文明秩序，又为这一过程提供了更广阔的视野和可借鉴的发展经验。因此，跳出以西方资本主义工业文明为主导的城市发展窠臼，必须解决城市发展范式转变的问题，寻求适应新发展形势的新的城市发展范式。而"文明范式"就是对这一问题的回答。

　　其次，当前全球国际关系中，更加强调"文明对话"或"文明交流互鉴"。尽管依然存在文明冲突，但即使对于亨廷顿而言，在对"文明冲突"引起疑问的辩解中，也是想通过对文明冲突的分析来提示或警示不同国家或文明体，以便寻求更好的"文明对话"，避免冲突。因此，作为文明载体的城市，承担着文明交流和文明对话的重大功能，在新的国际秩序调整中，基于和平理念和价值观的文明对话和文明交流将成为主流，以"文明范式"为指导的城市发展将更能满足和适应这种需求和趋势，文明交流互鉴等基于人类文明的公共价值将融入城市文明的发展。"文明范式"城市将构成全球文明秩序的重要节点，通过城市网络节点国内本土元素可以接入全球场景，从而推动节点城市从国家文化或文明孕育的生成空间向"全球文明交流互鉴传播平台"转型。

　　最后，基于中国文明城市建设的长达40多年的实践探索为"文明范式"城市的提出提供了丰富的经验性材料。中国实施的全国文明城市创建活动，作为具有鲜明中国特色的城市建设理念和重大举措，深刻改变了中国城市文明的进程，也在事实上形成了中国城市发展治理的文明模式。站在百年未有之大变局的新的历史方位，回溯中国文明城市的创建，可以说，文明城市建设是中国经验、中国智慧的体现，是中国城市文明超脱西方资本主义主导的城市文明发展的新探索，无论这种探索的初衷是不是以一种新的范式或理念进行城市建设，但客观上，它是中国城市文明自觉自信的体现，既有对以往及当下城市建设实践反思的"自知之明"，也有面向未来的认识和智慧。这种长达几十年的城市文明实践探索经验不仅在验证"文明范式"城市理念，而且为全球城市发展提供了可参考的经验事实，成为"文明范式"城市理论的基础支撑。

（二）新文明观与"文明范式"城市的价值内核

2014 年 3 月 27 日，习近平主席在联合国教科文组织总部提出"人类命运共同体"的新理念暨 2014 文明宣言，指出"文明交流互鉴，是推动人类文明进步和世界和平发展的重要动力"[①]，强调文明的多样性和文明的平等，这一关于未来世界文明发展进步的新倡议，被国际舆论界称为"新文明观"。之后党的十九大报告、"亚洲文明对话大会"以及党的二十大报告，均不断重申文明多样性和文明交流互鉴等文明观，强调促进世界和平与发展，推动构建人类命运共同体。2023 年 3 月，中共中央总书记、国家主席习近平在中国共产党与世界政党高层对话会上首次提出全球文明倡议。

概言之，新时代的新文明观集中体现在党的二十大报告和"全球文明倡议"之中，既有对内作为中国式现代化人类文明新形态文明要义的阐释，也有对外关系上所持文明观的明确表达。对于这一"新文明观"，有学者认为，从文明理论的思想史看，这无异于一次石破天惊般的宣告。[②] 这一"新文明观"正是中华文明鲜明的精神理念的现代化传承和转化，也是我国城市文明建设的文明观。新文明观成为"文明范式"城市建设的价值导向和内核。

（三）"文明范式"城市的理论建构探索

库恩的范式理论强调了科学发展中的非线性和不确定性，揭示了科学知识的相对性和历史背景的影响。如何阐述"文明范式"城市的理论内涵呢？如前所述，"文明范式"城市既有相对于以往西方工业文明主导城市发

---

① 《习近平谈治国理政》，外文出版社，2014，第 258 页。
② 文扬：《文明的逻辑——中西文明的博弈与未来》，商务印书馆，2021，第 56 页。

展范式的超越，也有基于中国城市文明实践经验和中国式现代化文明自觉自信的自主性生发。因此，这一理论具有鲜明的中国知识色彩，其核心凝聚和体现的是中国文明精神、中国文化智慧。概言之，"文明范式"城市理论具有以下显著特点。

1. 以"文明"为视角和框架认识城市发展

文明是这一范式的核心概念和范畴，这显然不同于以往关于城市发展理念的认识。从文明的视角或基于文明的框架去认识城市的发展，以文明的理念分析城市建设面临的问题并指导城市建设，以文明改变现代化城市发展中的"不文明"行为，以文明进行城市国际交流互鉴。因此，全面准确理解"文明"内涵及以何种文明观来引导建设城市发展成为这一范式的底层逻辑。这也是本研究前文花费较多笔墨详细阐述"文明及其认识"的原因。"文明范式"提供的城市发展的文明理念和视野，不同于前述创意城市、包容性城市及韧性城市等理念，它是在更大范畴上的城市发展理念或模式的变化，包容上述不同维度的城市发展理念。这一范式强调文明的多元性和包容性，即在城市规划、建设和社会治理中考虑不同社区、群体的需求，容纳不同文化、价值观和伦理体系的共存，也更注重探索、展现城市文明和文化的内涵和要素，包括文化、道德、伦理、社会价值观及城市规划、社会治理、环境保护、公共服务等内容，以更系统和综合的方式理解城市文明建设。

2. 基于中国文明观下的城市发展理念

面对由西方资本主义工业文明主导的城市在发展中遇到的"诸多城市病"，提供具有中国智慧、中国文明理念的城市发展方案，打造具有中国气派、中国风格的中国式现代化城市文明新样态，是当前中国城市发展面临的重要任务。"文明范式"城市即基于中国文明观和城市文化发展实践而提出的城市发展新范式。这一文明内涵是复数的文明，文明范式发展遵循的文明观是党的二十大和"全球文明倡议"提出的新文明观，是马克思主义和中国传统文明精神理念有机融合的文明观念，包括高质量发展、共同富裕、物质文明和精神文明协调发展、人与自然和谐以及文明的多样性、文明平等和交流互鉴等。其遵循的根本宗旨和核心理念是"人民中心""人民至上"，坚持"人民城市人民建，人民城市为人民"。这种理念或文明观念与西方基于资本和个人主义的文化精神理念是有着根本差异的。

3. 基于中国城市发展实践经验的总结

"文明范式"城市理论的提出,不仅建立在对全球城市发展宏观趋势的洞察之上,更深深地扎根于中国几十年来的城市文明建设实践经验。自中国启动全国文明城市创建活动以来,各地城市在实践中积累了丰富的经验,形成了多样化的城市治理模式和文明建设路径。这一过程不仅提升了城市的物质文明水平,也推动了精神文明、生态文明和社会文明的整体进步。通过不断探索与改革,中国城市在解决诸如环境保护、社区治理、公共文化建设、公民素质提升等一系列城市发展问题上,逐步形成了具有中国特色的城市发展与管理之道,并深刻地改变了中国城市的面貌和内涵,推动了中国城市文明的快速发展。这些实践经验不仅验证了"文明范式"城市理念的有效性和可行性,也为全球城市发展提供了宝贵的参考和借鉴。

"文明范式"城市理念正是从这些实践经验中挖掘和升华出来的,可为全球范围内的城市提供一个全面而综合的发展视角,强调在城市发展过程中融入文明理念和元素,注重以人为本、高质量可持续发展、社会公正以及文化传承繁荣等。注重将城市建设与人的需求、环境的保护、社会的和谐有机结合起来,推动城市实现经济、社会、文化、生态等多方面的协调发展。

4. 持有全球文明交流互鉴的视野

尽管全球仍存在"文明冲突"和"逆全球化"行为,但文明交流互鉴无疑已经成为推动世界发展的重要动力。作为文明的载体和传播节点,城市在推动全球文明交流互鉴中发挥不可替代的作用。"一带一路"一些节点城市如西安、北京、上海、宁波、泉州等,无论是在历史上还是在当前阶段,在促进城市和国家(区域)文化贸易交往、增进文明理解等方面都发挥着重要作用,成为中国与全球其他文明连接的重要网络节点。因此,城市的"文明交流互鉴"本身已成为城市文明的重要部分,自然也成为"文明范式"城市理论非常重视的内容。"文明范式"城市强调以开放、包容、互鉴的态度推动城市文明的发展,尤其是在当前中国提出"全球文明倡议"的背景下。在这一视野下,城市不再是孤立的存在,而是全球文明网络中的重要节点。加强城市间的交流与合作，可以推动不同文明间的对话与互鉴，促进城市自身的繁荣发展，为全球文明的进步作出积极贡献。

同时，注重将全球文明交流互鉴的成果融入城市文明的发展。通过吸收借鉴其他国家和地区的先进经验和做法，城市可以结合自身的实际情况和文化传统，推动城市文明实现创新性发展和提升。这种融合与创新的过程，不仅可以丰富城市文明的内涵和特色，也可以为全球文明的发展注入新的活力和动力。可以说，在全球文明秩序重构的过程中，"文明范式"城市致力于构建人类命运共同体的理念框架，通过加强城市间的互联互通，开展"文明对话"和凝聚"价值共识"，推动不同文明背景下的城市发展模式创新，实现共同发展和繁荣。中国积极推动"一带一路"倡议等，鼓励共建国家和地区共享城市文明发展成果，共建和平友好、合作共进的国际城市关系，这也为"文明范式"城市的全球视野提供了实践基础和战略支撑。

（四）基于新文明观的"文明范式"城市理论分析框架和评价指标建构

"文明范式"城市是以文明为核心，从文明的视角或基于文明的框架去认识城市的发展，对文明的认识和拥有的文明观，决定着对"文明范式"城市的理解和建设。更清晰地理解和建设"文明范式"城市，需要以其遵循的新文明观为指导，对其构成要素框架进行分析。因此，我们认为"文明范式"城市的"文明"的核心理念体现在党的二十大报告中对中国式现代化的阐释，呼应中国式现代化的本质要求。建设"文明范式"城市在总体遵循的根本宗旨或总体价值导向原则是以人民为中心或者人民至上，充分体现"人民城市人民建，人民城市为人民"的城市建设文明理念。"文明范式"城市建设还须遵循四个基本的文明发展维度：共同富裕、物质文明和精神文明相协调、人与自然的和谐共生以及国际文明交流互鉴。这四个方面构成"文明范式"城市建设的主体框架。这四个方面能够体现"以人为本"的城市人文精神，与"人民中心"和"人民城市人民建，人民城市为人民"的理念形成呼应，共同构建城市的全面协调发展格局。可以简单概括为"一心四维"，"一心"指以人民为中心；"四维"指共同富裕、物质文明和精神文明相协调、人与自然的和谐共生以及国际文明交流互鉴。这一模型构成对"文明范式"城市可操作化理解的基本维度。

因此，基于上述考虑，我们对"文明范式"城市评价指标进行设计建构。其中包括4个一级指标、13个二级指标、87个三级指标，将中国式现代化的新文明形态内涵和区域城市文明的历史—现代、国际—地方等方面结合起来，多维度凸显城市文明发展。

需要说明的是，尽管"文明范式"城市在理论上是面向全球城市的，其评价指标理论上应该适用于对全球城市文明的评价，"一心四维"的基本框架也具有全球普遍性价值，但事实上，因不同文明、国家和城市的文化及具体发展指标差异，做到这一点绝非易事，不仅需要遴选更为具体的全球化指标，在数据获取上也不易，非本研究所能解决。因此，目前这一指标体系的设置，主要基于中国城市文明和发展指标数据，同时，参考了全国文明城市创建测评指标体系，但相对简化，更注重基于文明本身内涵的框架指标，以示区别。"文明范式"城市评价指标体系见表1。

表1 "文明范式"城市评价指标体系

一级指标	二级指标	三级指标
共同富裕	物质共富	人均可支配收入
		人均可支配收入占人均 GDP 比重
		地区人均可支配收入最高最低倍差
		地区人均 GDP 最高最低倍差
		城乡居民收入倍差
		全国最具幸福感城市排名
	精神共富	万人拥有公共文化设施面积
		公共图书馆人均藏书量
		博物馆年参观人数
		全民阅读率
		县级以上公共文化场馆移动端服务覆盖率
		获国家级文化精品奖项数
		人均或家庭教育经费支出
		公共文化设施投入资金或公共文化投入资金占比
		双一流大学/专业数量

续表

一级指标	二级指标	三级指标
物质文明和精神文明相协调	高质量发展	GDP 增速
		人均 GDP
		全社会研发支出占 GDP 比重
		现代服务业占服务业比重
		全国企业 500 强数量
		战略性新兴产业占 GDP 比重
		高技术制造业增加值占工业增加值比重
		城市营商环境指数
	文化自信繁荣	鲜明的地方特色文化或文脉
		革命纪念馆、红色文化传承基地数
		国家古村落数量
		省级以上中华老字号数量
		中国驰名商标数量
		旅游业增加值占 GDP 比重
		规模以上数字文化产业总产值
		文化产业增加值占 GDP 比重
		国家文化与科技融合示范基地
		红色旅游融合发展示范区（国家）
		居民教育娱乐文化消费占消费支出比重
		国家 4A 及以上旅游景区数量
		具有史前人类文明起源遗迹的发掘
		国家级以上非遗数量（国家、世界非遗数）
		国家级历史街区
		历史建筑数量
		各级文保单位数量
		具有历史文化名城或名都称号
	文明素养培育	全国文明单位数量
		全国文明城市称号
		有志愿服务时间记录的志愿者人数占注册志愿者总人数的比例
		严重失信企业占注册商事主体的比例

续表

一级指标	二级指标	三级指标
物质文明和精神文明相协调	文明素养培育	严重失信个人占常住人口的比例
		市民文明素养评价得分
		全国道德模范及提名奖获得者人数
	社会保障安全	基本医疗保险参保率
		基本养老保险参保率
		每千人老年人口养老床位数
		每万人常住人口全科医生人数
		省对市食品安全评议连续三年考核评级
		每万人刑事案件发案率
	依法治国	重大公共安全事故发生数
		每万人拥有律师数
		每万人持证社会工作专业人才数
		城市道路无障碍设施建设率
	政府廉效	政府工作满意度
		公民个人事项"一证通办"率
		依申请政务服务办件"一网通办"率
		是否形成健全的重大政策事前事后评估制度
人与自然的和谐共生	绿色发展	出租、公交车绿色动力系统车辆占比
		单位 GDP 能耗或二氧化碳排放量下降率
		城市建成区绿色出行比例
	环境污染防治	全年空气质量优良天数比例
		城市市辖区水质优良比例
		生活垃圾资源化利用率
		建成区绿化覆盖率
		人均公园绿地面积
国际文明交流互鉴	国际贸易	航空港货邮吞吐量
		跨国公司总部和分部数
		实际利用外资水平
		海关进出口贸易总额
		国家级对外文化贸易基地数
		对外文化贸易总额

续表

一级指标	二级指标	三级指标
国际文明交流互鉴	文化交流	举办国际会议（展览、活动）数量
		国际友好城市数量
		国际访客人数/境外旅游人数
		是否是"一带一路"节点城市
	国际传播	主要外媒媒体报道量
		海外搜索引擎 Google 影响力
		国际社交媒体 Twitter、Facebook、Youtube 关注度
		城市国际/对外传播机构设置数
		获得世界建筑奖项数
		世界 500 强企业在地设置企业数
		国际会展中心数

综上所述，"文明范式"城市理论是以中国城市发展经验和中国文明观为基础的城市发展理论。该理论强调以文明为核心视角和框架来认识和引导城市的发展。它与过去关于城市发展的理念有所不同，是一个更为综合包容的理念，着重于文明发展理念和包容性，更加重视城市文化、文明素养的提升。这一理论根植于中国文明观，来源于中国文明城市发展实践经验，将马克思主义和中国传统文明精神有机融合，强调了以人民为中心的发展宗旨，以人民的需求和城市居民的利益为导向，形成了具有中国特色的城市发展和治理模式。该理论强调以"城市"为媒介的全球范围内的文明交流互鉴及其在传播网络中扮演的重要角色，强调以城市作为文明的传播节点，促进城市间的交流与合作及文明间的对话与互鉴，吸收借鉴其他国家和地区的经验和做法，融入自身城市文明，推动城市文明的创新性发展和提升。总之，"文明范式"城市理论是一种具有鲜明中国知识色彩的新的城市发展理论，它为中国乃至全球城市的可持续发展提供了新的思路和方向。在未来的城市发展中，我们应该更加注重文明的传承和创新，推动城市实现全面、协调、可持续的发展，为人类社会文明进步作出贡献。

"文明范式"城市理论是基于当前中国城市发展和中国式现代化文明新形态探索的一种理论性总结和新提法。对其相关概念、范畴及主体框架内容等的阐述还非常不完善，是一种初步理论探索。它真正能够成为或被称为一种"理论"仍需要大量的探索思考和实践验证。

五 结语

城市作为人类文明诞生的重要标志,一直是古今中外诸多学者关注的对象。城市建设不仅是一个跨学科的理论问题,还是一个和现代化密切相关的实践问题,或者说,现代文明在物理空间中就是以城市作为载体来呈现的。城市确如芒福德所言,是人类文明的容器,"城市最高使命,是促进人类自觉参与宇宙进化和文明史的伟大进程"。[1] 综观人类城市发展历程,城市文明经历了从自然防御到工业主导,再到功能分区和多元包容的演进。当前,在人类面临环境恶化、社会不公等严峻挑战的背景下,城市发展亟须转型升级,走向更加文明、可持续的未来。本文提出的"文明范式"城市,正是立足中国改革开放 40 多年的城市建设实践,结合城市发展范式演变,尝试提出的一种新的城市发展范式。事实上,在对习近平有关"人类命运共同体""文明交流互鉴""全球文明倡议"等文明发展的系列论述的研讨中,《文明》杂志课题组已提出相关理论概括,明确从"范式"的理论视域去认识"新文明观"。在整体的框架下,本文只是基于中国城市文明实践的观察和思考而进行的一种探索。

当然,构建"文明范式"城市绝非一蹴而就,而是一个长期的探索过程。未来,我们还需要在实践中不断总结经验,在理论上深入研究,推动形成一套系统完备、彰显中国特色的城市文明发展理论体系。同时,我们要加强国际交流合作,在借鉴发达国家城市建设经验的同时,积极向世界分享中国城市发展的成功实践,为破解人类社会共同难题贡献力量。

---

[1] 〔美〕刘易斯·芒福德:《城市发展史——起源、演变与前景》,宋俊岭、宋一然译,上海三联书店,2018,第288页。

数字人文视域下的中国网络文学"出海"研究[*]

方　亭　王平阳[**]

摘　要　自党的十八大以来,"文化强国""推进国际传播能力建设""展现可信、可爱、可敬的中国形象"成为文化产业建设的时代强音,中国网络文学以民间叙事的柔性传播,成为"讲好中国故事"的坚实力量。首先,网络文学在内容生产维度上以中国故事国际表达来书写,以共情传播的方式为人类命运共同体添砖加瓦。其次,打造原创生态"出海"两个模式:前者以翻译、出版和改编作为内容分发的途径;后者致力于培育海外原创作者以及用 AI 技术赋能网络文学。最后,实现产业运营增效,培育翻译产业从自发的数字劳工走向官方授权生产;依托大数据等,精准维系用户;实现从线上到线下的 IP 协同"出海",以期最大化发挥网文及其衍生品价值。

关键词　中国网络文学;文化强国;内容传播;"出海"模式;产业运营

在"互联网+"和中国文化"走出去"的背景下,中国网络文学影响力逐渐提高。2022 年 9 月 13 日,涵盖了科幻、历史、现实、奇幻等内容的 16 部作品如《大国重工》《赘婿》《赤心巡天》《地球纪元》首次被收录进世界最大的学术图书馆之一——大英图书馆的中文馆藏书目之中。中国网络文学能够走出国门、走向世界,是网络文学对国家软实力提升作出的贡献。

乘着数字人文的东风,中国网络文学跨媒介"出镜"和"出境"越来越频繁。中国网络文学与美国好莱坞电影、韩国电视剧、日本动漫并称世

---

[*]　本文系陕西省哲学社会科学研究专项"文化新质生产力赋能陕西微短剧产业可持续发展路径研究"(项目编号:2025YB0272)的阶段性成果。

[**]　方亭,西安石油大学人文学院新闻系教授,文艺学博士,研究方向为新媒体传播与文化产业;王平阳,西安石油大学人文学院汉语国际教育专业硕士研究生,研究方向为跨文化传播。

界四大文化奇观。习近平总书记在党的十九大报告中指出："推进国际传播能力建设，讲好中国故事，展现真实、立体、全面的中国，提高国家文化软实力。"① 网络文学是中国文化产品出海的最大 IP 来源，肩负着向世界讲好中国故事的历史使命。作为我国综合国力提升的文学标识，网文"出海"有助于"提高我国的国际传播影响力、中华文化感召力、中国形象亲和力、中国话语说服力和国际舆论引导力"。如何借助网文出海的柔性力量，做好中国故事的国际表达，提高中国国家形象的国际传播能力，进而提升国家文化软实力，是值得探究的命题。

一　内容生产：国际表达，情感传播

中国网络文学作为民间叙事，具有区别于传统宏观叙事的"润物细无声"般的柔性力量。在文化传播方面，应该充分发挥民间力量。中国网络文学成为中国文化"走出去"的中坚力量。艾瑞咨询数据显示，2021 年海外读者阅读中国网文 49.8% 是为了新奇的情节。中国网文以神秘的东方元素、奇幻的故事内核、在地化表达以及卓有成效的情感共鸣吸引了众多海外用户。

（一）中国故事，国际表达

美国学者 J. 斯特劳哈尔提出文化接近性理论，认为受众由于受到本地文化风俗的浸润，更倾向于接受与本地风俗、语言、文化等相类似的文化产品②。

首先，中式题材，西化表述。

因为语言和文化的不同，译介文本经过二次编码到达海外读者手中时，往往会缺失内涵。如何降低文化折扣是一个值得思考的议题。对于作品，在形式上，贴近西方表述传统会让国外受众倍感亲切，如人物取名西化会

---

① 习近平：《决胜全面建成小康社会　夺取新时代中国特色社会主义伟大胜利——在中国共产党第十九次全国代表大会上的报告》，人民出版社，2017，第 44 页。
② 张富丽：《论中国网络文学改编剧国际传播的现状、问题与策略》，《中国当代文学研究》2024 年第 3 期。

增强海外读者代入感；在内容上，添加海外受众普遍喜爱的元素，如武功、食物、熊猫等投其所好。《诛仙》把西方的魔幻潮流元素融入中国古典叙事，网文、影视剧和游戏吸引海内外众多粉丝。《斗破苍穹》行文时特意削减描述性语言，加强故事情节紧凑感，适合西方人阅读，长期霸屏海外榜单。通过西方元素包装的中国传统文化，以中国网络文学的方式，拉近了西方用户与中国的距离。

其次，西式题材，中式创意。

虽取材于西方，但是创作时融入中国网文叙事内涵，充分满足海外读者求新索奇的阅读需求。《诡秘之主》从克鲁苏神话中汲取灵感，糅合西方魔幻、蒸汽朋克等元素，在提取西方著名科学史事件的基础上，借助中国网文"异世大陆"的叙事内涵，构建了一个蒸汽与机械的世界。中国网文惯有的"逆天改命""草根逆袭"等叙事内涵，给西方叙事注入了新鲜血液，让海外读者在本土化题材中追寻陌生化语境。中国网文在在地化过程中茁壮成长，影响力"破圈"。

最后，国际题材，中西合璧。

随着全球化的进程加快，取材国际化、叙事中西杂糅的作品出现。《巫颂》继承了中国传统文化儒家、道家等文化的精髓，同时借鉴了西方文化如古希腊神话中的"神"的同人同性的形象①，此种中西方文化合璧的写法，让海外受众在体会到新鲜感时，亦能从中一饱东方文化的眼福。

（二）平衡差异，情感传播

中国网络文学的全球化进程及根本路径在于实现"网络文学共同体"的构建②。世界文化存在差异，文化产品"出海"遭遇文化折扣不可避免，而中国网络文学出海蔚为壮观，富有成效的情感传播是主因。以网络文学和由此衍生出来的用户 UGC 为载体的情感传播，承载的不仅是网文和 UGC

---

① 任梦玲：《网络文学对传统中西方文化的继承与发展——以〈巫颂〉为例》，https://mp. weixin. qq. com/s/m75yxrlxxpFSGwZWMZco6A，最后访问时间：2021 年 9 月 1 日。

② 丛新强：《文化走出去的新载体——"网络文学共同体"如何构建》，《人民论坛》2020 年第 21 期。

等浅层图文符码，更重要的是对价值认同和集体情绪等深层文化内涵的重塑和传递，诸如邪恶与善良、危险与安全、正派与猥琐。中国网文自带互联网基因而具有兼容并包的特性，风格呈现多元化。

"扮猪吃虎""废材逆袭"等叙事套路引发了海外读者对东方独特价值内涵的浓厚兴趣，"打怪升级""玛丽苏"等则击中了海内外读者的共同爽感。海外读者所熟知的现象级网文《盘龙》正是以逆袭、舍身求法的东方式价值取向及"爽式"套路俘获众多铁杆粉丝，为赖静平创建 Wuxiaworld 赢得稳定的读者群体。《许你光芒万丈好》用细腻的笔触刻画了一段势均力敌的暖心虐恋，在言情维度上满足海内外读者对浪漫爱情的幻想，已授权多语言版本电子出版与影视改编。

现实题材创作成为中国网文的破局焦点，这类网文蕴含人性和人生的力量，能够推动社会进步，具有时代正面价值和独一无二的审美标识。包含社会热点、时代变迁及行业秘辛等现实元素的网文满足了具有现实题材偏好的读者的需求。《都挺好》等以普罗大众关心的家庭伦理为落脚点，以扎根于现实、升华于现实为创作基准，引起读者广泛讨论。现实题材势头强劲，正逐步成为网络文学的主流，推动着网络文学融入主流文学①。网络文学的情感共振，不仅让世界了解中国，也将中国的时代主流文化润物细无声般传播到海外。

文学"以其对人类命运的根本关怀而立于世界"②，而网络文学以其独特的互联网基因在这方面"愈益呈现出不可估量的价值"③。百年未有之大变局中，中国网络文学以柔性传播的力量与普遍的价值观，逐步构建网络命运共同体。中国网文的国际传播，为推进全人类"和平、发展、共荣"奠定了广泛的受众基础，为全世界达成普遍共识、构建人类命运共同体搭建了思想阶梯。

---

① 魏沛娜：《现实题材成网文主流》，《深圳商报》2019 年 5 月 15 日。
② 丛新强：《文化走出去的新载体——"网络文学共同体"如何构建》，《人民论坛》2020 年第 21 期。
③ 丛新强：《文化走出去的新载体——"网络文学共同体"如何构建》，《人民论坛》2020 年第 21 期。

二　"出海"模式：传统出版为主、生态运营为辅

中国网络文学"出海"分为两种模式：传统"出海"和生态"出海"。传统"出海"模式指的是中国网文通过翻译以文本的形式或借助授权出版、改编等方式呈现给海外用户；生态"出海"模式则是指网文"出海"企业在海外搭建了"创作—运营—消费"全链条的原创网络文学生态，通过签约海外作者、开展征文活动等本土化运营，吸引海外用户创作网文。生态"出海"使用新技术媒介传播，强化海外用户消费意愿，达到向世界输出网文产业生态的目的。

（一）传统"出海"：经典方式成为"出海"中坚力量

传统"出海"涉及原创内容分发，可分为电子化译介"出海"、版权出版"出海"、出镜式"出海"及其他。综观近年网文出海数据，电子化译介"出海"占据大半壁江山，版权出版"出海"不足1/5，出镜式"出海"则因为开发成本高不到1/10。

首先，电子化译介"出海"：以快、准、狠的特点成为网文输出的主流方式。

电子化译介"出海"是指通过电子平台把国内作品翻译成其他国家的语言进行输出。电子化译介"出海"因为方便迅捷、易接收和分享等独特基因而占"出海"市场半壁江山。其一，电子化译介"出海"耗时少。网文的"出海"速度快是海外读者选择追读特定网文的一个重要因素。艾瑞咨询显示，在2021年海外网文读者阅读小说看重因素中，44.1%的用户选择"作品的更新速度"。其二，电子化译介"出海"的特性和网文的自有基因互相成就。网文作为流行文化的代表，最受"潮流"的制约，电子化译介"出海"是最能发挥网文"时尚性"的出海方式；依托于电子媒介或网络的网文，能让读者在平台上自由互动。其三，电子化译介"出海"价格低廉，无论对于海外读者还是网文"出海"企业，都是性价比最高的选择。网文爱好者自发自觉将中国网文翻译成外文，分享给好友，分享到社群及论坛，获得"众乐乐"的快感；网文平台也常通过免费模式推广作品吸引

海外用户阅读。相比制作成本动辄数亿的出镜式"出海",电子化译介"出海"一方面可以为 IP 衍生开发奠定粉丝基础,另一方面可以使企业降低投入成本、减少投资风险。

电子化译介主体既有中文网文爱好者,亦有"出海"企业招募的翻译团队。Wuxiaworld 创始人赖静平正因翻译《盘龙》走红而获得大批粉丝拥趸;起点国际作为中国网文"出海"企业的代表,招募了包括温宏文 Cktalon 在内的一大批知名译者。《全职高手》《诡秘之主》《鬼吹灯》等深受海外用户喜爱的中国网文,与进口至中国的《魔戒》《饥饿游戏》等,风格基本一致,都包含竞技与冒险、生存与抗争等极限元素,为全世界人民所喜闻乐见。中国网文的电子化译介"出海"蔚为壮观,表明中国传统文化正乘着"互联网+"的东风奔赴世界。

其次,版权出版"出海":以授权出版作为网文输出的有力支撑。

版权出版"出海"是指在海外正式出版发售,其优势在于以下几点。其一,版权出版"出海"的作品经过重重筛选,原创质量与翻译质量较高,有助于推动小说在海外在地化传播,正面树立中国网文形象。其二,版权出版"出海"的作品一般已经具备了相应的海外粉丝群体,消费群体稳固。其三,版权出版"出海"受正规版权保护,因而作品能顺利发售;而电子化译介"出海"的部分作品因为爱好者自发翻译分享,大部分处在灰色地带,参与商业运作受限。

版权出版"出海"的作品一般具备"爆款"属性。风靡全球的《鬼吹灯》《全职高手》等作品就包含全世界读者喜欢的冒险刺激、游戏竞技等元素,适合全球推广。版权出版"出海"以授权出版的方式保障了网文质量,广泛吸纳了跨媒介用户,也提升了海外用户对中国网文乃至文化的良好印象。

最后,出镜式"出海":提高影响力的中流砥柱。

出镜式"出海"是指将网文改编成影视、动漫、游戏等跨媒介改编"出海"。影视化展示比文本表达更具跨文化优势。其一,视觉呈现效果更强,增强趣味性。影视用画面叙事,内容的表现力和对海外用户的吸引力都更强。其二,网络文学的跨界表达能扩大用户群体规模,反哺原著。其三,网文的"出镜"展示比起原著纯文字的表达,可以在一定程度上降低文化折扣。文字表达的多义性、多种语系的不对等性,以及文化差异均会带来不同程度的理解障碍，而"立体视镜+多感官刺激"的呈现方式，包括表情特征、行为动作、背景、画外音等全方位信息有助于跨越共鸣之路上的鸿沟。出镜式"出海"以其得天独厚的优势为网文产业带来可观收益，未来将成为内容式"出海"的中流砥柱。

网络文学 IP 的跨界超强传播需要唤醒共有文化的时代能量包，既需要承接文化原型上的集体记忆，也需要具备时代性，方能实现超级符号式的超强传播[①]。"出镜+出境"成功的网文改编代表作无一不具备此特征。《全职高手》从诞生起就因其世界通用的游戏元素而天然具备风靡全球、跨媒介的基因，并因为包含少年热血、友谊团魂等日本常见动漫元素和别出心裁塑造了大量积极、稳重、有魅力的女性角色，在出镜式"出海"扩容了男性拥趸之外，还吸引了大批女性粉丝。中国网文影视剧、动漫、游戏等出镜式出海，日趋形成稳定范式。

（二）生态"出海"：系统输出，打造网文"出海"新业态

生态"出海"是指将中国网文生产、运营等模式输出海外，包括原创模式"出海"和技术型"出海"。生态"出海"意义重大，一是因为传统"出海"费时费力费资金，网文传统"出海"的整个过程漫长，成本高昂，而且翻译质量参差不齐。二是因为文化折扣的天然存在，势必会导致传播力不足。三是网文的在地化建设如果不成熟，譬如针对当地读者的阅读需求和个性研究不充分，就会严重影响网文的推广，进而影响文化资本的收益。因而，无论从资方平台还是海外用户角度，将中国网络文学在国内运营成熟的产业链灵活地"复制"到海外，都是一种必然选择。原创模式"出海"和技术型"出海"应运而生。

原创模式"出海"促进"中国式"网文墙外开花。网文"出海"龙头企业起点国际（Webnovel）意识到生态"出海"的重要性，于 2017 年就着手布局原创模式的输出。西班牙网文作家 Alemillach 所著 *Last Wish System* 即《最终愿望系统》，融合了中西方元素，既本土化又满足了海外用户尤其是"新鲜元素追逐"型读者对中国元素的好奇心理，该作在连载期间多次蝉联

---

① 王小英：《超级符号的建构：网络文学 IP 跨界生长的机制》，《中州学刊》2020 年第 7 期。

平台阅读量第一。2020 年首届上海国际网络文学周英国作家 JKS Manga 所著 *My Vampire System* 完美融合了中西方文化，将中国网文中的"系统"和西方科幻背景结合，带给海外读者前所未有的想象；同期"最受欢迎女性向海外原创作品"为菲律宾作家 Kazzenlx 所作 *Hellbound With You*，获奖理由为"甜蜜的爱情描写中带着一丝悬疑色彩，细腻的情感描写与跌宕起伏的剧情节奏将读者们带入到 *Hellbound With You* 充满幻想的世界中"。

中国网络文学由襁褓走向弱冠、而立，逐步经历了创作者创作内容、用户生产内容、反向输出专业生产内容三个阶段的演变和共存。中国网文创作模式为越来越多海外用户所喜爱、熟悉和模仿，由此众多海外读者自发变为创作网文的主体。海外原创模式不仅为海外受众提供了更多就业机会，还为海外女性注入了改变社会地位的实力，譬如孟加拉国女性作者Flow07 借此实现经济独立，最终摆脱包办婚姻①；菲律宾一位年轻母亲通过网文写作实现了财务自由，有更多时间陪伴孩子②。原创模式输出"全球圈粉"，其作者大部分在 25 岁以下，他们的写作将引领年青一代的审美和消费。原创文学生态据此为全球带来可观价值。

技术型"出海"打造网络文学新生态。在 AI、VR/AR、全息投影、元宇宙等新技术的驱动下，网络文学及其衍生品的呈现方式更丰富、立体，也让用户获得更真切的沉浸式体验。AI 赋能网文创作，利用大数据技术将全网热门题材趋势等数据反馈给编辑和作者，指导用户创作；AI 赋能网文内容审核，准确率、效率得到大幅提升；AI 赋能网文阅读，精准触达读者，高效连接用户与内容。VR/AR 技术赋能网文改编、衍生品开发，创造现实世界，创造虚拟和现实增强的场景，打造沉浸式视听环境；眼球追踪技术助力 VR/AR，眼动一下，斗转星移，时空自由。全息投影技术赋能网文 IP 开发，如虚拟偶像的舞台表演和科幻网文衍生品的打造。元宇宙连接现实与虚拟世界，在社交等系统上密切融合，并赋予每个用户自主生产和编辑内容的权利。高新技术为网文及其衍生品的 IP 开发带来"元宇宙"革命，"场景化传播+沉浸式视听技术"实现从"认知时代"到"体验时代"的迭代。

---

① 沈杰群：《那些在中国网文平台改写人生的外国人》，《中国青年报》2021 年 11 月 16 日。
② 李俐：《网络文学走出去 向世界讲好中国故事》，《北京晚报》2021 年 10 月 14 日。

三 产业运营：从网文推介到衍生开发，全链联动增值

中国网文"出海"作为文化产业"走出去"的重要一环，其翻译平台搭建、营销模式更迭、多种业态协同发展联合发力，推进网文"出海"产业运营向规范、纵深、特色发展的内涵式路径迈进。

（一）翻译产业：从数字劳工走向授权生产

在诸如日本动漫、美剧等海外文化的字幕组传播时期，有研究者提出："以无名联合、跨域流动、弹性自愿、免费劳动、协同共享为核心的字幕组文化与劳动，体现了网络时代数字劳动的工作特点与劳动性质。"① 与此相似，中国网文爱好者在弹性自愿的基础上借助网络媒介成为翻译产业的数字劳工。

随着"中国网文在欧美受捧"相关新闻爆红网络，分散于全球的网文翻译组陆续走入公众视野。Wuxiaworld 由网文爱好者赖静平于 2014 年自发创立。随着第一部译作《盘龙》英译版在海外走红，网站粉丝激增至百万级别，众多粉丝翻译组织纷至沓来。2016 年底，与阅文集团达成版权协议后，Wuxiaworld 翻译组织逐渐转为商业组织，并走上职业化道路。总体来说，翻译组的数字劳工出于个人兴趣而自发翻译的中国网文，质量参差不齐、类型选择受限。在市场的大浪淘沙下，生存下来的翻译组织逐步迈向专业化进程。

专业团队的翻译激活网文海外市场。以起点国际麾下的翻译团队为代表的"正规军"，因为有版权、平台和资本的支持，已然全面专业化。起点国际推出作品翻译推荐机制解决网文选择的问题，这种依据用户票选来决定持续更新或者中止翻译的机制，一定程度上增加了用户黏性。国际化的专业团队保障了翻译质量，同时因为有版权加持、平台和资本融入，翻译小说的类型多样化。

AI 智能翻译助力网文规模化"出海"。推文科技 AI 翻译可使网文译介

---

① 张斌：《中国字幕组、数字知识劳（工）动与另类青年文化》，《中国青年研究》2017 年第 3 期。

效率提高 3600 倍，成本降至原来的 1%[1]。AI 翻译，既能实现实时数字出版，还能大规模输出。截至 2021 年 4 月底，超过 6000 部中文网文作品通过推文出海网一键出海[2]。但因为缺乏人类共情能力，AI 翻译对某些网文特色词语的翻译可能不准确。于是，"AI 翻译+人工校译"的方式，逐渐为"出海"企业所采用。起点国际已上线 30 部 AI 翻译网文作品，并同步上线了"用户修订翻译"功能。AI 赋能中国网文翻译，推动中国故事全球传播。

（二）营销模式：精准触达读者并使之产生可持续消费

首先，大数据营销：以科技助力精准触达用户。

在信息时代，大数据营销可作用于网文读者、网文平台及广告投放商。对于读者，大数据营销运用大数据技术对海外用户进行画像并进行靶向推送，读者可接收个性化定制的网文类型和内容；对于平台网站，搜集用户的搜索行为和阅读行为并进行分析，将网站不同题材不同类型的网文有针对性地推荐给特定受众，有助于维持现有用户黏度和吸收潜在用户；对于想通过平台投放广告的广告商，大数据技术给网文读者的自然信息和行为信息贴标签，广告商通过叠加目标标签以挑选重合的部分，然后有针对性地通过相关网文平台投放广告实现精准营销。以平台投放网文给海外用户的大数据营销为例，针对标签为"新鲜元素追逐者"的海外用户，可多投放故事情节新奇的小说；针对标签为"西方元素融合者"的海外用户，融合了魔幻、吸血鬼等西方元素的主题则更易吸引有意注意，同时辅以点击量高的其他优秀作品来吸引无意注意。

其次，互动营销：增强用户黏性，促进购买意愿。

中国网文开启"世界群聊"，"与受众进行良性互动，调动受众的参与积极性才能更好地扩大营销效果，实现网络 IP 盈利"[3]。艾瑞咨询显示，海外用户中 81.4%的网文读者有互动习惯：超过一半的读者直接在原文留言区进行评论互动；41.5%的读者选择分享小说给朋友。起点国际 App 中读者

---

① 邢虹：《人工翻译 1 小时 智能翻译 1 秒搞定》，《南京日报》2019 年 8 月 27 日。

② 推文科技：《中国网文联合出海计划提速 首批 500 部中国网文优秀作品免费翻译出版》，https://funstory.ai/2021/05/13/，最后访问时间：2021 年 5 月 13 日。

③ 林进桃、徐仁萍：《数字阅读语境下网络 IP 的协同与互哺——基于从网络文学到网络剧改编的考察》，《中国编辑》2021 年第 4 期。

可以在每章留言评论区和其他网友互动，也可与作者互动，甚至章节里的任何内容处都可以留言评论互动，读者的意见既会影响剧情走向，也给作者在某些方面增添创作灵感。中文在线创新性地用视觉化、交互式等多元娱乐方式呈现网络文学，图文并茂，让读者参与其中，代入感更强。互动式视觉产品让中文在线旗下互动式视觉小说平台 chapters 稳定在美国 iPhone Top Grossing 榜单前 100 名左右。总之，互动能让人增加参与感，而参与程度与读者后续付费购买新章节或投入时长成正比。

再次，分众营销：针对地区用户需求投放不同题材作品。

中国网络文学的"出海"可以根据不同国家或地区的文化背景和用户需求对目标用户精准营销。"针对不同国家、不同民族的风俗习惯、阅读方式等特点进行有针对性的创作、改编、营销，不仅可以避免文化折扣、文化敏感性和文化差异性，同时也将助力我国文化对外传播的效果。"① 在文化差异方面，中国网文可以在针对东南亚地区密集投放的基础上，适当对"异质"文化进行修改并"在地化"后，投放至欧美等地。在地区特点方面，基于欧美缺乏修仙文、非洲喜欢甜宠文、东南亚地区偏好言情和宫斗权谋文等特点，分别推广相应类别的网文。在网文类型方面，对于喜欢英雄主义的地区，可投放更多男频小说；而对于喜欢言情的地区，以推介女频小说为主。《全职高手》因为其自带的日本动漫风格而被投放至日本，在当地火速"出圈"；《甄嬛传》《琅琊榜》等投放至热衷古装权谋题材的韩国等地，风靡东南亚和东亚；《都挺好》投放至喜欢现实题材的哈萨克斯坦等国，引爆话题讨论。

最后，降维营销：培养下沉群体消费习惯，扩大用户群。

降维营销在网文出海中体现为网文阅读的免费形式。平台使用免费阅读模式，将读者群体扩大至下沉市场。艾瑞咨询显示，"觉得贵"是用户觉得影响阅读中国网文的一大因素。因此，免费阅读模式有效地扩大了用户规模。受众观看广告就能免费阅读本章节网文内容。在免费模式刺激下，受众还有产生更多行为的可能，比如由于当下内容的吸引而付费解锁新章节，以及观看广告后，可能实施产品购买行为。起点国际在采用一段时间

---

① 徐兆寿、巩周明：《现状·症候·发展——中国网络文学对外传播研究》，《当代作家评论》2021 年第 2 期。

的免费模式培养海外读者阅读网文的习惯后，启用多维付费模式，这为网文"出海"企业赢得生存空间打下坚实的基础。

（三）孵化业态：从线上到线下的 IP 协同出海，完善价值链

协同效应（Synergy Effects）即"1+1>2"，是由德国物理学家赫尔曼·哈肯于 1971 年提出的概念[①]，现在被应用于各行各业。协同效应在此处指的是处于网文集群中的企业由于相互协作共享业务行为和网文 IP 等资源，比单独运作的企业具有赢得更高利润的能力。"出镜+出境"式改编成绩斐然，《琅琊榜》《甄嬛传》等跨媒介联动，在东南亚、日韩大受欢迎；《盘龙》等影动漫联动，火爆欧美；《全职高手》网文 IP 衍生品全面开花，不仅覆盖影视动漫，还辐及视频、同人文化乃至孵化出极受青少年欢迎的虚拟偶像叶修。阅文甚至别出心裁地联手多家品牌用打造真人偶像的方式为叶修布局。从线下漫展、青少年社群活动 Cosplay、主题餐厅到麦当劳、伊利、酷狗、QQ 阅读、中国银行等品牌的代言人，虚拟偶像叶修成功"出圈"。网文"出海"产业链见图 1。

综观成功"出海"的 IP，其内容本身都具有宏大世界观体系设计，吸睛的故事情节，"明知不可为而为之"的艰难任务，放之四海而皆准的文化共识以及从中可不断延展的角色、场景和道具。在运营模式上，网文 IP "出海"从线上的影视、动漫和游戏的衍生开发着手，到线下社团活动、剧本杀、密室逃脱、主题公园等形式联动，有效地让用户从文本阅读方式过渡到视觉呈现甚至沉浸体验阶段。从网文"出海"到衍生品"出海"，从电子出版到纸质出版的联动，从有声书类的轻衍生到"影动游"类重衍生乃至主题乐园类实体衍生的协同，用户在沉浸式体验中，自然而然为整个网文价值链带来源源不断的效益。以网文为核心的上中下游企业，在内容生产制作、分发销售及粉丝管理上协同合作，产生范围经济与规模经济，最大化发挥网文资源的核心价值。

中国网络文学以其独特的东方魅力、奇幻的想象力以及精彩的故事情节赢得海外用户的喜爱。网文里普遍性价值观和人类共通的情感引发海外

[①] 施国宝：《知本论》，广东经济出版社，2015，第 344~347 页。

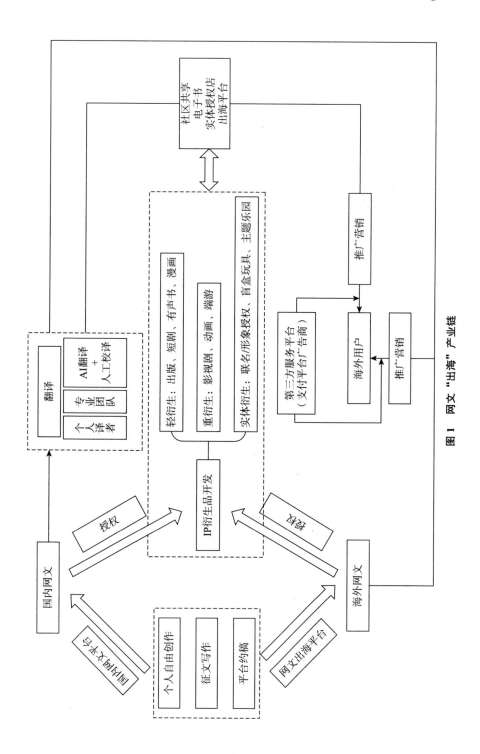

图 1　网文"出海"产业链

用户共鸣，从而循序渐进地对中国故事、中国文化乃至国家形象表示认同。网文"出海"的阶段性成功彰显了民间话语体系柔性传播的力量，同时为世界性网络文学提供了中国方案。值得关注的是，虽然中国网文"出海"上升空间巨大，但是在自身建设方面，网络文学还缺乏健全的评价体系；在外在因素方面，它既要破除文化壁垒，又要降低盗版之殇带来的巨大行业损失。在国家政府大力支持文化产品自身建设及"出海"的同时，网文"出海"企业需要加强版权保护，比如培育全球版权保护团队。在数字信息化时代，中国网络文学在全世界范围内的大流行，为构建人类命运共同体做出了积极贡献。

华夏传播的"厦大学派":基于世代与校本的学术书写[*]

华夏传播的"厦大学派":基于世代与校本的学术书写[*]

王　彦　汪炳华　陈艺铭[**]

摘　要　针对华夏传播学所遭遇的正当性质疑,积极的回应可借鉴学理性、应用性、向善性指标,切入考察是谁、在何时、在何地、以何种方式从事着什么样的华夏传播研究,考察结果显示:(1)研究主体地缘学缘接近,核心作者群集中于沿海发达地区且往来频繁,女性作者的较少比重提示该领域尚存一定异质视角观照空间;(2)研究对象既广又专,覆盖的理论构建、历史研究、文化研究等八个内容类别体现丰富层次与多元维度,主流关怀的中华文明、古代哲学史料偏好亦十分明显,综述与评论文体的繁荣凸显领域成长趋向成熟;(3)《华夏传播研究学术史》记录了厦门大学新闻传播学院的卓越贡献,证实其作为基因鲜明的"有形学院"、成果共享的"无形学院"已初具"厦大学派"重镇气象。

关键词　华夏传播;《华夏传播研究学术史》;"厦大学派"

一　问题的提出

中国哲学社会科学当有何为?习近平同志先后于 2016 年哲学社会科学

*　本文系中国国家留学基金委青年骨干教师出国研修项目(项目编号:留金项〔2022〕25号)的阶段性成果。

**　王彦,浙江工业大学人文学院副教授、国家公派新加坡南洋理工大学黄金辉传播与信息学院在站博士后、浙江省之江青年社科学者、浙江省舆情研究中心特约研究员,研究方向为传播思想史、政治传播、新闻教育;汪炳华(ANG Peng-Hwa),新加坡南洋理工大学黄金辉传播与信息学院教授,研究方向为媒介法规政策;陈艺铭,浙江工业大学人文学院硕士研究生,研究方向为新媒体传播。

工作座谈会、2022 年党的二十大报告中提出"加强对中华优秀传统文化的挖掘和阐发"①"使中华民族最基本的文化基因与当代文化相适应、与现代社会相协调"②"把跨越时空、超越国界、富有永恒魅力、具有当代价值的文化精神弘扬起来"③"着力构建中国特色哲学社会科学,在指导思想、学科体系、学术体系、话语体系等方面充分体现中国特色、中国风格、中国气派"④ 等系列号召,呼吁中国哲学社会科学界构建有效的中国自主知识体系,积极对话西方学界的话语体系,共同回应日益复杂的世界现实。新闻传播学科当属中国哲学社会科学体系的重要组成部分,其中最具中国特色、中国风格、中国气派的学术话语体系的领域则为华夏传播研究。

远可溯源到百年之前的华夏传播现象"萌芽期",近可考证到发轫于 1993 年的华夏传播研究领域"创立期"⑤,而立的华夏传播研究学术社群历经 30 多年筚路蓝缕,终于迎来初具气象的历史性回眸时刻,相关综述性论著纷纷盘点华夏传播学如何"由星星之火到屹立东南"且已成为"一个传播学本土化研究学派(中华传播学派)"⑥。与此同时,围绕"庄子是否有

---

① 《习近平在哲学社会科学工作座谈会上的讲话》,中国共产党新闻网,http://cpc.people.com.cn/n1/2016/0519/c64094-28361550.html,最后访问时间:2016 年 5 月 17 日。

② 《习近平在哲学社会科学工作座谈会上的讲话》,中国共产党新闻网,http://cpc.people.com.cn/n1/2016/0519/c64094-28361550.html,最后访问时间:2016 年 5 月 17 日。

③ 《习近平在哲学社会科学工作座谈会上的讲话》,中国共产党新闻网,http://cpc.people.com.cn/n1/2016/0519/c64094-28361550.html,最后访问时间:2016 年 5 月 17 日。

④ 《习近平在哲学社会科学工作座谈会上的讲话》,中国共产党新闻网,http://cpc.people.com.cn/n1/2016/0519/c64094-28361550.html,最后访问时间:2016 年 5 月 17 日。

⑤ 谢清果:《华夏传播研究学术史》,中国国际广播出版社,2023。

⑥ 王学敏、潘祥辉:《深入本土:近 10 年华夏传播研究的知识图谱及学术走向》,《传媒观察》2023 年第 1 期,第 35~49 页;谢清果:《2011—2016:华夏传播研究的使命、进展及其展望》,《国际新闻界》2017 年第 1 期,第 101~117 页;谢清果:《厦门大学传播研究所发展简史(1993—2019)》,《华夏传播研究》2020 年第 1 期,第 2、279~302 页;谢清果、王皓然:《传播学的"中年危机"与华夏传播研究的新期待——华夏传播学研究 2020 年综述》,《华夏传播研究》2021 年第 2 期,第 2、35~52 页;谢清果、王皓然:《中国传播学的"中年危机"与华夏传播研究的球土化展望(2017—2021)》,《国际新闻界》2022 年第 1 期,第 61~80 页;韦俊全、谢清果:《百花齐放·百家争鸣:本土化关切下华夏传播的"求索"与"突破"——2022 年华夏传播研究综述》,《华夏传播研究》2023 年第 2 期,第 2、91~117 页;赖家强:《厦门大学传播研究所三十年雪泥鸿爪——兼论为中国自主传播理论提供范畴基础的华夏传播》,《华夏传播研究》2023 年第 2 期,第 34~41 页。

传播思想"这一华夏传播论断引发的笔战①，使华夏传播研究一度面临的古代传播现象大杂烩的"口号化"② "标签化"③ "有争无论"④ "本土化焦虑"⑤ 等批判也浮出历史地表。华夏传播研究学人不得不在成果初具规模之际，直面研究正当性、独立性、成熟性潜质之质疑，负重前行。华夏传播研究进入了众声喧哗的时代。

如何检验一个新理论、新学说、新领域是否具"显学"发展潜质？有学者总结检验面向，一与"学理的创新性、开拓性"密不可分，二体现在"应用研究的广泛性和重要性"⑥，三需要"立意向善"⑦，让世界变得更美好的伦理合宜的研究才有可持续性。上述标准以创新开拓性为后来学者认同，甚至被臧国仁认为适用于"任何新理论"⑧。又如 Farr 也曾举例心理学，指出正是"行为主义"（Behaviorism）造成了心理学研究领域的"贫瘠发展"，证明"赋予旧环境以新的观察角度"以及"扩大（而非抑制）领域的发展空间"是考察新生学术现象具备实用性和发展前景的重要标准⑨。

鉴上逐项观照华夏传播研究，其一，学理性，散见于近十年研究重心

① 邵培仁、姚锦云：《传播受体论：庄子、慧能与王阳明的"接受主体性"》，《新闻与传播研究》2014 年第 10 期，第 5~23 页；姚锦云：《再论庄子传播思想与"接受主体性"——回应尹连根教授》，《国际新闻界》2019 年第 2 期，第 13~152 页；尹连根：《审慎对〈庄子〉进行传播学层面的"本土化"——与邵培仁、姚锦云两位老师商榷》，《国际新闻界》2017 年第 5 期，第 155~173 页；尹连根：《庄子与中国传播学的本土化》，《新闻与传播评论》2020 年第 6 期，第 99~110 页。

② 王怡红：《对话：走出传播研究本土化的空谷》，《现代传播（北京广播学院学报）》1995 年第 6 期，第 10~13 页。

③ 尹连根：《审慎对〈庄子〉进行传播学层面的"本土化"——与邵培仁、姚锦云两位老师商榷》，《国际新闻界》2017 年第 5 期，第 155~173 页。

④ 黄旦：《问题的"中国"与中国的"问题"——对于中国大陆传播研究"本土化"讨论的思考》，载黄旦、沈国麟编《理论与经验——中国传播研究的问题及路径》，复旦大学出版社，2013，第 35~57 页。

⑤ 刘海龙：《传播研究本土化的两个维度》，《现代传播（中国传媒大学学报）》2011 年第 9 期，第 43~48 页。

⑥ 王彦：《媒介框架研究在中国：落地·扩散·反思》，浙江大学出版社，2023。

⑦ Ang, Peng Hwa, "Communicating with Power in a Volatile, Uncertain, Complex, and Ambiguous World," *Journal of Communication*, 2018, 68 (1): 1-5.

⑧ 臧国仁：《新闻媒体与消息来源——媒介框架与真实建构之论述》，台北：三民书局，1999。

⑨ Farr, R., "Theory and Method in the Study of Social Representations," in G. M. Breakwell, D. V. Canters, eds., *Empirical Approaches to Social Representations*, Oxford, UK: Clarerdon Press, 1993.

"古代政治传播"、新的学术增长点"传播考古学研究"①，以及华夏传播理论新起点"传播的接受观"②。其二，应用性，体现在华夏传播研究作为"传播学中国化研究的独特领域"③，"面向历史和传统的中国本土取向"④已取得一系列丰厚研究成果，厦门大学、华夏传播研究会以及《华夏传播研究》《中华文化与传播研究》两本集刊等则是应用的常规行政保障。其三，立意向善，面对未来，华夏传播研究致力于在保持本土化的基础上获得更广阔的发展空间（倘若只顾本土化，会丧失华夏传播学自身的生命力与活力），或通过与其他文化"交流互鉴"保持华夏传播研究生机与活力⑤，构建出中国本土传播学的自主知识体系；或继续扮演沟通传统和现代、本土与世界的桥梁角色，为构建人类命运共同体贡献力量⑥。

以上能否说明华夏传播研究已具备从"新学"到"显学"之发展潜质？显学的考量多聚焦于研究领域的成熟程度，后者（研究领域的成熟程度）的决定性因素有说是"既有的高水平研究成果的数量"以及"该领域共识程度的高低"⑦，还有说是"形成有自身特色的研究方法"⑧，理论所彰显的"文化特殊性"和"文化普遍性"亦得兼顾⑨。据此，本文提出，当下是谁、在何时、在何地、以何种方式从事着什么样的华夏传播研究？这些研究的水平高低、数量多少，在文化的特殊性和普遍性上共识如何？是否已形成独具特色的理论、方法并又好又广地对此进行应用？

---

① 潘祥辉：《在交流互鉴中推进华夏传播研究》，《传媒论坛》2023 年第 14 期，第 3 页。

② 姚锦云、邵培仁：《华夏传播理论建构试探：从"传播的传递观"到"传播的接受观"》，《浙江社会科学》2018 年第 8 期，第 120～128、159 页。

③ 谢清果、孙于晴：《与中华文化国际传播同向同行的华夏传播研究》，《教育传媒研究》2022 年第 3 期。

④ 潘祥辉：《在交流互鉴中推进华夏传播研究》，《传媒论坛》2023 年第 14 期。

⑤ 潘祥辉：《在交流互鉴中推进华夏传播研究》，《传媒论坛》2023 年第 14 期。

⑥ 谢清果、孙于晴：《与中华文化国际传播同向同行的华夏传播研究》，《教育传媒研究》2022 年第 3 期。

⑦ 尹连根：《审慎对〈庄子〉进行传播学层面的"本土化"——与邵培仁、姚锦云两位老师商榷》，《国际新闻界》2017 年第 5 期。

⑧ 谢清果：《华夏传播研究学术史》，中国国际广播出版社，2023。

⑨ Wang, G., Kuo, E.C.Y., "The Asian Communication Debate: Culture-specificity, Culture-generality, and Beyond," *Asian Journal of Communication*, 2010, 20 (2): 152-165.

二　研究设计

为回答研究问题，本文从两个方面进行研究，一是采用内容分析法展开文献计量学量化研究，以华夏传播领域的相关专著为研究对象，使用大数据结合人工排查的复合式文献检索，建构分析类目，展开编码、解码，最终明晰专著的研究问题、研究方法、研究结论、研究品质，同时，了解专著作者之间的地缘与学缘关系，以期从超越学理的现实叙事视角去观照华夏传播研究如何作为研究故事、如何被表达。二是基于量化研究遴选关键专著文献，采用文本细读法。

之所以选择专著，一方面，因华夏传播领域的期刊论文发表情况已被南京大学潘祥辉、厦门大学谢清果等相对充分研究①。代表作如《深入本土：近 10 年华夏传播研究的知识图谱及学术走向》② 的研究对象便是 2012～2022 年在新闻传播学 CSSCI 期刊上发表的 417 篇相关论文。另一方面，相较于期刊论文所展现的前沿动态性，专著作为研究对象更具系统性、深度性、稳定性。专著作为学术研究的集大成者，往往能够突破单一论文的局限，以更为完整、连贯且深刻的研究视角对研究主题展开更全面梳理和更深入剖析。

（一）数据采集与编码

专著书目的筛选方式分为线上与线下、文献与人工相结合的方式。第

---

① 王学敏、潘祥辉：《深入本土：近 10 年华夏传播研究的知识图谱及学术走向》，《传媒观察》2023 年第 1 期，第 35～49 页；谢清果：《2011—2016：华夏传播研究的使命、进展及其展望》，《国际新闻界》2017 年第 1 期，第 101～117 页；谢清果：《厦门大学传播研究所发展简史（1993—2019）》，《华夏传播研究》2020 年第 1 期，第 2、279～302 页；谢清果、王皓然：《传播学的"中年危机"与华夏传播研究的新期待——华夏传播学研究 2020 年综述》，《华夏传播研究》2021 年第 2 期，第 2、35～52 页；谢清果、王皓然：《中国传播学的"中年危机"与华夏传播研究的球土化展望（2017—2021）》，《国际新闻界》2022 年第 1 期，第 61～80 页；韦俊全、谢清果：《百花齐放·百家争鸣：本土化关切下华夏传播的"求索"与"突破"——2022 年华夏传播研究综述》，《华夏传播研究》2023 年第 2 期，第 2、91～117 页；赖家强：《厦门大学传播研究所三十年雪泥鸿爪——兼论为中国自主传播理论提供范畴基础的华夏传播》，《华夏传播研究》2023 年第 2 期，第 34～41 页。

② 王学敏、潘祥辉：《深入本土：近 10 年华夏传播研究的知识图谱及学术走向》，《传媒观察》2023 年第 1 期，第 35～49 页。

一步，以"华夏传播""传播本土化"为主要关键词，在各大电子学术资料数据库以及图书馆系统中进行初步检索。第二步，前往作者所在的高校图书馆开架区域，获取初步检索到以及陈列相近的更广泛书籍样本。第三步，查阅华夏传播领域的论文，特别是高被引和具有高影响力的论文，从其参考文献中对上述第一、二步遴选所得的相关专著进行查漏补缺，确保所得样本库的丰富性和权威性。以上步骤经由两位编码员分头遴选、碰头核查、分头查验，合计三轮，最终纳入自 1988 年至 2023 年在海内外出版的 93 部华夏传播中文专著中，并将这些专著作为本文的研究对象，以期能全面反映该领域的核心议题和研究成果（见附表）。

编码类目分成出版数量、著述主题、作者画像等，具体类目的定义及操作标准由两位编码员讨论核定。

（二）描述性统计

两位编码员完成编码后，对编码结果进行的描述性统计以量化方式展示各类别在专著中的分布情况。由于个别书目的编码类别并不是单一的，会出现同一类目分属两个编码类别的情况，即编码数量多于书籍总量。

（三）文本细读个案选定

在泛读 93 部中文专著的基础上，本研究基于时效性（最新出版）、综合性（书写内容丰富）、代表性（集大成华夏传播研究多年发展精粹）三方面考量，选定谢清果于 2023 年出版的《华夏传播研究学术史》作为文本细读代表性专著个案。

三　研究发现与讨论

（一）描述性统计

1. 著述主题

（1）词频分析。作为研究主题的预分类，我们先对 93 部专著的标题展开词频分析（见图 1），显示"中国""华夏""传播学"高频出现。

图 1　华夏传播中文专著（1988～2023 年）的标题高频词云

资料来源：作者自制。

其中，"中国"（30）与"华夏"（23）凸显了研究根植于中华文化、历史和社会背景的特点，揭示了传播的本土化特色。"传播学"（19）直指华夏研究的议题仍然围绕传播学这一核心领域展开，体现华夏传播研究的系统性与实践性，对传播规律的探索和理论体系的构建的雄心。"文化"（14）进一步强调了华夏传播研究的文化性和历史性，强调了华夏传播研究对文化传承、文明对话及文明互鉴的关注。"理论"（10）则揭示出在华夏传播语境下对构建和发展传播理论的高度重视。其他关键词如"思想"（10）、"老子"（9）、"文明"（8）、"传统"（6）、"新闻"（5）、"媒介"（4）、"智慧"（4）、"道德经"（3）等，也分别从不同的角度反映了华夏传播研究的多元性和开放性。在各类别的专著数量及其占比排序中，文化研究领先理论构建较多，而后者（理论构建）才是反映新学创新性的最主要指标，反映了华夏传播研究的学理贡献尚有可提高的空间。

（2）类目萃取。基于上述词频结果，结合人工细读书目标题，我们将著述主题萃取成八个主要类别，覆盖华夏传播研究的不同维度，维度如下。

理论构建（华夏传播理论的形成、发展及创新研究）；

历史研究（与中国古代历史的相互交叉，从历史的维度体现华夏传播）；

文化研究（探讨中华文明与传播之间的关系，包括文化对传播的影响及传播对文化的塑造）；

比较研究（将华夏传播与其他文化或地区的传播模式进行比较分析）；

媒介与传播（分析媒介技术在华夏传播中的应用与影响）；

思想研究（深入剖析华夏传播思想体系尤其是古代哲学思想在现代社会中的价值）；

实践与应用（探讨华夏传播理论在实际应用中的案例与效果）；

综述与评论（对华夏传播研究领域的整体发展、趋势及存在问题进行综述与评价）。

（3）数量及主题分布。如设计研究方法时预测，极可能发生同一类目分属两个编码类别而导致编码数量多于书籍总量的情形。在实际执行研究过程中，编码员在统计登录主题类目时却发现，时有出现同一部著作涵盖多个主题的情形，譬如《殷商文化传播史稿》既属于文化研究又属于历史研究且有综述和评论成分。

综观走势，出版数量的分布呈现逐年稳步增长的上升波段特征。早期著作主题多集中于中国古代传播史、传播思想史等基础性研究。随着时间的推移，学者们的华夏传播研究理论意识显著增强，专著出版呈现更加明确的华夏传播理论建构与研究史综述导向。总体而言，著述主题自"实践与应用"向"文化研究"依次逐年递增分布，总体呈现文化历史齐驱、理论构建为重、综述与评论领先三大特征。

（1）文化研究与历史研究并重。文化研究类专著（30部）和历史研究类专著（21部）占据了总数第一、第三位次，文化研究与历史研究成为华夏传播领域的两个核心维度。文化研究通过分析华夏传播中的文化现象、文化影响等，揭示其深厚的文化底蕴；而历史研究则结合中国古代历史，为我们理解其演变过程和内在逻辑提供重要依据。

（2）理论构建的重要性。学理追求是学术研究的最高目标。理论构建类专著（24部，第二位次）的高数量表明，在华夏传播领域，学者们非常注重理论体系的构建和完善。这些专著通过提出"风草论""传播受体论""共生交往观"等新的理论观点、理论框架等，为领域内的研究提供理论支撑和指导。

（3）综述与评论领先于其他研究方向。仅次于文化研究、理论构建、历史研究等的是综述与评论（14部，第四位次），这些专著通过总结和评价现有研究成果，促进学术交流和对话，显示出高度的学术自觉。在其他研究方向中，比较研究（13部）通过跨文化视角拓展了研究的广度；思想研究（12 部）深入剖析了华夏传播中的思想观念；媒介与传播研究（7 部）关注了传播技术和媒介形态对华夏传播的影响；实践与应用研究（6 部）则探索了理论在实际中的应用价值。

2. 作者画像

作者画像群体分布呈现明显的区域地缘密集效应。厦门大学的突出贡献与东南沿海及一线城市的学术集聚，共同勾勒了当前华夏传播研究学者分布的基本地理轮廓。

（1）学缘/地缘不平衡。就学缘而言（见表 1），厦门大学学者贡献了44 部，占据了总数的 47.3%，在华夏传播研究领域具有领先地位。浙江大学紧随其后，以 6 部专著的贡献位列第二，占比 6.5%，同样展示了该校在华夏传播研究方面的不俗实力。

表 1　华夏传播中文专著（1988~2023 年）的作者单位分布

序号	专著数量	作者单位	占比
1	44 部	厦门大学	47.3%
2	6 部	浙江大学	6.5%
3	3 部	莆田学院	3.2%
4	各 2 部	复旦大学、南京大学、中国传媒大学、中国人民大学、北京外国语大学、暨南大学、深圳大学、青岛大学、台湾辅仁大学	各 2.2%，合计 19.4%
5	各 1 部	清华大学、北京师范大学、北京印刷学院、中国社会科学院、同济大学、上海政法大学、浙江工业大学、苏州大学、厦门理工学院、武汉大学、华中科技大学、湖南大学、西南财经大学、四川旅游学院、云南大学、云南师范大学、山西大学、山西师范大学、台湾政治大学、中国文化大学、美国罗德岛大学、日本软银金融大学	各 1.1%，合计 23.7%

资料来源：作者自制。

就地缘而言（见表 2），除了上述拥有作者最多的厦门大学、浙江大学两所高校所在的厦门（45 部，占 48.4%）和杭州（7 部，占 7.5%）两座城市之外，北京（10 部，10.8%）以入围高校众多（中国传媒大学、中国人民大学、北京外国语大学、清华大学、北京师范大学、北京印刷学院）而居作者所在城市排行第二名，显示其作为首都、全国政治经济文化中心的天然地缘优势。

表 2　华夏传播中文专著（1988—2023 年）的作者所在城市分布

序号	专著数量	作者单位所在城市/地区/国家	占比
1	45 部	厦门	48.4%
2	10 部	北京	10.8%
3	7 部	杭州	7.5%
4	4 部	上海	4.3%
5	3 部	莆田	3.2%
6	20 部	南京、广州、深圳、武汉、青岛、成都、昆明、港澳台地区（台北）、外国（美国、日本）	各 2.2%，合计 21.5%
7	4 部	苏州、长沙、太原、临汾	各 1.0%，合计 4.3%

资料来源：作者自制。

江浙沪广闽等沿海地区亦表现亮眼，以上海（复旦大学 2 部，同济大学、上海政法大学各 1 部）、莆田（莆田学院 3 部）、南京（南京大学 2 部）、广州（暨南大学 2 部）、深圳（深圳大学 2 部）、青岛（青岛大学 2 部）、苏州（苏州大学 1 部）等地为代表。

中国港澳台地区以及美国、日本合计贡献 6 部（台湾辅仁大学 2 部，台湾政治大学、中国文化大学、美国罗德岛大学、日本软银金融大学各 1 部），加上一度任教于浙江大学的美籍华人教授赵晶晶所著 3 部，总共 9 部，证明离散的地缘中的亲缘联结与文化坚守。

（2）生产力不平衡。就个体生产力而言（见图 2），厦门大学谢清果（38 部）出版专著数量遥遥领先，浙江大学本土教授邵培仁（3 部）、美籍教授赵晶晶（3 部）并列第二，深圳大学吴予敏（2 部）、厦门大学郑学檬（2 部）、台湾辅仁大学关绍箕（2 部）并列第三。其间，仅同在厦门大学的谢清果、郑学檬存在同院学缘传承联结。

地缘不平衡在此再次得到证实，专著数量在两部以上的华夏传播高产作者集中在中国南方，即便分布地相对最"北"的杭州仍属江南地区。

（3）性别不平衡。就作者性别而言，女性作者（陈嬿如、杜莉、李丽芳、王婷、王彦、王怡红、宸晓红、张丹、张茜、赵晶晶）在数量上比重较小，且逾半为非独立作者、非第一作者，提示华夏传播研究领域尚存一定的异质性别视角观照空间。

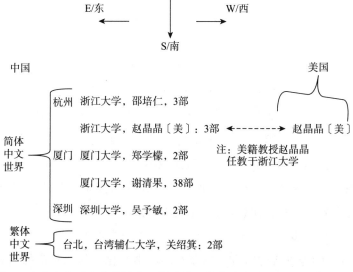

图 2 高产专著（专著数量在两部以上）作者分布情况及所在单位分析
资料来源：作者自制。

（二）质性分析

质性分析发现，93 部专著集中展现华夏传播研究的普遍性与特殊性特征。

1. 泛读 93 部专著的面上分析

（1）纵横贯通古今：古代哲学思想最丰沃，现当代媒介与社会议题次之。近 40 部专著深入挖掘古代哲学和经典文献中的传播思想，特别聚焦孔子、老子、庄子，为华夏传播研究提供丰富的思想资源，以出版时间为序，分别是《心有灵犀——儒学传播谋略与现代沟通》（张立伟，1998）、《中国古代文化传播史》（周月亮，2000）、《唐前新闻传播史论》（赵振祥，2002）、《中国古代传播史》（王醒，2004）、《中国古代文化传播概要》（宸晓红，2006）、《孔子思想的传播学诠释》（崔炼农，2007）、《中国古代的文化传播》（黄镇伟，2008）、《中国古代政治传播思想研究》（陈谦，2009）、《阳光下的孔子——孔子与大众传播学》（孔健，2009）、《老庄传播思想散论》（魏超，2010）、《和老子学传播——老子的沟通智慧》（谢清果，2010）、《殷商文化传播史稿》（巫称喜，2015）、《中国古代传播政策史》（何勇，2019）、《庄子的传播思想》（谢清果，2019）、《中庸的传播思想》（谢清果，2019）、《论语的传播思想》（谢清果，2020）、《华夏礼乐传播论》（谢清果，2021）、《共识与秩序：中国传播思想史》（胡百精，2022）等。

纵贯古今的专门领域研究著作多回归到活跃的媒介与社会关系议题，如《传在史中——中国传统社会传播史料选辑》（郑学檬，2001）、《海外华文报纸的本土化与传播全球化》（彭步伟，2015）、《华夏文明与舆论学中国化研究》（谢清果，2018）、《华夏传播研究：媒介学的视角》（谢清果，2019）、《媒介框架研究在中国：落地·扩散·反思》（王彦，2023）等作品，分别从报纸媒体、舆论学、媒介学、媒介框架理论等视角揭示媒介在华夏传播中的作用及对社会发展的深远影响。

（2）深入华夏本土：理论、方法、体系的全面本土化。上文板块爬梳了93部专著的理论构建向古、向今双维度本土化，与之对应的研究方法分别是考古的文本分析法、跨国跨文化的比较研究法。后者（比较研究法）的研究视野多能突破中国地域空间、中国传统文化，取径有三。

取径一立足中国，以中国为圆心，找准世界坐标。代表作如《华夏文明与舆论学中国化研究》（谢清果，2018）、《共生交往观：文明传播的"中国方案"》（谢清果，2019）、《媒介框架研究在中国：落地·扩散·反思》（王彦，2023）等作品，关注中国本土的传播实践，建构具有中国特色的传播学理论体系。

取径二借鉴西方，或专论欧美，或移步换景，将生发于海外的华夏传播学理论、华夏传播经验加以本土化改造和批判性反思。如《欧美传播与非欧美传播中心的建立》（赵晶晶，2009）、《中华文化在海外的传播》（武斌，1993）等系列著作，从全球化背景考察华夏传播研究如何与不同文明和学术传统交流与融合。

取径三居间中西比较。代表作如《华夏传播新探：一种跨文化比较视角》（潘祥辉，2018）、《中华文化海外传播的新境界：中西传播思想的分野与对话》（谢清果等，2020）等，剖析中西传播思想的异同，在对话互鉴中揭示华夏传播在世界体系中的独特价值。

理论和方法的本土化改造、成熟，进一步凝练为整个领域研究体系的本土化升华，催生《华夏传播学引论》（谢清果，2017）、《华夏传播范畴论》(谢清果等,2022)、《华夏传播理论》(邵培仁、姚锦云,2020)等总论性著作次第面世。

(3)讲好研究故事:学术史自述与学人史访谈书写辉煌。有别于其他新兴的研究领域,华夏传播研究与中国传播学同龄,领域内资深学人即将退休或已经退休,正是总结职业生涯的黄金时期。这类作品通过合著、综述、对谈、自述等多样的方式,梳理了学理发展脉络及学院人事脉络。

学术研究史,如《重访灰色地带:传播研究史的书写与记忆》(刘海龙,2015)、《光荣与梦想:传播学中国化研究四十年(1978—2018)》(谢清果等,2018)、《华夏传播研究学术史》(谢清果,2023)、《媒介框架研究在中国:落地·扩散·反思》(王彦,2023)等。

学术对谈与学人自述,如《传播学在中国:传播学者访谈》(袁军、龙耘、韩运荣,1999)、《传媒的魅力:邵培仁谈传播的未来》(邵培仁,2014)等。

会议综述,如《从零开始——首届海峡两岸中国传统文化中传的探索座谈会论文集》(余也鲁、郑学檬,1994)、《中文传播研究论述》(臧国仁,1995)等。

2. 精读谢清果专著《华夏传播研究学术史》的个案分析

本研究借由单个文本精读来加大深度。基于时效性、综合性、代表性的考量,本研究最终选定的《华夏传播研究学术史》是华夏传播研究领域最高产平台厦门大学的最高产学者谢清果的最新著作,也是代表国家最高科研项目水准的国家社科基金重大项目"铸牢中华民族共同体意识的传播策略研究"(项目编号:22&ZD313)的阶段性成果。该书从学术史、个体生命史、学人志、访谈录、大师印记等方面依次递进,分别命名为"华夏传播研究学术史""华夏传播研究与教学的个体生命史""华夏传播研究学人志""传播学中国化研究学者访谈录""传播学中国化倡导者余也鲁的厦大印记"五个篇章,集大成、体系化地梳理了华夏传播研究的发展历程、华夏传播学的建构与建设历程,与本研究所选取的93部专著所展现的内容相互呼应。作者谢清果以确定、精准的写作,定调回答华夏传播学作为新理论、新学说、新领域从"新学"到"显学"的历程。

(1)世代叙事:从施拉姆的"华夏观"到黄星民的"风草论"。该书绪论开门见山点明世代传承谱系,文气如虹,激情澎湃,铿锵有力:

2006 年，我幸运地加入郑学檬、陈培爱、黄星民、黄鸣奋等人开创的华夏传播研究团队。十七年来，我和我的团队肩并肩，手拉手，披星戴月，同甘共苦，同心同德，竭尽所能，继续运作这个在中国享有一定美誉的华夏传播研究团队。何其幸哉！何其快哉！

绪论第一部分"世界传播学和中国传播学的学术发展历程概述"将世代谱系扩大至世界范围，以厦门大学传播研究所成立三十周年的 2023 年为坐标，往前推到威尔伯·施拉姆（Wilbur Schramm）在美国奠基传播学学科的 1943 年，再拉回到 20 世纪 70 年代中美恢复外交关系背景下的施拉姆两度访华。学术触觉敏锐的传播学科始祖、美国人施拉姆关注到"孔子的传播思想""张骞出使西域""郑和下西洋"等"中华文化举世闻名的传播实践"，并嘱咐他的华人弟子余也鲁、徐佳士等人"要大力从中国传统文化中发掘传播学思想"。这些鲜为人知的历史细节，足以证明华夏传播研究其来有自，早在诞生之前就已经获得世界级的学理定调认可。

顺理成章地，绪论第二部分"重要概念的界定以及相关研究的开端"为华夏传播学正名，也将之与"中国传播学""传播学中国化"作近义词辨析：

> 华夏传播研究（或华夏传播学）就是本土传播学的雅称，是专指从中华五千多年文明中探索中国人的传播智慧，提炼传播概念，剖析传播观念，建构传播理论的学术旨趣。……中国传播学则指传播学中国化的结果，即中国化的传播学，基于中国经验与实践的传播学，强调的是传播学的共性。华夏传播学专指运用中华优秀传统文化话语，遵循中华文化自身的沟通逻辑，从而形成的自洽的传播思想、传播理论及其历史变迁，强调的是传播学的个性。

上文以华夏传播学的"个性"属性，区别于中国传播学、传播学中国化的"共性"属性，将其归为更特色化、更民族化的行列，即"中国传播学中最具特色的有机组成部分"，也是"高扬民族文化自信的传播学"。

该书将传播学中国化分为传入中国香港、传入中国内地两个不同阶段，叙事起点锚定到第一世代学人——厦门大学于 1983 年复办新闻传播教育所招收的第一届研究生黄星民，其硕士学位论文以"华夏礼乐传播"为研究对象，提出的"风草论"依托于"影响深远的儒家传播效果"。

该书第一篇"华夏传播研究学术史"将该专门领域的发展史分成萌芽期（1925～1977 年）、第一波探索期（1978～1992 年）、第二波创立期（1993～2002 年）、第三波调整发展期（2003～2012 年）、第四波高速发展期（2013 年至今），最终站在当下中国传播学的"中年危机"时代，厦门大学华夏传播学人求索华夏传播研究的使命、机遇。

随之，世代叙事转入厦大校本叙事。

（2）校本叙事：作为华夏传播研究领军的"厦大学派"。该书定调，当代哲学社会科学学者的神圣使命是"构建自主知识体系"，"厦大人的使命与担当"必须是"概括出一些中国式的传播思想、传播观念"进而"构建传播理论体系"，说明"中华文明为什么五千多年不断流的传播原理和机制"，最终打造能够与传播学欧洲学派和北美学派相媲美的"传播学中华学派"。

就研究与教学贡献而言，该书自称"我们（厦门大学）所倡导的华夏传播学"认为，华夏文明不断流的传播学原理可以概括为中华文化的"共生交往观"，在大众传播媒介之外倡导"生活媒介"作为研究对象，并基于中国自身文化逻辑构建中国的传播逻辑，围绕"文化自信与大国形象：中华文明传播的效果反思与未来展望"主题，分成五个篇章和二十多个选题带领学生围绕"历史自信：中华文明传播的底气""文化自信：中华文明传播的骨气""方法自觉：中华文明传播的巧实力""心传天下：中华文明传播的气质涵养"等展开课堂互动，实现教学相长、研教并进。基于此，该书指陈自我历史定位是：

> 研究华夏传播研究学术史，厦门大学是绕不过去的学术重镇。

之所以有自我定位"学术重镇"的底气，系因传播学中国化的 40 多年中厦门大学始终坚持华夏传播研究这一学术传统。谢清果领衔的华夏传播课程的开课第一节必介绍厦门大学华夏传播研究发展的校本历程，尤其是中国传播学本土化始于厦门大学的先驱性贡献。

1983 年，前辈学者黄星民开始进行华夏礼乐传播研究；

1993 年 3 月 18 日……厦门大学传播研究所成立；

1993 年，厦门大学与中国社会科学院新闻研究所联合召开了"第三次全国传播学研讨会"；

2013 年，《中华文化与传播研究》创刊；

2018 年，《华夏传播研究》创刊；

2018 年，华夏传播研究会成立；

2019 年，福建省高等学校人文社会科学研究基地——中华文化传播研究中心、华夏文明传播研究中心等相继成立。

与上述华夏传播研究领域成长史部分重叠，该书第二篇"华夏传播研究与教学的个体生命史"以小见大，记录新生代学人与新诞生学院共成长的历程，作者谢清果于 2006 年博士毕业于厦门大学人文学院哲学系科技哲学专业，当时是同处人文学院的新闻传播系升格为"新闻传播学院"的关键转折期，也是华夏传播"逐渐淡出学界主流视域"的经营惨淡期。谢清果以"拐角处遇到爱"来形容从刚退休的第一世代学者手中接棒华夏传播研究方向的感受，并在黄星民、许清茂、陈嬿如、陈培爱等前辈的栽培之下，受惠于道家思想、广告学、科技哲学专业背景，开拓"老子传播学"研究新领域，精进了海峡传播研究，谢清果作为厦门大学新闻传播学院的职业生涯同龄人，与它共同走上"有组织持续健康发展的快车道"。

（3）生命史叙事：华夏传播学的"厦大学派"群像。如果说该书前两个篇章是以时间为经，回顾传播学从西方传入中国以来的本土化实践，华夏传播要在"本土化"过程中"走向世界"，那么，该书后三个篇章则以人物为纬，展开个体学术生命史叙事，海纳百川成为"华夏传播学的'厦大学派'"群像。

其中，第三篇"华夏传播研究学人志"梳理了郑学檬、李敬、孙旭培、黄鸣奋、尹韵公、邵培仁、黄星民、吴予敏、赵晶晶、谢清果、孙顺华等华夏传播研究杰出贡献学者的研究故事与经历，学术成就既有"中国传播学领域的先行者和开拓者""华夏传播研究的开创者与先行者"，也有"中华文化传播研究的先行者与践行者""跨文化传播的桥梁搭建者"，学者们始终践行着从"本土化"到"世界"的种种努力。该篇章在梳理学者们理论贡献的同时，探讨了学者之间的学术传承关系，以及他们对后来的学者以及整个学术领域的影响和贡献。

第四篇"传播学中国化研究学者访谈录"以对话的方式展现杨柏岭、钟海连、黄星民、李红、邵培仁、张兵娟、潘祥辉等7位学者对华夏传播研究的观点与思考，生动而直观地回答了华夏传播相关的重要问题。

最后的第五篇"传播学中国化倡导者余也鲁的厦大印记"以正面记录、侧面追忆相结合的立体画像方式，展现余也鲁作为"传播学中国化播种人"的重要贡献及其如何推动厦门大学一步一步成为华夏传播的研究重镇。综合不同学者观点，该书提炼主要观点有三。

一是深耕本土，彰显传播主体性。植根于中国本土文化，将中国传统传播理念与制度整合其中，深入挖掘中国古往今来的信息传播方式、媒介形态、社会结构，华夏传播学构建了一套能够阐释中华文明内在逻辑与传播机制的本土话语体系，从传播学的视角传递中国声音。

二是共生交往，开展全球对话。积极寻求与全球传播学的对话与合作，在中西对话的过程中以开放、包容与创新的胸怀展现着中国本土的传播智慧，也将视野置于全球，吸收着国际传播学界的先进成果，双向贡献的模式促进了全球传播学领域的多元共生与共同繁荣，为全人类的文明交往提供了一种新的选择路径。

三是理论建设，构建华夏传播体系。"本土化"与"全球对话"分别是华夏传播学的起点与目标，而要想将这两者融合创新地发展，路径在于"在理论化的过程中建构华夏传播学"。一代代学者深知理论建设势在必行，纷纷推动着华夏传播学科的建设与学术成果的产出，本文所选取的93部专著正是不同历史阶段下学者们从多维视角搭建起的华夏传播理论框架。通过这一系列努力，华夏传播学逐渐构建起了一套具有自身特色和学术价值的理论体系。

四 结论与局限

随着当下"中国传媒现代化"与"自主知识体系"创新需求日益增强，

华夏传播研究社群也在历史的实践中不断审视社会变迁的新趋势，积极契合学界和公众的兴趣。本研究直面华夏传播研究所遭遇的正当性质疑，先从"学理的创新开拓性""应用研究的广泛性和重要性""立意向善"等三个既有参照系进行检验，认为其作为"新学"已经合格，进一步设计面上量化和个案质化、泛读和精读相结合的复合式研究方法，从"显学"指标切入考察是谁、在何时、在何地、以何种方式从事着什么样的华夏传播研究。

本研究结论如下。（1）华夏传播研究主体地缘、学缘接近，核心作者群集中于沿海发达地区且往来频繁，厦门大学新闻传播学院已树立华夏传播研究的世代传承与学术积淀典范，唯女性作者的较小比重提示该领域尚存一定异质视角观照空间。（2）华夏传播研究对象既广又专，中华文明主流关怀呈大同，史料遴选存小异，古代哲学所体现的本土化考古偏好十分明显，传媒与社会结合的研究兴趣推动方法论的跨文化拓展，综述与评论文体的繁荣凸显领域成长趋向成熟。（3）华夏传播研究的综述性学术书写，以世代传承、校本叙事为主，以学人生命史为辅，借由讲好中国（研究）故事，交织再现历史过程与研究全景。

谢清果的《华夏传播研究学术史》所记录的厦门大学新闻与传播学院作为机构组织贡献卓越，已初具重镇气象。其校本故事中的不同世代学人的自述或访谈所再现的研究故事生命史，折射出华夏传播研究如何经由不同学派、学术机构而生长、嬗变、传承。此学术历程具有"讲好中国（研究）故事"的叙事智能示范效应，对相近领域研究具有理论启示和实践指导。作者谢清果的职业生涯与所在的新闻传播学院同步，谢清果的专著生产力遥遥领先，谢清果既作为新闻传播学院副院长赓续华夏研究谱系，带头建设教、学、研、产齐头并进的华夏基因鲜明的"有形学院"；又作为华夏传播学会会长凝聚同好，借由学术会议交流、学术观点引用、学人访谈合作等促进成果共享，建构成果共享的"无形学院"网络。

本文的三位作者中有两位从未涉足华夏传播领域，这对于研究完成度而言利弊共存，虽然我们能够保持尽量中立的客观立场，并采用内容分析法侧重于文献外部特征分析，但对于研判专著质量未免功力不逮。另外，本研究所提出的"厦大学派"尚属一家之言，其学术公信力及其影响力尚有待未来检验。

附表　本文所分析的 93 部华夏传播中文专著出版情况

（按出版年排序，同一出版年按作者姓氏拼音排序）

序号	著作	作者	作者单位	出版社	出版年份
1	《无形的网络——从传播学的角度看中国的传统文化》	吴予敏	深圳大学	国际文化出版公司	1988
2	《中华文化在海外的传播》	武斌	北京外国语大学	辽宁教育出版社	1993
3	《中国传播理论》	关绍箕	台湾辅仁大学	正中书局（台北）	1994
4	《从零开始——首届海峡两岸中国传统文化中传的探索座谈会论文集》	余也鲁、郑学檬（主编）	厦门大学	厦门大学出版社	1994
5	《中文传播研究论述》	臧国仁	台湾政治大学	台湾政治大学传播学院研究中心（台北）	1995
6	《中国传播史：先秦两汉卷》	李敬一	武汉大学	武汉大学出版社	1996
7	《华夏传播论：中国传统文化中的传播》	孙旭培（主编）	华中科技大学	人民出版社	1997
8	《新闻理论的中国历史观》	王洪钧（主编）	中国文化大学	远流出版公司（台北）	1998
9	《心有灵犀——儒学传播谋略与现代沟通》	张立伟	西南财经大学	西南财经大学出版社	1998
10	《唐代文明与新闻传播》	李彬	清华大学	新华出版社	1999
11	《传播学在中国：传播学者访谈》	袁军、龙耘、韩运荣	北京外国语大学	北京广播学院出版社	1999
12	《中国传播思想史》	关绍箕	台湾辅仁大学	正中书局（台北）	2000
13	《中国古代文化传播史》	周月亮	中国传媒大学	北京广播学院出版社	2000
14	《说服君主：中国古代的讽谏传播》	黄鸣奋	厦门大学	文化艺术出版社	2001
15	《汉字解析与信息传播》	李国正	厦门大学	文化艺术出版社	2001
16	《传在史中——中国传统社会传播史料选辑》	郑学檬	厦门大学	文化艺术出版社	2001
17	《唐前新闻传播史论》	赵振祥	厦门理工学院	中国文联出版社	2002
18	《中华文化与传播》	孙顺华	青岛大学	新华出版社	2003
19	《中华传播理论与原则》	陈国明〔美〕	美国罗德岛大学	五南出版社（台北）	2004

序号	著作	作者	作者单位	出版社	出版年份
20	《中国古代传播史》	王醒	山西大学	山西人民出版社	2004
21	《中国传播思想史》（四卷本）	戴元光（主编）	上海政法大学	上海交通大学出版社	2005
22	《中国传播史论》	郝朴宁、陈路、李丽芳、罗文	云南师范大学	云南大学出版社	2005
23	《文明传播的秩序——中国人的智慧》	毛峰	北京师范大学	中国传媒大学出版社	2005
24	《海峡两岸文化与传播研究》	许清茂	厦门大学	厦门大学出版社	2005
25	《中国新闻传播学说史》	徐培汀	复旦大学	重庆出版社	2006
26	《中国古代文化传播概要》	宓晓红（主编）	山西师范大学	中国社会出版社	2006
27	《传播与文化研究》	吴予敏	深圳大学	北京大学出版社	2007
28	《孔子思想的传播学诠释》	崔炼农	湖南大学	湖南大学出版社	2008
29	《中国古代的文化传播》	黄镇伟	苏州大学	南方出版社	2008
30	《传播理论的亚洲视维》	赵晶晶〔美〕	浙江大学	浙江大学出版社	2008
31	《中国古代政治传播思想研究》	陈谦	青岛大学	中国社会科学出版社	2009
32	《阳光下的孔子——孔子与大众传播学》	孔健	日本软银金融大学	中国民主法制出版社	2009
33	《欧美传播与非欧美传播中心的建立》	赵晶晶〔美〕	浙江大学	浙江大学出版社	2009
34	《心传：传播学理论的新探索》	陈嬿如	厦门大学	厦门大学出版社	2010
35	《中国传播学30年》	王怡红、胡翼青	南京大学	中国大百科全书出版社	2010
36	《老庄传播思想散论》	魏超	北京印刷学院	中国轻工业出版社	2010
37	《和老子学传播——老子的沟通智慧》	谢清果	厦门大学	宗教文化出版社	2010
38	《和老子学养生——老子的健康传播智慧》	谢清果	厦门大学	宗教文化出版社	2010
39	《中国视域下的新闻传播研究》	谢清果	厦门大学	厦门大学出版社	2010
40	《"和实生物"——当前国际论坛中的华夏传播理念》	赵晶晶〔美〕	浙江大学	浙江大学出版社	2010
41	《道德真经精义》	谢清果	厦门大学	科学出版社	2011
42	《中国近代科技传播史》	谢清果	厦门大学	科学出版社	2011

续表

序号	著作	作者	作者单位	出版社	出版年份
43	《中国科学文化与科学传播研究》	谢清果	厦门大学	厦门大学出版社	2011
44	《和老子学管理——老子的组织传播智慧》	谢清果、郭汉文	厦门大学	宗教文化出版社	2011
45	《文明传播的哲学视野》	杨瑞明、张丹、季燕京、毛峰	中国社会科学院	中国社会科学出版社	2012
46	《理论与经验——中国传播研究问题及路径》	黄旦、沈国麟（编）	复旦大学	复旦大学出版社	2013
47	《中华文化与传播研究》	谢清果	厦门大学	厦门大学传播研究所	2013
48	《传媒的魅力：邵培仁谈传播的未来》*	邵培仁	浙江大学	首都经济贸易大学出版社	2014
49	《道教养生哲学与生活传播》	谢清果	厦门大学	厦门大学出版社	2014
50	《〈道德经〉与当代传媒文化》	谢清果	厦门大学	世界道联出版社	2014
51	《重访灰色地带：传播研究史的书写与记忆》	刘海龙	中国人民大学	北京大学出版社	2015
52	《海外华文报纸的本土化与传播全球化》	彭伟步	暨南大学	中山大学出版社	2015
53	《殷商文化传播史稿》	巫称喜	云南大学	暨南大学出版社	2015
54	《华夏文明与传播学本土化研究》	谢清果	厦门大学	九州出版社	2016
55	《华夏传播学读本》	谢清果	厦门大学	世界道联出版社	2016
56	《大道上的老子：〈道德经〉与大众传播学》	谢清果	厦门大学	九州出版社	2016
57	《亚洲传播理论：国际传播研究中的亚洲主张》	邵培仁	浙江大学	浙江大学出版社	2017
58	《生活中的老子：〈道德经〉与人际沟通》	谢清果	厦门大学	九州出版社	2017
59	《华夏传播学引论》	谢清果	厦门大学	厦门大学出版社	2017
60	《闽台妈祖文化传播研究》	吉峰	莆田学院	厦门大学出版社	2017
61	《华夏传播新探：一种跨文化比较视角》	潘祥辉	南京大学	复旦大学出版社	2018
62	《光荣与梦想：传播学中国化研究四十年（1978—2018）》	谢清果	厦门大学	九州出版社	2018

续表

序号	著作	作者	作者单位	出版社	出版年份
63	《华夏传播学的想象力：中华文化传播研究著作评介集成》	谢清果	厦门大学	九州出版社	2018
64	《华夏文明与舆论学中国化研究》	谢清果	厦门大学	九州出版社	2018
65	《中庸的传播思想》	谢清果	厦门大学	九州出版社	2018
66	《中国古代传播政策史》	何勇	中国传媒大学	中国传媒大学出版社	2019
67	《中华传统文化传播研究举隅》	吉峰	莆田学院	九州出版社	2019
68	《"一带一路"与中华文化国际传播》	孙宜学	同济大学	同济大学出版社	2019
69	《华夏传播研究：媒介学的视角》	谢清果	厦门大学	社会科学文献出版社	2019
70	《共生交往观：文明传播的"中国方案"》	谢清果	厦门大学	九州出版社	2019
71	《华夏文明研究的传播学视角》	谢清果	厦门大学	厦门大学出版社	2019
72	《庄子的传播思想》	谢清果	厦门大学	九州出版社	2019
73	《中庸的传播思想》	谢清果	厦门大学	九州出版社	2019
74	《丝路上的华夏饮食文明对外传播》	杜莉、刘彤、王胜鹏、张茜、刘军丽	四川旅游学院	人民出版社	2020
75	《华夏传播理论》	邵培仁、姚锦云	浙江大学	浙江大学出版社	2020
76	《华夏自我传播的理论构建》	谢清果	厦门大学	厦门大学出版社	2020
77	《论语的传播思想》	谢清果	厦门大学	九州出版社	2020
78	《华夏传播研究论丛》【含《海外华夏传播研究（陈国明卷）》《华夏传播研究在中国（谢清果卷）》《华夏传播学年鉴（2019卷）》全3册】	谢清果	厦门大学	九州出版社	2020
79	《华夏传播学年鉴（2020卷）》	谢清果	厦门大学	九州出版社	2020
80	《华夏传播学新读本》	谢清果、王婷、张丹	厦门大学	九州出版社	2020
81	《中华文化海外传播的新境界：中西传播思想的分野与对话》	谢清果等	厦门大学	中国戏剧出版社	2020

续表

序号	著作	作者	作者单位	出版社	出版年份
82	《再访传统：中国文化传播理论与实践》	杨威、晏青	暨南大学	暨南大学出版社	2020
83	《经典新探：王充〈论衡〉的传播学释读》	吉峰	莆田学院	九州出版社	2021
84	《作为媒介的圣贤：中华文化理想人格的传播学研究》	谢清果等	厦门大学	九州出版社	2021
85	《华夏礼乐传播论》	谢清果	厦门大学	中国戏剧出版社	2021
86	《共识与秩序：中国传播思想史》	胡百精	中国人民大学	中国人民大学出版社	2022
87	《华夏文化观念的传播诠释与当代价值》	谢清果 等	厦门大学	九州出版社	2022
88	《周易的传播思想》	谢清果	厦门大学	九州出版社	2022
89	《华夏圣贤传播论》	谢清果	厦门大学	九州出版社	2022
90	《华夏传播范畴论》	谢清果	厦门大学	九州出版社	2022
91	《媒介框架研究在中国：落地·扩散·反思》	土彦	浙江工业大学	浙江大学出版社	2023
92	《当媒介学遇上老子》	谢清果	厦门大学	九州出版社	2023
93	《华夏传播研究学术史》	谢清果	厦门大学	中国国际广播出版社	2023

注：对于专著《传媒的魅力：邵培仁谈传播的未来》是否为本文的合格研究对象，本研究的两位编码员达成纳入共识：（1）此系华夏传播期刊论文高引文献；（2）题名"传播的未来"点睛了华夏传播拥抱世界的向上、向善维度；（3）作者邵培仁系华夏传播领域的关键学者。

资料来源：作者自制。

从"丝路书香"工程看"一带一路"主题出版的
跨文化传播[*]

李红秀^{**}

摘 要 "丝路书香"工程是中宣部于 2014 年批准的国家项目,目的是推动"一带一路"主题出版图书进入海外国家。本文结合跨文化传播理论,对"丝路书香"工程重点翻译资助项目图书目录,从资助品种、图书文版、出版单位、图书区域等方面进行量化分析。研究发现,"讲好中国故事"是资助图书的文化价值观维度,共性图书具有跨文化传播力,资助图书受到跨文化传播环境和文化身份的影响。但是,"丝路书香"工程也存在文化多样性不足、群体文化的图书语种失衡、跨国营销的商业环境滞后等问题。为此,文章提出了优化策略:分析海外市场,做好高语境和低语境导向;评估跨国商业环境,推动海外出版合作;探索合作翻译,促进语言行动的本土化;拓展非语言交流空间,更好融入国际市场。

关键词 "丝路书香"工程;一带一路;主题出版;跨文化传播

自 2013 年习近平主席提出"一带一路"倡议以来,全世界许多国家和国际组织都纷纷与中国政府签订"一带一路"合作协议。截至 2021 年 1 月底,中国已经签订了 205 份"一带一路"合作文件,包括 177 个国家和国际组织。[①] 2014 年,为了积极推进"一带一路"倡议的实施,中宣部启动

---

* 本文系国家社科基金项目"'一带一路'倡议下文化传播与民心相通路径研究"(项目编号:20BKS131)的阶段性研究成果。

** 李红秀,重庆交通大学旅游与传媒学院教授,文学博士,中欧人文交流研究所所长,重庆市巴渝学者特聘教授,研究方向为影视文学和新闻传播学。

① 《我国已签署共建"一带一路"合作文件 205 份》,中国一带一路网,https://www.yidaiyilu.gov.cn/xwzx/gnxw/163241.htm,最后访问时间:2021 年 1 月 30 日。

了"丝路书香"工程，目的是从国家层面更好地推动中国优秀图书尽快进入"一带一路"国家市场。王璟璇等认为："'一带一路'主题图书的出版不仅为国家倡议构想提供了智力支持，而且通过图书出版走出去与引进来，发挥了文化外交作用。"① 跨文化传播概念是由萨默瓦提出来的，指的是不同国家、不同民族在文化交流过程中所面临的挑战和解决的途径。萨默瓦等认为，跨文化传播应该解决的问题是，"去处理那些社会交往中的变化以及我们在管理国际和本土层面各种变化过程中所面临的挑战"。② 本文以"丝路书香"工程为研究对象，借用跨文化传播理论，以量化方式分析"一带一路"主题出版图书，探讨主题出版在"一带一路"中面临的挑战和问题，以期为"丝路书香"工程更好地走向海外提出一些建议。

一　"一带一路"主题出版与"丝路书香"工程

主题出版的概念最早是在 2003 年提出的，与原新闻出版总署工作相关。出版管理司司长周慧琳解释说："主题出版就是以特定'主题'为出版对象、出版内容和出版重点的出版宣传活动。"③ 说具体一点，主题出版是国家大政方针政策在图书上的集中体现，表现为国家重大政策的推行、重大节庆活动的举办、重要思想舆论的宣传。2003 年之后，"主题出版"一词就在出版界和学术界流行开来。

从 2003 年算起，中国主题出版走过了多年的发展历程。中国主题出版工作经历了三个历史时期：分别是 2003~2006 年的初始期，2007~2012 年的成长期和 2013 年至今的发展期。自习近平主席于 2013 年提出"一带一路"倡议之后，有关"一带一路"的主题出版就持续不断，2014~2018 年的 5 年间，"一带一路"主题出版就多达 2814 种。这些主题出版图书涉及 20 个大类，包括政治、经济、文化、文学、艺术、历史、地理、法律等，涉及语种 23 种，包括阿拉伯语、英语、法语、俄语、西班牙语、哈萨克语、

---

①　王璟璇、潘玥、张何灿、刘琦：《"一带一路"主题图书海内外出版现状对比及海外出版启示——基于当当网中国站点与亚马逊美国站点的实证分析》，《出版科学》2020 年第 4 期。

②　〔美〕拉里·萨默瓦、理查德·波特、埃德温·麦克丹尼尔：《跨文化传播（第六版）》，闵惠泉、贺文发、徐蓓喜等译，中国人民大学出版社，2013，第 2 页。

③　范军：《主题出版的"意义"与"意思"》，《出版科学》2017 年第 3 期。

德语等。

"丝路书香"工程是"一带一路"主题出版的最大项目，也是为了推动"一带一路"倡议而专门设立的主题出版工程。2014 年 12 月 5 日，中宣部批准立项"丝路书香"工程。该工程从 2014 年启动，到 2020 年结束，重点涵盖中国图书外译资助项目、丝路国家图书互译项目、教材推广项目、图书境外参展项目、数字出版物推广项目五大类。"丝路书香"工程实施 6 年来，资助 2300 多种图书翻译出版，200 多家出版单位参与其中，涉及 50 多个语种，在中国图书"走出去"方面进行了大胆探索和多种尝试。

二 跨文化传播视域下"丝路书香"工程的主题分析

本文的研究样本取自"丝路书香"工程重点翻译资助项目。"丝路书香"工程自 2014 年被中宣部批准以来，从 2015 年开始，国家新闻出版广电总局丝路书香工程重点翻译资助项目办公室就向全国各地出版社发出项目申报通知，通过严格评审，公布具体的资助项目名单。2015 年，106 家申报单位获得 546 个品种的图书资助项目；2016 年，81 家申报单位获得 439 个品种的图书资助项目；2017 年，115 家出版机构获得 359 个品种的图书资助项目；2018 年，73 家出版单位获得 375 个品种的图书资助项目；2019 年，73 家出版单位获得 286 个品种的图书资助项目；2020 年，131 家出版机构获得 308 个品种的图书资助项目。本文主要采用内容分析法对"丝路书香"工程进行量化研究，结合跨文化传播理论，运用 NiucoDate 词云分析软件对统计数据进行文本自动分词，厘清"丝路书香"工程的主题出版态势。

（一）年度资助品种：多元文化主义特色

随着全球化的到来，不同国家民众之间的交往越来越频繁，在跨文化传播中，萨默瓦等提出了"多元文化主义"的概念，"当代社会越来越以文化多元性为特色"。①

在"丝路书香"工程中，多元文化主义特色主要体现在资助图书品种

---

① 〔美〕拉里·萨默瓦、理查德·波特、埃德温·麦克丹尼尔：《跨文化传播（第六版）》，闵惠泉、贺文发、徐蓓喜等译，中国人民大学出版社，2013，第 112 页。

的多样性和丰富性上。如图 1 所示，2015～2020 年的 6 年间，"丝路书香"工程共资助图书品种达到 2313 种。从整体趋势来看，2015 年资助的品种最多，达到 546 种，2015 年由于是第一次实施"丝路书香"工程，全国各地的出版机构都踊跃申报。同时，2015 年审批了两批资助项目，8 月资助了 304 种，12 月又增补了 242 种。从资助的出版机构来看，每年都在 100 家左右，2020 年最多，出版机构达到了 131 家。

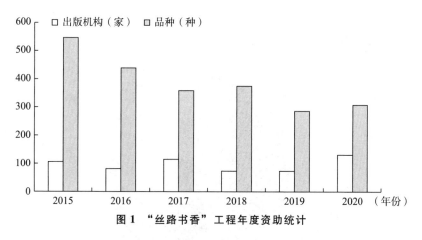

图 1 "丝路书香"工程年度资助统计

（二）资助图书文版：群体文化语言的多样性

南达指出："所有人类群体都有语言，所有语言都同样精深奥妙，都能满足讲话者的需要。"① "一带一路"从地域上来说主要涉及亚洲、欧洲和非洲国家，各国所使用的语言差异很大，因此，群体文化语言也相当丰富。

"丝路书香"工程资助翻译图书语种共有 58 种，涵盖了绝大多数共建"一带一路"国家的语言。从资助图书语种分布来看（见图 2），排在前 10 位的语种分别是阿拉伯语、英语、俄语、越南语、土耳其语、马来西亚语、波兰语、印地语、蒙古语和哈萨克语。其中，阿拉伯语图书品种 416 种，占比 18%；英语图书品种 324 种，占比 14%；俄语图书品种 254 种，占比 11%；越南语图书品种 138 种，占比 6%。其他语种图书品种都未超过 100

---

① S. Nanda, *Cultural Anthropology* (4th ed.), Belmont, CA: Wadsworth, 1991: 78.

种。阿拉伯语图书品种能够排在第一，一方面是因为"一带一路"上阿拉伯语国家最多，涉及亚洲和非洲 14 个国家；另一方面与我国近些年对于阿拉伯语种翻译人才的培养及在阿拉伯国家设立海外出版合作项目（如建立海外编辑部及海外分社）及不断签订政府间互译协议不无关系。英语虽然不是"一带一路"国家的本土语言，却是 52 个"一带一路"国家的通用语言，因此，英语图书品种占比排名第二。俄罗斯与中国是友好邻邦，友好关系比较稳定，还有许多从苏联分离出去的独联体国家也讲俄语，出版更多的俄语图书也是"一带一路"共建国家的重要需求。

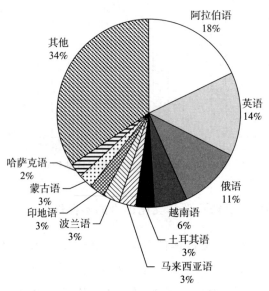

图 2 "丝路书香"工程资助图书语种分析

（三）资助出版单位：文化价值的不同视角

在跨文化传播中，文化身份往往对文化价值观产生很大的影响，文化身份越高，文化价值观的传播意识就越强。在国内，北京的文化身份最高，其次是东部沿海地区，因此，这些地区参与"丝路书香"工程的文化价值观最强烈。

从 2015 年至 2020 年，共有 215 家出版单位参与重点翻译资助项目，这些出版单位包括国家级出版社、地方出版社、文化公司、出版协会等，其中，国家级出版社占比最大，占所有出版单位的 38%。从图 3 可知，五洲传播出版社以 169 种排在第一位，中国人民大学出版社作为高校出版单位，以 150 种图书排在第二位，社会科学文献出版社以 112 种排在第三位，只有这三家出版单位的图书种类超过了 100 种。在高校出版单位中，中国人民大学出版社、北京师范大学出版社和北京大学出版社进入了前 10 名，资助图书种类分别是 150 种、71 种和 56 种，上海交通大学出版社以 27 种排在第 17 位。在省市出版单位中，浙江少年儿童出版社、江苏人民出版社、浙江教育出版社和浙江文艺出版社都进入了前 20 名，分别获得图书资助品种数为 35 种、25 种、23 种和 22 种。文化公司也积极参与"丝路书香"工程，其中的代表是北京求是园文化传播有限公司和宁夏智慧宫文化传媒有限公司，前者获得 21 种图书资助项目，后者获得 16 种图书资助项目。

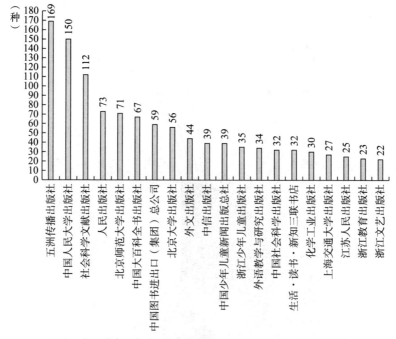

图 3 "丝路书香"工程资助图书的出版社分析（前 20 名）

（四）资助图书区域：文化身份的差异性

文化身份的不同往往影响跨文化传播的主动性和参与性，而文化身份的确立又受到政治、经济、环境等诸多因素的影响。在中国，北京是政治文化中心，文化身份就决定了北京肩负文化传播的重任。东部地区的发展水平在一定程度上影响了文化身份的重要性。

从图4可以看出，2015~2020年，北京市参与"丝路书香"工程重点资助项目的出版单位最多，占了所有省份的38%。排在第二、三位的依次是上海和浙江。但是，从资助图书品种来看，上海仅为浙江的约1/3。除了北京、上海和浙江外，其余省份参与"丝路书香"工程的出版单位都没有超过10家。内地有27个省、自治区和直辖市的出版单位参与了"丝路书香"工程，而青海、贵州、海南、内蒙古没有一家出版社参与。香港有一家出版社参与了"丝路书香"工程，即香港联合出版集团，澳门和台湾没有出版单位参与。从区域划分来看，参与"丝路书香"工程的出版单位主要集中于华北和华东地区，西部地区的出版单位参与比较少且获得资助的图书品种也不多。

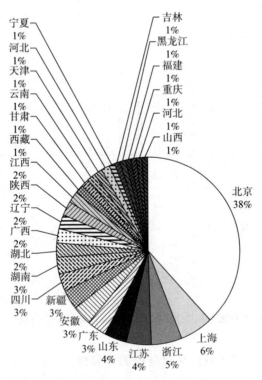

图4 "丝路书香"工程资助的内地图书出版单位省份分布

注：由于四舍五入处理，饼图中出现的百分比合计不为100%。

三 跨文化传播视域下"丝路书香"工程的出版发行

（一）"讲好中国故事"的文化价值观维度

在跨文化传播研究中，荷兰学者霍夫斯泰德提出了文化价值观的五个维度：个人主义和集体主义、不确定性规避、权力距离、阳性主义与阴性主义、长期与短期的价值取向。[①] 不同国家的文化价值观也不相同，对外讲好中国故事的前提条件是对各国的文化价值观有一个比较清晰的了解。

在"一带一路"共建国家讲好中国故事、传播好中国声音是"丝路书香"工程的主题，也是资助图书的重要选题标准。笔者利用 NiucoDate 词云分析软件，对 2015~2020 年"丝路书香"工程资助的所有图书书名进行了词频和词性分析。由表 1 可以看出，图书名关键词最多的是"中国"，词频 761 次；第二个关键词是"文化"，词频 119 次。其他图书名关键词词频都没有超过 100 次。排在第 3~10 位的图书名关键词依次是：习近平、系列、发展、经济、历史、丝绸之路、史话、研究。这些图书都是讲述中国故事，给"一带一路"共建国家人民讲述中国文化、中国经济、中国历史、中国发展、中国政治、中国道路，让更多的外国友人了解真实的中国。

表 1 "丝路书香"工程资助项目图书名关键词统计（前 10 名）

序号	图书名关键词	词频（次）	词性
1	中国	761	名词
2	文化	119	名词
3	习近平	75	名词
4	系列	73	量词
5	发展	62	动词
6	经济	53	名词

① 〔美〕拉里·萨默瓦、理查德·波特、埃德温·麦克丹尼尔：《跨文化传播（第六版）》，闵惠泉、贺文发、徐蓓喜等译，中国人民大学出版社，2013，第 128 页。

续表

序号	图书名关键词	词频（次）	词性
7	历史	51	名词
8	丝绸之路	48	名词
9	史话	46	名词
10	研究	45	动词

（二）共性图书的跨文化交流

为了避免在跨文化交流中可能出现的问题，克莱尔提出了"跨文化能力"："当需要将自身认同的身份和他人对此种身份的认同结合时，就凸显了跨文化交际能力的重要性。"① 为了在跨文化环境中更有效地交流传播，克莱尔认为，对话参与者由于交际方式有可能不同，他们就得找到一个"中间地带"。所谓"中间地带"，就是"共性"文化。在图书的国际传播中，图书的"中间地带"就是指各国都认同的共性图书。

从地缘条件上来看，"一带一路"共建国家绝大多数都是发展中国家，与中国同属于第三世界国家，因此国家之间的地缘条件具有相似性，各国都希望加强文化、政治和经济方面的交流，文化、政治和经济类图书就具有一定的共性认同。笔者利用 NiucoDate 词云分析软件，对 2015~2020 年"丝路书香"工程资助的所有图书的书名进行了词云分析，发现在词云分布图中，在"中国"周围，有"文化""习近平""中华""经济""历史""发展""丝绸之路"等关键词。这充分表明，中国的文化、政治和经济是"丝路书香"工程出版的重点。比如，文化方面的图书有《中国文化读本》《饮茶史话》《图说中国古代四大发明》等；政治方面的图书有《习近平谈治国理政》《当代中国政治》《中国共产党与当代中国》等；经济方面的图书有《中国特色反贫困理论与实践研究》《中国海外投资促进体系研究》《外国人眼中的义乌》等。

---

① M. J. Collier, "Cultural Identity and Intercultural Communication," *Intercultural Communication: A Reader* (1th ed.), L. A. Samovar, R. E. Porter, and E. R. McDaniel, eds., Belmont, CA: Thomson-Wadsworth, 2006: 59.

（三）资助图书受跨文化传播环境的影响

所有跨文化传播都离不开外在的环境，各国之间的交流在某种程度上都受到所处环境中的文化、社会、物质因素的影响。"很大程度上，你的文化在多数环境下（文化、物质因素的影响），通过制定在具体的交流情境中实施的规则来明确适宜的交流行为。"① 一般而言，在环境空间接近或相似的国家之间，跨文化传播因环境的接近性或相似性而变得更加容易。

"一带一路"共建国家不仅包括亚洲、欧洲和非洲国家，也包括大洋洲和南北美洲国家。"丝路书香"工程重点资助图书主要集中在亚洲，因为亚洲国家在文化环境方面具有接近性和相似性。从图 5 可知，"丝路书香"工程资助图书占比最大的是亚洲，占比 60%；其次是欧洲，占比 40%；非洲的祖鲁语和斯瓦希里语各 1 种，占比几乎可以忽略不计。在亚洲地区，涉及语种比较多，包括阿拉伯语、波斯语、印地语、泰语、印尼语、马来西亚语、蒙古语、希伯来语等。在欧洲地区，涉及法语、西班牙语、俄语、德语、罗马尼亚语、乌克兰语、葡萄牙语、意大利语、白俄罗斯语等。非洲国家是"一带一路"倡议的忠实盟友，但"丝路书香"工程对非洲本土语言资助的图书非常少，主要是因为国内学者中懂得非洲本土语言的人不多，能翻译的人就更少。

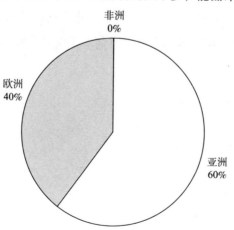

图 5　"丝路书香"工程资助图书地域分布

---

① 〔美〕拉里·萨默瓦、理查德·波特、埃德温·麦克丹尼尔：《跨文化传播（第六版）》，闵惠泉等译，中国人民大学出版社，2013，第 128 页。

（四）资助图书的数量与文化身份的履行

在跨文化传播中，文化身份认同度越高，文化身份的履行就越突出。在我们的日常生活中，随着不同场景的转换，我们实际上都在随时建立、重建并且履行着不同的文化身份。通过长期的文化身份建立，我们对一定区域的文化身份逐渐形成共识。

我国各地区地理位置和气候条件不同，其经济水平具有较大差异，文化发展极不平衡，一般而言，东部的经济文化比西部发达，华北地区的文化水平超过其他地区。因此，华北地区文化身份认同度高，文化身份的履行也更加突出。从图6可知，"丝路书香"工程资助图书种类按地域划分，排在前三位的依次是华北地区、华东地区、西北地区，获得资助图书品种数量依次是1527种、284种和72种。北京是首都，也是全国政治文化的中心，参与出版社最多，获得资助图书品种量最高，70%的出版社是中央出版单位。华北地区获得资助图书品种数量占全国所有地区的74.3%，换言之，全国其他地区获得资助图书品种数量的总和也只是华北地区的约1/3。除华北地区和华东地区之外，西北地区、华南地区、华中地区之间的图书品种数量差异不大，分别是72种、65种、58种。西南地区和东北地区由于经济落后，文化发展也滞后于其他地区，因此，获得资助的图书品种数量仅为26种和19种。没有出版单位参与"丝路书香"工程的省份大多位于西部地区。

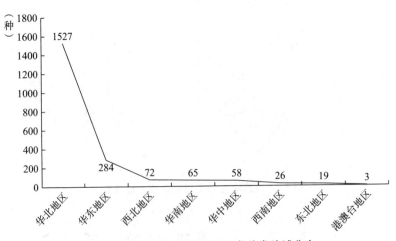

图6 "丝路书香"工程资助图书种类地域分布

四 "丝路书香"工程面临的挑战

（一）海外出版的文化多样性不足

世界各国的文化丰富多彩，不同国家、不同民族都有各自独特的文化，文化不仅与语言关系密切，还与宗教、家庭、历史、身份、教育、环境、时空等因素相关。在跨文化传播中，传播者不仅要了解对方的语言，而且要熟悉对方的文化，特别是要熟悉对方的宗教、历史、世界观等多种文化元素。

分析"丝路书香"工程重点外译项目图书出版情况后我们发现，"一带一路"主题出版还面临许多挑战，存在不少问题。早在 2007 年，郝振省等研究发现，我国主题出版与海外市场不相适应，图书内容与风格不符合海外读者的阅读口味，国内出版物很难融入海外市场。[①] 10 多年后，"丝路书香"工程并没有很好地解决中国主题出版物难以融入海外主流市场的问题。从 2015 年至 2020 年，"丝路书香"工程中尽管有 215 家出版单位积极参与主题出版，然而图书选题同质化比较严重，重复内容较多，与"一带一路"相关的历史、宗教、哲学、文化交流等方面的书籍偏少。2015～2020 年，"丝路书香"工程虽然资助出版图书达 2313 种，但这些图书偏重学术性和理论性，实用性和可读性强的图书偏少。

（二）群体文化的图书语种失衡

文化为适应自己的特殊需要形成了不同语言，而语言是理解社会的现实向导。不同的人类群体因语言不同而形成不同的群体文化，不同群体文化的交流都必须建立在对不同语言的了解和使用上。全世界有 6000 多种语言，也就有 6000 多种群体文化。当然，一个人不可能学完 6000 多种语言，不过，要进行跨文化传播，就要尽可能地学习对方的语言。

"丝路书香"工程重点外译项目获得资助的图书达 2313 种，涉及的语

---

① 郝振省等：《中国主题图书在主要发达国家的出版情况》，《出版发行研究》2007 年第 5 期。

种多达 58 种，涵盖了绝大多数"一带一路"共建国家的语言。但是，资助图书语种并不平衡，阿拉伯语、英语、俄语、越南语、土耳其语就占了 42%，并且，获得资助图书语种主要集中于亚洲和欧洲。非洲的本土语种非常多，但资助图书中仅有斯瓦希里语和祖鲁语两种。这从一个侧面说明，"一带一路"国家语种翻译人才比较匮乏，特别是缺少非洲本土语言翻译人才。从获得资助的图书来看，翻译人员几乎都是中国人，还没有发现中外翻译人员合作翻译的图书，这也说明我国出版与国际出版接轨不到位。

（三）图书跨国营销的商业环境滞后

在跨文化传播中，图书既是文化读本，又是一种跨国商品。21 世纪以来，越来越多的跨国公司承担着国际商业贸易活动。托马斯说："实际上，今天所有的贸易都是全球性的。"① 图书贸易也不例外，在全球化市场中，图书跨国营销要在国际商业环境中进行多方合作，并适应不同的文化规则和商业模式。

国家启动"丝路书香"工程外译重点项目的目的是向"一带一路"共建国家传播中国文化，让"一带一路"共建国家人民更好地认识中国、理解中国，让中国图书在海外市场上大量销售。目前，国家新闻出版署已经资助了 2313 种图书进行外译，对于这些图书是否已经完成外译，是否已经在海外出版发行我们并不清楚。海外发行的主渠道是亚马逊网站，亚马逊网站可以检测到某类主题图书的发行情况。王璟璇等通过实证分析，比较了"一带一路"主题图书在当当网和亚马逊网站上的发行情况。王璟璇等发现，"一带一路"主题出版图书在当当网上有 1101 本，而亚马逊网站上只有 179 本，只占当当网的 16.3%。② 这说明，"一带一路"主题图书在国内很"热闹"，在海外比较"冷清"。从目前来看，国内 215 家出版单位都积极参与了"丝路书香"工程，但是，这些出版单位只重视图书的翻译出版，却不太重视出版图书的海外发行，实际上没有实现中国图书在"一带

---

① D. C. Thomas, *Essentials of International Management*, Thousand Oaks, CA：Sage Publications, 2002：3.

② 王璟璇等：《"一带一路"主题图书海内外出版现状对比及海外出版启示——基于当当网中国站点与亚马逊美国站点的实证分析》，《出版科学》2020 年第 4 期。

一路"共建国家的良好传播。

五 "丝路书香"工程海外发行的优化策略

（一）分析海外市场，做好高语境和低语境导向

爱德华·霍尔依据交际中所传达的意义不同，将世界各国的文化分为高语境和低语境两种。他这样定义："高语境（HC）的交际和信息指的是大多数信息已经由交际者或传播者本人体现出来，只有很少一部分信息是经过编码的方式清晰地传递出来的。低语境（LC）的交际传播正好相反，即大部分信息都以清晰的编码方式传递出来。"① 霍尔认为，日本、中国、朝鲜、阿拉伯地区和拉美地区等的文化属于高语境，而欧美国家的文化属于低语境。

"丝路书香"工程是为"一带一路"倡议服务的，目的在于更好地推动"一带一路"主题出版、促进"一带一路"主题图书在海外市场发行。"一带一路"共建国家多，宗教信仰不同，语言千差万别，读者的需求各不相同。因此，我们应该具有跨文化传播思维，熟悉高语境国家和低语境国家的文化差异，对海外图书市场进行详细分析，通过现场调研读者的需求、座谈交流读者的想法，准确掌握"一带一路"共建国家读者的各种信息，了解他们对中国的兴趣点和关注点，做好有针对性的选题策划。在图书选题方面，应尽量避免大国式、说教式、宣传式的图书，尽量选择能贴近"一带一路"共建国家民众的现实生活、能引起他们情感共鸣的图书。在图书内容方面，尽量采用中国内容的国际化表达方式，文本的叙事模式和叙述结构尽量与对象国读者相吻合，从而提升图书选题的针对性和有效性。

（二）评估跨国商业环境，推动海外出版合作

图书海外出版离不开跨国商业环境，跨国商业环境因国际关系的交往而不断发生变化。在跨国商业环境中，不同的文化圈因管理、身份、地位、谈判、决策、冲突管理等诸多因素影响而存在很大差异。只有充分了解跨

---

① E. T. Hall, *Beyond Culture*, Garden City, NY: Doubleday, 1976: 91.

国商业环境，才能更有效地加强图书海外出版合作。

"一带一路"倡议的推行与实施，需要全球众多国家的参与和支持，它不可能单独依靠中国一个国家就能独立完成。同样的道理，"一带一路"主题出版也不能仅仅依靠中国的出版单位就能有效实施，中国的出版单位必须加强与海外出版单位的合作。海外出版单位是"一带一路"主题出版不可或缺的朋友，朋友越多，主题出版推行起来就更容易，实施效果就会更好。特别是海外一些知名出版单位，它们在国际出版领域积累了丰富的经验，中国出版单位与海外知名出版单位合作，在"一带一路"主题出版方面，双方加强图书选题合作，做好内容沟通和版权贸易，争取联合编辑和联合出版，从而推动中国图书顺利进入海外市场。为了适应互联网和新媒体发展的需求，"一带一路"主题出版还应该加强图书的数字化，从资源、技术、平台、标准、服务等层面，完善"一带一路"本土化机制，支持共建国家本土化翻译和数字出版。①

（三）探索合作翻译，促进语言行动的本土化

跨文化传播离不开语言，不同语言反映出不同民族的文化风格。爱德华兹认为，"由于语言具有强烈的、显而易见的象征性，它对种族和民族主义情感非常重要。它是一种核心符号，具有凝聚力"②。

自 2014 年"丝路书香工程"实施以来，我国图书版权输出在"一带一路"地区并不平衡，占比最大的是西亚北非地区，达到 44%，中东欧地区约占 34%，中亚、中东欧等地区的总和占比不超过 20%，南亚等地区仅有个别输出。③ 因此，"丝路书香"工程还应该探索与"一带一路"共建国家的翻译合作，拓宽"一带一路"主题出版的海外布局。只有让"一带一路"共建国家的组织或机构参与"丝路书香"工程的全过程，特别是语言翻译工作，才能更有效地体现文化的本土化特色，翻译的书籍才能与当地的宗教信仰、价值观念和文化需要相适应。

---

① 宋婷：《"丝路书香工程"实施中重点翻译图书出版产业链研究与对策》，《中国出版》2017 年第 6 期。
② Edwards，*Language, Society, and Identity*，Oxford：Blackwell，1985：15.
③ 郝婷：《中国主题图书在"一带一路"沿线国家出版发行情况简析——以丝路书香工程重点翻译资助项目为例》，《中国编辑》2018 年第 12 期。

（四）拓展非语言交流空间，更好融入国际市场

跨文化传播主要依靠语言行动，但是非语言交流也比较重要。了解非语言行为中的主要文化差异，有助于我们掌握非语言交流背后所隐含的态度和价值观。非语言交流包括身体行为、面部表情、时间观念、空间距离等，对这些非语言交流背后的文化意义掌握越多，我们的跨文化传播就越能有效开展。

"一带一路"倡议的顺利推行，需要众多国家的参与和各种国际组织的支持。同样，"一带一路"主题出版要更好地走出国门、进入海外市场，就必须得到"一带一路"国家的政府和民众的支持。目前，"丝路书香"工程翻译项目主要由中国政府和中国出版单位来实施，"一带一路"共建国家参与很少。目前，居住在我国的外籍人士约有60万人，他们主要是政府官员、商人、留学生、媒体记者，这些人员了解中国国情和本国国情，对中国态度友好，他们能够帮助"一带一路"主题出版顺利融入国际市场，让海外读者更愿意接受中国故事。

基于数字媒介的"一带一路"共建国家
留学生跨文化传播教学研究*

张　金**

摘　要　在中国"一带一路"倡议的背景下，越来越多的来华留学生成为传播中国国家形象的跨文化使者，数字媒介的发展应用进一步优化了来华留学生跨文化传播教学基础上的中国形象建构路径。本研究对参与山东青年政治学院 China Calling（中国形象跨文化传播）数字媒介平台项目的"一带一路"共建国家留学生进行了调查研究，运用 SPSS 29.0 对中国国家宏观形象和微观形象各因子均值进行了实证分析。研究表明，基于数字媒介的跨文化传播教学有助于提升在华留学生的跨文化传播能力及他们对中国形象的良好感知，增强其知华、爱华、友华、助华意识。

关键词　数字媒介；"一带一路"共建国家留学生；跨文化传播

一　研究背景

全球经济一体化和社会信息化使跨文化传播成为一种常态化的文化交流现象，基于数字媒介的跨文化交际与传播已成为经济圈和文化圈交流、融合、发展的必然要求。越来越多的来华留学生成为传播中国形象的跨文化使者，各种数字媒介平台已成为其有效进行跨文化传播的主要途径。国

---

*　本文系教育部产学合作协同育人项目"新文科背景下基于 MeTel 教学平台的三位一体四阶递进五育并举实践教学模式研究"（项目编号：231107021112527）、山东青年政治学院2022 年教学成果奖培育项目"新文科背景下中国文化课程群'三位一体'思政育人体系构建研究"（项目编号：CGPY202213）的阶段性研究成果。

**　张金，山东青年政治学院副教授，研究方向为跨文化交际。

际传播能力是国家软实力的重要构成，与国家形象、国家利益及国际话语权密切相关。

二 研究框架

本研究基于布迪厄（Bourdieu）在 20 世纪 70 年代初提出的文化再生产理论，重点关注在"一带一路"倡议背景下来华留学生在数字媒体平台上所展现的文化生产者身份，分析其在文化再生产中的内容与习惯，并有效评估跨文化传播与交流的实践，探寻国际传播能力与中华文化传播两者之间的逻辑与联系以及未来将发生的深刻联动，回应深刻的时代命题。本研究采用认识论和实践论相结合的国际传播能力研究模式，通过挖掘多声部、立体化的国际传播叙事主题与议题，以问题意识为导向，从超学科角度将跨文化交际学与传播学、区域国别研究等进行有机结合，明晰中西方文化异同，以国际传播能力作为抓手，加强实践对于知识的反哺与促进作用，强化比较思辨能力，解析好文明与文化传播的联动效应。

布迪厄认为，文化通过"再生产"来维持自身的平衡，从而使社会得以延续；与此同时，文化在不断繁衍，推动社会文化的发展。他指出，结构与行为之间存在辩证关系，实践作为文化再生产的手段，是社会系统与个体之间的交流媒介。[①] 基于此，本研究基于技术接受模型对参与山东青年政治学院 China Calling（中国形象跨文化传播）数字媒介平台项目的"一带一路"共建国家留学生进行了调查研究，运用 SPSS 29.0 对中国国家宏观形象和微观形象各因子均值进行了实证分析。

技术接受模型（Technology Acceptance Model，TAM）是国际新媒体用户研究中最常用的理论模型之一。它主要由六个变量组成，即感知有用性、感知易用性、外部变量、态度、行为意图和使用行为。该理论主要用来解释和预测用户对信息系统持续使用的接受程度。China Calling（中国形象跨文化传播）数字媒介平台项目以跨文化传播为切入点，针对"一带一路"共建国家来华留学生对中国国家形象的感知与了解，基于虚拟仿真技术，

---

① 〔法〕布迪厄：《形象、评价变量和购买后行为：相互关系》，《旅游管理》2001 年第 6 期。

通过情景模拟、动画仿真、人机交互等方式,选取跨文化传播及交际案例,设计跨文化传播虚拟仿真实践教学项目,通过数字媒介虚拟仿真技术设计虚拟场景,引导学生扮演交际角色、沉浸式体验交际方式、把握信息识别的重点和难点,加强学生在真实环境中跨文化传播的认知,提升其跨文化交际能力,帮助其更好融入中国文化。本项目具体交际模式如下:①在非语言交际场景中,学生需要根据课前知识储备客观地选择跨文化传播知识;如果学生选择错误,系统会自动提示相关文化知识点,引导学生做出正确选择。②在跨文化传播场景中,学生需要根据屏幕上的提示和关键词来组织语言,预设其他人物的交际内容;如果学生的交流内容与屏幕提示无关或省略关键词,系统会自动给出进一步的提示,引导对话朝着预期的方向发展。

同时,交流模拟训练设置了一系列跨文化障碍传播场景,每个场景设置多个任务,学员作为设定角色进入虚拟模拟训练场景,通过沉浸式训练方式体验典型的跨文化传播障碍并找到合适的应对策略;通过人机智能交互,学生与高度仿真的虚拟人物进行多轮跨文化传播交流,能够独立参与并完成典型的跨文化传播任务。

三 研究理念

埃里克·詹奇在其专著《教育与创新中的跨学科性》中提出了超学科理念,认为这一理念是整个教学体系中各个学科之间的有机融合与协调。米斯尔也对超学科理念进行了研究,认为超学科是各个学科之间相互关联与提升的最高层次。从宏观知识体系的构建与融合的角度来看,超学科理念符合新文科时代的需求,不同学科将进一步融合,彼此凝练、超越创新,进而形成一种崭新的知识体系框架。超学科作为一种崭新的视角为学科之间的有机融合与超越提供了一种有效途径,有利于不同学科之间的进一步协调与升华,并为解决现实生活中的相关实际问题从全新角度提供了一种创新性的解决方案。不同学科通过超学科理念进一步凝练、融合、创新,进而形成崭新的理论模式与集合效应。

语言与文化相互影响、相互制约。相比而言,文化的内涵复杂得多,这与本文所探讨的超学科理念不谋而合。文化很复杂，它包括社会生活的方方面面。对文化进行更全面解释的是戚雨村，认为文化包含三个方面：①物质文化，如房屋、服装、食物、生活用品、劳动工具等，其表现形式是人们制作的各种实物产品；②制度、习俗文化，如法律法规、公共设施管理和民风民俗等，需要人们共同遵守；③精神文化，如价值观、审美、道德情操、宗教信仰等，表现在哲学、科学、文学等方面，主要依赖人们的思维活动。① 文化亦可被定义为广义的文化或狭义的文化。前者叫正式文化，即大写字母"C"文化，反映了人类文明的各个方面；后者是小写字母"c"文化，主要指精神方面隐藏的价值观、审美、思维模式，如道德准则、风俗习惯、文明礼仪和人文精神等。虽然人们可以通过直接的学习获得既成的正式文化，但是，小写字母"c"文化的影响力也不容小觑，因为它很难通过外部观察而获得，是人们在生活中潜移默化获得的。语言具有人文性，带有民族文化精神和心理的特点，反映了民族的世界观。语言与文化相辅相成，文化在语言教学中具有不容忽视的影响，而跨文化教学的交际功能体现在使语言学习者在复杂的跨文化交际中实现实际语言应用，这需要将语言与社会规则、语用环境、文化背景及语用语法等结合起来进行教学。在学习语言的同时学习文化，让语言学习与文化学习相互促进，正是超学科理念的具体体现。

四　研究方法

（一）研究对象

本研究对象为参与山东青年政治学院 China Calling（中国形象跨文化传播）数字媒介平台项目的"一带一路"共建国家留学生，他们分别来自乌兹别克斯坦、南非、赤道几内亚、尼日利亚、坦桑尼亚、喀麦隆、赞比亚、摩洛哥、利比里亚、苏丹、乌干达、津巴布韦、加纳、刚果、几内亚比绍、吉布提、布隆迪等 20 个国家。研究对象均能用英语无障碍交流，保证了研究过程的可执行性。

---

① 戚雨村：《语言文化对比》，外语教学与研究出版社，2019，第 160~170 页。

本研究主要采用半结构化深度访谈法，深入分析来华留学生对于 China Calling（中国形象跨文化传播）数字媒介平台项目的使用行为模式及对中国形象的认知。结合技术接受模型，深入挖掘访谈文本中与研究问题密切相关的显露或隐藏信息，通过深入研究中国语境下来华留学生的媒体接触和使用行为模式及其背后的动机，还原其对中国形象的认知现状并分析原因，并提供提升中国形象的战略建议。

（二）研究工具

本研究运用 SPSS 29.0 统计软件分析参与山东青年政治学院 China Calling（中国形象跨文化传播）数字媒介平台项目的"一带一路"共建国家留学生对中国形象的国际传播效度。

戴尔·海姆斯认为，传播效度主要包含以下特性：①语用性，即语言能力；②可行性，指可接受的程度；③得体性，即语言要符合语境，本质上反映了人的社会文化能力；④现实性，指在现实生活中进行语言交流。文秋芳认为语用能力具体分为语法和语篇能力，包括句法、词法、语音等方面的语言知识和技能。语用能力的特定语境是非语言环境，语言交际的时间、地点，语言使用者的身份和背景等构成非语言环境。如何在语言交际中正确评估双方的语言和背景知识、明确交际的目的，并在此基础上选择最有效的方式进行交际呢？这涉及相关的心理、生理机制，包括以下方面。①补偿能力（compensation competence），即在出现语言表达困难的情况时让别人听懂自己讲话内容的能力，此时，可以运用同义词、表现体态语（如手势）等来帮助对方理解自己的话。②协商能力（negotiation competence），即在出现很难理解别人语言的情况时，听懂别人话语意义的能力，此时，可以通过一遍遍地重复语言或者重新组织语言等来理解对方的话。而跨文化交际传播能力包括三部分，即对于文化差异所表现出来的敏感性、宽容性及其处理的灵活性。敏感性属于能力范畴，也被称为"跨文化意识"；宽容性主要指的是人们对异域文化差异性所采取的或认同或否定的态度，如有人对文化差异表示理解、尊重，有人则厌恶；灵活性指语言交际者依据各自不同的文化特点，灵活改变自己的交际行为和灵活处理交际冲突。[①]

---

① 文秋芳：《英语口语测试与教学》，上海外语教育出版社，2020，第 155~169 页。

基于此，本研究项目中"一带一路"共建国家留学生对中国形象的国际传播效度分别从记忆（memory）、认知（cognition）、补偿（compensation）、文化（culture）、情感（emotion）这五个技术接受变量约束进行实证分析，以期更加全面探讨来华留学生对于中国形象的跨文化沟通与传播能力。在此基础上，我们设计了稍许修改的李克特五级标准分值表，对应的每个问题被分为"从不使用、很少使用、有时使用、经常使用、总是使用"五个维度，并根据其影响度赋 1.0~5.0 分（见表1）。调研表包含了对应五维变量约束的 25 个问题（见表2），其中 A1~A5 属于记忆约束，B1~B5 属于认知约束，C1~C5 属于补偿约束，D1~D5 属于文化约束，E1~E5 属于情感约束，旨在研究"一带一路"共建国家来华留学生的跨文化沟通与传播能力。

表 1 李克特五级标准分值

均值	频率	描述
1.0~1.4	低	从不使用
1.5~2.4		很少使用
2.5~3.4	中	有时使用
3.5~4.4	高	经常使用
4.5~5.0		总是使用

表 2 五维变量约束调研

A1 我相信我可以学到更多关于中国传统文化的知识
A2 我总结了我在课程中听到和读到的内容以提高我的跨文化交际能力
A3 我把新词分解成我认识的部分以理解其含义
A4 我复述并书写了新学到的跨文化交际用语
A5 我学习跨文化交际以便更好地了解风俗和文化
B1 作为该项目学生，我被中国传统文化深深吸引
B2 在研究跨文化交际时，我会区分新旧知识
B3 我更加了解中国文化，更加热爱中国
B4 我习惯于将中国文化与本国文化进行比较
B5 我对中国文化的感受比以前更深了
C1 当我遇到一个陌生的跨文化词汇时，我会猜测它的意思
C2 当我在谈话中记不住正确的词语时，我会用同义词或短语来代替
C3 当我不知道正确的表达方式时，我可以充分利用其他替代表达方式
C4 我用手势来表达我无法准确表达的语言含义
C5 在跨文化交际中，我可以将语言表达和非语言表达结合起来
D1 我对中国传统文化有了更多的了解

续表

D2 当我遇到文化差异时，我会关注其独特之处
D3 我正在积极探索适合自己的跨文化交际方法
D4 为了有足够的时间学习跨文化交际，我对中国文化进行了调研
D5 跨文化交际课程在提高我的文化意识方面对我帮助很大
E1 我写下了自己学习跨文化交际的经历和感受
E2 每当我对跨文化交际感到紧张时，我都会试着学会放松
E3 即使害怕说错，我也会鼓励自己多说中文
E4 当我在学习跨文化交际方面取得进步时，我会奖励自己
E5 我主动提问，以澄清或解决跨文化交际中的问题

五 研究过程

（一）前期准备

首先，项目组确立计划实施办法。

其次，与山东青年政治学院 China Calling（中国形象跨文化传播）数字媒介平台项目的"一带一路"共建国家留学生建立正向的沟通。通过交流，了解其在跨文化环境中的生活、学习、交往等情况，帮助其更好解决跨文化适应问题。

最后，主动与项目留学生交流，帮助其解决在生活、学习上遇到的问题。请他们注册相关平台账号信息、了解项目平台功能、逐步熟悉项目平台操作流程。

（二）初期开展

设计项目案例，了解参与项目的留学生在中国生活、学习、交往的跨文化适应状态以及他们在这个文化氛围里面对的难题与尴尬，进一步了解其生活习惯、民族特征、风土人情等，帮助其调整自己在跨文化环境中的学习生活，从而为平台项目案例优化进行实训检验。

通过新媒体为参与项目的留学生拍摄 Vlog，并将之上传至 China Calling（中国形象跨文化传播）数字媒介平台，通过短视频介绍留学生的文化传播实践体验。

（三）中期开展

针对发布在 China Calling（中国形象跨文化传播）数字媒介平台上的视频进行跨文化交际教学案例分析研讨，运用超学科理念形成实践报告，与参与项目的留学生进行良好互动沟通，进一步了解其跨文化交际与沟通中存在的困难并提出有效建议，从而有效完善相关视频案例。

通过 China Calling（中国形象跨文化传播）数字媒介平台和相关负责老师，了解学校对参与项目留学生的管理与帮助。

（四）后期阶段

对参与项目的来华留学生进行进一步调查研究，运用 SPSS 29.0 统计软件对参与 China Calling（中国形象跨文化传播）数字媒介平台项目的"一带一路"共建国家留学生的各因子均值进行实证分析，分析参与项目留学生跨文化交际适应与传播能力。

六　研究分析

通过对来华留学生进行技术接受变量约束相关性分析、国际传播效度变量分析、国际传播多重共线性检验分析可以发现，新媒体背景下来华留学生对中国具有非常积极正面的印象，体现出 China Calling（中国形象跨文化传播）数字媒介平台可以有效提升在华留学生对中华优秀传统文化和中国形象的良好感知。由于认知约束和行为约束的相关性非常高，所以认知约束和行为约束组合可以用来进一步提升留学生的国际传播效度。此外，行为的内生与外显效用明显，进一步验证了项目驱动的有效性，表明了实践对文化认知的反哺作用。部分国际留学生运用超学科理念将跨文化交际课程教学实践案例有机融合到自己创作的作品当中并进行了分析。比如有的国际留学生选择研究中国烧烤史，经过小组讨论与向授课教师的咨询，发现中国烧烤史体现了中国人民对生活的热爱，还表达了一种友情，大家一起去吃烧烤，而不是个人，在一定程度上体现了中国传统文化中的"和"与"合"，一种是中国传统文化所倡导的人生状态，另一种则是中国传统文化所倡导的人生态度。有的国际留学生从红包里看到了友情，也看到了反腐，并深入思考该如何正确处理。还有一个国际留学生在《清明上河图》里看到一个外卖小哥，联系到了实际生活中的外卖小哥，并通过对外卖小哥的打分评价，得出结论：中国人很聪明，通过发挥智慧，能够让自己的生活变得更方便；同时，外卖小哥非常勤劳，我们应该尊重他们的劳动。另有国际留学生通过微视频分享"舌尖上的爱"，讲了饺子、粽子和过桥米线的故事。从饺子联想到家，家是团聚；从粽子联想到爱国；从过桥米线联想到爱情，得出结论：家是最小国，国是千万家。经过上述分析，不难发现来华留学生对中华文化的国际传播总体具有正面效应，体现了其知华、爱华、友华的理念共识。

结 论

对于 China Calling（中国形象跨文化传播）数字媒介平台的调查研究可以表明，数字媒介的发展应用进一步优化了来华留学生在跨文化传播教学基础上的中国形象建构路径，有助于来华留学生传播中国文化、讲好中国故事。为进一步增强其国际传播能力，应积极构建有效数字媒介，形成完整的数字传播体系。教师在教学过程中应加强文化引导，逐步培养并不断加深学生对于跨文化交际传播等相关内容的理解与认同，在此基础上有效提升其跨文化交际传播能力。同时，在新文科背景下应有效构建关于跨文化交际传播的价值体系、知识体系及行为体系"三位一体"教研模式，探讨其内在逻辑，形成有机整体，从而更好实现跨文化传播目的。我们倡导在超学科理念指引下形成创新性的知识框架结构，这种超学科理念思维模式所嵌入的崭新知识体系可以有机融入整个可持续发展教育体系，并适应整个世界经济与文化环境的可持续发展，有利于跨文化交际教学的创新与升华，提升学生对于本国与异国文化异同的认同度与敏感度，有利于培养适应国际化发展要求的高素质国际型人才，按照新文科建设的根本要求，提升文化软实力，塑造国家形象，继续讲懂中国故事、讲好中国故事。此外，有必要进一步加强数字媒介叙事，提升在华留学生对中国形象的直观感知，进一步凝聚构建人类命运共同体的理念共识。

川剧变脸在日本的传播现状与问题分析

刘 洋*

摘 要 20世纪90年代，川剧凭借其精湛的演出，在日本社会中取得了很好的反响。川剧之所以能够在日本社会受到广泛关注并引起热烈讨论，除了因为中日两国同属于东亚文化圈，对于戏剧等艺术表演形式理解起来较为容易外，还因为川剧与歌舞伎、能乐等日本传统表演艺术在表演形式及内容方面相类似。所以相较于在欧美等西方国家，川剧在日本更容易传播。

关键词 非物质文化遗产；跨文化传播；日本；川剧；变脸

1987年川剧《白蛇传》在日本的公演可以说是日本民众对于川剧的最早接触与认识。1987年5~6月，应日本文化财团的邀请，川剧《白蛇传》的表演剧团在东京、大阪、福冈、京都、名古屋、横滨等地进行了多场表演，之后的1990年芙蓉花川剧团（时为新都县川剧团）受到日本文化财团邀请，赴日表演川剧《芙蓉花仙》（日语名为《花物语》），该表演在当时日本文艺界与学术界都取得了很好的反响。1992年日本早稻田大学就召开了"川劇学国際シンポジウム（川剧学国际研讨会）"，并对川剧的表演技巧以及唱腔服饰等各方面进行了细致的研究与探讨。此后学者对川剧与日本传统歌舞伎表演的剧本、舞台、唱腔等方面进行对比研究，发现川剧与日本传统歌舞伎表演之间存在较多的相似之处，特别是川剧中脸谱色彩的多样性也可以在日本能乐的面具表演中找到诸多相同点；① 而川剧中"帮、打、唱"的独特音乐构造与表演形式为推动川剧在日本的传播发展提供了

---

　* 刘洋，四川师范大学外国语学院讲师，研究方向为日韩民俗文化与东亚地区跨文化传播。

① 〔日〕鈴木靖：《国際交流すすむ中国の地方劇——第1回川劇学国際シンポジウムに参加して》，《法政大学教養部紀要》85卷，1993年2月，第95~105页。

较大的可能性。①

川剧之所以能够在日本社会受到广泛关注并引起热烈讨论，除了因为中日两国同属于东亚文化圈，对于戏剧等艺术表演形式理解起来较为容易外，还因为川剧与歌舞伎、能乐等日本传统表演艺术在表演形式及内容方面相类似。所以相较于在欧美等西方国家，川剧在日本更容易传播。本文试就川剧在日本的传播现况、传播路径、传播特征及其所存在的问题等方面进行考察分析。

一　川剧专业艺术团体赴日公演

芙蓉花川剧团作为改革开放后成功转型的地方剧团，能够完成优秀的艺术创作与表演，是与剧团演员的表演功底以及舞台的专业性密不可分的，而这一点正是川剧在日本演出取得成功的关键。

川剧在日本的传播与芙蓉花川剧团等一系列国内专业艺术团体的赴日表演密切相关。仅从芙蓉花川剧团一例来看，其在日本的公演并不局限于一个城市，而是在东京、大阪、京都、福冈等多个城市巡回展开。就表演曲目来说，赴日公演的川剧多选取《芙蓉花仙》《金山寺》《盘丝洞》《三岔口》等深受好评的经典川剧剧目。从观影人数来看，因芙蓉花川剧团等艺术团体本身的高度专业性，川剧公演的单场观看人数平均每场为数千人，可见川剧在日本的受欢迎程度，这也为之后川剧的日本传播打下了基础。

川剧在日本的观众一般可分为三大类。一是具备基础戏曲知识的专业人员与知识分子。二是受邀观看的政经界人士与团体。三是受电视网络媒体宣传的影响而对川剧感兴趣却又不具备基础知识的普通民众。

首先是具备基础戏曲知识的专业人员与知识分子。他们虽然自身可能并未受过系统的川剧训练或并未从事川剧表演，但是对于川剧与京剧以及

---

① 郭元：《中国伝統劇「川劇」の音楽の構造から検討する新しい音響創造の可能性——「高腔」における「帮·打·唱」による表現を中心に》，东京艺术大学博士学位论文，2011。

中国其他各地方剧种有着较为清晰的认识，也能够准确地将川剧与其他戏曲剧种进行区分。他们在观看川剧表演的同时，除了学习交流外，会对川剧内容表达专业性的评论与建议，这对于川剧在日本的传播发展都是十分有必要的。例如横滨市立大学的波多野太郎教授就指出：

> 与京剧、昆曲相比，川剧的现代色彩更浓，伴唱的处理也颇具特色，从幕后传来的帮腔抑扬顿挫，使人宛如在空谷中闻听山歌，又像是在剧场内欣赏希腊悲剧中合唱队的演唱。日本传统的能乐、歌舞伎中也有类似的演唱手法，因此，日本观众容易接受。①

其次是受邀观看的政经界人士与团体。这类观众在整体中虽然占比不高，而且不一定掌握川剧等戏曲的基础知识，但就其在所在领域具有的影响力本身来看，他们观看赴日川剧专业团体表演这一行为本身对川剧在日本传播与推广具有重要作用。这类观众对于川剧的观看态度也会对川剧表演产生影响。对此，陈国福在其文章《中日文化交流中的川剧艺术》中写道：

> 《芙蓉花仙》在山梨县首演，1780个座位，全是十五六的中学生，白袜子，黑校服，衣着整齐，规规矩矩。最后一场在松户圣德女子学园，也是学生场，观众全是穿着一律学生服的中学生，饰演芙蓉的张宁佳深有所感地说："日本的中学生让人感慨，别看他们年纪不大，却很懂得待人接物的礼貌，坐在台下全神贯注地看戏，从来没有人交头接耳或者嘻哈打笑。他们的良好纪律，无疑是对我们艺术创作的极大支持。"②

从这里可以看出，在观看川剧表演的日本团体观众中，中学生是占有较高比例的，这种团体观众年轻化的现象，反映出年轻观众对于不同国家的艺术表演具有较高的接受度，而且中学生在日后的成长过程中可以更好

---

① 陈国福：《中日文化交流中的川剧艺术》，《四川戏剧》1994年第3期。
② 陈国福：《中日文化交流中的川剧艺术》，《四川戏剧》1994年第3期。

地了解川剧文化，并推动川剧在日本的传播。

最后就是受电视网络媒体宣传的影响而对川剧感兴趣却又不具备基础知识的普通民众。这类观众与上述观众一样，一般不具备关于川剧的基本知识，很难判断并理解川剧的内容。但不同的是，这类观众对于川剧的兴趣更为强烈，在观看川剧表演观众中占比较高。这类观众甚至只是被川剧中"变脸""吐火"等某个单独的特色表演所吸引，进而愿意购票观看整场演出。

但是这类观众对川剧专业性与故事性的理解存在较大困难，为了吸引这类观众的注意，川剧专业团队在前期宣传上会更加注重，比如说川剧专业团队赴日公演需要至少半年的宣传时间，宣传平台包括但不限于海报、电视、网络、新媒体等。在制作川剧宣传图片与海报的同时，要细致地完善宣传手册内容，对于所要表演的川剧内容及历史文化背景进行介绍，以方便普通日本民众理解与认识。

而在正式演出时，由于川剧使用中文甚至方言进行表演，加之其特有的唱腔，即使具有相关戏曲知识的观众也较难以理解，更遑论不具备基础知识的日本普通观众。在大部分情况下，日本普通观众很难理解川剧内容的语言表达，而且经典川剧中包含了中国传统文学作品与价值取向，也进一步加大了具有文化差异的日本观众对于川剧内容的理解难度。虽然可以通过现场出租翻译器等方法进行解决，但是受条件限制，翻译器在精准翻译表达川剧表演时会有所欠缺进而造成观众对于表演内容的误解。这一点今后也会一直是川剧在日本表演时所面临的实际问题。笔者就以上问题与日本友人进行交流，日本友人表示："在向日本等海外地区推广川剧时，与中国的音乐、美术、电视、电影等相比，川剧的推广难度可能会较高。"

包括川剧在内的中国戏曲的表演形式与内容经常会对所处时代的经典文化与流行元素进行吸纳，从而产生各种各样的优秀作品，从而保持了生命力。具体来说，有传统经典曲目（如《金山寺》《盘丝洞》《三岔口》等作品），也有新编川剧（《红漫巴山》《潮起大江》《死水微澜》等作品）。近年来，随着川剧在海外公演场次不断增多、规模也不断扩大，出现了川剧与海外文化相结合的新形式。比如根据诺贝尔文学奖获得者尤金·奥尼尔的话剧《榆树下的欲望》改编而成的《欲海狂潮》，以及在普契尼歌剧

《图兰朵》基础上改编创作的《中国公主杜兰朵》等都是川剧与海外文化相结合的新形式的代表作品。所以针对这一趋势，高山湖在川剧进行跨文化推广与选择海外演出剧目时就提出以下六个思路。

一、直接选用传统经典剧目或稍作些许适应海外演出的修改。

二、改编古今中外名作。包括话剧、歌剧、舞剧、音乐剧、小说、童话、电影等。

三、与海外演出商寻求合作打造剧目，共同推向国际市场。

四、将别的剧种现成的剧本在内容上基本忠实于原作的基础上进行移植改编。

五、委托剧作家进行专门创作。

六、挖掘川剧艺术精髓，使之与西方现代艺术形式跨界融合的另类川剧作品。[1]

正如前文所述，川剧当中有外国人较难准确理解的部分，在保留传统的基础上加入了现代技术、方法的新编川剧中依旧有很多值得欣赏的作品，这也使得川剧焕发新的生命力。所以在推动川剧文化海外传播时，不应该抱有川剧是一种传统艺能表演所以在日本等海外传播难度较大的思想，恰恰是因为川剧作为一种中国传统的艺能表演才能更让日本观众等感受到中国文化。

二　日本"变面师"的各类活动

1. 关于日本"变面师"的情况

前文介绍了川剧在日本的传播得益于诸如芙蓉花川剧团等专业团队在日本的公演。这类型的演出与传播主体大多是中国本土的专业团队，在受到日方邀请时，前期沟通与准备时间较长，对于演出的场地以及舞台要求也较高。川剧在日本安排巡演的城市与场次虽然都不少，但是由于时间受

---

① 高山湖：《川剧跨文化传播剧目的来源与选择探究》，《四川戏剧》2019年第11期。

限等问题公演时间多安排为两周至一个月，这就导致川剧团队很难与日本普通民众进行深入交流。加之下一次赴日演出的间隔较长，经常会出现川剧在日本公演时掀起日本社会的"川剧热"，而公演结束后又面临"人走茶凉"，导致川剧与川剧文化很难在日本扎根的情况。所以川剧在日本的传播不能单靠专业团队的巡演，应该更加注重日本本土川剧文化元素的培养与传播。

川剧作为中国戏曲剧种之一，日本人对于川剧的理解，以及理解川剧与京剧等其他剧种的区别往往需要较为专业的知识，普通民众在观看中国戏曲表演时，大部分情况是依据其表演中的特色元素来进行区分，而在川剧表演中的变脸就是特色元素之一。日本也衍生出专门从事川剧变脸表演的职业——"变面师"。

根据日本变脸文化中心（四川变面文化センター）统计，日本现有（数据截至 2020 年 4 月）"变面师" 149 名，其中包括了职业表演者 62 名、非职业表演者 87 名。日本"变面师"的男女性别比约为 7∶3。就年龄层来说，30 岁以下的青年表演者为 47 名，约占总人数的 1/3，包括 20 岁以下的 11 人。整体而言，虽然"变面师"并不多，但是从年龄分布来看，日本"变面师"在青少年等后继人才的教育培养上较为扎实，这也为日后川剧在日本的传播提供一个较好的基础。但是从职业表演者的经验来看，超过 80% 的职业表演者的演出年限不超过两年，可见目前川剧变脸在日本的传播发展还处于起步阶段。①

相较于在剧场举行的川剧戏曲表演的模式，日本"变面师"的舞台更为多样，表演形式也更为灵活。而"变面师"的表演多出现于日本新年正月庆典（お正月イベント）、各地方活动庆典（祭り）、音乐节、魔术表演会以及中日建交等一系列周年纪念活动中，在西九州的新干线通车纪念典礼（西九州新幹線開業記念イベンド）上也出现了相关的节目表演。

随着"变面师"在不同庆典场合的表演活动的开展，日本普通民众也被变脸这一川剧特有元素所吸引。与国内川剧专业团队在日本几个城市的定点演出相比，"变面师"表演得更为频繁，从而让变脸表演更具有普及

---

① 参见日本变脸文化中心（四川变面文化センター）网站主页，hijo-magic. jp。

性。加之"变面师"在活动过程中与日本民众近距离接触较多，可以更为详细地介绍推广包括变脸在内的相关川剧文化，为川剧在日本传播范围内的扩展提供了更好的路径。

但是"变面师"在不同庆典场合出演的这一传播路径的不足也较为明显。"变面师"在参加出演的活动时，只是作为整体活动的一个板块，受到庆典活动的主题与时间等条件的限制，在进行表演时只能着重变脸这一环节，而无法进一步展现川剧中的其他内容，整体表演会出现点到为止的情况。而观看表演的日本民众在发出"すごい（厉害）、すばらしい（精彩）"等赞赏后，关注重点会回归到庆典活动的主题，极少关注作为活动板块之一的川剧变脸，也很少主动去了解变脸等川剧文化。所以，通过这种形式传播川剧的效果受到了影响。

相较于参加大型庆典活动，川剧变脸在参与音乐会或魔术会等时的受关注度会更高。特别是与魔术或音乐等相关节目共同表演时，观众的反馈与认可会更好。由此可以看出，川剧在日本进行传播时，除了积极参与各类活动庆典外，更应走出单一的节目表演形式，与日本现代艺术元素相融合，并且参与共同作品创作的过程。完成从单纯出演大型活动庆典到与日本元素搭配融合进行新作品创作，再到实现川剧国际化转型与跨文化传播的转变，也就是在"从属—搭档—主导"的过程中提升川剧文化影响力。

2. 长崎孔子庙的变脸表演

长崎孔子庙位于日本长崎市大浦町，建于明治 26 年（1893 年）。由当时的清政府与在日华侨共同出资建造，现存建筑有棂星门、仪门、两庑、七十二贤人像、大成殿等。作为日本唯一的中式孔子庙，长崎孔子庙成为中国文化在日传播的重要场所。每年 9 月的最后一个星期六都会举办祭孔仪式（孔子祭り）。为了促进中日相互理解和文化交流，1983 年在庙内建了中国历史博物馆，由北京故宫博物院借出文物进行文物展出，相关文化活动也不定期在长崎孔子庙举办，相关文化活动就包括川剧变脸表演。

长崎孔子庙举办的中国文化活动包括妈祖祭祀，舞龙、舞剑，川剧变脸，二胡演奏，少林寺拳法等。其中最受欢迎的当数川剧的变脸表演。以 2023 年在长崎孔子庙举办的农历春节活动为例，从 1 月 22 日至 2 月 5 日的半个月时间内，川剧变脸表演多达 63 场，平均每天 4.2 场，可见川剧变脸在当地的受欢迎程度。① 而且在孔子庙进行川剧变脸表演的"变面师"中有多名日本籍演员。

在很长一段时间内，由于川剧变脸表演的特殊性，川剧变脸表演技巧很少被传授给外国人。诸如长崎孔子庙的变脸表演，也大多是邀请中国演员进行表演，这在保护变脸的行业秘密时也使得变脸表演的传播范围受到了限制。而日本籍"变面师"的出现，也反映出进入新时代后川剧文化更加自信开放，这也为川剧文化在日本的广泛传播提供了条件。

长崎孔子庙因举办川剧变脸等一系列表演活动，已不单单是旅游观光场所，也成为传授川剧变脸知识和进行中日川剧文化交流的重要据点。长崎孔子庙除了本身具有两名职业"变面师"外，还会定期举办诸如"变面の日"等活动，邀请中国等地的"变面师"前来表演交流，不仅如此，还在长崎当地进行变脸等川剧知识的讲解，吸引当地民众学习川剧文化并投身变脸表演。在长崎孔子庙练习变脸的演员包括日本籍与在日华侨等多名年轻演员，年纪最小的演员仅 12 岁。由此可见，变脸等川剧文化在日本年轻世代中具有较高的影响力与渗透力。

值得注意的是，相较于专业团队的川剧表演，日本"变面师"在表演时，往往过于注重变脸的单一表演，对于川剧中与变脸相配合的诸如唱腔、身段等内容反而有所忽视，甚至出现了在进行川剧变脸表演时，背景音乐不采用川剧唱段而搭配其他音乐或是穿着日本阵羽织（じんばおり）② 进行表演的现象。这种情况，虽然让川剧变脸表演的形式更为灵活多样，从某种角度来说扩大了川剧变脸的传播范围，但也导致了川剧传播完整性的缺失，很多日本观众甚至将变脸表演当作"魔术"而非川剧的组成元素，这也是在当前日本变脸表演时需要关注的问题。

三 人文观光资源与川剧表演

日本学者中野文彦和五木田玲子在《観光資源の今日的価値基準の研

---

① 参见长崎孔子庙网站主页，https://nagasaki-koushibyou.com/eventinfo/lantern-festival。
② 阵羽织是日本战国时代（1467~1615 年）流行的一种武士衣物。以在战阵所穿着的羽织得名，配合铠甲穿着，亦称为具足羽织。

究》一文中，将观光资源划分成 10 类自然资源和 14 类人文资源。① 按照这一标准，川剧属于人文资源的"艺术活动"一类。而"艺术活动"这一类人文资源的特征之一就是这种资源可以在保持其特色的基础上超越地域限制，这个正是川剧在日本传播的理论基础之一。

川剧在日本传播的模式中，有一种就是借助发挥川剧的人文观光价值与相关联的商业行为相结合的模式。其中具有代表性的当数在日本海底捞连锁火锅店中举行川剧变脸表演的模式。

日本人对于四川料理的热衷由来已久，诸如"麻婆豆腐（マーボーどうふ）、回锅肉（ホイコーロー）、鱼香肉丝（ユーシャンロースー）、青椒肉丝（チンジャオロース）"等川菜已经成为日本中华料理店中的必备菜品。2014 年随着海底捞火锅餐饮店进入日本市场，四川料理在日本更为流行，海底捞至今已在日本开设了池袋、新宿、大阪心斋桥、幕张、横滨、上野 6 家连锁店铺。作为极具四川饮食风格的品牌餐饮店，海底捞经营的火锅本身就是四川代表性饮食之一。而在这一基础上，海底捞又加入了四川文化中的另一代表性元素——川剧变脸表演。

海底捞在日本的各店铺都会邀请国内川剧演员或是日本在地的"变面师"，不定期进行川剧变脸表演，让食客在大饱口福的同时可以近距离欣赏川剧演出。在对日本"变面师"的出演场合进行调查后发现，"变面师"的出演场合中有 15% 都是在餐饮店进行的。仅就海底捞场合来讲，虽然这一行为更多的是通过在店铺举办川剧变脸表演来打造品牌招揽顾客，但是海底捞将火锅与川剧这两个四川特色元素相结合，客观上促进了川剧在日本的传播。而按照日本学者中野文彦和五木田玲子的观光资源划分标准，火锅与川剧同属于人文资源一类。海底捞将两者结合，为日本当地想要体验四川文化的日本民众提供了机会，也为四川文化在日本的推广提供了一个新的路径。

值得一提的是，除了餐饮店的川剧表演外，日本还存在售卖川剧演出服装及川剧周边产品的商业店铺，这些商业店铺在售卖川剧等周边产品的同时，也有所属的"变面师"等职业变脸演员承担相关活动的出演。这一

---

① 〔日〕中野文彦、五木田玲子：《観光資源の今日的価値基準の研究》，《機関誌観光文化》第 222 号，公益財団法人日本交通公社出版，2014，第 20~28 页。

类店铺大多采用网上经营的模式，在网站主页也会投放各类川剧变脸的表演影像，为日本民众提供了一个比较能集中了解川剧文化的平台。但是这类传播的受众并不多，购买相关产品或表演服务的顾客大多是已经在学习川剧的爱好者或职业变脸师。相较于上述各类传播路径，这类店铺更多以获利为目的进行商业活动，对于提升川剧文化的影响力作用有限。

四 结语

本文考察了川剧在日本的传播与发展情况，针对不同传播路径的特点以及其中所存在的问题进行了分析。除了中国国内专业的川剧表演团体在日本举办巡演外，在日本的川剧大多是以"变面师"为中心进行的变脸表演。从传播范围来看，虽然有将川剧变脸与日本魔术、音乐等现代流行艺术相结合的尝试，但因领域专业性的限制，传播范围以及效果并不大。传播方式还是以中国专业川剧团队的赴日公演等为主。所以之后推动川剧在日本传播时，也应该更加注重川剧整体性和专业性培养，并且积极与日本其他艺术团体交流，为川剧新作品的创作注入新鲜的血液。

从整体而言，川剧在日本的发展虽然还处于一个起步阶段，但在日本社会的影响力不断增强。而且随着时间的推移，日本人对川剧感兴趣的人数不断增多，特别是随着日本籍"变面师"的加入，学习川剧的演员也呈现年轻化的趋势，这对于川剧在日本的传播打下了良好的基础。

趣缘接近、具身共情与身份转换：海外虚拟主播跨文化实践的三个层面[*]

张　路　史雪怡冰[*]

摘　要　从跨文化传播的应用视角出发，本研究通过内容分析与文本分析相结合的手段，对虚拟主播跨文化的叙事及其媒介特殊性下的文化实践进行规律性的描述。研究发现，海外虚拟主播通过身体符号与叙事的趣缘接近建构跨文化交流的共通语境，并伴随本土媒介文化环境的改变，呈现"模糊文化倾向"与"他者化的身份叙事"两种叙事特性共存的状态。进而，在"虚拟角色—真人演绎"独特媒介机制的影响下，虚拟主播以"半透明"的身体营造了超越实存身体的、偏重情感体验的具身认同。

关键词　虚拟人；虚拟主播；跨文化传播；具身传播

一　问题的提出

虽与完美的虚拟人兼具数字化外形与人工智能"灵魂"的自主身体标准尚存差距，但得益于近年伴随新技术革命而来的认识论转向，可被视为全人工智能虚拟人早期探索的二次元文化中虚拟偶像及虚拟主播等相对成熟的媒介形式在被资本青睐的同时，愈发受到学界关注。2016 年 12 月于 YouTube 平台开展活动的绊爱（キズナアイ，Kizuna Ai）开创了文化意义上的虚拟主播类别，"时至 2022 年，其全球市场规模已达到 28.9 亿美元，并

---

[*]　本文系 2022 年辽宁省社科基金青年项目"当代中国动画国际传播的文化认同研究"（项目编号：L22CXW006）的研究成果。

[*]　张路，大连外国语大学新闻与传播学院讲师、硕士生导师，研究方向为跨文化传播；史雪怡冰，华东政法大学韬奋新闻学院硕士研究生，研究方向为政治传播、跨文化传播。

有望在 2029 年扩大其十倍的市场份额"①。虚拟主播的风潮同样在中国产生了巨大影响。2017 年 8 月 12 日"国内首个（直播）虚拟 UP 主"小希于 Bilibili（以下简称"B 站"）上线，包括虚拟主播在内的虚拟人市场"核心价值达 120.8 亿元，仅在 2022 年（虚拟主播相关公司）新增注册数达到 948 家"②。本文所指的虚拟主播为"基于真人动作捕捉技术，以 Live 2D 或 3D 的虚拟形象通过同步真人表演动作进行视频制作或直播"的媒介形式。尽管近年来舆论表现出对虚拟主播市场饱和的隐忧，但虚拟主播是弱人工智能向强人工智能时代过渡时期具有预言性质的"后人类"式媒介实践，对虚拟主播现象的探索显然能够对智能时代人机交互、身份认同、文化传播相关问题的解答提供参考。

与初音未来、洛天依等完全基于粉群认同式生产与社群文化从而完成意义实践的虚拟偶像不同，虚拟主播中存在占据网络核心位置的信息传播者；同时，与虚拟偶像完全的技术身体不同，虚拟主播虚拟角色的背后存在作为"中之人"的真人表演者，这使得虚拟主播有着"虚拟角色—真人演绎"并存的媒介形式的特殊性。一方面，"中之人"并不会完全遵循虚拟角色的身份与世界观设定。虚拟主播展演中的"中之人"有时会故意通过"夸张的语调、放大的情绪"来详细描述自身的现实生活体验，"让观众能够想象缺席的本体"③，或通过对设定"反叛"的方式，营造出元叙事式的戏谑效果。另一方面，受众在消费虚拟主播内容时，同样"窥视"着虚拟主播角色背后的身体，他们清楚地知道虚拟主播是由真人所扮演的，时而会拼凑其具有现实指涉性的证据与线索，如东浩纪所言御宅族消费特征那样，"过视的"去猜想"中之人"的现实生活。在这种现实与虚拟交织的境况中，"选择相信"下的"情感现实主义"④ 或成为受众与虚拟主播的虚拟角色共情的主要途径，即"名副其实的'虚拟'本应是完全摒弃真人的，但动捕博主

---

① Yahoo finance, "Vtuber（Virtual YouTuber）Market 2023 is Booming Worldwide to Show Significant Growth over the Forecast 2023 to 2028," https://finance. yahoo. com/news/vtuber-virtual-youtuber-market-2023-114200886. html，最后访问时间：2024 年 6 月 10 日。

② 艾媒咨询：《2023 年中国虚拟主播行业研究报告》，https://www.iimedia.cn/c400/92519. html，最后访问时间：2024 年 6 月 10 日。

③ 喻国明、杨名宜：《元宇宙时代的新媒体景观：数字虚拟人直播的具身性研究》，《当代传播》2023 年第 1 期。

④ 张路：《虚拟主播角色论：情感、现实与社会关系》，《当代动画》2021 年第 1 期。

通过'中之人'保留了部分真人，即由'假'向'真'后退了半步……后退的这半步，恰恰让'中之人'补足了虚拟形象所缺席的后台"①，甚至可以进一步猜测，由于肉身不可见的模糊性，受众对虚拟主播的情感投射要更加直接与纯真。

因此，得益于虚拟与现实混同、自带关系型媒介②的特征，虚拟主播"更能凭借这种涉身的认知实现与观众的情感联结"③。在效果层面，受众对其产生情感依赖："粉丝群体在超真实的消费中得到想象式满足，虚拟主播创设虚拟情境越来越成为粉丝日常生活的精神寄托。"④ 值得我们注意的是，虚拟主播是自日本而生的文化现象，借由跨国互联网平台，完成了"从日本流传到中国，进而到整个亚洲，最后遍布全世界"⑤ 的国际传播。

毋庸置疑，跨文化的接受与适应一直是虚拟主播文化全球化进程中的重要线索，而在虚拟主播的媒介特殊性下，其跨文化实践亦产生了与真人行动者跨文化行为相迥异的独特属性：一方面，与真人行动者先入为主的强文化身份标出相迥异，虚拟主播虚拟人设背后可见又不可见的身体使得其具有虚拟身份与跨文化现实共存的流动性；另一方面，与本土网红海外平台跨文化传播抑或"洋网红"基于"'他者'视角的国家形象建构者、国家间话题的关键讨论者和中华文化的传播者"⑥ 相对封闭的叙事方略相比，虚拟主播又因虚拟符号表征与现实经验的交织、趣缘文化的接近与叙事身份的陌生而表现出叙事的多样性。换言之，虚拟主播的跨文化命题，恰恰是唐·伊德所谓"技术的'具身化趋势'"⑦ 下、超越表征的数字化时代

① 刘书亮：《真假之间与后台幻觉：论虚拟博主的社交媒体内容生产》，《文艺理论与批评》2023 年第 6 期。

② 喻国明、杨名宜：《虚拟偶像：一种自带关系属性的新型传播媒介》，《新闻与写作》2020 年第 10 期。

③ 喻国明、杨名宜：《元宇宙时代的新媒体景观：数字虚拟人直播的具身性研究》，《当代传播》2023 年第 1 期。

④ 燕道成、张佳明：《技术神话与虚实嵌套：消费文化视域下的网络虚拟主播》，《深圳社会科学》2022 年第 5 期。

⑤ SCUT 数据之美：《繁荣与阴霾——3606 名虚拟主播的真实生活》，澎湃网，https://www.thepaper.cn/newsDetail_forward_18022449，最后访问时间：2024 年 6 月 11 日。

⑥ 赵永华、廖婧、窦书棋：《中国形象的"他塑"："洋网红"对海外受众认知、情感和行为的影响——基于 YouTube 视频受众评论的分析》，《新闻与传播评论》2024 年第 2 期。

⑦ 〔美〕唐·伊德：《技术与生活世界：从伊甸园到尘世》，韩连庆译，北京大学出版社，2012，第 47 页。

跨文化传播①的具象实践。

基于以上学界对虚拟主播的认识及其文化现状，亦由于当下中国虚拟偶像、虚拟主播的"出海"影响力不高，本研究把以 B 站为主要活动据点的海外虚拟主播作为研究对象，结合虚拟主播自身等的媒介特质，我们提出以下问题：

RQ1 海外虚拟主播的跨文化叙事呈现何种形式特征？

RQ2 虚拟主播的媒介形式是否又如何对其跨文化实践产生影响？

通过对以上问题的解析，不但可把握虚拟主播文化传播的具象事实规律、为当代中国数字媒介文化"出海"提供借鉴性经验，而且对虚拟人的文化实践命题具有启迪意义。

二　研究设计

本文选取海外虚拟主播在 B 站上的视频文本为主要观察对象。虚拟主播的直播内容确实更能够直观地体现基于虚拟角色的准社会交际特质，但直播内容在文本类型化程度较低的同时，视频投稿的分时性特质使得其更易于被普通受众接触，尤其是对于海外虚拟主播来说，其直播以英语、日语等语言进行，要求受众具有一定的语言理解能力才能体会个中趣味，在这一情况下，添加字幕和注释说明的视频反而是许多受众在选择性观看直播前了解虚拟主播、形成虚拟主播消费体验的直接材料。进一步，本文以华南理工大学数据分析与信息可视化研究中心的调研报告中"头部主播即粉丝数量在 50 万以上的虚拟主播仅占比约 1%"②的统计标准，通过 B 站虚拟主播数据网站"vtbs.moe"提供的信息，选取 B 站中粉丝数量在 50 万以上、近半年仍处于活跃状态的主播共计 13 名（见表 1），并选取每位主播观看量排名前 10 的视频，通过去除多人合作的重复投稿与直播录像，共获得121 条视频样本构成研究样本框。

---

① 李鲤：《超越表征：数字时代跨文化传播研究的新视野》，《当代传播》2020 年第 6 期。

② SCUT 数据之美：《繁荣与阴霾——3606 名虚拟主播的真实生活》，澎湃网，https://www.th-epaper.cn/newsDetail_forward_18022449，最后访问时间：2024 年 6 月 11 日。

表 1 视频样本用户来源

单位：万人

排名	用户 ID	粉丝数
1	神楽七奈 Official	209.8
2	眞白花音_Official	163.2
3	Vox_EN_Official	136.8
4	HiiroVTuber	109.7
5	Ike_Official	93.6
6	Luca_EN_Official	90
7	Shu_Official	88.3
8	神楽 Mea_Official	85.8
9	雫るる_Official	82.2
10	時雨羽衣 Official	67.6
11	花园 Serena	62
12	星宫汐 Official	51.7
13	九重紫 Official	50.3

在确定了样本框后，研究者以研究问题为依据对视频进行编码。结合前述相关研究，在参考相关跨文化视频内容分析研究的基础上制作编码表，确定以下类目。

视频的播放数据信息。包括视频的投放时间、播放量、弹幕数等，该类信息具有客观性，因此无须进行人工编码而采用直接抓取的方式处理。

虚拟主播跨文化实践的形式层面，以测量视频内容的跨文化叙事特征为目标。主要包括叙述语种、视频字幕、视频主题、文化倾向、跨文化意识、合作投稿参与者的国籍身份等类目。

虚拟主播跨文化实践的媒介性层面，以前文所述研究相关结论为基础，考察视频中虚拟主播内容生产的媒介特质。主要包括虚拟形象的展演方式、角色人设的代入、准社会交往的方式、是否在叙事中带入现实等类目。

编码由本文两名研究者共同完成，两名研究者均有 1 年以上关注虚拟主播的经历并熟悉二次元文化内容。在编码之前，本研究对编码者进行培训，并根据预编码的结果进行讨论、对编码表进行进一步修改。Cohen's Kappa 指数是测量内容分析编码信度的重要指标，在编码后根据两名编码者的编码结果进行测试，其中复合信度为 0.85，单项类目信度均超过 0.70，具有可接受的信度①。除了内容分析的量化统计外，我们还在播放量排名前 50 的视频中根据主题情况与跨文化倾向情况选取了其中 5 个视频样本（见表 2）的 100 条评论区留言进行细读，通过文本分析受众对视频内容的评论，进一步加强对内容分析结论的理解与探究。

表 2　评论样本视频来源

视频标题	播放数（万次）	弹幕数（条）	上传时间
《【原创歌曲】粛聖！ロリ神レクイエム☆_时雨羽衣》	1531.6	15000	2023-09-10
《【Luxiem】Vox Akuma【B 站自我介绍】》	404.8	41000	2022-05-01
《外国猫猫第一次看「西游记」》	349.5	2396	2021-05-15
《第一次喝「崂山圣水」的外国猫猫》	311.7	8425	2021-05-08
《前 JK 告诉你日本高中生的穿搭》	129.9	3245	2020-10-18

三　讨论与分析

结合数据统计与文本分析，本研究从虚拟主播的叙事、情感与身份三个逻辑层面，对虚拟主播跨文化的叙事与媒介实践规律进行讨论。

（一）符号身体下的趣缘接近

一些研究指出"最大化像人是虚拟数字人的内在逻辑"，并认为受众对虚拟偶像的认同源于类人属性的"相似性—吸引"原理②。这样的结论似乎只触及虚拟偶像、虚拟主播形体上的视觉相似，而忽略了其文化意指部分的特殊性，不免显得有些武断。那么，虚拟主播何以"虚拟"？与采用高度仿真外观的，在新闻、广告行业已有一定应用的虚拟人不同，可被视为直播媒介与动画媒介"杂交"（Hybridization）的虚拟主播并不以高度拟人为进化方向：它不但多采用基于日式动漫（Anime）的视觉语言来营造身体形

① 陈阳：《大众传播学研究方法导论》，中国人民大学出版社，2015，第 167 页。
② 付森会：《数字亲密：虚拟偶像崇拜中的亲密关系研究》，《福建师范大学学报》（哲学社会科学版）2024 年第 2 期。

象表征、使用日式动画式的符号语言完成人物的动作表达（如五官运动采用"口动作画法"的方式、情绪表达采用日本漫画符号），而且在其叙事身份设定上多采用文化工业"套路"，即"大量使用能够产生二次元审美吸引力并可被分类的、诸如'萌属性'等"基础审美元素以及"偏向幻想类设定的身体、服装、职业的角色外见"。① 举例来说，研究样本中有入驻 B 站首日直播一小时收入超过百万元的男性虚拟主播 Vox Akuma（用户 ID：Vox_EN_Official），其身份设定为"声之恶魔"，而另外一位同样入选观察样本的、能够流利使用中文与观众直接交流的女性虚拟主播"九重紫"，其身份设定为"小巫女"。

日常生活中的意义赋予是以类型化为基础的②，受众选择观看虚拟主播，不只因虚拟主播"像人"（一些虚拟主播并不采用人类形象），更在于选择了其符号系统所召唤的文化类型。相比之下，拥有稳定的趣缘群体、基于消费惯性培养的接近性文化被视作舶来品的虚拟主播进行跨文化传播并持续获得经济效益的先验条件。可见，对于虚拟主播甚至更宏观概念中虚拟人跨文化的命题而言，"虚拟角色—真人演绎"的相似性标出要让位于文化范畴中身体符号所带来的规约性共通。实际上，在本土虚拟主播文化的萌芽时代，B 站平台的日本虚拟主播曾经居于虚拟主播文化整体的流量统治地位。当时一些观众并不懂日语，基于 AI 技术的即时翻译字幕也尚未在直播中被广泛采用，但这些观众仍然会选择观看直播内容，甚至采用中文尝试与并不懂中文的海外虚拟主播沟通。当然，这并非说不需要语言而仅通过身体符号受众便可完成对虚拟主播的文化认知。在进一步观察中我们发现，海外虚拟主播通过内容接近的方式来进一步提升跨文化传播的影响力。从统计结果上看，样本框中虚拟主播的投稿叙事中的文化倾向集中于二次元文化（47.1%），而在视频主题的分布上，音乐类内容数量占据分类的绝对优势（32.2%），这一特征在早期（2020 年前）进入 B 站展开活动的虚拟主播身上表现得更为明显。尽管随着本土虚拟主播文化生态的变迁，海外虚拟主播早已并不主要依靠"人类共通语言"的音乐才能完成跨文化

---

① 张路：《虚拟主播角色论：情感、现实与社会关系》，《当代动画》2021 年第 1 期。

② 〔瑞士〕希尔薇娅·本德尔·拉尔谢：《语言学话语分析教程》，贾文键、陆娇娇译，外语教学与研究出版社，2023，第 24 页。

的情感认同、身份建构，但这些迎合趣缘的、具有亲近感的音乐视频投稿，一方面可被认为是虚拟主播所身处的二次元文化环境中的"文化接近"必然；另一方面，这印证了如亨利·詹金斯在谈到数字媒介的进化时所指出的"当我们进入一个陌生的新空间，使用作者和读者不太熟悉的工具时，我们往往更依赖于遵循我们熟悉的、有可预测的规则的故事"① 的论断。

（二）具身共情的文化体验

在前文中，我们强调了符号身体与趣缘内容在跨文化传播中建构文化共通意义空间的重要性，但这并不是片面地夸大符号身体在认知图示与跨文化接受中的作用，更非简单地认为符号身体完成了对真实身体、显示情感的替代与屏蔽。诚然，源于文化工业实践而形成的意义范式为包括虚拟主播在内的二次元角色身体符号提供了"表征—意义"的指涉关系，并将"身体—行为"符号与情感符号同一化，但通过符号身体所完成的情感传递或仅限于配合虚拟主播完成有限、视觉化"中之人"叙事，抑或作为迷族受众恋物式情欲投射的静态对象。相反，正如在本文研究背景中业已阐明的，虚拟主播中符号身体与真人演绎双层关系的统一与分歧时时呈现，而正是因为受众观察这两层媒介结构所形成的"视差"，造成了虚拟主播叙事的主观偏信下的真实触感，而这一"虚拟身体—真实情感"的间离与统一，对虚拟主播的跨文化实践有着特殊影响。

与制作具有本土文化倾向的视频内容（3.3%）、直接呈现外来文化相比，海外虚拟主播更倾向于采用以他者的视角重构传播客体日常的方式增进跨文化主客体的情感，品尝中国食品、与中国虚拟主播互动乃至前往中国旅游等具有中国现实文化倾向的视频在统计数量上的占比（26.4%）仅次于二次元文化的整体占比。这些叙事方略虽然是大量在本土视频平台活动的真人"洋网红"所依赖的成熟路径，但与真人"洋网红"有所不同，即使少部分虚拟主播的视频中出现了其真实身体（5.8%），虚拟主播也会

---

① 常江、徐帅：《亨利·詹金斯：社会的发展最终落脚于人民的选择——数字时代的叙事、文化与社会变革》，《新闻界》2018 年第 12 期。

通过技术手段或取景的方法对面部进行屏蔽①，仪表、面部表情和眼神等形成人际印象②的一些最重要的元素则始终处于不可见的状态，即受众与虚拟主播间的准社会关系交往，更多只能依靠语言与漫符表情的身体符号完成，而无法觉察到承担传递"大量不同的信息"③任务的表演者副语言。从常识来看，副语言能够对语言产生替代与辅助④的作用，在跨文化交际中副语言的缺失可能为交往增加困难，但有趣的是，虚拟主播正是有意或无意地通过这一缺陷完成了对缺陷自身的超越，甚至达到了超越身体的共情效果。

举例来说明，《第一次喝「崂山圣水」的外国猫猫》是我们重点选取的文本分析对象。这是一条由直播内容剪辑拼接而成的视频投稿。在该视频中，母语为英语的虚拟主播 Hiiro 在尝试中国饮料"崂山蛇百草水"、品尝辣条零食的同时饮用了中国白酒，并在酒后玩射击游戏。Hiiro 在饮酒后明显表现出一些醉酒的状态，也可能在饮酒的过程中引发了一些轻微程度的身体不适（如观众能够听到虚拟主播在饮酒时被酒呛到的咳嗽声），不过，由于其虚拟角色只能按照预设的表情来呈现捕捉的真人动作，现实中人饮酒的状态（诸如脸红、姿态的不稳定等副语言）是我们察觉不到的。有趣的是，正是因为这种"不透明"的不确定性，许多观众产生了对其身体状态的猜疑与担心：

　　　　那什么……这个吨吨吨是音效吧？前面那个还好，白酒这么喝咱是不信的。

　　　　虽然看得挺开心的，但是想起来之前 Hiiro⑤ 不是住院了吗？这样子喝这些东西没问题吗？⑥

---

① 实际上被迷族们称为"开盒"的、挖掘虚拟主播背后"中之人"身份的行为，也是虚拟主播文化中的禁忌之一。

② 薛可、余明阳：《人际传播学概论》（第四版），复旦大学出版社，2021，第158页。

③ 〔美〕威尔伯·施拉姆、威廉·波特：《传播学概论》，陈亮、周立方、李启译，新华出版社，1984，第85页。

④ 薛可、余明阳：《人际传播学概论》（第四版），复旦大学出版社，2021，第378页。

⑤ 此处姓名拼写错误为评论者笔误。

⑥ HiiroVTuber、三文鱼稀饭字幕：《第一次喝「崂山圣水」的外国猫猫》，https://www.bilibili.com/video/BV1PK4y1A7Cq，最后访问时间：2024年6月21日。

从受众评论可见，受众因情感相信引发了具身式的共情体验。样本框中来自日本主播"雫るる"的另一则基于直播剪辑的投稿《前JK告诉你日本高中生的穿搭》则可进一步地说明这一点。在这个视频中，雫るる为中国观众介绍日本的制服文化，并向观众特别强调了冬天仍须按照校规"穿短裙"这一"不人性"的做法：

> 老家，每年……每年都会下雪的啊。下得很厉害，很大的雪。对，在雪中，就穿着这个，在雪中就穿着这个走路啊（用鼠标指示屏幕上展示的一幅示意图），也太不妙了吧，超冷的这个。

如最高赞的评论"冬天只能穿裙子还要光腿这个太过分了……抖抖抖"所证实的那样，这一段内容不但通过符号身体达成具身体验的传递，而且由于该视频内容具有更突出的外国现实文化的跨文化倾向性，引发了受众基于个人体验的、具身化的文化比较："换位思考一下确实给学生本身造成的困扰也不少，尤其是冬天也得硬挨冻这一点"，亦有高赞评论表示这一段视频内容帮助他实现了跨文化的认知习得："这是我看过的，第一个从日本普通女生的角度来科普日本校园制服的视频。基本上解开了我多年的迷惑，就普通真实又很清晰，虽然说的也是自己或者自己身边的情况有一定偏向性，但真的挺解惑的。"①

基于以上案例我们可以推断，由于虚拟主播表征的"真实身体不存在"，受众对虚拟主播是否进行消费选择，只能通过对该虚拟主播符号身体的设定是否能够满足其审美喜好来完成。在这种符号化审美所产生的情感加持下（虚拟主播本身也存在"男性向""女性向"的性取向区分，可说明符号化审美基于情欲），受众对虚拟主播真实身体始终处于一种美好的"滤镜化"状态，他们将虚拟主播符号身体视作"中之人"。在这样的状态下，也就更容易促成虚拟主播与受众的身体间性联系，达到基于准社会关系的跨文化具身效果。不过，或许由于在如此媒介机制下虚拟主播传播实践所形成的普遍经验、类型化叙事惯性，抑或由于跨文化传播中虚拟主播个人

---

① 雫るる：《前JK告诉你日本高中生的穿搭》，https://www.bilibili.com/video/BV1r5411574N，最后访问时间：2024年6月25日。

所进行的自主风险规避，虚拟主播的跨文化叙事仍然多集中于个人体验（5.8%）、旅游经历（6.6%）等内化的小叙事，而较少有如真人"洋网红"一般，能够进行"国家间对比的客观性与主流媒体认同"[①]的宏大叙事。这让我们联想起动画领域"世界系"主题，即以《你的名字》等为代表的"少年与少女的恋爱与这个世界的灾难直接相连，而世界观细节（即大叙事）可以被忽略"的系列作品群。从价值判断的层面看，我们不知道虚拟主播们是否有预谋地去迎合受众时代的整体心理需求，进而以小叙事的体验代替大叙事的真实，抑或因为真实身体、世界观不存在而迫使受众回到元叙事层面。然而基于本部分的分析，我们有理由猜测，由长期关系下偶像式粉丝消费行为所带来的文化认知与文化认同比较强烈。

（三）叙事身份与身份叙事的转换

海外虚拟主播的经纪形式可被大体分为两种：隶属于专业传媒公司的"企业势"与由"中之人"独立经营的"个人势"。在本研究的样本框中，"企业势"海外虚拟主播共计 4 名（均为日本 Nijisanji 公司所属的英语男性虚拟主播），而"个人势"海外虚拟主播有 9 名[②]。有趣的是，这两类不同经营形式的虚拟主播在 B 站平台进行内容生产时呈现了较为明显的文化倾向差别：与几名"个人势"虚拟主播，尤其是 2020 年达成 10 万名粉丝关注、开始具有一定影响力的 5 名虚拟主播相比，4 名"企业势"虚拟主播（Vox、Ike、Luca、Shu）与 3 名早些时候进入中国的"个人势"虚拟主播[③]在文化倾向上的差别表现不明显，主要通过依附二次元文化、翻唱动漫歌曲、谈论时下流行的 ACG 内容的倾向抑或游戏直播等无明显的文化倾向的方式在 B 站进行内容生产。

这里需要指出的是，在文化倾向的类目分类上，我们采用了"①中国现实文化；②主播本土文化；③二次元文化；④无明显文化倾向"的处理

---

① 王国华、高伟、李慧芳：《"洋网红"的特征分析、传播作用与治理对策——以新浪微博上十个洋网红为例》，《情报杂志》2018 年第 12 期。

② 花园 Serena 与真白花音曾属于虚拟主播组合"P 家"，但由于该组合内部实质联系不多，组织者也不对内部虚拟主播的经营作出实质性干涉，因此将之视为实质上的"个人势"。

③ 是指表 1 提到的神楽七奈、神楽 Mea，以及 2020 年 2 月达成 10 万名粉丝关注的时雨羽衣 3 位虚拟主播。

方式。在初期编制编码表时，我们试图将二次元文化区分为"日本"与"中国本土"，但在预编码过程中，我们发现"国内二次元以日本/日式 ACG 文化为核心关注对象（的同时），呈现强烈的本土化特征"①，因此，本研究的二次元文化倾向分类并不能直接说明其具有明显的国别指向（如虚拟主播花园 Serena 制作了中国虚拟偶像洛天依的歌曲翻唱内容）。这种跨文化策略出现分歧的原因中固然有主播经营方针的个人选择：Nijisanji 公司推出英文虚拟主播本是为了提升虚拟主播文化在全球的影响力，除了周期性地在 B 站限定直播抑或在春节、高考等重大时间节点发布祝福相关视频外，许多投稿均采用与 YouTube 等海外平台相同的内容，因此并不会过多地投入精力制作具有文化倾向的文本。但值得注意的是，当我们将视频的主题、跨文化意识等类目结合时间向量进行统计时发现，自 2021 年 5 月起的两年间，海外虚拟主播制作的具有中国文化倾向内容的投稿逐渐增多，这些投稿包括翻唱中国流行歌曲、对中国影视作品做出观看反应、品尝中国食物乃至来中国旅游等主题的视频。

这些变化的出现并不是偶然的，而昭示了媒介的生产权以及虚拟主播跨文化叙述身份的变迁。在前文中我们强调，早期海外虚拟主播多以观众熟悉的二次元文化作为叙事内容，他/她们虽不依靠提供大量的面向本土受众的特色内容立足市场，但媒介形式及其技术实际上一直作为"隐语"而隐藏于叙事的背后。如若跳出样本框的范畴，参考更早时间点进入 B 站平台的绊爱等业已停止活动的虚拟主播的内容生产便可发现，彼时虚拟主播内容绝大多数是直接对海外平台内容的官方或非官方"搬运"。进一步来说，初期海外虚拟主播并未刻意地为了跨文化而调整叙事内容——虚拟主播的形式本就是其文化权力的展现，是该媒介形式文化本真性（Cultural Authenticity）的身份代言人。作为标出项的虚拟主播媒介形式在本土出现后，一度在本土生产环境中依赖其生产模式先发的客观条件、成熟的文化工业环境等而成为二次元认同的"文化正统"。这不但表现在本土受众对于跨文化文本的顺从性认同，也表现在再生产领域，如今我们回顾国内首位虚拟 UP 主小希的视频，在 2017 年 8 月 12 日 "国内首位虚拟 UP 主的初次

---

① 刘书亮、朱巧倩：《论二次元文化的概念流变及其文化消费特征》，《现代传播（中国传媒大学学报）》2020 年第 8 期。

见面！"的视频内容中，小希最初以日文语音向大家打招呼，而后又更改了"设定"，将语言设置为中文，同时以类似绊爱角色"人工智能"的设定示人，实际上，小希本人也曾表明自己是绊爱的粉丝所进行的尝试性作品①。时至今日，受众在讨论虚拟主播的舆情危机时会使用"炎上"②，本土虚拟主播也会使用"杂谈""配信"③ 等来自日本直播文化的用语；一些爱好者对某些"转生势"④ 是否属于"虚拟主播"的讨论在多年后仍在持续。

在上一段中，我们提到了"虚拟 UP 主"这一不同于 Vtuber（Virtual YouTuber，虚拟主播）的、对中国本土虚拟主播称呼的专有名词。在海外虚拟主播即"正统"的国内虚拟主播文化初期，"国 V""虚拟 UP 主""Vup"概念的诞生，显然可视作通过"中之人"的国族身份对海外虚拟主播的社会象征资本进行对抗的时代性行为。由于一系列主客观原因，海外虚拟主播占领市场的情况在 2020 年下半年后不复存在，其历史背景在此不再详细梳理，但从结果上看，更多的海外虚拟主播开始转变其内容生产策略，以样本框中研究对象"雫るる"开始学习中文、进行中文直播为代表，数位懂得中文的海外虚拟主播进入中国并获得高人气关注，曾经"只要是拥有外国身份便会相对容易地在中国生存下去"的境况得以改变。自此时开始，愈来愈多的海外虚拟主播不再依赖也无法依赖其"媒介权威—身份叙事"连接而成的权力关系获得经济效益。在此，我们以取得 2021 年 B 站年度 BLS（Bilibili Live Star）活动外语区冠军、关注人数超过 150 万的日本虚拟主播真白花音的一周直播计划⑤为例进行说明。

在直播计划中我们可以看到"「三国演义」视听会""学中文""动画鉴赏会"等主题。这些以本土文化素材为主的直播内容成了大部分海外虚拟主播如今的"必修课"。这样的现象毫无疑问昭示着当下的海外虚拟主播的舶来特权已经完全与形式符号的象征权力脱钩，而回归为跨文化传播中

---

① 小希 Channel：《【小希】国内首位虚拟 UP 主的初次见面！》，https://www.bilibili.com/video/BV1Sx411n78Q，最后访问时间：2024 年 6 月 25 日。

② 炎上（えんじょう），指事件引发了大众的抨击、被批评时"一发不可收"的舆论环境。这里是汉字的直接挪用。

③ 配信（はいしん），即日语"直播"。这里是汉字的直接挪用。

④ 即从真人主播转型为虚拟主播的直播从业者。

⑤ 真白花音：《动态》，https://space.bilibili.com/401480763/dynamic，最后访问时间：2024 年 6 月 25 日。

单纯的"陌生化"审美投射对象。可以说，如今大部分受众更希望知道海外虚拟主播如何看待本土文化、希望看到海外虚拟主播融入本土文化空间后的新鲜感，海外虚拟主播跨文化实践重心亦由"身份叙事"转向"叙事身份"，并最终如我们前文考察二次元文化概念时所察觉到的那样，成为文化糅合（Cultural Hybridization）境况下本土二次元文化话语的组成部分。实际上，未曾在 YouTube 等平台中出现的诸如看（本土）电视剧反应等直播类型，已经是海外虚拟主播在中国跨文化传播后所形成的独特内容生产方式。总的来说，海外虚拟主播在跨文化实践、与本土文化协商的过程中，最终被同化为类型化消费的对象。

四 结语

综上所述，海外虚拟主播通过身体符号与叙事的趣缘接近建构跨文化交流的共通语境，而伴随本土媒介文化环境的改变，其叙事呈现"去文化倾向"与"转变叙事身份，通过他者视点下的陌生化叙事创新生态"两种特性共存的状态。同时，虚拟主播由于具有"符号身体—真人表演"的二层媒介特质，在跨文化传播实践中产生了超越身体实存的、民族情感式的具身体验。不过，本文尚属对"是什么"进行解答的研究，相关结论也多基于结论性事实的推测。在通向虚拟主播跨文化、文化实践性状的过程中，亦有多元的行动者尚未在本文中提及，其与真人的情感传播效力的比较亦可通过实证性的实验设计进一步验证。

由于语言等客观原因，中国虚拟主播的海外平台传播实践虽有个案，但由于其多淡化自我的现实国籍身份，尚未明显触及跨文化的领域。本研究结论中的逻辑理路或可在中国数字文化"出海"的其他文本中具有阐释力。

中国式现代化进程中的国际传播：现实背景与未来策略*

张桂芳**

摘　要　我国国际传播的变迁与中国式现代化进程同频共振。在新的历史阶段，中国式现代化实践与理论为我国国际传播提供了具有竞争力的话语资源、价值体系与现代符号。面向未来的国际传播应积极调整传播策略，努力形成与中国式现代化水平和要求相适应的国际话语权和文化影响力。在观念层面，我国国际传播应进一步强化传播视角的主体性，客观面对国际传播中的价值观差异，推动国家间与文明间的平等交流互鉴；在实践层面，我国国际传播应进一步提升传播内容的现代化，以现代性吸引受众，从而塑造现代化中国国家形象。

关键词　中国式现代化；国际传播；中国视角；现代性

国际传播作为国家间信息交流与沟通的方式，具有强政治性，[①] 一定时期的国际传播与国家的综合实力、国际地位密切相关。中国式现代化发展是国家综合实力与国际地位提升的基础力量，也是我国国际传播的现实基础，而我国的国际传播既是中国式现代化进程的一部分，也担负着传播中国式现代化、促进文明交流互鉴的责任。

随着中国式现代化概念的提出与理论话语的完善，国际传播与中国式现代化的关联研究涌现，现有研究主要从中国式现代化这一"语境"、"背

---

　*　本文系山东政法学院宣传思想文化工作研究项目"短视频影响下高校思想政治教育实效性提升的策略研究"（项目编号：LZY202408）的阶段性成果。

**　山东政法学院传媒学院副教授，文学博士，研究方向为国际传播与政治传播。

①　张毓强、潘璟玲：《国际传播的实践渊源、概念生成和本土化知识构建》，《新闻界》2021年第12期。

景"或"视阈"出发，基于两者的逻辑关系探讨我国国际传播应做何种改变，比如国际传播逻辑①与国际传播战略②应做何种调整、中国式现代化国际传播话语与叙事③如何建构、国际传播路径如何创新等。还有学者探讨了中国式现代化在改变国际政治传播中不平等关系与框架中发挥的作用。④ 但现有研究秉持的是一种应然逻辑，也因此同一思路之下存在多种不同的观点和建议，那么何种观点与建议更具有必然性和可行性？对此，应然逻辑本身无法给出答案。因此，在既有研究的基础上，本文致力于引入实然逻辑，从纵向的历史维度考察中国式现代化与我国国际传播观念转型之间的关系，并基于"现在"这一特定历史情境，提出面向未来的国际传播策略。

从历史的实然维度来进行研究，那么中国式现代化首先应被理解为一个历史实践过程，一个从过去、现代到未来仍在进行的发展过程。中国式现代化还是一种关于现代化的话语与知识，一种正处于生产和扩散中的话语与知识。基于对中国式现代化的历史性动态性理解，我国国际传播从观念到实践也便具有了历史的规定性。由此维度考察会发现，在我国的现代化进程中，我国的国际传播观念与实践不断做出调整，从早期的对外宣传到对外传播再到国际传播，显示我国的国际传播与现代化进程保持一致的努力。在新的历史阶段，中国式现代化成就与话语为我国国际传播奠定了物质基础与话语基础，面向未来的国际传播观念和策略的转变有其内在的历史必然性。

一 中国式现代化作为我国国际传播的现实背景

中国式现代化实践与理论发展至今，已成为我国国际传播的现实基础与发展动力。作为现实基础，中国式现代化挑战了不平等的话语权力关系、

---

① 张毓强：《中国式现代化语境下的国际传播核心逻辑》，《对外传播》2023 年第 2 期。
② 程曼丽：《中国式现代化背景下的国际传播战略构想》，《电视研究》2023 年第 3 期。
③ 林于良、李勇：《论中国式现代化理论及其国际传播——以纪录片〈大国基石〉为例》，《中国广播电视学刊》2023 年第 4 期。
④ 荆学民、洪丹丹：《中国式现代化对国际政治传播基石的撬动和框架的旋转》，《青海社会科学》2024 年第 1 期。

提供了差异性的价值体系、建构了具有共识性的现代化符号；作为发展动力，中国式现代化推动国际传播通过观念与策略的调适完成其所赋予的传播潜能，实现国家硬实力与文化软实力的均衡发展。

（一）挑战了不平等的话语权力关系

中国式现代化体现了我国社会发展的自主性与现代化道路的多样性，反驳了将西方现代化视作普适化模式的观点，挑战了不平等的话语权力关系。"现代化"不仅指社会从传统进入现代的历史发展过程，而且指交织了权力关系的话语，由于西方国家率先从传统社会进入现代社会，西方话语中的"现代化"及相关现代化理论作为对这一历史进程的描述，内含了西方中心主义的视角，"现代化"与"西方化"被等而视之，从而建构了西方与非西方国家基于现代化标准的不平等的权力关系，对现代化的后发国家形成了话语宰制，引发了现代化的道路之争。而中国从提出"四个现代化"，到"走出一条中国式的现代化道路"，到党的十八大明确"两个一百年"的奋斗目标，再到党的二十大提出"全面建成社会主义现代化强国"的战略安排，始终致力于建设具有中国特色的、社会主义的现代化国家。[1]艾森斯塔特在其《反思现代性》中提出了多元的现代性观点，并从中国的历史经验角度论述了中国现代性在政治、文化上的独特性。党的二十大报告基于中国的现代化实践对中国式现代化进行了理论总结，指出中国式现代化是"中国共产党领导的社会主义现代化，既有各国现代化的共同特征，更有基于自己国情的中国特色"。[2]中国式现代化提供了现代化道路的不同模式，打破了将现代化与西方化等而视之的话语霸权，解构了西方现代化理论关于西方国家与非西方国家"进步—落后"的不平等叙事框架。

（二）提供了差异性的价值体系

中国式现代化有基于本国国情的鲜明特色，蕴含着独特的世界观、价

---

① 李冉：《以中国式现代化全面推进中华民族伟大复兴》，《红旗文稿》2022 年第 20 期。

② 习近平：《高举中国特色社会主义伟大旗帜　为全面建设社会主义现代化国家而团结奋斗——在中国共产党第二十次全国代表大会上的报告》，人民出版社，2022，第 22~23 页。

值观、历史观、文明观、民主观、生态观。① 党的二十大报告指出："中国式现代化是人口规模巨大的现代化，中国式现代化是全体人民共同富裕的现代化，中国式现代化是物质文明和精神文明相协调的现代化，中国式现代化是人与自然和谐共生的现代化，中国式现代化是走和平发展道路的现代化。"② 中国式现代化突出了与资本主义现代化不同的现实基础与价值目标，其特征表明，它是建立在殖民、剥削基础上的，贫富两极分化，以牺牲自然环境为代价，伴随人的异化与精神危机的资本主义现代化不同的社会主义的现代化。有学者认为各民族国家在全球化与现代化进程中都保持着自己独特的价值目标，由此决定了民族文化间的价值认异，不同国家间的价值认异并非绝对的排斥，而是在碰撞中互相吸收、借鉴和竞进，如此才能推动人类文明的进步。③ 中国式现代化可以说是这种价值认同的具体体现，而中国式现代化在保持民族文化价值目标基础上，对社会主义价值目标的选择更体现了历史的进步性特征，因为这一价值目标是在认识到资本主义现代化弊端的基础上形成的，是超越资本主义的价值目标，是着眼于中国全体人民共同富裕乃至人类共同福祉的价值目标。

（三）建构了具有共识性的现代化符号

按照党的二十大报告提出的战略安排，"到二〇三五年基本实现社会主义现代化；从二〇三五年到本世纪中叶把我国建成富强民主文明和谐美丽的社会主义现代化强国"。④ 如果说价值认同与具体国情是各国现代化的区别，那么中国式现代化与各国现代化的共同之处在于现代化的物质文明，中国式现代化的物质文明成就是现代化的中国国家形象的重要组成部分，是建构具有国际共识的现代化叙事的符号基础，也是发展中国家在追求现代化的道路上将中国视为借鉴对象的根本原因。近年来，中国物质层面的

① 《习近平在学习贯彻党的二十大精神研讨班开班式上发表重要讲话》，中国政府网，ht-tps://www.gov.cn/xinwen/2023-02/07/content_5740520.htm，最后访问时间：2024 年 7 月 15 日。

② 习近平：《高举中国特色社会主义伟大旗帜　为全面建设社会主义现代化国家而团结奋斗——在中国共产党第二十次全国代表大会上的报告》，人民出版社，2022，第 22 页。

③ 胡建：《全球化视角下的中西文化之价值认异》，《中共浙江省委党校学报》2002 年第 4 期。

④ 习近平：《高举中国特色社会主义伟大旗帜　为全面建设社会主义现代化国家而团结奋斗——在中国共产党第二十次全国代表大会上的报告》，人民出版社，2022，第 24 页。

现代化成就引发了世界关注，一方面，中国国内的现代化发展吸引大量外来人士旅游、工作和投资，另一方面，中国的高铁、扫码支付、共享单车、网络购物等现代化成果走出国门，在国际社会产生巨大影响。

二 面向未来的国际传播策略优化

中国式现代化是正在进行的社会变革和国家建设，也是正处于扩散初期的现代化话语，基于当前中国式现代化所处的历史情境，面向未来的国际传播还须进一步优化传播策略，在充分实现中国式现代化所赋予的传播潜能的同时，促进中国式现代化话语的广泛扩散。

（一）强化国际传播视角的主体性

基于中国式现代化所体现的现代化道路的自主性与多样性，以及对不平等话语权力关系的挑战，我国的国际传播应致力于打破国际传播中西方视角的束缚，秉持传播视角的主体性，以中国视角讲述中国故事。中国式现代化实践已取得阶段性重大成就，中国式现代化理论也日趋完善，我国的国际传播在传播观念上亟须树立国际传播的主体性视角，即秉持中国视角与现代性视角，面向包括西方国家在内的国际社会传播中国故事，从而建构国家间与文明间平等的信息传播秩序。

（二）以差异性价值激发交流互鉴

无论是从中国式现代化价值目标的独特性而言还是从其价值目标的进步性而言，我国的国际传播都应体现这一价值目标，国际传播应是在价值认异前提下的交流互鉴，而不是寻求完全认同他者或被他者所认同。由此回顾我国以往的国际传播，从早期的对外宣传到后来的对外传播、国际传播，尽管更加强调传播的技巧、手段、渠道与平台建设，但在传播观念上始终困于以获得认同为目标，为了获得他者的认同在传播策略上强调满足受众的接受心理、接受习惯，使用更易于被接受的"西方讲述"形式展现"中国故事"，[①]

---

① 韩超、张琪：《纪录片中"自我陈述"和"他者叙事"视角下的中国形象建构和国际传播策略研究——以纪录片〈中国扶贫在路上〉和〈前线之声：中国脱贫攻坚〉为例》，《社科纵横》2022 年第 4 期。

但直至今日，我国的国际传播并未从根本上改变西方的偏见，甚至面临西方媒体的污名化。随着我国现代化进程加快，我国越来越成为构建世界未来图景的重要行动者，有调查显示，"61%的受访者认为'中国的国际地位和全球影响力将会持续增强'"。① 中国式现代化所展现的与西方不同的社会发展方式及价值观，是面向未来的另一种方案与可能性，我国的国际传播应自信地展现、传播中国道路与中国价值。如果说此前的国际传播更偏向通过迎合受众以寻求国际受众的认同，那么随着中国式现代化的推进及由此而来的国际地位提升，我国的国际传播应转向通过呈现具有差异性的中国价值拓展国际受众的认知。对中国价值的国际传播还需要运用与这一价值相符的传播话语。国际传播所内含的价值与传播的话语形式密切相关，因为任何话语形式背后都深植价值差异，特定的话语形式内含了特定的权力关系与意识形态。习近平总书记指出："我们在国际上有理说不清的一个重要原因，是我们的对外传播话语体系没有完全建立起来。话语的背后是思想、是'道'。"② 当我国的国际传播倾向于以迎合受众习惯的话语进行传播时，难免困于西方话语体系与价值体系，陷入"解释—回应"的框架，疲于"自证清白"。③ 因此，我国的国际传播应采用创新性的话语与话语方式来传播中国价值，而中国式现代化理论为国际传播提供了这样的话语。

（三）增强国际传播内容的现代化

基于中国式现代化成就与各国对现代化的共识，我国的国际传播应增强传播内容的现代化，呈现一个真实、立体、全面的中国，一个传统与现代统一的中国。讲好中国故事，首先应讲好中国的现代化故事。目前国际社会对中国最突出的评价仍是"历史悠久、充满魅力的东方大国"，认为最

---

① 于运全、王丹：《中国国家形象全球调查分析报告（2019）》，《人民论坛·学术前沿》2020年第 20 期。

② 中共中央文献研究室编《习近平关于社会主义文化建设论述摘编》，中央文献出版社，2017，第 213 页。

③ 虞鑫：《超越帝国：国际传播的普遍主义迷思及其范式转型》，《新闻与写作》2022 年第12 期。

能代表中国文化的仍是中餐、中医药和武术，对中国作为现代化国家的认知不足，[①] 传播中国的现代化故事可以纠正国际社会对中国国家形象的认知偏差。我国的国际传播是面向世界各国的传播，既包括西方发达国家，也包括广大发展中国家。对西方发达国家而言，它们比发展中国家对中国现代化成就的认知度低，[②] 我国通过传播作为现代化共识的物质文明来超越意识形态偏见，改变西方国家受众对中国"东方主义"的刻板印象。对广大发展中国家而言，中国的现代化则是具有巨大吸引力和启示性的，有调查显示，发展中国家比发达国家更认可中国的经济发展与科技成就，高达77%的发展中国家民众认为新中国成立以来的发展是成功的，并对中国"全球发展的贡献者"形象充满期待，[③] 传播中国的现代化故事可以满足发展中国家受众对现代化中国的关注需求。

从国际传播实践来看，体现中国式现代化的物质文明成果正在突破不同国家间文化与观念的差异，促进了国家间与民族间的交往与跨国家、民族的共同体的形成。比如近年来顺利出海的高铁、网络游戏、短视频社交平台、电商平台等，它们是技术与经济的复合体，是中国式现代化的物质文明成就与符号表征，是国际传播的内容，也是国际传播的媒介，经由它们连接起不同国家的人们，形成利益共同体、网络文化共同体或消费共同体，这些共同体的形成预示着更深入的文化与价值观的交流、互鉴与融合共生。自2023年中国扩大免签国范围以来，来华旅游人次大幅上升，中国式现代化的城市生活在让外国游客惊叹之余也成为他们在海外平台传播的重点内容，由此还产生了"City 不 City"的网络热词。"现代化"是共同的文明标尺，可见可感的物质文明是国际民众的沟通桥梁，也是引发深层价值交流的起点。

① 于运全、王丹：《中国国家形象全球调查分析报告（2019）》，《人民论坛·学术前沿》2020年第20期。
② 于运全、王丹：《中国国家形象全球调查分析报告（2019）》，《人民论坛·学术前沿》2020年第20期。
③ 于运全、王丹：《中国国家形象全球调查分析报告（2019）》，《人民论坛·学术前沿》2020年第20期。

三　结语

对中国式现代化与国际传播的历史考察表明，中国式现代化逐渐成为我国国际传播的重心，也成为推动我国国际传播转型和发展的重要力量。中国式现代化的实践创新与理论发展为我国国际传播奠定了物质基础与话语基础，创造了重塑国际传播新秩序的历史机遇。基于中国式现代化的自主性、独特性与中国式现代化成就，面向未来的国际传播应积极调整传播策略，形成与中国式现代化水平和要求相适应的国际话语权和文化影响力。在传播视角上，采用主体性传播视角，以中国视角传播中国故事；在传播目标上，客观认识基于民族国家的价值认异，在此前提下传播中国价值，推动差异性价值的交流互鉴；在传播内容上，增加现代化中国故事，满足发展中国家对现代化建设的信息需求，同时改变西方国家的东方主义偏见。

但我国在现代化当前阶段所面临的问题也对国际传播提出了挑战。我国仍处于现代化过程之中，无论是经济技术层面，还是社会治理与文化层面，都还在向着社会主义现代化国家的目标发展，在国际传播与国内传播界限被打破的情况下，一些尚待解决的问题或前现代因素会给国际传播带来负面影响，或者说，在某种程度上国际传播不但是对外的传播，而且有赖于国内的现实情况，这也说明了国际传播与中国现代化进程的密切关系。中国的现代化既与西方国家不同，在某些现代化程度方面也存在差距，但同时又领先于诸多发展中国家，其他各国由于利益诉求不同，产生了对中国截然不同的认知和评价。西方国家面对中国的现代化发展采取竞争性对抗立场，利益冲突叠加价值差异，在国家主导的议程下，西方媒介对中国的污名化加剧，引发了西方受众对中国的好感度下降。而非西方国家尤其是发展中国家与中国存在经济上的互补，则对中国持积极态度。国际传播对象及其需求、态度的分化对我国的国际传播提出了挑战，既要针对不同国家采取精准的传播策略，又要在与中国式现代化保持一致的同时，在面向西方国家与非西方国家时保持观念与话语的统一。

"把中国故事讲好"：TikTok 中的中国国家形象图景呈现

张　媛　卢山郑秀[*]

摘　要　随着 TikTok 在国际市场中的走红，国内外诸多媒体机构与企业纷纷入局，这为我国的国际传播以及国家形象呈现提供了新的机遇与挑战。本文以 TikTok 中的四个国内媒体账号与其短视频内容为研究对象，以内容分析法、视觉修辞方法剖析 TikTok 的中国国家形象，对短视频中呈现的城市、自然、人文以及事件图景进行研究，辅以必要的情感分析，并在此基础上归纳总结中国国家形象的表述框架，为如何以短视频形式呈现中国国家形象提供参考。

关键词　TikTok；国家形象；内容分析；视觉修辞

2021 年 5 月 31 日，习近平总书记在关于加强我国国际传播能力建设的集体学习中，明确提出了"展示真实、立体、全面的中国"，并着重强调要"形成同我国综合国力和国际地位相匹配的话语权"[①]，为我国国际传播的工作指明了方向。国家形象的呈现与传播被视作与国际话语权紧密联系的议题，为了解决国际传播中的"形象逆差"问题，各大主流媒体纷纷入局海外各类社交媒体平台，根据 CTR 媒体融合研究院的报告，包括中央广播电视总台、《人民日报》、新华社以及中国新闻社在内的国家级主流媒体，以及湖南广电、江苏广电与陕西广电在内的地方媒体都在 YouTube、Facebook

*　张媛，西安交通大学新闻与新媒体学院教授，博士生导师，研究方向为民族传播、传播与社会；卢山郑秀，贵州大学传媒学院硕士研究生，现任职于洛阳市烟草专卖局，研究方向为民族传播、传播与社会。

① 《加强我国国际传播能力建设，习近平再作部署》，央视网，https://news.cctv.com/2021/06/01/ARTIRJRypbI5snZ0FTUI4zd0210601.shtml，最后访问时间：2022 年 7 月 14 日。

以及 Twitter 等社交媒体平台开设账号，且已获得数量较为可观的粉丝①。但值得注意的是，前述几家社交媒体平台都是国外互联网企业旗下的产品，它们对国内媒体而言并不是自由、能够自主掌握的传播渠道，这使得国内媒体在呈现中国国家形象方面，仍然存在受制于人的情况。

TikTok（抖音国际版）作为来自中国互联网企业的应用软件，自 2017 年 5 月上线以来就受到各个国家和地区用户的追捧与喜爱。Google Play 与 App Store 的 2022 年全球应用软件下载量排行统计显示，TikTok 成为全球首个下载量达 30 亿次的非 Facebook 系移动应用，用户覆盖 150 个国家及地区，月活跃用户突破 10 亿人。随着 TikTok 的大热，国外不少知名媒体争先开设账号，如 CNN、BBC、FOX 等知名媒体纷纷入局，带动 TikTok 成为新闻报道的新国际传播渠道以及国际舆论交互的新场域。与此同时，一部分国内媒体入局 TikTok 并进行对外传播，目前较有影响力的是《人民日报》、CGTN、浙江卫视、河南卫视等国家与地方级媒体。TikTok 的成功，一方面为国内媒体在进行国家形象呈现时提供了新的窗口与传播路径，另一方面为以短视频形式呈现中国国家形象的可行性提供了研究切入点。因此，本次研究将以 TikTok 中四家国内媒体与其短视频内容为研究对象，通过内容分析与视觉修辞分析来探讨 TikTok 中中国国家形象的呈现图景，并在此基础上归纳总结国家形象呈现的视觉表述框架。

一 面向世界的窗口：TikTok 中四家国内媒体账号的内容分析

本研究主要采用定量分析中的内容分析法，研究对象分别是国家级媒体——《人民日报》与中国新闻社，以及地方级媒体——河南卫视以及亚洲电视新闻（香港）。研究对象的选择主要考虑媒体影响力、所关注主题以及账号实际运行的情况，部分主流媒体的 TikTok 号，如 CGTNeurope、xin-huamyanmar、浙江卫视等，虽然粉丝量以及浏览量较多，但其主营业务为涉外报道或娱乐节目，与中国国家形象相关的短视频并不多；也有部分媒体如《环球时报》、凤凰网等，虽开通账号，但实际运行情况并不理想。除此

---

① CTR 媒体融合研究院：《2022 年上半年主流媒体网络传播力分析报告》，https://lmtw.com/mzw/content/detail/id/212232，最后访问时间：2022 年 7 月 14 日。

之外，考虑到国家与地方媒体之间宣传报道的侧重点不同，在选取媒体账号时特别选择两家地方媒体，分别是河南卫视以及香港特别行政区的亚洲电视新闻，从而实现中国国家形象呈现的宏观视角与微观视角的结合。

（一）账号基本要素分析

账号基本要素的编码分类目录主要包括粉丝量及粉丝增长量、发布视频量、视频浏览量、总获赞量以及关注主题。在四个媒体账号中，《人民日报》粉丝量最多，共有 155.5 万人，日均粉丝增长量在 150 人以上，日均更新短视频内容 6 条左右，内容总浏览量为 4226 多万次，最高单条短视频内容浏览量达 560 万次，总获赞量为 340 万余次，关注主题为时政（69.2%）、科技（8.1%）、民生（7.4%）与其他（15.2%），主要以国内新闻报道为主，以英文为短视频文本语言。然后是中国新闻社，粉丝量为 70.7 万人，日均粉丝增长量为 10 人以下，日均更新短视频内容 5 条，内容总浏览量为 751.3 万次，最高单条短视频内容浏览量为 33.1 万次，总获赞量为 120 万次，关注主题为时政（75.5%）、人物与纪念日（10.1%）、趣闻（7.6%）、科普（3.7%）与其他（3.5%），以中文为短视频文本语言。再次是亚洲电视新闻，粉丝量为 32.9 万人，日均粉丝增长量在 20 人以上，日均更新短视频内容 4 条，内容总浏览量为 2615 万次，最高单条短视频内容浏览量为 20.1 万次，总获赞量为 43.64 万次，关注主题为国际时政要闻（56.7%）、国内时政要闻（21.4%）、媒体时评（12.7%）、知识科普（5.8%）与其他（3.4%），国际与国内新闻并重，以中文为短视频文本语言。最后是河南卫视，粉丝量为 8556 人，日均粉丝增长量在 10 人以上，截至 2022 年 9 月该账号已停止更新，内容总浏览量为 517 万次，最高单条短视频内容浏览量为 3.9 万次，总获赞量为 7.5 万次，关注主题为舞蹈（35.6%）、武术（27.1%）、音乐（22.4%）、风景（11.8%）以及其他（3.1%），以宣传中华文化、河南文化以及自然风光为主，以英文为短视频文本语言。

根据上述分析可以得出以下结论。首先，媒体自身的影响力是其在 TikTok 中获得关注度的重要因素，《人民日报》作为知名度与认可度都处于第一梯队的国家级媒体，不仅拥有较为成熟的新闻报道与账号运营经验，也具有丰富的短视频内容主题，这使得《人民日报》在 TikTok 中能够获得较多粉丝；其次，新奇、具有特色的短视频内容对国际用户更具吸引力，河南卫视账号的运营策略主要集中在中华优秀传统文化宣传以及自然风光展示上，这两种短视频内容对国际用户而言是比较少见的，且对用户而言，短视频的视觉呈现具有感官上的刺激性，而且便于理解；最后，文本的语种选择会影响短视频内容的传播与影响范围，这主要体现在两个方面，一是 TikTok 平台中中文与英文的流传度与识别度存在较为明显的区别，二是使用中文作为短视频文本的语种，会使 TikTok 自身的算法推荐机制将短视频内容推送给以使用中文为主的用户群体，这既不利于短视频内容的传播，也不利于中国国家形象的对外传播。除了上述三点外，还有一个值得关注的问题是媒体与粉丝的互动行为，这四家媒体中只有亚洲电视新闻会回复网友评论，其他三家媒体的 TikTok 运营均不与粉丝进行互动。

（二）与中国国家形象相关短视频的内容分析

所选取的四家媒体账号以国内报道或中华文化传播为主，在剔除涉外报道、重复内容以及其他与中国国家形象呈现无关的短视频内容后，共得到有效短视频样本 2681 条，编码分类目录主要有话题参与、主题分类、视频时长、点赞量、评论量、转发量。超过 90% 的样本短视频在标题中添加了话题，除去 FYP、FM、For you 等 TikTok 中公用高频话题外，样本短视频中自创的高频话题词条主要有 China（2041 条）、Chinese culture（1791 条）、Xi Jinping（581 条）、panda（343 条）、Beijing（166 条）等；短视频内容的主题分类主要为时政新闻（45%）、外交发言或领导人发言（16%）、体育新闻（12%）、传统艺术（9%）、自然风景（6%）、社会新闻（4%）、科技新闻（4%）、知识科普（2%）、饮食文化（2%）等九大类；在视频时长方面，平均时长集中在 30 秒到 45 秒，超过 60 秒的短视频主要为河南卫视所发布的舞蹈、音乐等短视频，而低于 15 秒的短视频则主要为知识科普类以及自然风景展示类短视频；在点赞量方面，样本短视频平均点赞量为 3012 次，平均回复量为 435 条，平均转发量为 62 次。

在短视频标题中添加话题标签，一方面能够提高短视频的可见性，另一方面方便用户对特定话题的短视频进行检索，但一般而言，所添加话题标签需要与短视频标题有直接关系，图 1 是样本短视频标题的高频词云图，可以看出样本短视频对于国家形象的呈现是较为清晰且明确的。值得注意的是，新闻类短视频在主题分类中占比高的原因在于短视频的发布主体都是媒体，而媒体的基本职能就是传递信息，短视频所呈现的新闻报道，也可以被视作中国国家形象的一种表述形式。需要特别说明的是，样本短视频中的点赞、评论与转发数据集中在《人民日报》、河南卫视两家媒体账号中，平均数据并不能真实展示样本短视频的实际情况，且同一主题内的短视频数据有较大偏差，因此为了能够更加清晰地反映中国国家形象的呈现途径，需要针对具体的短视频案例进行探讨。

图1　样本短视频标题的高频词云

二　TikTok 中中国的形与象：基于视觉修辞的框架分析

在思考中国国家形象在国际传播中应如何呈现这个问题时，首先要对国家形象的构成有一个较为清晰的认识。在程曼丽看来，国家形象实际上是以国家的主体意识为基础，并借由符号系统所表述的一种认知理解，简言之就是形式与内容的统一①。在对 TikTok 中四家媒体账号中有关中国国家形象的短视频内容进行分析后可以得出，目前 TikTok 中国家形象的呈现图景主要集中在城市、自然、人文以及事件四个方面。

① 程曼丽：《大众传播与国家形象塑造》，《国际新闻界》2007年第3期。

（一）形：城市图景与自然图景

1. 城市图景

一个城市所展示的形象风貌，就是其国家形象的名片。所有伟大的文化都是从城市中诞生的，民族、政治的出现，都依赖于人类生存的基本形态——城市[①]。在斯宾格勒的观点中，城市的变迁可以被视作一个民族、一个国家发展历史的缩影，提到美国，人们首先会想到华盛顿与纽约，提到俄罗斯首先会想到莫斯科与圣彼得堡，提到日本会想到东京与横滨，因此可以说，城市形象是与国家形象紧密联系起来的。2022 年 6 月 29 日，在香港回归祖国 25 周年之际，《人民日报》分别从历史对比、航拍视角以及夜景三个角度对香港的风貌进行展示；其他短视频中所描绘的城市形象，如冬奥会时期的北京、脱贫攻坚前后的黔东南，以及改革开放后的深圳，虽然主题、地域有所不同，但就是对中国国家形象的展示。在彼得·霍尔看来，城市记载着文明的发展过程，TikTok 中的城市图景展现的不单单是一个地区的形象，也通过展现显示空间这一"形式"去传递背后的民族精神、国家意识等。

2. 自然图景

除了城市图景之外，自然图景是另一个十分重要的"形"。自然图景本是对现实空间中独特景观的再现，为何能成为中国国家形象的呈现图景呢？这就不得不考虑国际传播过程中所存在的文化折扣现象。霍斯金斯与米卢斯认为由于文化背景存在差异，某一国家或地区的文化产品在其他国家或地区进行传播时会出现不被理解或是价值量减少的现象，这种现象被称为文化折扣（cultural discount）[②]，在国际传播与世界文化交流过程中，这种现象尤为明显，甚至与语言障碍并列成为影响国际传播效果的重要原因。Tik-Tok 中自然风景的展示能受到国际用户的广泛关注，并成为中国国家形象的一种呈现图景，原因不仅在于中国的自然景观丰富，具有地理上的独特性以及强烈的感官刺激，更重要的是这里的短视频内容不会受到文化折扣的

---

① 〔美〕罗伯特·E. 帕克等：《城市》，杭苏红译，商务印书馆，2020，第 7 页。

② Hoskins, C., Mirus, R., "Reasons for the U. S. Dominance of the International Trade in Television Programmes," *Media Culture & Society*, (1988): 499-504.

影响，媒体对于自然风景的描绘，一般不会附带过于晦涩的图像隐喻，媒体即使想要通过一些镜头传达某种意义，接收者对此也不难理解。《人民日报》的航拍千岛湖、Visit yunnan 话题下的昆明花景以及对杭州亚运会报道时的西湖，河南卫视通过舞蹈、音乐以及绘画等形式所展示的云台山、黄河与龙门石窟，亚洲电视新闻描绘的淡水渔人码头，中国新闻社记录的钱塘江涨潮奇观等，展示的不仅是中国丰富多样的旅游地理资源，更呈现了广袤的中国国家形象。

（二）象：人文图景与事件图景

1. 人文图景

TikTok 中中国国家形象的文化内容主要是以人文图景呈现的。人文是一个较为宽泛的概念，在宏观上指的是人类社会中的各种文化现象，而在国家形象相关的研究中，人文则主要关注本国人民独有的文化形态与文化活动，如价值观、社会规范以及文化行为等。埃利亚斯将人视作文化的符号，由此看来，人的身体就成为文化的建构，人的行为则是文化的体现，于是在国家形象传播过程中，人文图景就成为文化内容的呈现方式。其中河南卫视的短视频内容是以人文图景展示中国国家形象较为成功的案例，河南省作为中国文化与历史资源都较为丰富的省份，具有许多能够代表中国的文化特色，如武术、戏曲、舞龙舞狮、书法等，这些内容不仅是中华民族的文化符号，也广受国外用户的喜爱，且河南卫视在呈现人文图景时并不是直接照搬原有的形式，而是对其进行加工与改造，例如在展示中国的端午文化时，并没有利用文本与图像进行简单的介绍，而是编排成一段舞蹈短剧，既丰富了中国国家形象的展现形式，又减少了国外用户对短视频内容理解的阻碍。除了中华优秀传统文化外，中国人民的精神风貌同样是人文图景所展示的重要内容，《人民日报》对教师、消防员、医生与护士等具有中华民族艰苦奋斗、无私奉献精神的群体的描绘，中国新闻社对李子柒、村姑阿香、华农兄弟等体现中国人民勤劳质朴、积极向上品质个体的刻画，同样受到国外用户的关注与认可。中国的国家形象，实际上也就是中国人民的形象，由人文图景所刻画的中国国家形象不仅真实、深刻，而且能够使用户产生情感共鸣。

2. 事件图景

除了文化内容外，意识形态内容也是中国国家形象的重要组成部分，而这部分是以事件图景的形式在 TikTok 中呈现的。事件图景与意识形态的联系主要在于对特定短视频的解读与阐释，经由短视频形式所呈现的重大事件，能够通过仪式性的神圣与敬畏，传达某种意识形态思想①。重大事件中往往包含某种深层的意识形态解读，且不同语境下的解读也存在不同，在国际传播场域中，意识形态的冲突与对抗不可避免，在通过事件图景展现中国国家形象时，就需要思考如何减少误解、增加共识，从而使不同社会背景下的用户正确认识与了解中国国家形象。《人民日报》在对中国全面消除绝对贫困这一重大事件进行报道时，并不是以纯粹的文字介绍或数据罗列进行展示，而是以小见大，伴随习近平总书记在脱贫攻坚表彰大会上讲话的背景音，记录一个个贫困县的历史变化，以历史纪实来书写脱贫攻坚所取得的辉煌成就；中国新闻社对神舟十三号飞船发射的报道，将镜头更多聚焦在航天员的刻苦训练以及幕后科研人员的不懈努力上，以太空与地球的镜头宣扬人类命运共同体的价值理念；亚洲电视新闻对香港回归 25 周年的报道，是用一个视觉差距镜头呈现的，最底层背景是英据时期香港的动荡与不安，中层镜头是香港回归仪式以及历任香港特首，上层镜头是挥舞国旗的香港民众与繁荣璀璨的香港城市风光，最后是香港新特首李家超的宣誓就职仪式，并以习近平主席与李家超特首的合影作为结尾。因此，在以事件图景呈现中国国家形象时，要诉诸人类共有的价值观与崇高精神，以合适的诠释方式引起共鸣。

三 视觉修辞视角下中国国家形象的表述方式与框架

在明确中国国家形象的呈现图景之后，就需要对典型案例进行分析探讨，以及对案例短视频评论进行情感分析，并在此研究结果的基础上归纳总结中国国家形象的表述框架。典型案例选择的标准是高点赞量、评论量与分享量，情感分析采用的是基于潜在狄利克雷分配模型（LDA）的分析

---

① 张媛：《重大事件电视直播与国家认同建构》，《青年记者》2013 年第 32 期。

方法，并以 Cohen's kappa 系数为信度检验方法（kappa 值 = 0.813，证明分析结果具有较强的一致性）。进行视觉修辞分析的主要目的是归纳出适用于不同类型国家形象呈现的视觉叙事框架，本研究主要参考 Painter、Martin 以及 Unsworth 所提出的视觉叙事的元框架系统，主要包括聚焦（focalization）、情感（pathos）、氛围（ambience）以及视觉差级（visual graduation）等系统，并根据研究主题对元框架系统进行适当调整，详细内容如表 1 所示。

表 1　视觉框架系统

元框架系统	适用主题	核心要素	叙事技巧	视觉效果
聚焦系统	城市图景	标志性建筑、具有区域或民族特色的景观构造	主体位于视频中央，通过中间视角进行渲染	使受众参与其中并形成与受众的互动关系
情感系统	人文图景	典型人物形象与集体性活动	透视构图或二分构图	以文化形态与文化活动实现的情感介入
氛围系统	自然图景	独特的自然景象	整体且持续的场景构图并附带鲜亮的色彩渲染	图像与画面的直观视觉冲击
视觉差级系统	事件图景	重大事件发生时间段的空间环境、人物行为以及象征性元素	多重镜头的依次递进	使受众伴随视频进度而改变认知

（一）突出主题

在以城市图景作为国家形象呈现的视觉表象时，需要以城市中的空间符号作为镜头聚焦，因此在进行短视频内容创作时应参考聚焦系统。聚焦系统主要包含两个方面内容：一是视频中元素是否参与受众的互动，二是视频内容为受众提供了哪种观看视角。亚洲电视新闻发布的"Beijing Winter Olympics 2022#北京 2022 年冬季奥运会正式在 2 月 4 日拉开帷幕，看看烟火下的北京！"短视频中，首先以运动员与志愿者的目光作为中介视角，将受众的视角与视频中人物的视角统一，然后聚焦到烟火下的鸟巢与街道，最后转到对北京市民的采访。聚焦系统的中介视角为主观视角，主观视角由于能够聚焦受众的关注点，更容易将受众融入短视频所勾勒的画面；此外，对北京市民的采访可以被看作能够与受众产生互动的元素，进一步使受众产生情感共鸣。在此条短视频中，鸟巢是北京的空间符号，通过中介视角将受众目光聚焦到鸟巢之上，并以视频中的人物对话来实现与受众的互动，因此，在以聚焦系统构造城市图景时，要选择能够体现城市特点的空间符号，同时选择合适的观看视角让受众参与到短视频构造的氛围中来，并以语言、行为等形式与受众进行互动。该短视频共有 71 条评论，可识别情绪的评论共有 70 条，其中正向积极评论有 62 条，负向消极评论有 8 条。

（二）情感卷入

人文图景的呈现目的在于调动短视频受众的情感共鸣，这与情感系统的观点相一致。在情感系统中，创作者重点关注的是建立受众与视频内人物情感关系的语篇策略。情感系统同样有两种不同的表征方式：第一种是受众与视频内人物存在现实情感关系（如人们对军人、警察等的信任），在这种情况下一般采用介入表征，即视频内容以调动受众的情绪为主，不用建立新的情感联系；第二种是受众与视频内人物无情感关系，需要受众投入情感，在这种情况下一般采用异化表征，如批评、否定等，以促进受众的态度转变（一般是向负面态度转变），从而间接地使受众产生负面情感。《人民日报》发布的 "kungfu performance gets more majestic when done with amazing synchronization! #China#henan#martialarts" 短视频中，是以介入表征的形式来调动受众的情感的，视频中记录了塔沟武校的青少年们刻苦练习的过程，用一个覆盖整片训练场的透视镜头将武校少年们整齐的训练场景呈现给受众。在此条短视频中，不仅有国外受众对于中华武术的好奇情绪，也有国外受众对武校青少年们努力训练的肯定情绪，再加上在画面构图时选择了透视构图这样一种极具视觉冲击的镜头，受众很容易与视频内容产生情感共鸣。因此，在以情感系统构造人文图景时，要先明确受众与所记录人物的情感关系，并选择合适的方法建立情感沟通的渠道。该短视频共有 3348 条评论，其中可识别情绪的评论有 2857 条，其中正向积极评论 2411 条，负向消极评论 446 条。

（三）视觉调适

自然图景通常情况下是以诉诸对用户的感官刺激为传播目的的，这与氛围系统关注的主题十分契合。氛围系统的特点在于，它是以色彩作为符号来传递信息的，具体过程是：激活氛围—确定情感—选择色度、色调与自然度。第一个环节是以是否使用多种颜色构图为标准的，黑白色彩不能激活氛围；第二个环节是以所描绘对象的情感基调为标准的，如欢快、悲伤、幽默、严肃等；第三个环节就是在确定情感基调的基础上选择合适的色彩作为符号进行表述。河南卫视发布的"henantv#Chinesedance#traditional-dance#Chinesetiktok#hanfu Dancing in the forest"短视频，展现的是河南老君山自然风光，但并没有以文字、声音或其他符号形式来描绘，而是以编排舞蹈作为主要镜头内容，并以近景与远景相结合的方式，将老君山郁郁葱葱、生机盎然的自然景象展示给受众，整个画面的色彩构成为绿色、白色与黄色。虽然老君山的自然景观是这条短视频所要呈现的主要内容，但在此条短视频中，舞蹈与色彩更能够吸引受众的注意力，画面构成所选择的绿、白、黄属于鲜亮色度，并且是自然色彩，这种色彩选择不仅能够提升受众的感官体验，也是对老君山自然景色的一种渲染。TikTok 作为短视频应用，本身就带有视觉、听觉乃至触觉的感官调动功能，在呈现自然图景时，应该着重关注调动氛围，即让受众有种"沉浸式"的切身体验。该短视频共有 96 条评论，可识别情绪的评论有 96 条，其中正向积极评论 89 条，负向消极评论 7 条。

（四）宏大叙事

在呈现事件图景时，创作者为了避免主观诠释可能造成的受众对视频内容的误解，在创作内容时应尽量选择视觉画面本身的构图语言来传递信息，而不是刻板地说教、宣传，这就需要在创作阶段介入视觉差级系统。视觉差级系统与前三种系统的不同之处在于，它并没有明确或固定的表述方法，在呈现重大事件时，要以层层递进的大全景或远景，使受众有庄重、严肃的感觉；而在呈现有趣事件时，可以选择多格画面的中景或者特写，让受众更关注事件本身。《人民日报》发布的"President #Xi Jinping hosts the 14th #BRICS Summit on Thursday in virtual format. Through high technology, five leaders take an online group photo"短视频，是以一个由近到远的广角大全景所呈现的，最开始的画面中心是习近平主席，然后逐渐扩展到金砖国家领导人的合影，最后是整个会议大厅的全景。镜头语言所传递的是中国始终保持与金砖国家保持紧密联系，以及中国在国际中的影响力日益提高。

该短视频共有 32 条评论，可识别情绪的评论有 32 条，其中正向积极评论 30 条，负向消极评论 2 条。

牛津大学路透研究院发布的报告显示，TikTok 已成为用户量增长最快的网络媒体平台，在 18～24 岁年龄段中用户的覆盖率超过 40%，其中有 15% 的人使用该平台获取新闻，部分受访者表示，他们对充斥假新闻的 Facebook、Twitter 不太信任，更喜欢 TikTok 之类的短视频媒体平台[①]，一方面因为短视频中的信息形式丰富多样，另一方面则是视频相较文字更具真实感。这对我们的启示是，在视觉化已成为主流趋势的今天，国家形象的建构、呈现与传播更应从视觉话语表达的视角进行思考，栾轶玫在国家形象建构与对外传播中提出了"视觉说服"的观点，强调相较于传统的图文表述，以视听语言实现情感共鸣与认同互通的方法更符合现阶段对外传播的要求[②]。

四 结语

正如 CGTN 主播刘欣所提出的观点一样，提升国际传播能力对国内媒体提出的要求并不是只讲好的中国故事（tell good Chinese stories），而是要把中国故事讲好（tell Chinese stories well）[③]，面对文化背景、意识形态以及社会结构等方面的差异，在呈现中国国家形象时，可以选择从城市、自然、人文以及事件这四个方面进行内容设计与创作，不仅要做到"有话能说"，而且要"能说好"。TikTok 给国内媒体所带来的挑战，不仅有中外媒体间的舆论博弈以及话语争夺，更重要的是媒体自身运营思维的转变。短视频作为一种新媒体平台，虽然也具有报道新闻、传播信息的功能，但在 TikTok 中，娱乐性是占据主导位置的，因此，要想获得更广泛的关注与更大的影响力，在短视频内容提供方面，刻板、严肃、说教的短视频要相对减少，

---

① Oxford university reutersinstitute，"Digital news report 2022，" reutersinstitute，https://reutersin-stitute. politics. ox. ac. uk/digital-news-report/2022，2022-07-14.

② 栾轶玫：《视觉说服与国家形象建构——对外传播中的视听新话语》，《新闻与写作》2017 年第 8 期。

③ 《这就是她在世界舞台上与各国精英唇枪舌战的底气》，中国日报网，http：//cn. chinadaily. com. cn/2018-01/25/content_35583657. htm，最后访问时间：2022 年 7 月 14 日。

诉诸历史底蕴、文化交流、情感互动以及视觉冲击力的内容应成为呈现国家形象的主要选题。但需要注意的是，这种思维转变并不意味着媒体在 Tik-Tok 中可以逃避所应承担的责任，在涉及国家利益或重大国际问题时，国内媒体要旗帜鲜明地维护国家利益，传播中国声音，展现大国形象。

另外，现阶段我们所面临的现实情况是，国外多数知名媒体争相布局 TikTok 并已初具规模，而国内媒体入局者寥寥无几，这使得国内媒体在 Tik-Tok 中新的话语权争夺时处于落后地位。但 TikTok 为国内媒体提供的机遇不仅在于一个新的传播渠道，更重要的是其作为中国互联网企业产品所具有的优势。与国际传播中其他国外社交媒体平台不同，TikTok 与国内的抖音短视频具有很高的同质性，不少媒体机构在抖音短视频中已积累了丰富的账号运营与项目策划经验，这使得其在 TikTok 中也能很快上手并进行内容创作。利用 TikTok "造船出海"，将中国的形象和故事直接投向海外社交媒体受众，是对外传播的一条新进路①。

---

① 王沛楠：《中国互联网企业海外短视频平台上的中国形象分析——以短视频平台 TikTok 为例》，《电视研究》2019 年第 4 期。

21 世纪以来我国国际传播的格局演化与范式升维

—— 基于 CSSCI 与 Web of Science 数据库的历时性分析

张雨时　　姜洁冰*

摘　要　国际舆论斗争日益复杂，国际传播格局加速重塑，"东升西降"的世界格局态势进一步显现，国际传播已成为国家战略的重要组成部分。为进一步探讨中外国际传播的研究演化，本文基于 CiteSpace 可视化分析软件，将 21 世纪以来 CSSCI 和 Web of Science 数据库中的研究成果聚集后自建核心数据库并开展历时性分析。研究发现，中、外研究总体走势呈现并行一致性。从研究的主题分布看，中文研究主题集中在国际传播、话语权、对外传播与国家形象上；外文研究主题则以跨文化交际、跨文化交流为主。除了主题上的区隔，涉及中国国际传播研究的重要文献呈现三个阶段的典型特征，文章总结为国际传播的三个代际范式：一是国际传播的 1.0 范式——以传播手段的创新来提升效果的实用主义阶段；二是国际传播的 2.0 范式——以传播理念的重构来提升效能的建构主义阶段；三是正在探索中的 3.0 范式——以情理交融、学理支撑为主要特征，通过文化交流、文明互鉴实现共同价值的阶段。聚焦国际传播的格局演化与范式迭代研究将有助于我们进一步深刻认识国际传播规律，为提升我国国际传播效能提供理论支持与方法支撑。

关键词　国际传播；传播格局；国际传播范式；文献计量分析

一　引言

在百年未有之大变局下，国际传播格局正在重塑，其演化加速着中国

＊　张雨时，南开大学新闻与传播学院学生、南开大学融媒体研究中心研究助理，研究方向为国际传播、融媒体传播；姜洁冰，人民网舆情数据中心特约研究员，研究方向为舆论学、国际传播。

国际传播格局的重构。本文尝试运用知识图谱研究方法对 21 世纪以来中国国际传播研究进行结构化解析和图谱式呈现，通过厘清 21 世纪以来中国国际传播的研究热点与议题，对中国国际传播研究的历史沿革和话题变迁分期做出阶段性梳理，尝试厘清发展脉络，整体勾勒出中国国际传播研究的范式迭代，为进一步探索国际传播规律、提升我国国际传播效能提供理论支持与方法支撑。

二　研究设计

本文通过题名搜索，以 21 世纪以来 CSSCI 数据库和 Web of Science 数据库的学术论文为样本进行筛选并排重，建立起本研究的核心样本数据库。基于 CiteSpace 生成的可视化图谱，分析中、外国际传播研究的理念变化。

（一）研究方法和工具选择

本文采用的研究方法是文献计量法。文献计量法以学术文献的外部特征为研究对象，定量分析研究现状和发展趋势等。[①] 本文采用的是 CiteSpace 6.3. R1 软件，该软件以共引分析理论为基础，依据寻径网络算法，通过可视化处理数据样本，使某一学科领域的研究热点、发展趋势和演化过程得到较为直观的呈现。[②]

（二）样本数据的采集与处理

本文选取"国际传播""跨文化传播""对外传播"三个词为题名（精确匹配），截取从 2001 年 1 月到 2024 年 5 月这一发文时间，分别在中文社会科学引文索引（CSSCI）和 Web of Science（WOS）上进行文献检索（文献检索时间为 2024 年 5 月 5 日，下同），再经过排重操作，得出 1595 篇中文有效文献和 1000 篇外文有效文献，将之作为本文的数据源。

鉴于 CSSCI 限制文献导出的最大篇幅是 400 篇，本文分成 4 次导出了在

---

① 谢仁恩等：《国内教育领域 PBL 研究的定量分析》，《现代教育技术》2009 年第 2 期。
② 陈悦、陈美超等：《引文空间分析原理与应用》，科技出版社，2014，第 6 页。

CSSCI 检索到的 1595 篇样本，统一以 "download_xxx" 格式命名导出文件。又由于 refworks 格式的文件不能被 CiteSpace 直接识别，所以须使用 CiteSpace 将导出文件进行 import/export 的数据格式转换后再进行可视分析。①

三 21 世纪以来 CSSCI 和 WOS 数据库国际传播研究 成果的知识图谱分析

（一）国际传播研究中、外数据库成果年度走势

将用 CiteSpace 分析出的数据导入 Excel 表格，制成图 1。可以看出，在 2001~2015 年，除 2011 年 CSSCI 的文章数量略有波动外，CSSCI 收录的中文国际传播研究文章数量基本略高于 WOS 收录的英文国际传播研究文章数量，二者在数量走势上并行一致，总体呈上升趋势。从 2016 年开始，二者的数量走势关系开始发生变化：CSSCI 的文章数量先是趋于稳定，到 2021 年开始呈现一个激增态势，在 2023 年又有回落，整体来看 2018 年后 CSSCI 的文章数量远大于 WOS 的文章数量；而 WOS 的文章数量在小幅上升后出现明显的下降态势，之后在有所回升后继续下降，整体呈下降趋势。

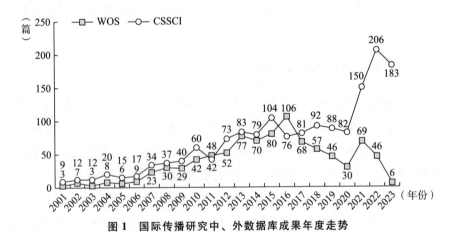

图 1　国际传播研究中、外数据库成果年度走势

---

① 邱立楠：《新中国成立 70 年来数字出版的学术演进》，《未来传播》2020 年第 3 期。

（二）中、外国际传播研究热点的可视化分析

1. 关键词共现图谱分析

本文对 CSSCI 和 WOS 收录的国际传播相关研究文献进行关键词共现分析，设置"聚类节点属性"（Node Types）为关键词，设置时间范围为 2001 Jan. -2024 May.，设置时间切片为 1 年，生成关键词共现图谱，生成聚类视图（cluster view）和时间线视图（timeline view）两种形式。在图谱中，关键词的出现频次（count）由节点大小表示，关键词出现的不同时间及其之间建立联系的时间由节点的颜色变化表示。关键词的频次越高，表示一段时间内学者对于它的关注度越高。关键词中心性（centrality）表示该词在整个共现网络关系中作为中介者的能力强度。[①] 中心性越高，说明它在网络结构中扮演的角色越重要。关键词聚类时间线图谱可以表示关键词的出现和延续，该图既包含聚类标签，又将时间因素考虑进去，可表明该领域研究的演化进程。

（1）CSSCI 数据的关键词共现图谱

在 CiteSpace 软件中，设置 Threshold = 2，其他参数保持不变，对各个阈值进行了最优设置，生成了关键词共现图谱。从图谱中可以得到 187 个关键节点、340 条连线，密度为 0.0196。

本文将频次大于等于 10 的关键词的数据制成表 1，即中国国际传播研究高频词。处在关键词共现图谱重要位置的是"国际传播、对外传播、国家形象、中国故事、全球化、话语权"，关键词中心性分别为 0.87、0.41、0.05、0.04、0.03、0.01。其中"国际传播、对外传播、国家形象"三个关键词的频次分别为 547 次、238 次、61 次，恰为频次的前三名。可见国际传播、对外传播、国家形象一直是 21 世纪以来我国国际传播研究中所重点探讨的主题。

---

① 张立、尹萍：《我国图情领域近十年国际发文研究热点和前沿剖析》，《情报科学》2020 年第 5 期。

表 1 中国国际传播研究高频词

频次（次）	中心性	年份	关键词
547	0.87	2001	国际传播
238	0.41	2007	对外传播
61	0.05	2011	国家形象
35	0.04	2016	中国故事
25	0.04	2001	中华文化
25	0.01	2007	中国文化
24	0.02	2006	中国电影
23	0.03	2015	一带一路
20	0.03	2002	全球化
19	0.03	2008	软实力
18	0.00	2018	话语体系
17	0.01	2010	跨文化
13	0.01	2012	传播策略
12	0.00	2018	新时代
12	0.01	2016	话语权
11	0.02	2011	翻译
11	0.00	2010	人才培养
10	0.00	2014	中国梦
10	0.01	2010	纪录片
10	0.01	2011	策略
10	0.00	2004	文化传播
10	0.01	2021	战略传播

（2）WOS 数据的关键词共现图谱

在 CiteSpace 软件中，设置 Threshold = 2，其他参数保持不变，对各个阈值进行了最优设置，生成了关键词共现图谱。从图谱中可以得到 153 个关键节点、355 条连线，密度为 0.0305。

笔者将频次大于等于 5 的关键词的数据制成表 2，即国外国际传播研究高频词。处在关键词共现图谱重要位置的是跨文化交际（intercultural communication）、跨文化交流（cross-cultural communication）、语言（language）、跨文化交际能力（intercultural communication competence），而表 2 中与其对应的频次分别为 282 次、74 次、26 次、23 次，关键词中心性分别为 1.03、0.17、0.11、0.06，可见跨文化交际及其相关能力和语言等主题是 21 世纪以来国外国际传播研究所关注的重点。

表 2　国外国际传播研究高频词

频次（次）	中心性	年份	关键词
282	1.03	2002	intercultural communication
74	0.17	2004	cross-cultural communication
26	0.11	2001	language
25	0.10	2007	competence
23	0.06	2012	intercultural communication competence
21	0.09	2011	education
15	0.04	2013	english
13	0.09	2010	identity
12	0.08	2002	care
11	0.01	2013	culture
11	0.01	2017	higher education
10	0.08	2001	impact
9	0.03	2002	attitudes
9	0.05	2020	international students
8	0.01	2015	english teaching
8	0.01	2008	intercultural competence
7	0.07	2008	adjustment
7	0.00	2015	college english
7	0.07	2010	students
6	0.03	2005	behavior
6	0.00	2012	international communication
5	0.00	2016	cultural competence
5	0.00	2016	pragmatic failure
5	0.00	2013	self
5	0.01	2013	cultural differences
5	0.01	2015	experiences
5	0.02	2014	model

2. 关键词聚类时间线图谱分析

为了进一步分析 CSSCI 和 WOS 数据库中关于国际传播研究文章的关键词聚类按时间的演变过程，寻求 21 世纪以来国际传播研究的热点发展，本文将每年共现频次排序前 5 的关键词作为分析对象，生成关键词聚类图谱，设置为时间线视图。该图谱的聚类名称由 CiteSpace 软件根据关键词含义自动生成，根据时间先后每个关键词由左到右排列，根据聚类大小由上到下排列，曲线颜色表示聚类关键词之间的共现关系。

这里需要说明一点，CiteSpace 根据网络结构和聚类的清晰度，给出了两个可供用户评判图谱绘制有效程度的指数。一个是 Modularity Q 指标，指标区间一般为 [0, 1)，Modularity Q 指标>0.3 表示划分出来的社团结构是显著的。另一个指标为 Mean Silhouette 指数，它为平均轮廓值，用来衡量网络同质性，因此指标区间应该大于 0.5。[①] 本文得到的两个聚类图谱一个为 Modularity Q = 0.4649，Mean Silhouette = 0.8294；另一个为 Modularity Q = 0.4963，Mean Silhouette = 0.8116，均达到上述指标要求，具有较高的参考价值。

（1）CSSCI 数据的关键词聚类时间线图谱

CSSCI 数据共生成 7 个聚类，分别为"国际传播""对外传播""国家形象""全球化""中国故事""话语权""文化传播"。

"国际传播"一词在 2001 年就有使用，从 2001 年到 2005 年的研究内容主要集中在"传播霸权"和"国际传媒"上，2005 年出现"中华武术"元素，2015 年前后开始关注"话语分析""世界主义""归化异化""价值观"等主题，2021~2023 年的研究内容以"主流媒体""媒体融合""平台化""元宇宙""武术文化"为主。"对外传播"一词从 2007 年才开始使用，在 2007~2017 年有较高的关注度，主要集中在"软实力""策略""文化自信""传播效果""纪录片""中国形象"几个话题上。比较排名前二的两个词发现，在"对外传播"刚开始使用的时段，在 2007~2016 年，其讨论和研究热度较高，而"国际传播"在这一时段的讨论度有所降低；2016 年后，对于"国际传播"的讨论逐渐丰富，此时"对外传播"的被关注度有所下降。

---

① 陈悦、陈美超等：《引文空间分析原理与应用》，科学出版社，2014，第 6 页。

纵向比较 7 个聚类可以发现，在 2010～2017 年，我国国际传播研究比较关注"国家形象""中国形象""中国故事""一带一路""文化自信""习近平"这类与中国形象构建和中国智慧传播内容相关的话题，其中在 2011～2013 年，集中在"策略""传播策略""传播效果""影响力"这些角度，关注传播策略及其效能，讨论理念性的问题；在 2020 年以后，热点明显变多，这与 2020 年后中国国际传播研究成果激增有关，这一时期的讨论热点主要有两大类：一类是"中国叙事""共情传播""中国话语""中国声音""文化认同"等研究中国式话语体系和文化情感共鸣的议题，另一类是"主流媒体""媒体融合""平台化""元宇宙""短视频""公共外交""智能传播"这类研究新媒介和新兴技术的议题，将传播内容层面的情感表达、文化诠释以及传播媒介层面的理论研究相结合。

（2）WOS 数据的关键词聚类时间线图谱

WOS 数据库共生成 8 个聚类，分别为跨文化交际（intercultural communication）、文化能力（cultural competence）、英语（english）、对话（dialogue）、跨文化交际能力（intercultural communication competence）、跨文化交流（cross-cultural communication）、度量（measurement）、种族渊源（ethnicity）。

跨文化交际（intercultural communication）一词在 2002 年第一次出现，与此同时出现的还有态度（attitudes）和关怀（care）。关于文化能力（cultural competence）的讨论虽然在 2001 年就已出现，但直至 2010 年才进入讨论和研究的热门阶段。综合几个聚类来看，2012～2017 年是国外国际传播研究主题较为丰富、关注度较高的时段，这也是国外该领域研究成果较多的时段。

四　21 世纪以来中国国际传播研究的突变词演进

突变词是指不同年份发表的文献中骤增的关键词，一个领域的研究前沿可以由频次变化率高的突变词来表征。[①] 本文基于关键词的热点分析，通过分析其突变特征，梳理出中、外国际传播研究的热点。突变的强度（Strength）

---

① 陈超美：《CiteSpace II：科学文献中新趋势与新动态的识别与可视化》，《情报学报》2009 年第 3 期。

和突变的持续时间（Begin-End）可以反映突变词的突变特征。

（一）中国国际传播研究关键词突变分析

根据图 2，关于中国国际传播的研究可以分为三个阶段。第一个阶段为 2002～2012 年，这一阶段的突变词有"文化交流""传播理论""对外宣传""软实力""全球化""文化""文化冲突""中国电影"等。其中"软实力"和"对外宣传"的强度较大，分别为 5.62 和 5.23。第二个阶段为 2012～2018 年，这一阶段的突变词有"传播效果""新媒体""中国梦""一带一路""习近平"等。其中"一带一路"的强度最大，为 5.45。说明这一时段内国内学者围绕"一带一路"和"中华文化"进行了大量研究。再观察发现，"一带一路"一词进入国际传播研究领域的时间为 2015 年，突变的开始时间为 2016 年，而这一词在 2013 年就已被提出。结合时事不难看出，2015 年中国的"一带一路"国家统计发展会议和 2016 年的第 71 届联合国大会对于"一带一路"的倡议和呼吁成为这一时段学者的关注热点。第三个阶段是 2018～2023 年，这一阶段的突变词有"新时代""学术期刊""社交媒体""他者""对外传播""话语体系""战略传播""主体性"，其中强度较高的是"话语体系""新时代""战略传播"，其强度分别为 4.34、3.48 和 3.17。

（二）中国国际传播研究代际范式

根据这三个突变阶段，再结合前文研究主题的聚类时间线分析，本文将中国国际传播研究总结为以下三个代际范式：一是国际传播的 1.0 范式——以传播手段的创新来提升效果的实用主义阶段；二是国际传播的 2.0 范式——以传播理念的重构来提升效能的建构主义阶段；三是正在探索中的 3.0 范式——以情理交融、学理支撑为主要特征，通过文化交流、文明互鉴实现共同价值的阶段。

1. 国际传播的 1.0 范式——以传播手段的创新来提升效果的实用主义阶段

第一个阶段为 2012 年以前，此时期学者们主要针对对外宣传、传播理论、软实力、全球化等主题展开研究。根据统计，该时期每年的研究样本

关键词	年份	强度	起始年份	终止年份	2002~2023年
文化交流	2002	2.63	2002	2006	
传播理论	2004	3.28	2004	2007	
对外宣传	2007	5.23	2007	2009	
软实力	2008	5.62	2008	2015	
全球化	2002	3.63	2010	2014	
文化	2010	2.15	2010	2013	
文化冲突	2010	2.15	2010	2013	
中国电影	2006	4.54	2011	2016	
中国文化	2007	4.8	2012	2014	
传播效果	2012	2.58	2012	2013	
新媒体	2012	3.32	2012	2014	
中国梦	2014	3.67	2014	2019	
翻译	2011	2.96	2015	2016	
一带一路	2015	5.45	2016	2019	
纪录片	2010	3.37	2017	2020	
习近平	2017	2.67	2017	2021	
策略	2011	2.42	2017	2021	
新时代	2018	3.48	2018	2019	
学术期刊	2018	2.31	2018	2019	
社交媒体	2018	2.18	2018	2021	
他者	2019	2.5	2019	2021	
对外传播	2007	2.21	2019	2020	
话语体系	2018	4.34	2021	2023	
战略传播	2021	3.17	2021	2023	
主体性	2021	2.66	2021	2023	

图 2　中国国际传播研究关键词突变分析

量不大，除 2010 年外均未超过 50 篇，平均突变词数量也较少，说明我国的国际传播研究还处在一个起步阶段。这一时期国内的国际传播研究倾向于将理论分析和实践效果两方面进行结合，多用西方的理论来解释中国现象和指导中国实践。这与我国在此领域的研究发展尚不充分有关。例如张健的《中国品牌世界崛起与国际传播》一文在西方的国际传播框架内考察中国品牌的国际传播生态的问题，利用艾克（Aike）对于全球性品牌的定义以及斯库勒（Schooler）对于"原产地效应"理论分析中国品牌传播的实现途径。《国际传播中的宣传模式与抵抗模式》一文从赫曼和乔姆斯基提出的宣传模式出发，探讨宣传模式在中国国际新闻传播中的效用及相应的抵抗模式的变化。夏红卫的《跨文化传播视野下的晚清同文馆》一文和陈嬿如的《运用跨文化传播原理，增强电视外宣效果》一文运用了拉斯韦尔5W传播模式等跨文化传播的一般性规律来分析中国对外宣传的实例及其传播效果。从这些研究中我们可以看到，美国的跨文化传播理论在国内、国际传播的研究中被大量参考或使用。这反映出我国在该领域的信息主权和文化主权意识较弱，国际传播研究受西方尤其是美国理论牵制。

观察发现，突变词"中国电影""中国文化""纪录片"等词均在这一阶段出现，结合该时段研究成果可以看出，在使用舶来理论对中国国际传播现象和效果进行分析阐释的层面，国内的研究除了多元主体性较弱之外，具有仍以传统的文化传播为主的特点。《跨文化传播中文本意义的文化阐释》《文化软实力视阈下文物文化对外传播策略分析——以博物馆语境为例》《从〈西藏一年〉探寻电视纪录片对外传播新方式》《论传播语境、价值取向与国家影像的符号表达——兼谈"国家形象公关时代"的对外传播策略》等研究以某种文化现象为案例，多借助西方尤其是美国的跨文化传播理论来解读。

2. 国际传播的2.0范式——以传播理念的重构来提升效能的建构主义阶段

第二个阶段为2012~2018年，基于第一阶段的研究，此时期我国的国际传播研究稳步发展，在成果总量上较上一阶段有了较大提升，学者们的研究重点转向"一带一路"、中国梦、新媒体等热点。结合前文的关键词聚类时间线分析，我们可以总结出这一时段国际传播格局演变的两大特点。第一个特点是技术变量的增加，对于"新媒体""媒体""传媒"等话题的讨论进入国际传播的研究领域，国内学者开始关注传播媒介的重要性。《新媒体时代跨文化传播的全球伦理构建》《新媒体意识形态对外传播运行机制与美国对华民主输出》《中国网络媒体国际传播本土化对策研究——基于内容分析视角》等相关研究都从媒体的角度出发，利用新媒体技术为国际传播赋能。第二个特点是政策变量的增强。"一带一路"、中国梦等的提出和应用成为学者的研究共性。可以看到，这两个词的突变强度均达到较高水平，分别为5.45和3.67，在聚类图谱中同样占有很重要的位置，"一带一路"的共现频次有23次，位居第8。党的十八大以来，以习近平同志为核心的党中央对国际传播格局做出了系统性的架构设计，提出加强国际传播能力建设、理顺内宣外宣体制、加快构建中国话语和中国叙事体系、积极推动中华文化走出去等要求。① 同时，一些重大会议和决策的出现为学者的研究提供了具体抓手。2015 年中国的"一带一路"国家统计发展会议的召开和 2016 年的第 71 届联合国大会决议中对于"一带一路"的倡议和呼吁，使得"一带一路"成为这一时段各个领域的讨论热点；习近平总书记在参观《复兴之路》展览时提出和阐述了中国梦，使其受到全党全社会乃至全世界高度关注。如相继出现的相关成果对"一带一路"背景给国际传播带来的机遇和挑战做出讨论；《"中国梦"的国际话语体系构建与对外传播》等文以中国梦的概念内涵为论题。

此外，这一时段对于"策略""传播策略""传播效果""影响力""路径选择"等话题的讨论度较高，"传播效果"也在 2012 年发生突变。此时期学者对技术和政策两方面变化的研究最终聚焦在中国国际传播的策略和实现路径上，以期提升国际传播效能。《当代中国核心价值观念国际传播的战略意蕴》《探索跨文化传播的"第三空间"》《新形势下提升中国国际传播能力路径》《中华文化国际传播能力建设路径探析》《我国媒体国际传播能力构建路径探索》等学术成果从微观案例、整体布局等不同维度出发，分析其传播路径和策略，最终落脚到传播效能上。在这一阶段，我国的国际传播利用新媒体这一技术红利，建构起国际传播的总体方略，达到了较好的传播效能。

3. 国际传播的 3.0 范式——以情理交融、学理支撑为主要特征，通过文化交流、文明互鉴实现共同价值的阶段

第三个阶段为 2018～2023 年，这一时期的研究集中在话语体系、新时代、战略传播等主题上。此时段的研究成果总量激增。这一时段进入我国国际传播研究的热门时期，其研究内容的主体性也更强烈。进入新时代，这一阶段的媒体更加强调开放性、共享性和交互性。社交媒体的广泛应用催生了传播格局的变化，在后西方、后真相的时代背景下，当前国际舆论场声音嘈杂，进一步加速了国际格局的演变。2021 年 5 月 31 日，习近平总书记在主持十九届中央政治局第三十次集体学习时强调："讲好

---

① 《展形象，提高国家文化软实力和中华文化影响力》，求是网，http://www.qstheory.cn/du-kan/qs/2018-11/15/c_1123709566.htm，最后访问时间：2018 年 11 月 15 日。

中国故事，传播好中国声音，展示真实、立体、全面的中国，是加强我国国际传播能力建设的重要任务。"①《新中国中华民族形象对外传播的话语体系转换》一文在新时代国际冲突的突发性和复杂性加剧的背景下，研究以"共同体"为标识的叙事话语体系如何跨越了中国与世界话语体系之间存在的话语鸿沟。《日常经济生活网络与传统艺术的跨文化传播——以加拿大纽芬兰华人为例》一文对中华传统艺术跨文化传播的网络路径进行考察，以期建构以文化交流和经济互助为核心的人类命运共同体。《我国主流媒体 Twitter 账号对外传播的对话问题分析》《中国 500 强企业如何在互联网上做国际传播——基于网站设计与文化适应的视角研究》等文在整体思路上存在共性。这一时期我国的学术成果立足新时代的大背景，综合网络媒介和国际局势，用国际传播提供学理性支撑，进一步凸显实践主体性，秉持在文化传播和文明互鉴中发展的理念，顺应和平与发展的时代主题，展示和平负责的大国形象，在提升我国国际话语权的同时重构我国的国际话语体系。

五 结语

21 世纪以来，传播技术的更新迭代和国际传播格局的演进在客观上对我国国际传播提出了更高要求。本文通过文献计量分析，根据我国国际传播的典型特征将其发展进程总结为三个代际范式：第一以传播手段的创新来提升效果的实用主义阶段；第二以传播理念的重构来提升效能的建构主义阶段；第三以情理交融、学理支撑为主要特征，通过文化交流、文明互鉴实现共同价值的阶段。

从更长维度的时空范畴审视中、外国际传播的理论研究与实践创新，我们可以发现中国国际传播理念演进与行动升维的基本路径，即从"过分强调自我"的单向输出，到"过分迎合外部"的寻找认同，再到"平视传播、平等对话，学理支撑、情理交融"的文明型对话重塑主体性，这一流变的过程是寻找中国国际传播价值观、坐标系的几十年，也是不断重新发

---

① 《习近平：讲好中国故事，传播好中国声音》，求是网，http://www.qstheory.cn/laigao/ycjx/2021-06/02/c_1127522386.htm，最后访问时间：2021 年 6 月 2 日。

现中国、重新定义中国、重新阐释中国的几十年。面对百年未有之大变局，未来中国国际传播必然会构建起拥有中国特色、中国风格、中国气派的学科体系、学术体系、话语体系，以更好地对话世界、沟通时代。

国际传播中的媒介化路径与信息失衡归因

张 玥 李欣潼[*]

摘 要 随着信息技术的不断发展，信息的跨文化传播与社会媒介组织结构深度勾连，经由媒介逻辑的规训，它们以一种全新的方式进行交互和呈现。异质文化间的交流除了指涉政治、经济和文化因素之外，还要考量媒介对文本的重塑和影响。文章从"媒介化"这一概念出发，在官方和民间两个传播场域考察国际传播中媒介化的具体路径，从媒介的立场反思跨国传播中信息不对等的主要原因。同时，文章对西方话语体系中的"媒介化"之于非西方语境中的适用性问题展开了一定程度的反思。

关键词 国际传播；媒介化路径；信息失衡

随着媒介对人类日常生活的日益渗透，媒介化（mediatization or mediatisation）成为传播学研究中非常重要的概念，近几年，更是被广泛应用于政治、音乐、运动、军队、宗教等诸多研究领域。克罗兹（Krotz）将媒介化视为"正在塑造并将在未来继续塑造现代社会"的四个元进程（meta-processes）之一，其他三个元进程分别为"全球化（globalization）、个人化（individualization）和商品化（commercialization）"[①]。受此四个元进程及数字化的影响，当今媒介环境已发生深刻变革，媒介从人类社会的附属品晋升为推动人类社会变迁的原动力之一。此外，当今世界中国与国、民族与民族之间跨文化交往、交流、交融现象越来越多且越来越频繁，媒介与不

---

[*] 张玥，广东外语外贸大学新闻与传播学院讲师，硕士生导师，研究方向为媒介与社会；李欣潼，广东外语外贸大学新闻与传播学院本科生，研究方向为媒介与社会。

[①] Krotz, F., "Media Connectivity: Concepts, Conditions, and Consequences," in A. Hepp, F. Krotz & S. Moores (Eds.), *Network, Connectivity and Flow: Key Concepts for Media and Cultural Studies*, New York: Hampton Press, 2008, p. 128.

同社会建制产生交互作用：一方面，社会组织或个人为了有效地传播文化不得不适应媒介逻辑，自愿被媒介规训；另一方面，社会组织或个人凭借其政治、经济、技术等优势反塑媒介逻辑。"媒介化"进程和社会发展在此维度中互相规训又互为补充。本文试图通过梳理"媒介化"的定义，探讨媒介化在国际传播中的内在逻辑和外在表征，并发掘产生国家、民族交往"文化不平衡"问题的深层次原因。

一 "媒介化"及媒介逻辑概念梳理

媒介化最初是一个政治学的概念，具体指"帝国主义国家为维系对附属国（annexed state）的统治，媒介化并传递其霸权意志的行为过程"[1]。媒介化被视为一个政体对另一个政体的政治控制方式。初期对媒介化的定义将媒介局限于几个可能具有冲突的主体之间，权力和利益是媒介化的主要目的。随着媒介机构（media institutions）的普遍性（pervasiveness）和自主权（autonomy）得到提高，媒介不仅从"权力的从属中解脱出来，甚至还成为构建权力的主体"[2]。夏瓦（Hjarvard）认为，媒介化的核心在于媒介机构独立性的增强，媒介机构从社会各种组织中脱颖而出，甚至超越了家庭、教会、学校等传统组织。从某种程度上说，媒介不仅接管了它们"信息提供者和传统道德引导者"的角色，同时变成社会本身最重要的阐述者（storyteller）[3]。

目前，学界对于媒介化的定义主要分为两派。一派主张制式（institutionalist）媒介化，指"在媒介化过程中非媒体（non-media）社会成员不得不适应媒体的规则、目标、产品逻辑（production logics）和约束条件"[4]。例如，西方某些政客在公共场合演讲时，刻意使用个人色彩浓重和比较偏

---

① Livingstone, S., "On the Mediation of Everything: ICA Presidential Address 2008," *Journal of Communication*, 2009 (1): 1-18.

② Deacon, D., Stanyer, J., "Mediatization: Key Concept or Conceptual Bandwagon?" *Media, Culture&Society*, 2014 (7): 1032-1044.

③ Hjarvard, S., "The Mediatization of Society: A Theory of the Media as Agents of Social and Cultural Change," *Nordicom Review*, 2008 (2): 105-134.

④ Hjarvard, S., "The Mediatization of Society: A Theory of the Media as Agents of Social and Cultural Change," *Nordicom Review*, 2008 (2): 105-134.

激的用语，以最大可能地吸引媒介注意力，从而获得更多的被报道机会。另一派则主张社会建构式（social constructivist）媒介化。在此派的定义中，媒介化指不断革新的信息传播技术驱使"文化与社会的传播结构"①发生改变。换句话说，就是信息传播技术通过渗透日常生活、社会及文化，完成对社会活动的重构。前者侧重于在社会的行为习惯层面界定媒介化，而后者侧重于从技术对社会文化的影响层面界定媒介化。无论是制式媒介化还是社会建构式媒介化，都是人类交往模式被重塑的过程。二者的基本区别在于媒介辐射和塑造过程的向度，迪肯（Deacon）和斯坦叶（Stanyer）对这两种向度进行了简单的分类，"制式媒介化"侧重将媒介视为"大"的媒介组织，这种组织具有向心力（centripetal）。而"社会建构式媒介化"概念侧重于将媒介视为"小"媒体，具有离心力（centrifugal）②。

媒介化运作的内在机理依赖于其内蕴的媒介逻辑，二者互为因果关系。在任何语境下，研究媒介化的过程都无法绕开对媒介逻辑的探寻。勾勒媒介逻辑的脉络，就是在不同的主体间进行媒介视角的脉络梳理，从连接和传播的角度考察社会中的异质主体的勾连和组织方式。媒介逻辑意味着"社会不同主体之间呈现和互动的运作方式"③。如果说媒介化是现代社会中的一种客观现象，那么媒介逻辑就是这种客观现象背后的隐藏规则。随着媒介独立性和权威性的提高，其他主体或者系统会或多或少地服从于媒介逻辑。媒介逻辑试图揭开在媒介化的过程中，社会组织、社会机构与个人适应媒介平台的方式。当然，媒介所展示的媒介逻辑不是天生就存在于媒介中的，当社会越来越依赖媒介获取信息、做出决策时，媒介的力量会随之增大，所谓的"媒介视角"也会渗透日常生活领域。当以"媒介视角"分析问题成为常态时，媒介逻辑中蕴含的规则又会影响和规训社会，最终导致媒介化发生。

媒介逻辑呈现四大特征。首先，媒介逻辑不是一成不变的。媒介逻辑

---

① Couldry, N., Hepp, "A Conceptualizing Mediatization: Context, Traditions, Arguments," *Communication Theory*, 2013 (4): 191-202.

② Deacon, D., Stanyer, J., "Mediatization: Key Concept or Conceptual Bandwagon?" *Media, Culture&Society*, 2014 (7): 1032-1044.

③ Klinger, Svensson, "The Emergence of Network Media Logic in Political Communication: A Theoretical Approach," *New media &Society*, 2015 (8): 1241-1257.

在作为一种特别规则影响规训对象的同时，会被规训对象所影响从而发生改变。比如，英媒《每日邮报》（*Daily Mail*）曾报道了某名人的假新闻，该条新闻侵犯了名人的名誉权，在面临法律诉讼和公众舆论的双重压力下，《每日邮报》不得不发布道歉声明，承认其发布的新闻存在失实之处，并承诺加强新闻核实工作。这一举动反映了规训对象，即被报道对象和公众对媒介逻辑的影响，即通过法律手段和社会舆论来促使媒介承担起应有的责任。在这种不断的交互过程中，媒介逻辑被社会重新塑造。其次，媒介逻辑具有融合力。从宏观层面上看，媒介技术打破了媒介之间原有的壁垒，媒介呈现前所未有的融合趋势，融合之后的新媒介是不同媒介逻辑之间的有机整合，而非简单叠加。媒介逻辑也并非一个单一固定的规则，而是综合的流动的有机规则。再次，媒介逻辑具有"规训力"。如果不同主体想借助媒介构建关系的话，那么就必须在统一的范式中传递信息，而且为了使信息有效，创建的信息文本必须具有一定的规范。最后，媒介逻辑具有延伸力。媒介通过对其他主体的规训和重构，使社会行为（如工作、生活、娱乐）具有媒介特性，媒介通过改变社会主体的行动方式实现逻辑延伸。

二 "辐射"与"重塑"：国际传播中的媒介化路径

媒介化中媒体"辐射社会"和"重塑规则"的双重效能是国际传播的原动力（prime mover）之一。不同国家、民族之间的跨文化交流大多基于本国、本民族既有的传统、物质材料和语言。这些文化符号元素或多或少地承载着国家或民族的情感。新媒体作为跨文化传播的主要载体，其发展、应用和制度化建构重建了人类社会实践的方式，这些重构的实践方式成为"催生复杂多变的跨文化传播模式及理论创新的内在动力"[①]。信息辐射发生在媒介化的第一个阶段。在国际传播的语境下，由于缺乏先验的语言和文化共享基础，不同文明体之间需要借助媒介对信息进行转译，凭借文字、图像等媒介形式完成跨文化交流。在重塑阶段，信息在社会域层面与各个行动者要素进行交互，进而达到形塑和影响社会进程的效果。

---

① 肖珺：《新媒体与跨文化传播的理论脉络》，《武汉大学学报》（人文科学版）2015 年第 4 期。

（一）渠道辐射与内容辐射：国际传播的两种扩散思路

辐射路径主要分为渠道辐射和内容辐射两个方面。媒介化的影响之一体现在对环境的构建中，媒体作为信息传播的渠道对受众的认知、信息判断、社会决策及相关的社会行为都打上"渠道烙印"。"渠道"在媒介化的进程中，代表着社会主体获取信息的方式，在大众传播时代，表现为观众每天固定时间收看某个电视节目、每日阅读报纸等。随着渠道的社会程度加深，媒介在一定程度上会形成某种生活方式。随着移动智能技术的发展，渠道以网格化的形式对社会进行全面渗透。信息通过媒介化的转译，进行物质化的呈现。比如，好莱坞索尼影视购买由贾玲导演的电影《你好，李焕英》的翻拍权。借助海外较有影响力的传媒机构，我国的电影在渠道层面实现文本的具象化"出海"。

在内容辐射方面，文化的"出海"涉及文本与在地文化结合。比如我国一些网络文学作品题材丰富，凭借其独特的玄幻、修仙题材，深深吸引了一大批海外受众。部分网络文学创作者为了迎合这一文化"出海"的趋势，会对虚拟文本中的文化语境进行相应的修改，比如修改主角的成长环境、所信仰的宗教等。也就是说，在国际传播中，需要适应当地的语境，有基本的语境包装，才可以更好地进行内容在地化辐射和传播。因此，在国际传播的过程中，文本也要考虑媒介环境中的语境适应问题。当语境较为契合时，媒介化就是催化剂，会加速内容的辐射，反之，媒介化会制造"文化折扣"，产生文化壁垒。

以美国《赫芬顿邮报》（*The Huffington Post*）为例，该报在美国传媒界是巨人般的存在，无论是浏览量还是文章数量都远超其主要对手——以《纽约时报》（*The New York Times*）为代表的一些传统媒体和以 Buzzfeed 为代表的一些新媒体。2015 年，《赫芬顿邮报》进军日本市场，宣扬的理念是关注日本少数群体，希望以此搅动"安静"的日本民间舆论场，但该邮报并没有取得在美国同等的成功。这一结果反映出媒介化过程中东、西方媒体定位的显著差异性。《赫芬顿邮报》在美国成功的秘诀之一是邀请众多博主、意见领袖从而赚取人气，但在日本，以博客形式出现的内容并不盛行。由此可见，个人或机构在进行跨文化传播的过程中，不仅要将其传播理念媒介化，还要关注他国的媒介化社会环境。

媒介是信息的载体，在传递信息的过程中，信息以文本形式存在，而文本作为代表国家、民族的文化符号，承载着国家、民族的情感。另外，被媒介化的信息简洁、直观且各有侧重。霍尔（Hoare）将文化信息分为"高语境和低语境"两类，中国文化属于高语境文化，其表达方式较为含蓄复杂。相对而言，西方文化更直白、简洁，属于低语境文化。中国在对外交往时，可将含蓄复杂的高语境文化转化为简洁直白的低语境文化，以便于他国受众解读信息。在具体案例呈现上，《武汉战疫纪》纪录片在叙事上采用了简洁明了的方式，避免过多的文化隐喻和含蓄表达，通过真实的镜头语言和生动的现场采访，直接展示了医护人员、普通市民、志愿者等各个群体在抗疫过程中的努力和付出，让国际受众能够直观地感受到中国抗疫的艰辛和成效。我们生活在复杂的媒介传播网络中，媒介已经覆盖了日常生活的方方面面，媒介通过将信息"媒介化"可获取更多的受众。

（二）规则重塑：国际传播中的媒介话语争夺

媒介逻辑所呈现的强大聚合力和规训力使得媒介具有"重建社会"与"制定规则"的双重效能。在这种前提下，社会的组织或个人为达目的，在实践过程中主动适应（adapt）、内化（internalize）并接纳（accommodate）[1]媒介逻辑。其中，舒尔兹（Schulz）在他的将政治媒介划分为四个阶段的理论中，重点强调了第四阶段便是政客内化媒介逻辑。但在更多的时候，媒介逻辑会对社会民主的良好机制进行反噬。

由此衍生到国际传播的领域，媒介可被视为工具，不仅能帮助国家塑造正面形象，也可以在复杂的国际传播中，提高某种政见、观点的声量，以此使国家在国际交往中获得更多的话语权。在国际交往中，不同国家循着不同的文化模式、政治制度，在曼奇尼（Mancini）提出的政治平行（political parallelism）理论的基础上往前一步。在国际传播中，国家之间的

---

① Strömbäck, J., "Four Phases of Mediatization: An Analysis of the Mediatization of Politics," *International Journal of Press/Politics*, 2008 (3): 228-246.

"意识形态平行"代表着国际传播局势的"外在多元化"（external plural-ism）①，即不同的媒体有不同的政见、文化语境，致使媒介的外部大环境呈现多样化。因此，我国应积极适应媒介逻辑，自主地与媒介规则适配，才能在多元的声音中实现自我凸显。

媒介对社会具有"重构力"的另一层原因是近年来媒介机构自治程度的提升，媒介对社会其他机构、行动者有很强的规训力。媒介不仅是工具，还是脉络环境。今天的世界被各种形式的媒介包裹、投射、塑造、解析甚至重构。媒介机构也不只与新闻机构相关联，在向各行各业进行辐射和扩散。事实上，我们一直生活在两个不同的空间中：一个是物理空间，另一个是传媒的信息空间。传媒的独特之处就在于，媒介常常通过媒介化让大众混淆物理空间和信息空间，甚至认为信息空间就是我们所处的空间。

（三）外部与内部：国际传播中媒介化的二重场域

外部媒介化是指在传播过程中受他国媒介文化环境影响而产生的跨文化传播结果。2013 年，习近平主席提出"一带一路"倡议，该倡议包含"丝绸之路经济带和 21 世纪海上丝绸之路"两部分，成为我国参与全球开放合作、改善全球经济治理体系、促进全球共同发展繁荣、推动构建人类命运共同体的中国方案。在"一带一路"政策有序向世界推进的同时，跨文化的冲突时有发生。高铁不仅是重要的基础设施，还是代表"效率""联结"的媒介符号，但是在具体操作层面，高铁的建设过程中也会产生文化冲突。比如由于某些宗教信仰，一些民族将动物视为神圣的存在，高铁建设涉及路段改造，势必影响动物栖息空间，如果改道建造或者架桥又会增加成本。这正好契合了哈贾沃德提出的论点，媒介无法与社会和文化分离，要想深入理解媒介及媒介化进程，就必须理解与之密切相关的政治、经济、文化等因素。社会学家约翰·汤普逊提出："媒介化可被视为现代社会发展中的一部分，因此在理解跨文化传播中的媒介化现象时，也要综合考虑到社会的方方面面。"②

---

① Paolo Mancini, "Instrumentalization of the Media vs. Political Parallelism," *Chinese Journal of Communication*, 2012 (3): 262–280.

② Thompson, John, B., *Ideology and Modern Culture*, Cambridge: Polity Press, 1990, p. 34.

从民间的微观层面来看，国际传播中的媒介化也发生于内部媒介化与外部媒介化两个阶段。与国家跨文化传播不同的是，在民间跨文化传播中，大众和民间机构是自发的主体。新媒介技术的发展使受众能参与传播文本的制作、改编和传播中，很多没有接受过媒介专业训练的"草根"也能利用数码相机、智能手机等移动设备将自己的想法进行媒介化的二次加工，然后将之上传到互联网进行分享。在媒介化的过程中，民间跨文化传播在媒介化初期呈现自发性、分散性及分享性等特点。以互联网上活跃的影视剧字幕组为例，字幕组虽是民间自发组织的团体，但有明确的结构化分工，根据媒体内容分为翻译组、校对组、压制组和分享组，尽管内部的人员有流动性，但字幕组内部分工和结构都非常稳定。

在民间跨文化传播层面，民众自发适应媒介化进程的典型代表是近期的"黑神话效应"，2024 年 8 月 20 日，中国首款 3A 游戏《黑神话：悟空》正式全球开售，开售即出圈主要是因为游戏中呈现的"文化记忆"为全球玩家展现了深厚的中国文化底蕴，使得中国文化艺术的瑰宝焕发出强大的生命力，向全球玩家讲述了独属于中国人的世界观，引发了国人的民族自豪感，促使其不遗余力地为游戏内容进行传播。

麦克卢汉（McLuhan）在《理解媒介——论人的延伸》（*Understanding Media: The Extensions of Man*）中提到，东方文化有口头性和直观性，西方文化偏向理性和视觉化。

不管是宏观的国家层面的国际传播，还是微观的民间个人、组织层面的传播，媒介化都是必然的趋势，但媒介化也不是唯一工具。如果政府、社会组织或个人在进行国际传播时一味运用已经熟知的媒介逻辑，而不考虑其他因素，就很容易陷入媒介中心主义的陷阱，导致传播效果欠佳。相反，在媒介化的过程中，综合考虑社会政治、经济、文化等相关因素，才能达到最佳的传播效果。国际传播不仅要理解本国的媒介逻辑，还要理解他国的媒介逻辑，媒介化的过程不是一种媒介逻辑取代另一种媒介逻辑的过程。

三　国际传播中信息失衡的媒介化归因

在大多数情况下，媒介在构建现实的过程中都扮演极其重要的角色。

随着新媒体技术的发展，人们对信息的依赖等因素大大加速了社会媒介化的进程。媒介从附属品的状态进化为社会原动力，媒介化的过程也是"媒介力"推动社会前进、重组的过程。但不论是"制式媒介化"概念还是"社会建构式媒介化"概念，都没有解释清楚什么是"媒介力"。在跨文化传播中，由于不同国家间社会媒介环境具有显著差异性，比如 20 世纪中期以法兰克福学派为代表的欧陆学者将"大众文化"等同于"大众媒介文化"，在文化工业生产模式下，社会文化风貌发生结构性改变。

在一些饱受战乱之苦的拉美国家，以哥伦比亚为例，战乱不仅夺取人们生命、摧毁当地房屋还破坏人与人之间的信任，媒介成为人们反抗的工具。人们利用媒介重新建立起人与人之间的沟通平台、弥合被战乱撕裂的社会伤口。在这样的社会中，媒介化可被视为媒介弥合社会伤口的过程。在目前研究中，对于媒介化概念中"重构"社会的部分，常常围绕以西方世界为主导的发达国家，关注"媒介化"中新媒介的算法如何"碎片化"社会、社群如何极化，但对于第三世界媒介弥合现象关注甚少。换句话说，对"媒介化"现象的关注，不能局限于由西方世界主导的媒介环境，还要对"媒介化"概念、现象进行去西方化探讨。除此以外，对于媒介环境多元化的忽视，也会导致传播效果与预期不符。在对"媒介化"概念进行定义的过程中，应考虑到概念在不同社会环境中的适用性。对"媒介化"概念的外延还需要学界深入探索。

另外，如上文中所提到的，在研究媒介化现象时，一些持批判态度的学者如迪肯和斯坦叶认为，单纯地认为媒介引发社会变革太过于狭隘，媒介化概念默认了媒介具有先天的媒介力，媒介化也是"社会文化、政治、经济等多重因素与媒介有机组合共同作用的结果"[1]。媒介化研究很容易陷入"媒介中心主义"的狭隘视角。新闻传播学在国际传播研究中，应该跳出"媒介中心"和"技术中心主义"的框架，从社会的各个角度去看待跨文化传播中的媒介化问题。归根结底，跨文化传播的主体是"人"，"媒介化"的主体也是"人"，媒介化虽然已成为推动社会进步的原动力，但其发展的根本目的是满足人与人、人与社会之间的建立交互关系的需求。因此，

---

① Deacon, D., Stanyer, J., "Mediatization: Key Concept or Conceptual Bandwagon?" *Media, Culture&Society*, 2014 (7): 1032–1044.

我们在研究"媒介化"现象时首要明确的一点是"媒介化"的主体是人。任何现象的实质都无法和人以及人类生存的社会割裂开来。

四 结语

詹姆斯·凯瑞（James Carey）说过："现代媒介已经深刻地改变了人们经验和意识的正常概念、兴趣和情感的正常结构、生存及其所拥有社会关系的正常感受。"媒介化过程正在深度重构我们所处的社会，成为一种无法逆转的趋势。本文首先梳理了媒介化的定义，分别对"制式媒介化"和"社会建构式媒介化"做了简要介绍。本文对中介化和媒介化作了区分，国内学者对于媒介的定义普遍停留在中介化层面，而对于媒介如何对社会产生"媒介化"层面的影响讨论甚少。综合政治、经济、文化等各方面因素看，对于"媒介化"的探讨能更好地反映现实问题。"后真相"一词包含的"假新闻"和"另类事实"的概念，都是社会机构因应大众传媒的特性而自发产生的讯息实践。在探讨社会各种现象产生的原因时，"媒介化"概念比"中介化"概念具有更强的解释力和说服力。

在这种由媒介主导的脉络环境中，人们分析和复述媒介所带来的社会信息，自信地认为在"地球村"中足不出户也可尽知天下事。人们对日常环境的适应都是接收媒介化信息后作出的基本判断。在持续的媒介化过程中，文化的媒介化现象得到凸显。从国家层面，媒介化的过程不仅是文化输出的过程，还隐喻着国家之间在媒介空间里对媒介话语权的争取。从民间层面来看，媒介化体现在对社会组织的重构（字幕组）、传播内容"多模态化"（表情包）等方面。值得注意的是，跨文化传播中媒介化过程并不是机械地简单转化。换言之，媒介化的过程中还要考虑其他不同社会因素、媒介环境所带来的影响。

新质生产力推动国际传播高质量发展的理论逻辑、价值意涵与实践要求

张秀丽　傅逸芒[*]

摘　要　随着全球化的深入发展，国际传播作为构建人类命运共同体和讲好中国故事的关键途径，面临传播方式和传播内容创新的双重挑战。习近平总书记提出的新质生产力，对于如何促进国际传播的高质量发展，具有重要的理论和实践意义。通过创新驱动、质量优化和核心竞争力提升，新质生产力显著增强了国际传播的高科技特性、高效能运作和高质量内容生产。在推动新时代国际传播高质量发展的过程中，应深刻领会新质生产力的重要意涵，致力于建设高素质的国际传播人才队伍，推动新技术与国际传播深度融合，促进国际传播与相关产业协同发展的新动能、新引擎、新业态。

关键词　新质生产力；国际传播；高质量发展

随着全球创新驱动发展战略的不断深入，科技革命和产业变革推动着全球治理体系经历深刻的变革与重塑。2023 年 9 月，习近平总书记在黑龙江考察调研期间，创新性地提出了"新质生产力"的概念。[①] 2024 年 1 月 31 日，习近平总书记在中共中央政治局第十一次集体学习时强调："加快发展新质生产力，扎实推进高质量发展。"[②] 作为先进生产力的显著表现形式，

---

[*]　张秀丽，西安外国语大学新闻与传播学院教授，研究方向为国际传播、媒介与社会；傅逸芒，西安外国语大学新闻与传播学院文化出海研究中心助理研究员，研究方向为国际传播。

①　《第一观察丨习近平总书记首次提到"新质生产力"》，新华网，http://www.news.cn/politics/leaders/2023-09/10/c_1129855743.htm，最后访问时间：2023 年 9 月 10 日。

②　《习近平在中共中央政治局第十一次集体学习时强调 加快发展新质生产力 扎实推进高质量发展》，新华网，http://www.news.cn/20240201/05d8b78dd69347ff8d0dafcb3372be88/c.html，最后访问时间：2024 年 2 月 1 日。

新质生产力不仅是对马克思主义生产力理论的继承和发展，更体现了中国特色社会主义理论的创新实践，它源于科技创新的深度融合与突破，标志着生产力发展的根本性飞跃。面对世界格局的新变化、时代发展的新机遇、人类社会的新挑战，加强国际沟通与互鉴、深化相互理解与合作、共同构建人类命运共同体，已经成为国际社会普遍关注的焦点议题。如何深入理解新质生产力与国际传播高质量发展之间的内在联系，在新的国际环境中发挥国际传播的作用，讲述好中国故事、传播好中国声音，成为我们必须深入思考和积极应对的课题。[①] 新质生产力不仅是衡量一个国家国际传播能力的关键指标，更是其发展水平的决定性因素。新质生产力起点在"新"、关键在"质"、落脚在"生产力"。[②] 厘清新质生产力对于推动国际传播向更高层次发展的理论逻辑和价值意涵，牢牢把握其对国际传播提出的实践要求，是制定科学策略、提升国际传播效能的前提。

一 理论逻辑：国际传播高质量发展中的新质生产力

党的二十大强调："高质量发展是全面建设社会主义现代化国家的首要任务。"[③] 2024 年 3 月，习近平总书记在参加十四届全国人大二次会议江苏代表团审议时强调，要牢牢把握高质量发展这个首要任务，因地制宜发展新质生产力。[④]"加快发展新质生产力"写入 2024 年《政府工作报告》，被

---

① 《第一观察丨习近平总书记首次提到"新质生产力"》，新华网，http://www.news.cn/politics/leaders/2023-09/10/c_1129855743.htm，最后访问时间：2023 年 9 月 10 日；《习近平在中共中央政治局第十一次集体学习时强调 加快发展新质生产力 扎实推进高质量发展》，新华网，http://www.news.cn/20240201/05d8b78dd69347ff8d0dafcb3372be88/c.html，最后访问时间：2024 年 2 月 1 日。
② 张林、蒲清平：《新质生产力的内涵特征、理论创新与价值意蕴》，《重庆大学学报》（社会科学版）2023 年第 6 期。
③ 习近平：《高举中国特色社会主义伟大旗帜 为全面建设社会主义现代化国家而团结奋斗——在中国共产党第二十次全国代表大会上的报告》，人民出版社，2022，第 28 页。
④ 《两会受权发布丨习近平在参加江苏代表团审议时强调 因地制宜发展新质生产力》，新华网，http://www.news.cn/politics/20240305/bcc4c63ede0643ef8ed8c2b714a76f48/c.html，最后访问时间：2024 年 3 月 5 日。

列为 2024 年十大工作任务之一。① 对于新时代的中国国际传播来说，新质生产力所体现出的创"新"、"质"优、先进生产"力"等内在机制和作用路径，正在塑造我国国际传播的新格局。

（一）创"新"：国际传播的创新驱动

区别于传统生产力，新质生产力的关键是"创新驱动"。在数字时代背景下，新质生产力在创新性、融合性和内涵上都展现出新的特质。这种创新不仅是技术层面的突破，更是理念、内容、形式以及传播模式的全面革新。具体来看，理念创新是国际传播创新的先导，内容创新是国际传播吸引力的关键，形式创新为国际传播提供了新的表现形式，传播模式的创新是新质生产力在国际传播中的重要体现。

传统的传播模式以单向线性方式为主，信息由源头流向接收者，而现代国际传播在新质生产力的推动下，更强调受众的参与性和反馈的重要性，使得传播内容更加贴近受众的实际需求和兴趣。这种以受众为中心的传播理念，促进了跨文化交流和理解，为构建和谐多元的国际传播环境奠定了基础。理念的创新也促进了国际传播的内容创新。传播者不断探索和创造有深度、有见地、有吸引力的内容，满足受众对高质量信息的需求，从而提高国际传播的吸引力和影响力。

随着数字技术的发展，国际传播的形式也不再局限于文字和图片，而是扩展到了音频、视频、动画、虚拟现实等多种媒介。这些新型的传播形式能够提供更加生动、直观的体验，增强信息的感染力和传播效果。以中国国际电视台（CGTN）为例，其利用大数据和人工智能技术，紧扣 AIGC 的新质生产力数字化进程，分析全球受众的兴趣点，定制化生产内容，满足了不同文化背景下受众的需求。理念、内容和形式等方面的创新推动传播模式突破传统媒体时代的限制，为信息的全球流动提供了更为广阔和多元的平台，在提升国际传播效率和效果的同时，为构建开放、包容、互动的国际传播环境奠定了基础。

---

① 《政府工作报告——2024 年 3 月 5 日在第十四届全国人民代表大会第二次会议上》，中国政府网，https://www.gov.cn/yaowen/liebiao/202403/content_6939153.htm，最后访问时间：2024年 3 月 12 日。

（二）"质"优：国际传播的质量优化

"质"的变化体现在新的"物质"、新的"质量"、新的"介质"等方面,① 国际传播的质量优化也是"物质""质量""介质"多方面发展的成果。"有内容,才更有吸引力;有思想,才更有生命力。"② 随着先进数字基础设施的不断发展,国际传播的生产与分发媒介也由原来的以报纸、电视为主导,发展为如今的以互联网为主导。

"质量"不仅指信息的准确性和可靠性,更强调内容的深度与丰富性。随着全球化的深入发展,受众对国际新闻和故事的期待已从简单的事实陈述转变为对复杂背景、多维视角和深层次分析的需求。譬如新华社在对"一带一路"进行专题报道的过程中,不仅关注这一政策对经济发展的影响,还关注共建国家的文化交融和民间交流,体现了国际传播中内容的深度与广度。内容的多样性和包容性也是"质量"优化的重要环节。随着技术的发展和社交媒体的兴起,受众能够接触到多元声音,使得全球受众的多样性需求和价值观差异成为内容制作时的考虑因素。

当然,"介质"的优化也是新质生产力带给国际传播的重要变化之一。麦克卢汉认为"媒介即讯息",国际传播领域的媒体融合、智能化生产、精准传播等依赖于网络技术发展,各国对于5G、AI等技术在国际传播中的运用直接影响着该国的国际传播发展。③ 随着以 ChatGPT 和 Sora 等为代表的生成式 AI 的爆发,一个由数据和算法驱动的广义的国际传播新格局基本形成。④ 中国正致力于运用新技术构建一个多维度、立体化的国际传播体系,不断提高国际传播的力度和深度,以适应全球化时代信息传播的新语境。

---

① 范军、邹开元、田静瑶:《新质生产力推动出版业高质量发展的理论逻辑、价值意蕴、实践要求》,《科技与出版》2024 年第 3 期。

② 高晓林、梁永涛:《新民主主义革命时期中国共产党国际传播工作的叙事策略、主要特征及当代启示》,《上海交通大学学报》(哲学社会科学版) 2024 年第 5 期。

③ 徐国亮、薛伟:《习近平文化思想视域下中华优秀传统文化国际传播的四重维度》,《浙江工商大学学报》2024 年第 3 期。

④ 方兴东等:《全球共通:重新定义国际传播——重估国际传播的本体与时代使命》,《传媒观察》2024 年第 6 期。

（三）先进生产"力"：国际传播的核心竞争力提升

从经济学角度来看，新质生产力标志着生产力发展的一大飞跃，而先进生产力则是新质生产力的本质所在。与传统依赖大量资源投入、高能耗的生产力发展模式截然不同，新质生产力代表了一种超越传统增长模式、满足高质量发展标准的新路径。综观传播领域的几次重大科技变革，无论是 15 世纪的古登堡活字印刷术、20 世纪初的无线电技术，还是 20 世纪末兴起的互联网技术，无一不通过革新生产力推动信息传播的快速发展。在数字时代新质生产力的作用下，"先进生产力"通常指那些能够显著提升信息传播效率和扩大覆盖范围的技术革新。

当前，数字技术的演进，特别是移动互联网和社交平台的兴起，已成为国际传播能力提升的关键因素，为信息的实时分享和全球传播提供了便捷的管道。社交媒体已通过其独特的属性，成为国际传播的重要平台，譬如为了向全球受众传播我国优秀的传统文化和非物质文化遗产，《"字"从遇见你》《中国的宝藏》《四季中国》等纪录片不断"出海"；我国外交工作者在 Twitter 建立新的外交矩阵，[①] 进行国际传播建设。除此之外，AIGC、大数据等高新技术在国际传播中的运用，使传播者可以深入理解和预测受众行为。目前新华社开始运用 AI 技术进行新闻采编和分发，并启用 AI 主播、AI 记者，提高了新闻内容的生成效率和传播的针对性，构建出丰富的交互场景，营造沉浸式、全景式的新闻现场。[②] 例如新华社的"新小微"和《人民日报》的"果果"等虚拟数字人，可根据脚本进行语音合成和动作表演，为受众提供连续不断的、及时的新闻信息。[③]

二 价值意涵：新质生产力助推国际传播高质量发展的三"高"

新质生产力是符合新时代发展理念的先进生产力质态，创新起主导作

---

① 薛玉蕊：《中国外交部新闻发言人推特传播研究》，黑龙江大学硕士学位论文，2023。
② 肖蕾：《新华社 AI 合成主播新闻播报创新探析》，《传媒》2022 年第 16 期。
③ 蒋继娅、魏永莲、张鹏骞：《主流媒体国际科技传播策略研究》，《中国传媒科技》2023 年第 12 期。

用，摆脱传统经济增长方式、生产力的发展路径，具有高科技、高效能、高质量的特征。① 国际传播的高质量发展内涵丰富而深刻，新质生产力在国际传播的高质量发展中起到了推动科技进步、优化运作机制、构建优质内容的作用，促进国际传播在服务新时代中国特色社会主义伟大事业中展现新气象、实现新作为。

（一）高科技：技术进步引领国际传播高质量发展

在国际传播领域，"高科技"一词所承载的意义远超过技术本身，它代表的是一种推动信息传播方式革新的力量，对国际传播的深度和广度产生了根本性的影响。高新技术的出现提升国际传播的质量和效率，塑造了全球信息流动的新格局。

与传统图文为主要传播形式不同，基于数字信息技术为主导的新质生产力，使得当下国际传播的形式更加多样化，视频、直播、AI主播、虚拟现实（VR）和增强现实（AR）等技术在国际传播领域的广泛运用为信息的呈现提供了更多可能。丰富的传播形式不仅提高了信息的吸引力，也使得受众能够以更加直观和沉浸的方式体验内容。此外，大数据和人工智能技术等技术的应用使得传播者能够更准确地分析受众的行为和偏好，从而提供更加个性化的内容推荐。在提高受众满意度的同时，增强了信息传播的针对性和有效性。

互联网技术的普及极大地扩展了国际传播的覆盖范围和提高了速度，使得信息能够在瞬间跨越国界而达到全球任何角落。这种实时性不仅加快了新闻报道的速度，也使得全球受众能够同步获取信息，提升了国际事件的透明度和公众的知情权。随着受众对于互联网的接触度不断加深，信息传播不再局限于传统的媒体机构，受众个人也能够成为信息的发布者和传播者。这种去中心化的信息传播模式不仅增强了信息的多样性，也为全球范围内的民主参与和意见表达提供了平台，为国际传播的民主化和去中心化提供了可能。

---

① 《第一观察丨习近平总书记首次提到"新质生产力"》，新华网，http://www.news.cn/politics/leaders/2023-09/10/c_1129855743.htm，最后访问时间：2023年9月10日。

（二）高效能：优化国际传播的运作机制

高效能的运作机制不仅是高新技术应用的体现，譬如 AIGC 通过提高制作效率能够大大降低人力资源成本、物质成本和时间成本，更是战略思维、组织协调和流程管理等多维度整合的结果。在新质生产力的引导下，高效能运作机制的意义在于其能够提升国际传播的回应速度和决策效率，从而促进国际传播的发展，以及国际传播在全球化语境中的战略价值。

以"创新"为核心的新质生产力，通过引入先进的信息技术和数据分析工具，例如 Google Alerts、舆情派等，优化了信息处理流程，使得传播机构能够快速捕捉全球事件、及时做出反应，并迅速制定传播策略。在快速变化的国际环境中，能够迅速回应全球事件和满足受众需求的传播机构，将更有可能把握传播先机、引导舆论方向。进一步，高效能运作机制强化了国际传播的策略性和目标性。新质生产力的引入，使得传播工作者、传播机构能够基于深入的数据分析，了解全球受众的特征和需求，制定更为精准的传播策略，实现有针对性和有效的信息推送，从而在全球信息流动中占据有利地位。这种机制不仅涉及内容的定制化生产，还包括传播渠道的选择、传播时间的安排以及反馈机制的建立，从而形成一个闭环的传播系统。

此外，高效能运作机制在促进国际传播的跨文化交流，特别是"讲好中国故事"中发挥着重要作用。在多元文化的国际传播环境中，高效能运作机制能够更好地协调不同文化背景下的信息表达和交流方式，降低文化折扣，增强信息的跨文化适应性和吸引力。新质生产力的高效能运作机制在提升国际传播的危机管理能力方面具有重要意义。"全球性危机"是近年来国际传播领域最受关注的热点，[①] 在面对突发事件或负面舆论时，迅速启动应急预案，组织有效的信息回应和舆论引导，不仅能够减少危机对声誉的影响，还能够在危机中把握传播主动权。

（三）高质量：构建优质国际传播体系

在数字信息时代，高新技术在国际传播领域的广泛运用，不仅实现传

---

① 方兴东等：《全球共通：重新定义国际传播——重估国际传播的本体与时代使命》，《传媒观察》2024 年第 6 期。

播内容层面的高质量发展，而且实现整个国际传播格局和体系的高质量发展。这种高质量的追求，涵盖了传播理念、内容创新、传播管道和效果评估等多个维度。

高质量的国际传播体系首先体现在先进的传播理念上。传播者在国际传播中的全球视野以及开放、包容的心态，能够促进跨文化理解和尊重，为构建和谐多元的国际传播环境打下坚实基础。此外，新质生产力强调创新思维的引领作用，内容创新是国际传播高质量发展的核心。在全球化的信息环境中，受众对内容的需求日益多样化和个性化，高质量的内容不仅要及时传递准确的信息，还要具有吸引力和感染力。创新思维能够激发内容创作者的想象力和创造力，生产出具有原创性、深度性和文化价值的内容。譬如对我国优秀传统文化和价值观的传播，能够提升内容的文化共鸣和感染力，实现跨文化交流和融合。

在内容分发方面，高新技术不仅提高了内容生产的效率和质量，也为内容的呈现和传播渠道提供了更加多元化、智能化的选择。譬如虚拟现实等技术在国际传播中的应用，使得内容呈现更加生动和直观，让受众能够"身临其境"地体验内容，增强了内容的吸引力和感染力，提升了受众的体验感和参与感。此外，互联网和社交媒体平台的兴起为内容的快速传播提供了便利，这些平台的算法推荐系统可以根据用户的行为和偏好，将高质量内容精准推送给目标受众，提高了内容的传播效率和影响力。同时，社交媒体的互动性使得受众能够直接参与内容的讨论和传播，形成了内容传播的良性循环。有效的内容反馈和评估机制，也使得传播者能根据受众反馈和传播效果，不断调整和优化内容创作。

三 实践要求：新质生产力赋能国际传播高质量发展的三"新"

从"科学技术是第一生产力"，到"科学技术是先进生产力"，再到"加快形成新质生产力"，每次转变都体现了中国共产党对我国生产力发展规律认识的提升。发展新质生产力，需要明确生产力提升的三要素是劳动者、劳动资料和劳动对象。对于国际传播来说，应立足新发展阶段、贯彻新发展理念。基于新劳动者理念建设高素质的国际传播人才队伍、基于劳动资料升级深度融合新技术与国际传播实践、基于劳动对象变革促进国际传播与相关产业协同发展。新动能、新引擎、新业态三个维度为国际传播的创新和发展提供新路径，也为提升国际传播的质量和效果提供新思路。

（一）新动能：建设高素质的国际传播人才队伍

党的二十大报告指出："人才是第一资源。"① 在百年未有之大变局的新时代背景下，发展新质生产力的关键在人、核心在人才建设。建设高素质的国际传播人才队伍不仅关乎传播内容的专业性和权威性，更关系到国际传播效果的最大化和国际话语权的提升，为提升我国国际传播能力、增强国家文化软实力发挥关键作用。建设高素质的国际传播人才队伍是一项系统工程，需要从知识结构、能力培养、机制建设等多个方面入手。

首先，对于国际传播从业者个人而言，需要具备深厚的专业知识基础和广阔的国际视野。在高度全球化的数字信息环境中，受众对信息的需求日益多样化和专业化，这就要求传播者不仅要掌握扎实的新闻传播理论，还要对国际政治、经济、文化等各个领域有较为深入的了解和研究。此外，传播者需要具备一定的跨文化交流的能力，要能够在不同文化背景下进行有效沟通和交流、传递准确信息从而减少文化折扣带来的误解。

其次，传播者个人也需要注重实践能力和创新思维的培养。在快速变化的国际传播环境中，需要具备数据分析、危机应对等综合能力以及快速适应和应对各种复杂情况的能力；熟练运用 AIGC 新技术，能够提升国际传播效果，增强传播内容的吸引力和感染力。

最后，对于我国国际传播人才培养体系而言，一个良好的培养和激励机制对高素质的人才队伍建设具有重要影响。诸如建立系统的人才培养体系，从教育、培训、实践等多个环节入手，为传播者提供成长和发展机会；建立有效的激励机制，通过合理的评价和奖励体系，激发传播者的积极性和创造性；为传播者提供国际化的交流和合作平台，促进高素质人才队伍成为推动国际传播高质量发展的重要支撑。

---

① 习近平：《高举中国特色社会主义伟大旗帜 为全面建设社会主义现代化国家而团结奋斗——在中国共产党第二十次全国代表大会上的报告》，人民出版社，2022，第33页。

（二）新引擎：推动新技术与国际传播实践深度融合

新技术作为推动国际传播发展的新动能，正不断重塑全球信息流动的格局。区别于传统生产力发展中国际传播常用的劳动资料，在新质生产力发展中，与国际传播相适配的应当是智能传播设备。自 1994 年中国全功能接入互联网至今，社交媒体、大数据、人工智能等高新技术的不断兴起，使得传统的国际传播形式更加多元化、便捷化，极大地加快了信息传播的速度和扩大了范围。同时，虚拟现实（VR）、增强现实（AR）以及混合现实（MR）等技术的应用，为受众提供了沉浸式的内容体验。为了满足数字化时代的需求，当务之急便是加快国际传播的数字化转型升级，强化对先进数字基础设施的构建，并促进尖端智能工具与创新劳动设备的快速应用。这涉及对现有技术框架的升级，以及对新兴技术如人工智能、大数据分析、云计算等的集成，从而提高生产效率和创新能力。同时，这意味着要对工作流程进行智能化改造，确保技术设备能够与人力资源有效协同，从而推动整个行业进行数字化转型和智能化升级。然而，新技术必将带来新困境，AIGC 技术在国际传播中的广泛运用将加剧全球范围内的技术垄断与偏见、信息污染与失序、技术依赖与专业失守、智能鸿沟与素养赤字。[1] "数字化陷阱""虚假信息战"等挑战要求传播者在掌握技术工具的操作技能的同时，要理解技术背后的逻辑和原理，提升运用技术解决实际问题的能力，进一步提升 AI 技术的自然性和真实性。

（三）新业态：促进国际传播与相关产业协同发展

新业态的培育是新质生产力发展中国际传播适应全球化趋势的重要策略，其核心在于促进国际传播与相关产业的协同发展。首先，深入研究国际传播的特点和需求，以及相关产业的发展趋势，制定出具有前瞻性、指导性的发展战略，这些战略应涵盖资源共享、技术交流、市场拓展等多个层面，以确保不同产业之间能够形成有效的互动和协作。其次，协同发展的实现需要依托于创新的合作模式。国际传播应积极探索与文化产业、教

---

[1] 韦路、陈曦：《AIGC 时代国际传播的新挑战与新机遇》，《中国出版》2023 年第 17 期。

育领域、科技企业等的合作，通过建立合作伙伴关系，共同开发新的产品和服务。譬如与和中华优秀传统文化相关的机构合作，将传统文化元素融入国际传播内容，不仅可以丰富传播内容，还能推动我国文化产业发展。此外，建立开放的平台和生态系统是实现协同发展的关键。

四 结语

科技赋能发展，创新决胜未来。综观人类文明的发展历史，创新始终是社会生产力提升的关键因素。在全球化和数字化的今天，新质生产力正以其创新驱动的核心引领国际传播走向高质量发展的新阶段，促进传播方式的创新、内容质量的优化和运作机制的高效化。面向未来，我们必须持续深化对新质生产力的理解，积极应对数字化时代的挑战，加强国际传播能力建设，利用新技术提高传播的精准性和互动性，构建开放、包容、互动的国际传播环境，从而更好地提升国际传播的质量和效果，增强国家文化软实力，讲好中国故事，传播好中国声音，促进文化交流与互鉴，为构建人类命运共同体贡献中国智慧和中国方案。

华莱坞电影全球传播的发展现状及策略研究[*]

蔡馥谣　金书颖[**]

摘　要　"华莱坞"是华语电影的代名词。近些年来，随着中国的经济和文化的不断发展，中国国际地位和国际话语权不断提高，华莱坞电影发展也被越来越多的国家所关注和重视。在当今国际社会动荡的时代，华莱坞电影肩负着讲好中国故事、传播好中国声音的历史使命和重要责任。华莱坞是一种通过电影形式向全球展现中国文化、中国形象和精神内核的传播媒介，与其他传播媒介相比具有独特的作用。党的十八大以来，习近平总书记对中国电影高度重视，从实现中华民族伟大复兴的角度对中国电影的创作和传播提出一系列指示。在这种时代背景下，华莱坞电影更应该挺身而出，为中国的全球传播贡献自己的力量。在全球化趋势下如何使华莱坞电影实现更加有效的全球传播也成为我国面临的最大挑战。

关键词　华莱坞电影；全球传播；传播策略

中国是一个具有悠久历史的文明古国，蕴含着神秘的东方文化。近年来，中国对外交流互动活动日渐频繁，文化交流影响日益加深。从文学艺术、戏剧影视到科技、教育、体育等各个领域，都存在文化交流的身影。这些交流活动不仅促进了不同文化之间的相互了解和认同，也推动了不同文明之间的融合与发展。在此背景下，中国电影产业蓬勃发展，创作出很多高票房高口碑的华莱坞电影。华莱坞电影，并不只是电影，它是具有独

---

* 本文系 2021 年国家社科基金青年项目"人类命运共同体视域下提升中国对东北亚地区文化传播力研究"（项目编号：21CXW003）的阶段性研究成果。

** 蔡馥谣，大连外国语大学新闻与传播学院副教授，研究方向为中华文化国际传播；金书颖，大连外国语大学新闻与传播学院中华文化国际传播硕士研究生，研究方向为中华文化国际传播。

特中国文化魅力和精神内核的全球传播符号，是以华人为创作主体，以中国文化为背景，以中国故事为主要题材，以中国精神为底蕴，基于"文化认同"和"文明同一性"的中华文化共同体，建构华人、华语、华史、华事、华地五要素的电影。① 华莱坞电影中融入了中华优秀传统文化。华莱坞电影的全球传播，让海外观众感受到中华文化的魅力和东方美学，是中华文化"走出去"的重要途径。华莱坞电影作为一种软传播更能被海外观众所接受，观众在欣赏电影的同时可以自然而然地了解中华文化。华莱坞电影在全球传播过程中，会将其蕴含的中华文化展示给全球受众，这对中华文明走向世界以及对外传播起到重要的中介作用。因此，华莱坞电影的全球传播对于我国传播中华文化具有重要的意义。

在当今全球动荡的局面下，电影作为全球传播的媒介在各国交流中具有不可撼动的地位，世界各国也都纷纷意识到电影全球传播的重要性。从我们最耳熟能详的美国"好莱坞"到印度的"宝莱坞"再到中国的"华莱坞"，也有越来越多的国家打造了属于本国的电影产业，例如法国的"高莱坞"、尼日利亚的"尼莱坞"、印度的"考莱坞""托莱坞"等。2023年华莱坞电影的全球票房为72.95亿美元，位于全球第二。尽管华莱坞电影发展迅速，其全球传播已经取得了一定的成效，但在此过程中也面临诸多问题和挑战。华莱坞电影在国际传播方面仍然无法与好莱坞电影相抗衡。首先表现在传播区域差异大，华莱坞电影以东南亚国家为重要输出地，而在西方国家，华莱坞电影并没有受到认可，这种不平衡的状态直到现在也没有改善。其次，高低语境所带来的文化差异也是华莱坞电影在全球传播过程中不可避免的问题，文化折扣所带来的文化内涵、意识形态、精神内核等的差异导致华莱坞电影在向西方国家传播的过程中存在较大难度。② 因此通过对华莱坞电影的全球传播发展现状研究，我们可以找到让华莱坞电影实现更加有效全球传播的途径，从而把华莱坞电影中所蕴含的中华文化传播给海外观众，进而让海外观众加深对中华文化的认识。③ 通过对华莱坞电影

① 邵培仁：《如何正确认识和理解华莱坞》，《传媒论坛》2023年第1期。
② 张梦晗、邵超琦：《"盒子里的大使"：华莱坞电影对外传播现状审视与路径优化》，《电影评介》2019年第2期。
③ 尹鸿：《国际化语境中的中国电影》，《当代电影》1996年第6期。

全球传播的分析以及对当今全球传播形势的解读，本文选取目前最具代表性的华莱坞电影为切入点，通过分析其全球传播现状，找到最能增强国际传播效能、最能促进文化全球化交流、最能彰显中国大国形象的传播途径，让世界真正地了解华莱坞电影，从而实现对华莱坞电影背后所蕴藏的中华优秀传统文化和精神内核的全球传播，这也对中国的全球地位和国际话语权的提高有着重要帮助。

一 基于 CiteSpace 的华莱坞电影国内研究文献分析

目前国内关于华莱坞电影的研究方向较为广泛，但研究数量并不是很多，主要基于美学、经济学、传播学和社会学等视角来进行研究。[1] 关于华莱坞电影的研究逐渐成为学术界关注的热点话题。然而，鲜有从文献计量的角度对华莱坞的研究成果进行分析和总结。鉴于此，本研究以知网论文作为研究样本，运用 CiteSpace 软件对华莱坞的研究热点和前沿问题进行梳理和观照，以期为研究者提供有益参考及借鉴。

通过在知网查询以"华莱坞电影"为主题的论文，可以发现论文数目并不是很多，只有 179 篇论文，其中期刊论文 174 篇、学位论文 5 篇。而针对"华莱坞电影的全球传播"仅仅有 3 篇论文，最早的 1 篇相关论文也是 2016 年才发表的，这说明我国在华莱坞电影的研究方面并不够充分和全面。

运用 CiteSpace 对国内华莱坞电影相关研究的论文文本进行整合分析得出关键词共现图，排在前几位的主题词语分别是华莱坞、媒介生态、电影、好莱坞以及电影产业等。首先是媒介生态方面的研究，学者们关注了华莱坞电影在整体媒介环境中的地位和影响，随着互联网的不断发展，华莱坞电影在社交媒体和流媒体平台上的传播激发了学者们的研究兴趣。其次是针对电影产业的研究，学术界对于华莱坞电影从制作到发行的全流程进行了相关研究，这表明学者们对于华莱坞电影背后的产业支持体系产生了浓厚兴趣。学者们针对动画电影、方言电影、动作电影、科幻电影、商业电影等不同类型的电影也分别进行了研究。最后，华莱坞电影中所传达的文化元素也是目前我国

---

[1] 周颖：《华莱坞电影研究现状与发展趋势》，《东南传播》2019 年第 8 期。

学者的研究重点之一。虽然近年来华莱坞电影的数量和质量都在不断提高，但是有关华莱坞电影全球传播方面的研究仍然不足，这些不足主要体现在学术界关于华莱坞电影的全球传播策略、中华文化影响以及全球市场的接受度等方面的研究缺乏深度和广度。尤其是在全球化的背景下，华莱坞电影如何跨越文化障碍、降低文化折扣等方面的研究仍然有待深入。因此从华莱坞电影的全球传播角度入手来研究如何将华莱坞电影更快更好地传播到全球也就更有必要了。

同时，为了了解国内华莱坞电影的研究热点及其演变趋势，可以运用CiteSpace 生成关键词时间线图来进行进一步分析。CiteSpace 的关键词时间线图可以直观地展现华莱坞电影研究领域的内容脉络，通过分析这些关键词及其相互关系，可以看出国内学术界对华莱坞电影研究的重点及其变化。国内对于华莱坞电影的研究最早可以追溯到 2010 年，最开始的研究主题是与美国好莱坞电影进行类比。针对华莱坞电影进行研究的爆发期集中在2015~2020 年，其间以电影产业、媒介生态、互联网等为主要研究方向，但也不难看出我们已经将中华文化、民族精神、中国梦以及文化符号等纳入了对华莱坞电影的研究范围，但是关于华莱坞电影对外传播的研究仍然没有数量可观的研究成果。2020~2022 年，由于疫情对华莱坞电影的影响，我国对华莱坞电影的研究并没有太多进展。直到 2023 年，我国对华莱坞电影的研究重新步入了正轨，《流浪地球》的出现给华莱坞电影的全球传播开辟了一种新的研究方向，但目前我们对于华莱坞电影全球传播的途径研究仍存在欠缺。截至 2024 年 6 月，华莱坞电影的相关研究数量比之前大大减少，研究方向更多地集中在华莱坞电影的叙事上，但是对于华莱坞电影全球传播的研究比之前更加深入，其中包括对华莱坞的跨国情感路径研究以及世界格局下对华莱坞电影理论的研究等，这也说明我国学者正在逐渐关注华莱坞电影的国际传播状况，但在全球传播方面的学术成果在数量上仍然不足。

二　基于 CiteSpace 的华莱坞电影国外研究文献分析

近年来，随着全球化的进程加快，电影作为一种文化产品，能够突破地域的限制成为一种全球共享的娱乐形式。华莱坞电影凭借独有的中华文化底蕴、高水平的制作技术以及强大的市场推广手段，成功地在全球电影市场上占据了重要的地位。目前，国外学者对于华莱坞电影的研究已经取得了初步成果，我们需要将西方学者的建议纳入华莱坞电影全球传播的策略中，实现更加有效的全球传播，从而提升华莱坞电影产业的国际竞争力和文化影响力。

通过在 Web of Science（以下简称 WOS）和中国知网上对以"Chinese Movie""Huallywood"为主题的论文进行检索，得到相关论文 331 篇（其中 Huallywood 相关文章为 3 篇），经过筛选，得到与本文研究主题相关的论文 153 篇。其中国外对华莱坞电影的研究始于 1985 年，研究的主题是中国功夫电影与中美男性文化融合，这也可以看出当时的中国动作电影在全球已经有了一定的影响力。运用 CiteSpace 对 153 篇国外论文进行整合分析，得到国外华莱坞电影相关研究论文关键词共现图，可以看出中心关键词有票房表现和动态电影评论，其他主要的关键词有跨文化研究、文化折扣、消费者评论及行为、大数据和口碑等。从这些关键词中可以看出，西方学者对于华莱坞电影的研究主要集中在对经济的影响和华莱坞电影受众分析。首先，华莱坞电影的票房和口碑是西方学者的研究重点。其次，"消费者评论"和"消费者行为"等关键词表明观众的意见和行为在西方学术界的电影研究中占据重要位置。观众的反馈可以直观地体现出华莱坞电影在海外的传播效果。"文化研究"和"跨文化研究"等关键词表明了西方学者已经注意到华莱坞电影中所蕴含的文化元素和文化价值观，这也证明了华莱坞电影在对外传播中华文化方面已经获得了一定程度的成功。此外，西方学者对于西方文化与华莱坞电影的融合产生了很大的兴趣，对华莱坞电影与好莱坞电影的关系研究也是西方学者们喜欢研究讨论的方向。从这个角度出发，今后在进行华莱坞电影全球传播的时候可以将传播地的文化融入电影，让传播地的受众感受到文化认同。

运用 CiteSpace 软件生成以时间为横轴、聚类为纵轴的关键词聚类时间线图。通过关键词聚类时间线图可以看出国外对华莱坞电影的研究脉络和趋势。国外学者早在 2005 年的时候就已经开始对华莱坞电影进行研究。2010 年之后，华莱坞电影对于酒店行业和旅游业的影响被国外学者作为一个新的研究方向进行深入研究。2017~2020 年是华莱坞电影创作井喷期，国外对华莱坞电影研究的数量和方向也在增多。首先集中在华莱坞电影叙事模式方面，包括对电影中人物进行情感分析、行为分析、批判分析等。其次在经济方面，国外学者对于经济方面的研究主要集中在票房、旅游业、电影产业等方面。最后国外针对华莱坞电影的受众进行了一系列的研究，主要集中在华莱坞电影对青少年的影响方面，这也是国内研究所欠缺的。近年国外相关研究方向有所增加。首先增加了对华莱坞电影中的语言研究，包括视听翻译、禁忌词语等，这也表明国外观众逐渐对汉语产生兴趣。其次重新开始了对媒体的研究。随着新媒体时代的到来，媒体对于华莱坞电影全球传播的重要性显而易见，这不仅要求我国的海外媒体加速发展，而且我国要积极与国外的流媒体平台合作，媒体平台的发展将对华莱坞电影的全球传播起到重要作用。① 随着互联网技术的不断发展，国外学者开始针对社交媒体对华莱坞电影的全球传播的影响做进一步研究，社交媒体对于跨文化传播的重要性不言而喻。同时，产生了一个新的研究方向——批评和流行评价。除此之外，跨文化研究一直是国外学者研究的重点，贯穿了整个时间轴，国外学者对华莱坞电影的跨文化传播和影响力进行了广泛而深入的探讨，重点关注其在全球不同文化背景中的接受度、文化适应性以及文化认同等问题。

同时运用 CiteSpace 软件的突现词分析功能，得出华莱坞电影研究关键词突现图谱，以此分析华莱坞电影研究前沿。从该图谱可知，华莱坞电影的研究热点较为分散，其中"情感分类"是最早出现的突现词，国外学者最早是从观众的情感体现入手对华莱坞电影进行研究的。关键词如"大数据""票房表现""深度学习""文化产品"等显示出国外学者对电影产业的技术进步、市场表现和文化价值的高度重视。其中"大数据"和"深度学习"等突现词表明随着技术的进步，根据大数据进行分析在华莱坞电影市场预测和观众行为研究中发挥着重要作用。这不仅有助于电影的制作和传播策略的制定，也为深入了解观众的文化偏好提供了新的视角。此外，"文化产品"和"视听翻译"等关键词的突现，揭示了华莱坞电影在跨文化

---

① 王淑慧：《新媒体环境下电影的网络传播平台研究》，《当代电影》2019 年第 5 期。

传播中需要和多方面进行配合才能实现更好的对外传播。总的来说，国外学者的研究重点由早期的情感分析逐渐转向大数据、深度学习和文化产品等新兴领域，这些关键词反映了国外学者在华莱坞电影全球传播领域的研究新趋势和新挑战。

三　华莱坞电影全球传播的现状分析

近年来华莱坞电影在全球范围内取得了显著的成就。在全球化的背景下，随着中国经济的崛起和文化软实力的提升，中国的国际地位逐渐提高，华莱坞电影成为全球电影的重要组成部分。传播类型多元、传播流媒体平台增多等都为华莱坞电影的全球传播发挥了巨大的作用。然而在看到华莱坞电影国际传播积极一面的同时，我们应该意识到文化差异、市场壁垒以及国际市场接受度等因素对华莱坞电影国际传播的挑战。

（一）传播类型多元

在早期对外传播的华莱坞电影中，动作片是最受国外观众喜爱的。2000年以前，以成龙为代表的动作电影在全球具有一定的影响力，海外观众对中国的印象只停留在"功夫""少林寺"等依靠动作电影传播出去的中华文化。[①] 随着中国经济和文化的不断发展，2000年后，越来越多不同类型的华莱坞电影被传播到全球，但是其中反响最好的电影类型依旧是动作电影。数据显示，中国电影在海外票房排名前三的分别是《卧虎藏龙》《英雄》《十面埋伏》，这三部华莱坞电影都是具有中国文化元素和中国精神的动作电影。随着时间的推移，越来越多不同类型的华莱坞电影在海外得到广泛好评。

2023年是华莱坞电影数量井喷和质量爆发的一年。春节档《流浪地球2》可谓一匹"黑马"，一经上映就创下了近年来国产电影海外票房的新高。截至目前，《流浪地球2》的全球票房是5.84亿美元，在国外的票房超过了1200万美元，成为2023年海外票房最高的华莱坞电影。《流浪地球2》的成

---

① 孙文杰：《成龙电影的国家认同》，四川师范大学硕士学位论文，2018。

功无疑是华莱坞电影走向世界的一个里程碑，它向我们展示了我国非动作类华莱坞电影全球传播的潜力。除了科幻类电影《流浪地球2》外，我国史诗级神话电影《封神榜》在国内上映，收获了24.37亿元的票房，排在中国影史票房榜第25位。电影主创们参加了威尼斯电影节，这也标志着正式启动了《封神榜》在海外的发行，《封神榜》海外首日票房也达到了1.87亿元。这些数据都充分表明《封神榜》在海外传播具有一定的成效。海外观众被电影中神秘的东方神话以及精良的特效制作所折服。《封神榜》蕴含道教和佛教传统哲学思想，"阴阳五行""道法自然""天人合一"等思想在影片中都得到了具体的体现。悬疑犯罪片《消失的她》刷新了2020年以来北美地区首周末华语电影票房纪录，街舞题材励志电影《热烈》荣获近年中国电影泰国票房冠军，反诈骗犯罪片《孤注一掷》连刷北美、澳大利亚、马来西亚多国票房纪录。这些成绩都在说明不同类型的华莱坞电影正一步步地走向全世界。

现在华莱坞电影正处于全新的转折点，有着更多的机遇和挑战，我们要抓住机遇、面对挑战，让全球看到华莱坞电影的多元化，通过华莱坞电影了解电影背后所包含的中华文化和中国精神，同时推动华莱坞电影国际化发展。①

（二）传播流媒体平台增多

随着互联网时代的到来，传统媒体在全球传播过程中发挥的作用日渐减弱，而流媒体平台在互联网发展的大格局下日渐兴起。流媒体指的是那些依靠流媒体技术的网站或者软件，是一种可在线实时观看并交流互动的音视频互联网产品。流媒体平台可以更好地让观众自由发表观点和看法，也可以让观众之间的交流互动更加频繁，让观众实现自下而上的议程设置，让每个人都能成为议程设置的主体。同时，流媒体平台可以使观众无须去电影院观看电影，在家就可以实现观影自由。这都是流媒体平台能够获得全球观众认可的重要原因。

随着中国国际地位的不断提高，越来越多的流媒体平台引入华莱坞电

---

① 付永春：《华莱坞电影研究》，《中华文化与传播研究》2019年第2期。

影，例如 YouTube、Netflix、Hulu、Viki 等国际化流媒体平台近些年对华莱坞电影的引入数量在逐年增长。《战狼》《后来的我们》《流浪地球 2》《消失的她》等国内爆款华莱坞电影被引入 Netflix。同时，一改之前单一类型的电影引入，Netflix 对华莱坞电影全面撒网，在题材的选择上逐渐多样化，对现实题材以及爱情类型的电影均有所尝试，这些国外流媒体平台是助推华莱坞电影"出海"的"大船"。同时我们国内的流媒体平台也不甘示弱，一直在积极拓展海外业务和打造海外流媒体平台。例如：Mango TV、WeTV、iQIYI 等国际版 App 都在为华莱坞电影的全球传播做出贡献。截至 2023 年 4 月，Mango TV 已覆盖 195 个国家和地区，WeTV 已覆盖 110 多个国家和地区，iQIYI 海外版已覆盖 191 个国家和地区。① 这些数据都在表明我们的海外流媒体平台逐渐被全球观众所接受。我国流媒体平台在海外的受众越多，也就越有利于华莱坞电影的全球传播，也能够让更多的全球观众通过流媒体平台感受到中华文化和中国精神。"借船出海"和"造船出海"对华莱坞电影的全球传播来说缺一不可。目前我国在国际流媒体平台上并没有处于有利地位，与全球领先的流媒体平台相比并没有太大的竞争力，因此我们需要与海外流媒体平台积极合作，将华莱坞电影传播出去，我们也要打造自己的海外流媒体平台，将主动权掌握在我们自己手中。

四 华莱坞电影全球传播的策略分析

在全球化的语境下，华莱坞电影的传播不只是在技术层面进行操作，还涉及共情传播和认同协商理论的应用。② 共情传播强调通过情感的联系和文化的共鸣使具有不同文化背景的观众产生共情，从而接受和理解影片所传达的价值观和思想。同时，通过协商和互动达成文化认同和理解不仅能够提高华莱坞电影在全球市场的接受度，还增强了其在国际舞台上的文化软实力。

---

① 杨小云、王婧：《流媒体平台助力电影对外传播策略研究》，《传媒论坛》2023 年第 11 期。

② 李志方：《论"华莱坞"类型电影的跨文化传播困境及应对策略》，《新闻爱好者》2016 年第 11 期。

（一）以情为系，传达的精神内核要符合时代精神

共情传播是跨文化传播中常用的传播策略之一，也是全球传播的催化剂。[①] 共情传播主要通过故事或者场景背后隐藏的情感来使受众产生共鸣和认同感，这种方式可以降低文化理解门槛、加快文化传播速度、加深文化内涵感受。通过共情传播，观众能够产生一种自我与他者之间的情感联系和情感认同，通过这种主体想象将自己带入电影产生观看快感，主动在社交平台进行互动交流。这一系列的主体自我意识的觉醒比任何外界的传播方式更有效果。在华莱坞电影的全球传播过程中，我们要牢牢抓住共情传播这一有效途径，结合精准传播的方式方法，将更多优秀的华莱坞电影传播出去。

以华莱坞电影《八角笼中》为例，该影片讲述了一名已经退役的中年拳击手带领一群穷苦孩子战胜命运、找到自己人生方向的故事。印度著名演员阿米尔汗也称这部电影展现了"像野草一样顽强"的特殊生命力，可以让观众感受到一种坚持不懈的情感，这种小人物通过努力最终获得成功、舍小爱为大爱的情怀能激发全球观众的共情，这也是《八角笼中》能得到海外观众认可的重要原因。作为首部被好莱坞翻拍的国产喜剧电影，《你好，李焕英》也是通过感人的母女情实现共情传播的，母爱在全球任何一个国家都是极为重要的，全球观众可以直观地感受到该电影中所描绘的母女情，这份情感在传达过程中不存在任何的文化壁垒。激起观众的共情是文化传播门槛最低也是最能让观众接受的一种方式。

我们所传达的精神内核要符合时代精神。随着社会的发展，每个时代所具有的时代精神都在动态变化和发展的过程中，从鸦片战争时期的英雄主义时代精神到现代的追梦精神、人文精神、工匠精神等都是不同方面的时代精神。《流浪地球2》之所以能够受到国内外观众的一致好评，除了其精彩的故事情节和演员的精彩演绎外，更重要的是电影中所传达的时代精神，电影中主角们通过密切合作最终实现了共同的目标，其中所蕴含的集体主义精神和团队合作精神都是全球各个国家所推崇的时代精神。主角在面对全人类存活的重要问题时能义无反顾地舍弃自己的生命去保护全人类

---

① 俞睿、周隽：《文化共情：中国动画电影的跨文化传播策略》，《江苏师范大学学报》2022年第4期。

的无私奉献精神也能够向全球观众展示中国的负责任的大国形象。华莱坞电影对这些时代精神的具象化诠释，让全球的观众感受到一种情感的共鸣，进而实现华莱坞电影的全球传播。

（二）通过认同协商理论促进华莱坞电影的全球传播

1. 跨文化传播视域下的认同协商理论

认同协商理论是由美国社会学家 Goffman 于 1959 年提出的，该理论最初认为一切的人类社会交往都要以"通过他者的认可从而达成一种协商的共识"为基础。"认同协商"是一种交互式的传播方式，通过传者与受者的互动，传者希望激发受者产生传者所期待的认同，同时挑战或者支持受者的认同。认同协商理论所关注的是在传播过程中传者如何进行传播来增强受者的认同，从而让传播内容更好地被受者所接受。

提出"面子—协商"理论的美国人际传播学者 Stella Ting-Toomey 首次将认同协商理论应用到跨文化传播实践，他指出积极有效的认同协商是实现有效跨文化传播的前提和基础。每个人在社会中都具有"多重自我认同感"，而个体自我认同感的基础和动力是人与人之间的交往，当然其中也包括跨文化传播。当个体的认同感和社会认同感具有极度的相似时，个体在进行跨文化传播时就会更加无障碍，同时这种积极的认同协商是传者和受者双方互相的尊重、包容与肯定，这也是实现有效跨文化传播必不可少的重要因素。

在进行跨文化传播的过程中，双方只有找到双方文化的共同点才能进行有效的跨文化传播。[①] 在进行交流互动时，双方要积极协商找出彼此都能认同的文化空间，在进行认同协商的过程中，双方并不是以说服同化对方为目的的，而是在协商之后找到共同之处从而达到跨文化传播的目的。这就要求我国在进行跨文化传播过程中以尊重为基础，放下偏见，以公平公正的姿态将中华文化传播到各个国家。实现有效跨文化传播也需要我们积攒足够丰富的跨文化知识和跨文化技能。将认同协商理论应用到跨文化传播中可以大大提高我国跨文化传播的质量和效率。

---

① 崔潇：《跨文化传播视角下的认同协商理论》，《华夏教师》2015 年第 7 期。

2. 认同协商理论在促进华莱坞电影全球传播过程中的应用

在认同协商理论的视角下，人们文化认同的核心动力是在与他人进行符号性传播的过程中形成的。[①] 符号是传播的最小单位，文化符号自然也是跨文化传播的重要载体。作为电影，华莱坞电影首先已经具备了语言这一完善的符号系统，但语言也是其他国家电影所具备的文化符号，因此我们需要创造出更具有中国特色的文化符号。

以美国漫威英雄系列电影为例，漫威电影中蜘蛛侠、钢铁侠、美国队长乃至美国队长的盾牌等标志性文化符号已经传播到全球并引起全球观众的喜爱和追捧。我们当看到这些标志性文化符号时，就能直接联想到一系列的漫威电影，这就是文化符号所具有的独特魅力。中国动作片在海外的受欢迎程度一直很高，在很长一段时间里，"功夫""武术"等都是华莱坞电影的代名词，尽管这些符号也传播了中华优秀传统文化，但随着时代的进步，如果没有对外传播出更多新的优秀文化符号，那么就会给海外观众留下一定程度的刻板印象。例如直到 2000 年仍有海外观众认为中国男人留着长辫子，女人要"裹小脚"，这正是长期的单一文化符号传播形成的文化壁垒，因此我们需要传播更多具有中国风格的优秀文化符号，让海外观众通过对文化符号的认同从而达到对华莱坞电影的了解和喜爱。

近些年来，华莱坞电影也在致力于将更多的优秀文化符号在电影中表现出来，例如汉服文化、茶文化、传统节日文化等，海外观众可以通过对这些文化符号的认同感对中华文化产生兴趣。[②] 以北京冬奥会上"冰墩墩"作为文化符号的影响力为例，一个优秀的文化符号能够使全球受众认同从而达成一种协商共识，这种共识对于文化符号背后所蕴含的文化内涵以及国家形象的传播都非常重要。因此，在华莱坞电影的全球传播中，我们也要将各种优秀的文化符号表现在电影中，激发全球观众的认同与喜爱。

五 结语

华莱坞电影对于中国文化发展的重要性不言而喻，它肩负着传播中华

[①] 孙英春：《跨文化传播学》，北京大学出版社，2015，第 67~68 页。
[②] 赵楠：《讲好中国故事的符号传播叙事研究》，《今传媒》2021 年第 10 期。

文化和塑造中国形象的重要使命。在目前全球动荡的局面下，我们更应该抓住电影产业对我国经济和文化的促进作用，将华莱坞电影以更多更好的途径传播出去，这不仅对我国的文化建设和经济建设起到重要作用，也是对我国国家安全和文化自信的维护。因此，不断推动华莱坞电影的全球传播是我们需要一以贯之的重要任务。

"网感"的指引与融入

——网络自制剧的内容生产研究*

戴 哲 杨婷婷**

摘 要 网络自制剧的内容生产遵循着一种"从消费到生产"的生产范式,即以"受众"为导向展开网络自制剧的内容创作。 由此"网感"成为连接网络自制剧内容生产与受众的中介。在此意义上,"网感"作为一个关键符号,如何指引和融入网络自制剧的内容生产成为值得被讨论的话题。"网感"符号主要从三个方面对网络自制剧的内容生成进行指引:网络自制剧内容生产源头的"触网";网络自制剧内容风格的"网感化"倾注;网络自制剧在内容制作上对"网生代"趣味的贴合。换言之,网络自制剧从内容生产源头的选择,到内容的风格形成,以及从外部对内容展开的互动制作,都融入了"网感",从而与受众实现了最大程度的契合。

关键词 网络自制剧;网感;内容生产;受众

自 2008 年优酷《嘻哈四重奏》播出后,国产网络自制剧凭借其独特的制播方式、短小精悍的优质内容以及轻松愉快的娱乐元素,赢得广大网民的关注。尤其是 2014 年,国产网络自制剧在经历"自制剧元年"高峰发展后,不断扩大制作规模和提高品质,出现了一批优质的剧集,其潜在的盈利价值,吸引越来越多影视制作人和资本涌入网络自制剧的市场,产业呈

---

* 本文系 2022 年度高等学校访问学者教师专业发展项目(项目编号:FX2022038)的研究成果。

** 戴哲,浙江传媒学院电视与视听艺术学院(纪录片学院)副教授、硕士生导师,文学博士,研究方向为当代影视剧传播;杨婷婷,浙江传媒学院硕士研究生,研究方向为新媒体传播。

现井喷式发展。

依据《2025 年中国网络视听发展研究报告》，截至 2025 年 3 月，中国网络视听用户规模达 10.91 亿人，网民利用率为 98.4%，其中新增用户主要来自低线城市。显然，网络视听用户的规模持续扩大且用户群体不断下沉，为网络自制剧的发展奠定了庞大的受众基础。[①]

《2024 年中国剧集报告》显示，2023 年，上线网络剧数量为 151 部，同比下降 11%，在"重点网络影视剧信息备案系统"中备案的网络剧有 199 部 4929 集，同比下降 20%。2024 年 1～9 月，备案数共计为 117 部，同比下降 22%，网络剧生产实现提质减量[②]。

国内对于网络自制剧的定义最早由钱珏提出，钱珏认为，网络自制剧是由互联网传送的，由上网计算机接收的，具有实时性、互动性特征的新的戏剧形式。[③] 随着网络自制剧的发展不再局限于戏剧的形式，当下针对网络自制剧的定义大多是：由视频网站或者影视制作公司自行选题专门为互联网制作，并通过互联网进行播放的剧集。对于网络自制剧而言，受众的消费诉求和审美趣味极为关键，经由对网络自制剧内容生产的探究，我们得见一种"从消费到生产"的生产范式，即以"受众"为导向进行网络自制剧内容的生产。这是一种倒置的生产范式，将受众的消费需求与网络自制剧的生产紧密缠绕在一起，从而形成互动，促使网络自制剧的内容生成。在网络自制剧与受众的互动中，"网感"成为一个重要符号被凸显出来。"网感"的出现当然与网络自制剧诞生于虚拟网络，其身上总有着不可磨灭的网络文化属性有关。换言之，在"从消费到生产"的这一范式之下，"网感"成为连接网络自制剧与受众的纽带，成为网络自制剧内容生成的关键因素。目前学界对于"网感"的定义仍然模糊不清。徐茂利曾对"网感"作出阐释，认为网感指的是能够理解网民的行为逻辑，并能依据其内在逻辑，创造出契合网民意愿的表达方式，使得他们能够接

①　《中国网络视听协会：2025 年中国网络视听发展研究报告》，199IT，https://www.199it.com/archives/1747323.html，最后访问时间：2025 年 3 月 28 日。

②　《〈2024 年中国剧集报告〉在京发布》，光明网，https://culture.gmw.cn/2024-12/26/content_37762903.htm，最后访问时间：2024 年 12 月 30 日。

③　钱珏：《"网剧"——网络与戏剧的联合》，《广东艺术》1999 年第 1 期。

受品牌和产品创意的一种能力。① 中国电视剧制作产业协会副会长兼秘书长王鹏举则提出："网感"就是对市场以及年轻人的思维方式和欣赏习惯的敏锐跟踪和适应。② 在笔者看来，"网感"就是以网生代为主体，拥有对互联网环境的感知能力，能够捕捉网络受众的审美趣味，并最终利用互联网语言进行表达，实现与受众之间的互动。其实质就是从网络受众的角度出发，考量网络受众的内容需求。在此意义上，"网感"作为一个关键符号，如何指引和融入网络自制剧的内容生产成为值得被讨论的话题。而具体的讨论将从三个方面展开：网络自制剧内容生产源头的"触网"；网络自制剧内容风格的"网感化"倾注；网络自制剧在内容制作上对"网生代"趣味的贴合。换言之，网络自制剧的内容生产，即从内容生产源头的选择，到内容的风格形成，以及从外部对内容展开的互动制作，都遵循了"网感"的指引。正因如此，网络自制剧的内容才能够与当下受众达到最大程度的契合。

一　网络自制剧内容生产源头：内容"触网"

在内容为王的时代，网络自制剧的内容生产源头的挖掘成为其内容生成极为关键甚至是首要的环节。由于早期的数字"移民"和数字"原住民"在互联网的长期培育下形成"网感化"的接受心理，网络自制剧在对内容生产源头进行选择时，必须仔细洞察受众的审美心理和消费诉求，从而尽可能选择具有"网感化"的内容源头。将"网感化"符号融入内容生产的源头，主要经由两个方面得以达成，其一，依据受众喜好进行原创孵化；其二，对网络文学 IP 进行挖掘。

（一）以受众喜好为导向进行原创孵化

丹尼斯·麦奎尔在《受众分析》中提出："受众是社会环境和特定媒介供应方式的产物。"③ 随着互联网技术的发展与新媒体平台的普及，受众的角色已然发生了变化，他们不仅仅是游走在不同媒体间的传播者、倾听者，

---

① 徐茂利：《网感的养成》，《国际公关》2015 年第 5 期。
② 黄启哲：《"网感"正悄悄改变中国电视编剧》，《文汇报》2016 年 6 月 10 日。
③ 〔英〕丹尼斯·麦奎尔：《受众分析》，刘燕南等译，中国人民大学出版社，2006，第 32 页。

更是参与内容创作的制作者。他们可以通过社交平台发表评论、表达意见、宣泄情感。传统媒体视野下的"观众"变成集内容生产者和文化消费者于一身的"产消者"。

年青一代是伴随互联网成长起来的，他们的价值观念、认知模式以及审美特征都与互联网的更迭息息相关，正因如此，他们的消费倾向呈现明显的互联网色彩。这类人群了解网络，对新鲜事物的接受度高，并且愿意在社交平台上"展现自己""表达自己"，他们更愿意选择性接触与自己观点相符合的信息，而不愿意接受与自己见解相异的信息。这样的受众心理对网络自制剧内容生产源头的挖掘起到了导向作用，促使内容要接近受众。内容选取权的"下沉"使受众能够借助任意平台进行内容的选取与创作，同时新媒体时代的开放性以及受众互动性参与为制作方在选择题材方面提供了丰富的灵感。

由于受众主体意识的增强，在网络自制剧的内容选取方面，要注重"受众"的中心地位，选取能够引发受众互动的话题。传统的影视剧大多会选择"精英"题材，这些精英的优越性会使受众产生逆反心理。而网络自制剧的内容大多贴近现实、贴近生活和满足普通大众的精神需求。2017年播出的《白夜追凶》是少有的原创影片，豆瓣评分9.0分、网络播放量高达48亿次，该剧成为2017年至今最为成功的网络自制剧之一。它的海外发行权被网飞（Netflix）公司获得，未来会在全球190多个国家和地区上线，成为首部在全球范围播出的国产网络自制剧。该剧的许多内容都是取材于现实生活，有对社会贫富不均、为钱结婚等社会现象的嘲讽，也有对主角"接地气"的塑造，主角并不是无所不能的超级英雄，而只是平凡人中的一员。这些网络自制剧的原创内容是编剧基于真实生活，根据社会热点进行的改编创作。这种"贴近"，是受众追捧网络自制剧的原因之一。

（二）网络文学 IP 的挖掘

IP 即知识产权，但现在更多指文学、音乐、游戏动漫等蕴含创作者心血的作品，这些作品有着强大的粉丝基础，具备不俗的经济潜力。IP 剧的改编是"跨媒介"叙事中最常见的形式，它就是通过视听语言对文本进行重新编辑，一部文学作品的转变不是原封不动的转换，而是根据视觉语言和受众的喜好进行改编。《2023 年文学改编影视作品蓝皮书》显示，2023 年全年主要平台播放的剧集约为 237 部，其中改编剧为 127 部，原创剧为 110 部。[①]改编剧比例超过一半，充分说明改编剧集内容生产的重要性。

IP 剧改编所带来的经济变现，促使各大视频网站纷纷加入版权的争夺阵营。爱奇艺在 2015 年就成立首个文学版权库，收集高品质、精品化的文学作品，将文学资源转变为商业资本。

这些作品在最初连载时，其粉丝的积极互动给予了文学创作者意见，从某种意义上说，这是一种众包形式的群体创作。所以网络文学本身具有"原著粉"的情感黏性，并且制作方可以根据"原著粉"的规模大小、类型来判断当下大众审美的趋向。《魔道祖师》（《陈情令》）的超话拥有 145 万关注者，阅读量高达 120 亿次，帖子数量 21.4 万个。在知乎上，相关话题有 2.3 万人关注，魔道祖师吧有 58 万名粉丝、帖子数量达 436 万个。在 IP剧制作之前，制作方会基于"原著粉"群体画像，通过大数据来收集受众的偏好，对不同年龄层受众所关注的内容、接受方式等进行评估，进而推出符合受众期待的作品。

同时，IP 剧的改编会融合互联网的元素，捕捉契合受众的审美喜好。例如《老九门》《鬼吹灯》等盗墓题材，将悬疑、江湖、盗墓等元素融入小说，满足了受众的审美需求。《微微一笑很倾城》将现实生活和游戏生活两个空间维度并行叙事，为受众创造奇特的游戏景观。《白夜追凶》的刑侦元素、《万万没想到》的"屌丝文化"等，这些网络自制剧的内容叙事都契合了当下受众的趣味，遵循了"网络潮流"的逻辑。

在内容为王的时代，"好故事"是网络自制剧生产的核心元素。所以不管是 IP 改编还是原创内容的孵化，都要依靠"网感"的指引选择适当的题材。而"源头"的准确定位能够为网络自制剧内容的进一步生成指引方向，使其形成具有"网感化"风格的内容。

二　网络自制剧内容风格创新："网感化"的倾注

网络自制剧为制作者提供一个狂欢的平台，在那里可以褪去刻板的面

[①] 中国作家协会社会联络部与中国传媒大学中国故事研究院：《2023 年文学改编影视作品蓝皮书》，未出版，2024。

具，有的只是无规矩的狂欢。制作者可以改变以往线性化、精英化、单一化的风格叙事，融入戏谑、诙谐、平民化、符号化等特征，营造别样的狂欢场景，这无疑表征着网络自制剧对"网感化"的追求。在此意义上，网络自制剧的内容，在风格上有着明显的"网感化"倾注，如注重平民化叙事风格、符号化的人物设置以及网络语言的运用。

（一）平民化叙事风格

对互联网依赖程度高、反叛权威、猎奇、强调差异是网络自制剧受众的普遍心理，他们渴望能够通过虚拟世界获得身份的认同。对权威崇高性的消解、对英雄神圣性的解构是网络自制剧独特的叙事风格。网络自制剧聚焦普通人，意图表达"草根性""素人"的真实生活，这是一种摒弃传达宏大的价值理念的风格创新。体现为对一切规则的摆脱，变成"写我所想""拍我所爱"的审美风格，企图弥合剧集与受众之间的空间距离感。换而言之，要"现实"而不要"主义"是网络自制剧内容风格的创新。

网络自制剧热衷于采用贴近生活的刻画方式，以平民／小人物的视角用幽默、诙谐、戏谑的语言批判社会中的不和谐现象，意图为受众提供宣泄情感的新的狂欢场域。《余罪》以痞子警察形象进行刻画，消解警察的无所不能，还原真实卧底警察的工作现状。小人物的加冕，批判社会的阴暗面，颠倒正统的人物形象，将神圣、英雄、权威的符号一一消除，迎合了受众的审美期待。《万万没想到》站在小人物的视角，用冷幽默的形式呐喊出不满，以易于接受的方式直击受众的痛点，将现实生活的黑暗面通过滑稽和戏谑的方式表达出来，能够产生强烈的戏剧效果。

网络是平等交流的场景，颠覆了传统精英文化所认为的价值理念，使大众文化能够融入其中，拉近制作方与受众、受众与受众的关系，使"距离感消失"。网络自制剧的受众不会按照传统的方式，在固定的场景下充满仪式感地去观看，而是通过无所不在的网络平台去获取审美体验。他们享受着互联网平台所带来的"现实虚拟"并逐步被"网感化"，同时会将个人身份代入剧情。因而，反对宏大的叙事、聚焦世俗的叙事风格更能获得网民的认同。

（二）符号化的人物设置

让·鲍德里亚（Jean Baudrillard）曾提出"符号消费"这一概念，他指出在消费社会，人们所消费的并非商品本身，而是商品所承载的情感内涵和价值意义。① 网络自制剧的人物形象具备"符号"的特质，这些人物形象指代社会上的某类人或者具有某种意义，但是这种指代并不是一成不变的，会根据当下的网络环境而发生变更，附带网络化的烙印。网络自制剧的演员形象主要有女神、女汉子、土豪等，这些角色主要是社会上的"小人物"。这些符号不同于以往约定俗成的含义，"能指"与"所指"有准确的对应关系，它们处于游离的环境来反映当下社会的环境。

"女汉子"是对女性符号的转变，摆脱了传统三从四德的观念，摈弃男尊女卑的思想，成为时代新女性的符号标志。在剧中"女汉子"形象大量出现，暗示着人们对性别审美的颠覆，通过打破性别的刻板印象，来迎合受众新的需求。"土豪"原本象征着缺乏社会地位、不受尊重，渴望利用钱财来获得心理的认同和尊重的一群人。但在网络的语境下，"土豪"变成调侃的符号以及含有戏谑情绪。

这些"符号"实则搭建着消费意义。用感性的话语修饰符号，来满足受众的需求和期待，为的是刺激受众对物化的符号进行消费。这些人物符号的应用，实则是当下"网生代"形象的真实写照，"网生代"对网络自制剧的内容产生共鸣，将自身代入虚拟空间，并跟着剧情的发展获得认同感，以此对网络自制剧进行消费。

（三）网络语言的运用

语言本来只是纯粹的符号，但随着场景运用，这些语言会立马改变性质，成为使用者的资源。② 台词是剧情中重要的组成部分，它能够刻画人物的性格，推动剧情发展。网络自制剧的台词改变以往语言运用的规则，通过拼接、模仿、错位等方式任意改变语言的组合规则，进而赋予语言新的意义。其中网络语言应用得最为广泛，网络语言伴随互联网发展而兴起，

---

① 〔法〕让·鲍德里亚：《消费社会》，刘成富等译，南京大学出版社，2000，第53页。
② 〔美〕伊哈布·哈桑：《后现代转向》，刘象愚译，上海人民出版社，2015，第62页。

有符号、表情、文字、英文等多种组合形式，它的出现提高了网民们在网上的聊天效率。久而久之，这种诙谐、逗趣的语言表达形式变成特定的语言，成为人们在日常生活交流中不可缺少的一部分。

网络自制剧是网络用语的栖息地，大量的网络语言被运用在内容制作当中。这些任意改造或组合的语言标榜着"前卫""时尚""独特"，符合"网生代"的审美趣味，其中有名人名言的改写、热点事件的调侃、流行用语的使用，这些生动形象的语言能够丰富人物性格，既瓦解了传统用语的权威，又提供了娱乐的元素。就如《万万没想到》中"爹啊，你真是太坑儿子了"，反讽"我爸是李刚"的坑爹现象；以及"我们要抵制导演，让导演滚出娱乐圈"指代的是"键盘侠"激进抵制个别明星的行为。用网络用语来调侃社会事件与热点，无形中拉近了网络自制剧与受众之间的距离，实现了社会热点的及时反馈、台前幕后的互动交流。网络自制剧会不断地创造新的网络语言，使得台词在脱离剧情后还能得到广泛传播，比如《万万没想到》中的"我只想做个安静的美男子""想想还有点小激动""今天你对我爱搭不理，明天我让你高攀不起"等。① 网络自制剧的网络语言的运用，将搞笑与人生哲理融合在一起，使得受众在获得笑料后又能有新的感悟。由此，网络自制剧内容在风格上相对于传统影视剧有所突破，在某种意义上是一种创新。换言之，通过利用平民化叙事、符号化内容设置以及网络语言附加来迎合网民的需求，网络自制剧的内容在风格上具有了"网感化"的特质。

正如网络自制剧内容源头和整体风格的"网感化"，其最终目的都是与受众形成良性互动、搭建起制作方与网民之间的互动桥梁。贴合"网生代"的审美趣味来对网络自制剧的内容进行互动制作也极为重要。

三 网络自制剧内容制作特点：贴合"网生代"趣味

网络自制剧的内容要根据圈层内受众的审美来创作，实现制作方与受众之间的良性互动。网络自制剧的受众大多数是"网生代"，他们深受互联

---

① 张冬艳：《"5w 模式"下我国网络自制剧传播特征研究——以〈万万没想到〉为例》，天津师范大学硕士学位论文，2015，第 24 页。

网的影响，具有"网感化"的审美。因而网络自制剧在内容制作过程中要让"网生代"的主体性生产融入整个网络自制剧生产流程。

（一）粉丝经济的推动

"粉丝"的力量之所以这般强大，是源于其自身的创作力与消费力。他们乐于为自身的狂热追捧而买单，进而产生一系列的传播行为和购买举动。也就是说，粉丝会将内心的仰慕之情投射到对事物的消费之中。如此一来，将粉丝与产品间接联系在一起，增强了粉丝的忠诚度。

张嫱在其著作《粉丝力量大》里，将"粉丝经济"界定为"以情绪资本为核心，以粉丝社区为营销手段增值情绪资本。粉丝经济以消费者为主角，由消费者主导营销手段，从消费者情感出发，企业借力使力，达到为品牌与偶像增值情绪资本的目的"。[①]"粉丝经济"即为爱付费。传播者打造出符合粉丝需求的产品，将"粉丝"的情感能量与商业价值相融合，引导粉丝的消费行为迈向市场化的方向。这种经济模式将粉丝转化为消费者，甚至是生产者。《2023年全国广播电视行业统计公报》显示，2023年网络视听收入达5642.81亿元，同比增长27.67%，其中用户付费、节目版权等服务收入达360.29亿元，同比增长12.48%[②]，粉丝对于会员付费的意愿正在逐步增强。

网络自制剧的粉丝主要有忠于某IP作品的"原著粉"、喜爱某明星的"个人粉"，以及推崇某意见领袖的"路人粉"。这些粉丝参与网络自制剧的内容生产是一种情感劳动，他们将自己的情感注入生产、消费当中。对于在消费社会背景下的粉丝，围绕在他们身边的是传播者所制作出的与他们审美相关的产品，即生产、销售与其相关联的特殊"符号"。在消费过程中，粉丝所消费的事物并非商品表层的实用价值，而是"符号象征意义"，即商品被赋予的"符号"，是一种认同感与归属感。这份情感促使粉丝心甘情愿地接纳传播者所制造的相关服务或产品，并乐意参与生产过程。网络自制剧在内容生产过程中往往采用"边拍边播"的形式，这样能够方便粉

---

① 林小桢：《浅析粉丝经济的发展》，《时代金融》2015年第3期。
② 《2023年全国广播电视行业统计公报》，国家广播电视总局官网，https://www.nrta.gov.cn/art/2024/5/8/art_113_67383.html，最后访问时间：2024年5月8日。

丝实时参与剧情。2014 年，阿里巴巴就推出"娱乐宝"项目，网友们出资 100 元即可投资影视作品，并且参与投资的粉丝还可以决定谁当导演、谁当男女主角。这种内容生产方式能够实时了解粉丝的需求，了解粉丝的圈层趣味，使网络自制剧能够得到更好的传播。

（二）用户思维的运用

网络自制剧从题材的选取、内容的策划再到内容的制作都体现互联网的色彩，基于互联网赋权，更是将用户思维进行极致运用。在"人人都是导演、人人都是编剧"的时代，个人的价值能够轻易得到体现，每个人都能发挥自身的作用。虽然通过虚拟世界所形成的个人与个人、个人与集体之间的关系是弱连接，但是在互联网的助推下，个人的力量能够在特定的环境下爆发，从而影响网络自制剧的内容生产制作。

网络自制剧的内容制作就是以用户为中心，将用户与制作方式和制作过程紧密联系在一起，做好网络自制剧的分众化的传播，黏合受众的情感，同时实现与用户之间"无缝连接"的互动。为了满足不同用户的消费需求、更好地打造网络自制剧的圈层效应，分众化的网络自制剧应运而生。

在进行分众化的网络自制剧内容制作时，首先要做到"用户先行"、倾听用户的心声。网络自制剧制作方除了可以通过弹幕获取用户的需求外，还可以通过评论、播放量、点赞量、每一次点击的时间、停留几分钟关闭等较为具体的数据来获取用户的观看信息。如《长安十二时辰》会在播出期间，通过搜集受众的即时评论、弹幕情况对画面、字幕、音效、观剧情感曲线等细节进行调整，并在播出后回顾总结，为宣发制定策略。

（三）"游戏精神"的加持

德国哲学家康德曾指出，人的潜意识不仅存在感性和理性的冲动，还存在第三种冲动，即游戏冲动。① 根据《2024 年中国游戏产业报告》，2024

---

① 王玉玮：《消费主义视域下中国网络自制剧的"游戏精神"》，《暨南学报》（哲学社会科学版）2015 年第 7 期。

年游戏用户规模为 6.74 亿人，同比增长 0.94%①，亦为历史新高。

网络自制剧依靠互联网平台应运而生，它的内容创作大多是对精英文化的打破，更多针对社会普通大众的现实生活进行刻画，以一种轻松戏谑的方式来表达对社会的看法。正因如此，网络自制剧在很大程度上带有一种"娱人"的游戏精神。

互动剧集是网络自制剧"游戏化"最明显的表现，受众可以一改以往的"旁观者"的身份，加入剧情的制作当中。由此，受众可以根据自身的喜好去选择剧情的走向，不同节点的选择会引发不同版本的结局。这种跟着主人公一同"打怪升级"的自主感能够更好地让受众代入剧情，从而使受众获得沉浸式的体验。《他的微笑》是国内首档游戏互动剧集，故事描述女主作为娱乐公司的艺人助理，主要工作是负责照顾五名预备组合成员。只有成员们成功出道，她才可以成为一名经纪人。面对现实的困难，主角会如何通过一步步"升级"来实现自己的价值，取决于受众的选择。还有《爱情公寓5》第 13 集以一个"盒子"作为故事的线索，点击打开是网友们的指引动作，有鼓励的、有建议的，但更多的是恶搞的，就在主角想要摆脱盒子的时候，发现怎么也摆脱不了。其实故事想传达的是有人喜欢有人嫌弃，活得真实才是关键。这种寓教于乐"游戏化"的内容，更符合"网生代"的审美趣味。

网络自制剧提供了一种"从消费到生产"的生产范式，即以受众为起点、以消费为导向进行网络自制剧的制作。因而，网络自制剧在内容制作过程中要始终将受众放在首位。不管是粉丝经济、用户思维运用，还是游戏精神的加持，无一不体现出对受众的重视和对"网生代"审美趣味的贴合。

四 结语

随着网络自制剧不断向精品化、高质量迈进，网络自制剧的制作门槛越来越高，优质的内容必然成为网络自制剧成功的关键。因而，网络自制

---

① 《2024 年中国游戏产业报告：收入 3257.83 亿元，用户规模 6.74 亿人》，今日头条，https://www.toutiao.com/article/7448834676652769842/，最后访问时间：2024 年 12 月 30 日。

剧制作方必须不断地挖掘互联网的传播规律，精准地把握"网生代"的消费需求，在精神层面引发共鸣，打造属于"网生代"的"狂欢场域"。其中就需要"网感"的加持，网络自制剧通过内容生产源头的"触网"、内容风格的"网感化"倾注，在内容制作上与"网生代"形成互动。网络自制剧从内容的开端到风格的形成再到外部对内容展开的制作，都遵循着"网感"的指引，这使得其内容与当下受众的消费诉求和审美趣味达到了最大程度的契合。

由于现在对于"网感"定义模糊，一些网络自制剧制作团队对"网感"理解不够清晰，会存在"伪网感"的现象。一些网络自制剧会突破底线，通过低俗、暴力、性暗示等内容来吸引受众观看，损害网络自制剧的艺术价值，降低整体内容品质，并且违反了国家的法律政策。因而，在进行网络自制剧内容生产时，如何更为准确地把握"网感"，尤其是如何合理化贴近并正确引导"网生代"的审美趣味，同样是值得关注的问题。

"用文物讲好中国故事"的影像呈现与价值引领

——基于 CGTN 中国文物报道的实证研究*

廖卫民　田佳琪**

摘　要　在全球化和数字化时代，如何更有效地利用文物资源讲好中国故事、增强文化自信、增进人类文明交流互鉴，是一个重要的课题。本文调用 Python 程序，以"Cultural relic"为关键词，对中国国际电视台（CGTN）官网进行数据爬取，获得 9797 篇相关报道，从中按相关性排序，并剔除无效样本后获得 908 篇报道，运用内容分析法，从报道类别、选题、报道方式等角度对 CGTN 的报道样本进行编码和统计分析，并结合案例分析和文本分析，探讨 CGTN "用文物讲好中国故事"在影像呈现和价值引领方面的基本模式。本文以 CGTN 为视角，考察中国文物在全球文明交流互鉴中的独特作用，进而探讨中国在全球化背景下对于中国文物在内容、视觉、叙事、认同等方面的跨文化传播策略。

关键词　文物报道；中国故事；国际传播；影像呈现

2024 年 4 月 16 日，《求是》杂志发表习近平总书记的重要文章《加强文化遗产保护传承　弘扬中华优秀传统文化》，这是对习近平总书记于 2013 年 8 月至 2023 年 9 月有关重要论述的节录。其中，有不少论述涉及文物工作，文章指出"要让文物说话，让历史说话，让文化说话"，"要加强文物

---

* 本文系 2020 年度教育部人文社会科学研究规划基金项目"家风与国运：中华家谱文化价值提升及其传播研究"（项目编号：20YJA850004）和 2022 年东北财经大学科研项目"文明交流互鉴视域下中国红色文化价值挖掘及全球智能传播研究"的阶段性成果。

** 廖卫民，东北财经大学人文与传播学院新闻系主任、马克思主义新闻观与全球传播研究中心主任，教授，研究方向为新闻学、新媒体、传播理论、红色文化、影视艺术及多学科交叉研究；田佳琪，东北财经大学人文与传播学院硕士研究生，研究方向为影视传播。

保护和利用"，"让收藏在博物馆里的文物、陈列在广阔大地上的遗产、书写在古籍里的文字都活起来，让中华文明同世界各国人民创造的丰富多彩的文明一道，为人类提供正确的精神指引和强大的精神动力"。① 习近平总书记对文物工作的论述，对于我们在全球化和数字化时代背景下，进一步思考如何更有效地利用文物资源讲好中国故事、增强文化自信、增进人类文明交流互鉴，提出了新的思想引领和工作要求，这也成为新闻传播学理论研究的重要命题。

一　问题提出：以 CGTN 为媒介考察如何用文物讲好中国故事

本文选取 CGTN 的文物报道作为典型案例，在跨文化传播的理论视角下，借助计算传播学的技术手段和经典传播学的理论方法进行综合分析，去探索中国文物报道呈现的总体格局和内在规律，从而启发我们思考如何让中国文物"活"起来、如何让中华文化"走出去"。对这些问题的研究，无疑具有重要的理论价值和现实意义。

在当今全球化的大背景下，跨文化传播不仅能够彰显文化的多样性，更能促进国家间的理解、合作与和平。然而，由于地域、政治制度、社会背景、文化习俗等差异，文化折扣的情况时有发生，甚至会出现文化误解，因此，能否找到一条适宜中国的跨文化传播路径尤其重要。作为传递中华文化的重要媒介与载体，文物积淀了中国的文化精华，成为实现跨文化传播的关键途径。本研究的理论价值在于把对中国文物内涵解读以及中华文化海外传播置于一种跨文化传播的理论背景之中，通过对 CGTN 平台之中关于英文"Cultural relic"亦即中文所指"文物"相关传播内容的全面分析，从报道类别、报道选题、报道方式等层面加以实证研究，并对其相应的跨文化传播策略进行深入思考，为中华文化海外传播事业发展探寻更优路径、更大空间。CGTN 于 2016 年 12 月 31 日成立，是一个多语种、多平台的新闻国际传播机构，旨在为全球受众提供准确、及时的信息资讯和丰富的视听服务，促进中国与世界沟通了解，增进中外文化交流与互信合作。CGTN 的

---

① 习近平：《加强文化遗产保护传承　弘扬中华优秀传统文化》，《求是》2024 年第 8 期。

官方网站，从某种程度上具有一种公共电子档案的功能，在该网站上可以检索查询到从其成立之后的各类公开报道，其中就有大量有关中国文物的新闻报道，包含了相当丰富的文字、图片、视频资料，从而为本研究提供了丰富的数据资源和研究材料。

二　文献综述：构建从"文物报道"到"数字化全球传播"的理论框架

文物报道、文物传播是本研究的重要主题词。在知网中，以"文物报道"为主题进行检索，共检索到中文文献 71 篇；以"文物传播"为主题进行检索，共检索到中文文献 277 篇。以上文献构成本研究在新闻学和传播学领域的主要相关论文文献。通过通读这批文献，我们可以大致构建一个从传统媒体的"文物考古报道"演进到"中华文物数字化全球传播"的理论分析框架。

第一，传统媒体"文物考古报道"的思路、方法、技巧和策略。从新闻学视角看，文物的报道往往被看成新闻报道的一种题材。具体而言，在新闻业务领域，文物报道一般被看成对文物考古活动的新闻报道，例如，孟西安总结采写文物考古报道的体会是处理好古与今、死与活、快与准的关系；[①] 袁庭栋则呼吁"应当用严谨的态度对新出文物进行报道"；[②] 韩晓玲认为文物报道专业性较强，要靠平时积累，才能在关键时刻"凭借专业知识捕捉亮点"，还要"注重追踪后期研究成果"；[③] 冯国则提出"做好文物考古报道三原则"即稳、准、巧；[④] 郭平提出要"以文物为立足点，以历史记载为支撑"，从而"引导读者以专家视角审视文物和历史"；[⑤] 庄电一提出应"让文物考古报道更有知识性，更耐看、更有可读性、更有吸引力"；[⑥]

[①] 孟西安：《揽宝写珍 鉴古知今——采写文物考古报道的体会》，《新闻战线》1989 年第 4 期。
[②] 袁庭栋：《应当用谨严的态度对新出文物进行报道》，《中华文化论坛》2001 年第 2 期。
[③] 韩晓玲：《打开新闻"富矿"的大门——对文物考古报道的思考》，《新闻前哨》2007 年第 10 期。
[④] 冯国：《稳、准、巧——做好文物考古报道三原则》，《中国记者》2014 年第 10 期。
[⑤] 郭平：《引导读者以专家视角审视文物和历史——关于如何在报道中激活文物历史文化的思考》，《记者摇篮》2019 年第 9 期。
[⑥] 庄电一：《我对文物考古报道何以情有独钟》，《博览群书》2023 年第 11 期。

龙文泱则提出"融媒体时代文物报道创新路径"主要在选题策划、用户思维和跨界联动三个方面①。综合上述多篇文献，可以看出传统媒体的文物报道思路从 20 世纪 80 年代至今已经发生了重大变化，完成了从趣味报道、信息传递到专家视角、跨媒介传播、注重品牌的时代演进；当然，文物报道应始终具有知识性、专业性、学术性、趣味性、历史性和公共性等特质，依然需要有尊重历史、探索价值的发现力，需要有讲故事的技巧，需要有贴近受众的姿态。

第二，不同媒介形态下"文物传播"的思路、方法、技巧和策略。从传播学视角看，文物传播的媒介形态，早已不限于传统的报纸、杂志等媒体，更多的学者侧重讨论博物馆的空间媒介和文物实体展示，探讨纪录片、电视综艺节目等影像媒介的展示。学者们近年来更多地探讨各种各样新媒体当中的"文物传播"，以及纷繁变化的数字化文物传播形态。例如，武新宏探讨纪录片《当卢浮宫遇见紫禁城》的跨文化传播理念与效果，认为该作品"通过文物背后故事的讲述使一件件看似冰冷、没有生命的物品变得温和、灵动而富有情感"。② 黎泽潮、刘传雷从媒介价值论视角探讨文物的传播功能，他们认为："历史传播的媒介本身是一种具有文化价值的珍贵物质形态——文物、古迹、文献等，这些媒介连同它们所承载的历史信息一起构成了对当时真实面貌的映照。"③ 刘霞界定了文物资源传播的多种类型形式，如"宣传类""活动类""故事化传播""创意化传播""文旅融合式传播"。④ 李飞群以舟山博物馆为例，探索让文物"活起来"的传播实践，尤其是探索运用新兴技术让文物展示从静态转为动态、以"鲜活"的形式走向观众的方式。⑤ 这些不同形式的文物传播，突破了文物报道的局限，展示了全方位的文物传播格局，学者们探讨了不同媒介形态下"文物传播"的思路、方法、技巧和策略。

---

① 龙文泱：《融媒体时代文物报道创新路径》，《中国记者》2024 年第 1 期。
② 武新宏：《国际视野与现代表达——纪录片〈当卢浮宫遇见紫禁城〉跨文化传播理念与效果探析》，《现代传播（中国传媒大学学报）》2011 年第 6 期。
③ 黎泽潮、刘传雷：《媒介价值论视角下文物的传播功能——从探讨中国南方文明起源说起》，《阜阳师范学院学报》（社会科学版）2012 年第 6 期。
④ 刘霞：《齐鲁文物资源传播现状、问题与对策研究》，《人文天下》2021 年第 9 期。
⑤ 李飞群：《"让文物活起来"背景下博物馆展示传播的思考与实践——以舟山博物馆为例》，《东南文化》2022 年第 S1 期。

第三，从"文物报道"到"中华文物数字化全球传播"的演进及展望。近年来，更多学者进一步探讨如何通过文物讲好中国故事。例如，陆建松提出"要讲好文物的故事，必须构建完整、有效的文物故事传播体系"，"做到见物、见人、见精神"。① 陆建松提出"要广泛利用新媒体，例如动漫、AR 和 VR 技术、微信、微博、网站、手机 App、在线视频等，持续推动文物故事传播的知识化、通俗化、趣味化、体验化、文娱化、网络化、网感化、视频化"。② 张建国在论及数字博物馆全球化传播问题时，提出"打破技术壁垒、行业合作互联互通、避免文化外溢、商业合作共赢、建立独立运行模式以及虚拟现实技术实践应用"等意见和建议。③ 童清艳认为当前迫切需要构建"认同、分层与传播"的中华文物遴选机制，要"从文物的物化形态、文化形态，以及秉承铸牢中华民族共同体意识和树立人类命运共同体思想三个方面，对文物中的文化主题进行分析"，从而构建"数字化全球传播体系"，还要"借助各类数字技术"，"使文物活化起来，让其蕴含的中华优秀文化借助数字技术跨越物理时空，达成无国界的全球传播"。④

总之，从"文物报道"到"中华文物数字化全球传播"的演进及展望中可以看到发端于文物报道的各种拓展方向和媒介传播形态，可以看到数字化时代全球传播的未来前景。上述这些研究为本课题研究提供了一个宏观的理论分析框架和纵向的历史观察维度。

三 研究方法：基于 CGTN 官网的数据挖掘与内容分析

（一）数据挖掘：运用 Python 程序挖掘 CGTN 官网的中国文物报道数据

作为中国对外传播的官方媒体，CGTN 始终紧跟国际热点、关注国内外

---

① 陆建松：《如何讲好中国文物的故事——论中国文物故事传播体系建设》，《东南文化》2018 年第 6 期。
② 陆建松：《如何让文物真正"活起来"：问题与建议》，《博物馆管理》2020 年第 1 期。
③ 张建国：《数字博物馆对文物保护与全球化传播的保障策略研究》，《情报科学》2022 年第 2 期。
④ 童清艳：《中华文物的数字化全球传播研究》，《西南民族大学学报》（人文社会科学版）2022 年第 6 期。

文化动向，在对外文化输出的同时，促进国际文化交流。从 2016 年 12 月 31 日开播，到 2024 年 3 月，CGTN 的推特平台账号显示，CGTN 已发布 299300 条内容。本研究运用 Python 中的 Requests 板块，以 Cultural relic 为关键词对 CGTN 官网（https://www.cgtn.com）的中国文物报道内容进行信息采集。最终，一共采集到 9797 篇相关报道的数据信息。

（二）数据整理：从 9797 篇自动采集数据集中确定 908 篇中国文物报道内容

依据 CGTN 官网自带的相关性排列，且考虑到研究目标与这些新闻报道的相关性，选取前 1000 篇报道进行研究，经过人工审核，剔除相关性较弱及重复性报道，最终确定 908 篇报道（见表 1），时间跨度为 2018 年 6 月至 2024 年 3 月。

表 1　CGTN 的中国文物报道样本采集（部分内容）

报道标题	报道形式	报道内容	发布时间
Why China needs more cultural relic "doctors"? 为什么中国需要更多的文物"医生"？	图片+视频	The Palace Museum will build the first culture relic medical school in China in cooperation of higher education institutes to train more cultural relic doctors, said the vice director of the Palace Museum on Sunday.	2019-03-03
China condemns UK auction of looted cultural relic 中国谴责英国拍卖被劫掠的中国文物	图片+视频	China's State Administration of Cultural Heritage has strongly condemned the UK auction of a cultural relic suspected of being illegally obtained from the country. The piece of relic is suspected to have been looted from Yuanmingyuan or the Old Summer Palace, in Beijing during the Second Opium War from 1856 to 1860.	2018-06-28
Cultural relic Protection: Cultural relic vocational skill competition in Taiyuan 文物保护：太原市文物职业技能竞赛	图片+视频		2023-03-26

续表

报道标题	报道形式	报道内容	发布时间
Lost cultural relic returns to China after 40-year journey overseas 失落文物历经 40 年海外之旅后回到中国	图片	A national-level cultural relic, a bronze vessel from the Western Zhou Dynasty (1046–771 BC) known as the "Feng Xingshu Gui," arrived safely in Beijing under special escort on January 28, ending its 40-year journey overseas and returning to the embrace of China, the National Cultural Heritage Administration (NCHA) announced on February 7.	2024-02-08
24 immovable cultural relics damaged to "varying degrees" in Gansu 甘肃 24 处不可移动文物 "不同程度" 受损	图片	Cultural relic authorities in northwest China's Gansu Province have been organized to carry out a large-scale investigation into the damage to cultural relics caused by the magnitude-6.2 earthquake that took place on Monday midnight.	2023-12-24
New Great Wall relic found in north China mountains 中国北方山区新发现一段长城的遗迹	图片	Archaeologists in north China's Hebei Province have discovered a new Great Wall relic built during the Ming Dynasty (1368–1644) to guard against northern invaders.	2018-12-29
Old Summer Palace starts new round of cultural relic restoration 圆明园启动新一轮文物修复	图片+视频	The Old Summer Palace has launched a third phase of a restoration project "Restoration 1860" to repair broken cultural relics.	2020-12-27
Film crew fined 200000 yuan for damaging cultural relics in Nanjing 某电影摄制组在南京因破坏文物被罚款20 万元	图片	A film crew has been fined 200000 yuan (US $ 29366) for demolishing and renovating a cultural relic site in Nanjing city, Jiangsu Province, and has been ordered to return the site to its original state.	2018-06-28
Buddhist relic venerated in Famen Temple 法门寺供奉佛教文物	图片+视频	Buddhists and laypeople alike from all over the world prayed for peace and promoted Buddha's influence at Famen Temple in Baoji City, northwest China's Shaanxi Province on Thursday, in a ceremony marking the 30th anniversary of the recovery of the Buddha's finger relic.	2018-06-28
China to step up use of technology in cultural relic protection 中国将加强文物保护技术应用	图片	China plans to strengthen its protection and research of cultural relics with science-and-technology-led innovation over the next five years, Vice Minister of Culture and Tourism Li Qun said on Wednesday.	2021-11-03

（三）内容分析：针对 908 篇中国文物报道的类目建构与内容编码

1. 编码分类设计

在本研究中，编码分类设计旨在捕捉报道中的关键元素，以便对文物传播的各个方面进行全面分析，在对本研究收集的样本进行通读之后，根据研究目标确定编码的初步框架和分类标准。由本文作者之一和另两位具有编码经验的新闻传播学硕士研究生共同作为编码人员，对选取的 908 篇报道进行编码。先从 908 篇报道中随机选取 100 篇，进行编码尝试，以检测分类的有效性和可行性，最后基于初步编码的结果，制定详细的编码指南，包括每一个类别的定义、包含的内容和编码规则。

2. 编码检验

接下来运用 SPSS 软件对三名编码员关于报道类别的编码数据进行信效度检验，得出编码员 1 和编码员 2 所编数据 Kappa 值为 0.867，编码员 1 和编码员 3 所编数据 kappa 值为 0.855，编码员 2 和编码员 3 所编数据 kappa 值为 0.923，算出三者的平均系数值为 0.887。一般而言 kappa 值<0.40，一致性较差；0.40≤kappa 值<0.75，一致性一般；kappa 值≥0.75，一致性较好。最终 kappa 值为 0.887，说明编码员之间一致性较好。对存在差异或不一致的编码项，本研究人员会进行讨论和调整编码指南。CGTN 的 908 篇中国文物报道的内容编码表与统计数据见表 2。

3. 类目构建与编码表

表 2　CGTN 的 908 篇中国文物报道的内容编码表与统计数据

一级编码	二级编码	频次（篇）	占比（%）	Kappa 系数
报道类别	文物保护与修复	111	12.2	0.887
	文物交流与合作	223	24.6	
	文物宣传与展览	130	14.3	
	文化教育与传承	31	3.4	
	文物传播与报道	233	25.7	
	文物价值与意义	25	2.8	
	文物发现	22	2.4	

续表

一级编码	二级编码	频次（篇）	占比（%）	Kappa 系数
报道类别	文物回归	36	4.0	0.887
	文化产业价值	97	10.7	
报道形式	单一图片	89	9.8	1
	文字+图片	383	42.2	
	图片+视频	210	23.1	
	文字+图片+视频	226	24.9	
报道时间	2018 年	188	20.7	1
	2019 年	160	17.6	
	2020 年	71	7.8	
	2021 年	102	11.2	
	2022 年	84	9.3	
	2023 年	254	28.0	
	2024 年（第一季度）	49	5.4	

四 研究发现：CGTN 中国文物报道的类目统计与初步分析

运用内容分析法，将上述 908 篇报道进行分类编码，不同类别的报道数量占比如图 1 所示。从图 1 可以看出 CGTN 报道的重点领域为文物传播与报道、文物交流与合作、文物宣传与展览、文物保护与修复，可以看出 CGTN 的报道方向大多为外宣，目的是促进文物传播以及文化交流。为统计出不同类别报道的内容都聚焦在何处，本研究对文物传播与报道、文物交流与合作、文物宣传与展览、文物保护与修复四个类别绘制出词云并略作分析。

（一）文物传播与报道的词云分析

在各类报道中，文物传播与报道占第一位，cultural heritage、Live、Chinese、ancient 是这类报道中经常出现的词语（见图 2）。

文物传播与报道，是 CGTN 关于文物报道中数量位于第一的内容，它包含的内容很广泛，既报道文物、文化节目的信息，也报道中国在文物、文化等层面上的行动与政策。中国拥有 5000 多年的文明，在其发展的过程当

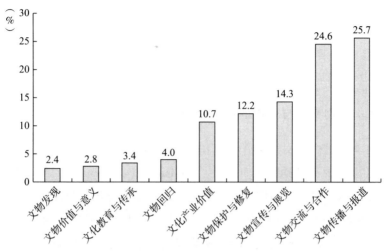

图 1　908 篇中国文物报道的主题类别统计

图 2　文化传播与报道词云

中，本身就有对外传播的历程，在对外传播时要讲述许多带有中国符号的文化故事，CGTN 通过故事化的表述和影像的呈现，带给国际受众丰富生动的体验。对此，CGTN 不局限于宏大叙事，它往往从小的层面切入，将中国的各个地方的文物传播价值点挖掘出来，将立体全面的中国形象展现给外国受众。CGTN 报道了凤凰古城、佛山、新疆、四川、大连、长春等中国不同地方，每个地方都有自己的文化魅力。

中国关于文物报道和文化传播的节目，经常在 CGTN 报道中进行预告。

除此之外，还会用数字化手段进行直播，让国外受众沉浸式地感受中国文化，比如，直播北京最大的灯会、直播参观陕西历史博物馆、直播中国宝藏在巴黎"复活"等。在这类报道中关于直播的报道高达 50 篇，可见CGTN 对于直播形式的青睐。

（二）文物交流与合作的词云分析

在各类报道中，文物交流与合作这一类别排在第二位。在此报道类别中，词云显示的高频词是 exchange、international、cooperation 等，这些单词代表了中国与世界上其他国家在文物领域的交流与合作（见图 3）。

CGTN 往往以文物为媒介，积极报道中国与世界各国进行文化交流的政治会议和国际行动，这也是 CGTN 文物报道的重要题材。例如，金砖国家举办文化节促进文化多样性；再如，成立非洲孔子学院。这些报道显示中国在全球文化传播中做出了重要贡献。"一带一路"是中国发起的促进各国交流的重要倡议，也是 CGTN 报道的重点。经过梳理分析，可以发现 CGTN 报道的重点一般放在"一带一路"的对外宣传和公共传播上，比如《消除误解：为什么一带一路不会引发文明冲突？》（"Dispel misunderstandings：Why does the Belt and Road not trigger a clash of civilizations"）、《丝绸之路文化交流溯源一千多年》（"Tracing the cultural exchange along the Silk Road to more than 1000 years ago"）等报道。

图 3　文物交流与合作词云

（三）文物宣传与展览的词云分析

在各类报道中，文物宣传与展览占第三位。在此报道类别中，词云图显示的高频词是 Museum、exhibition 等（见图4）。在此类报道中，CGTN 经常发布中国举办的各种展览以及中国在国外举办的各种文化展览的相关信息，比如巴黎举办的数字展览展示中国的文物，北京举办的陶器展、绘画展、三星堆展览、敦煌艺术展、丝绸之路宝藏展等，而 CGTN 的报道给这些展览以国际关注度。

中国和国外合作举办的展览数不胜数，例如，在莫斯科举办的中国西部文化活动、在尼泊尔举办的展览展示中国艺术、中国在沙特阿拉伯举办的首个重大文物展览等，还有中国旅游文化周在斯德哥尔摩开幕、中国内蒙古文化周在斐济举行等。CGTN 的宣传，让中国的文物和中国的文化在世界上得到关注，让中国灿烂的文明在全世界的各个地方都能得到认可，进而提高中国文化软实力。

图4　文物宣传与展览词云

（四）文物保护与修复的词云分析

在各类报道中，文物保护与修复占第四位。对于文物保护与修复的相关报道，出现频率最高的词语是 protection 等（见图5）。这部分报道大概分为四类：一是中国参与国际上的文物保护；二是中国对自己文物进行的保护；三是中国探索新技术进行文物修复；四是中国与其他国家共同促进文物保护。世界遗产的保护是世界人民共同的责任，世界各国人民都应该意识到文物保护的重要性，CGTN 向国际社会报道了中国运用新技术进行文物修复的内容。例如，2019 年西藏投入超过 1.1 亿元保护文物、中国建立首个模拟实验室保护文物等。不仅如此，文物修复需要更多的人才，国家需要培养更多的青年技术人才加入文物修复的过程当中。

图 5　文物保护与修复词云

在行动上，CGTN 也报道了中国在文物修复上的贡献，比如上海设立中国文物修复学院、故宫博物院副院长呼吁中国需要更多的文物医生等。在文物修复阶段，中国用自己的声音呼吁全球对文化遗产进行保护，习近平总书记对此发表过多次讲话，而 CGTN 也将讲话传到全球，引发各国对文物修复的重视，各国互帮互助为文物修复注入更多新的力量。文物不仅是精美的艺术品，也是中国故事的讲述者，更是历史的记载者。

综上所述，在 908 篇中国文物报道样本当中，在选题上最多的两类内容是文物传播与报道、文物交流与合作，大约各占 1/4，第三、四类分别是文物宣传与展览、文物保护与修复的报道，两者相加大约占 1/4。

五　影像呈现：CGTN 中国文物报道的文化旨趣和人情温暖

CGTN 擅长以图片和视频进行报道，在总体 908 篇报道样本当中，运用视频的占 48.0%，已经接近一半，这与 CGTN 的央视背景有密切关系。运用单一图片或"文字+图片"形式的，占 52.0%。这样加起来，可以说是

100%应用了影像素材。下文就一些具体报道，来探讨分析 CGTN 中国文物报道如何用影像生动呈现中华文化魅力。

（一）CGTN 中国文物报道在影像中呈现独特的文化旨趣与丰富知识

CGTN 除对标志性文物（例如三星堆）报道频率很高之外，还大量报道各地代表性文物及其他古器物，比如，对乐山大佛、彩绘陶器、圆明园铜首、唐三彩、金银器皿、硬币、锭子、餐具、珠宝和服装等都有精彩的报道。

例如，《甘肃 24 处不可移动文物"不同程度"受损》报道了甘肃地震造成的文物损害状况。24 件不可移动的文物受到不同程度的损害，积石山县博物馆的 11 件彩绘陶器受损，由此展现出文物修复的迫切性。报道中使用的"甘肃炳灵寺石窟因地震暂停开放"图片也能让受众对文物的损坏感到惋惜。报道自然灾害对文化遗产的即时影响，既强调了保护和恢复的紧迫性，也提醒公众关注文化遗产在灾害中的脆弱性和保护文物的重要性。《圆明园启动新一轮文物修复》报道北京圆明园管理处启动"修复 1860"工程，对西洋楼出土的 24 件文物，包括彩色琉璃、康熙青花龙凤纹碗等瓷器，以及被掠夺 160 年后归还的圆明园铜马头进行修复。

再如，《明末战场遗址出土文物一万余件》报道了考古学家在四川江口沉银古战场遗址的最新一轮挖掘中发现的 10000 多件文物，主要是金银制品，其中最引人注目的是一枚带有乌龟形旋钮的方形金印，这是在中国第一次发现这种极具价值的文物。该报道通过提供金印的详细描述及其历史意义（比如解释"蜀世子宝"的含义），强化了文物的历史背景，这不仅让观众理解文物的文化重要性，还激发了观众对中国历史的兴趣和探索欲望。CGTN 通过这篇报道成功地将中国文物的发现转化为一个多维度的教育和文化传播事件，展示了 CGTN 在全球文化遗产报道中的专业性和深度，为公众提供了丰富的知识资源。

（二）"唐三彩载乐骆驼俑"文物报道在影像呈现中凸显盛唐气象和人情温暖

《陕西历史博物馆展出唐三彩载乐骆驼俑》的报道对文物进行讲述的方

式具有很强的代表性，下文对其进行文本分析。

在新闻标题之下，就是一段时长为 1 分 45 秒的讲述唐三彩载乐骆驼俑在陕西历史博物馆展出的新闻报道视频，该视频对于其中的文物唐三彩载乐骆驼俑有细致的影像呈现，该俑的整体造型、局部特写、精神风采都得到了多角度和多层面的展示，该视频配有讲解文字，让受众体会到古人艺术技艺的高妙。对该新闻报道的文本内容一一细读，就能读出深厚内涵与价值底蕴。

The Shaanxi History Museum showcases a tri-colored glazed pottery camel from the Tang Dynasty, which is said to perfectly reflect the rich imagination and superb art of the people living in the era during that time. The national treasure-level cultural relic dates back to more than one thousand years ago and is attracting everyone's attention.

第一段报道描述了作为物理存在的"唐三彩载乐骆驼俑"，传达了它背后的文化和历史意义，强调了该文物的"国宝级"地位和"超过 1000 年"的历史，这种方式扩展了报道的视角，将单一的展品放入了中国文化遗产的宽广框架中，提醒全球观众关注和欣赏中国丰富的历史和文化。

The Tang Dynasty was the most glorious time in ancient China. Its capital Chang'an was the largest and the most prosperous metropolis in the world at the time. The cultural relics from the dynasty are the reflection of the inclusiveness of the era and the achievements attained through creativity.

这篇报道通过提到"唐代是中国古代最辉煌的时期"这一信息，立即设定了唐代在中国历史上的重要地位。这有助于全球观众认识到展示的唐三彩载乐骆驼俑不仅是一件艺术品，更是一个历史时期的代表；报道提到"长安是当时世界上最大、最繁荣的都市"，这不仅强调了唐代的繁荣，也将"盛唐气象"包含的中国文化影响力放在了全球视野中。报道讲述的"文化遗产反映那个时代的包容性和通过创造力获得的成就"的故事，不仅是对文物本身的描述，也是对唐代文化特性的总结。这种方式使得唐三彩载乐骆驼俑不只是一件展品，更是唐代文化多样性和创新精神的缩影。

Guo Weilu from Shaanxi History Museum says: "How can a camel carry eight people on its back? But when we see this artwork, we feel that it is so harmonious, without any feeling of crowding or exaggeration. This is the perfect combination of art exaggeration combined with real-life by craftsmen in the Tang Dynasty. It also reflects its rich imagination. "

通过人物的反问"一头骆驼怎能驮八个人？"引起观众的好奇。这个问题不仅描绘了唐三彩载乐骆驼俑的独特性，也突出了其超越常规的艺术表现，使观众产生了探索背后故事的兴趣；然而，解释这种艺术作品的和谐感和无夸张感，是"艺术夸张与现实生活的完美结合"，这种描述不仅展示了文物作品的艺术价值，也表达了唐代工匠的高超技艺和丰富想象力。通过提及唐代工匠，报道联系了这件艺术品和其时代背景，使得这件文物成为连接现代观众和唐代历史的桥梁。这样的叙述不仅增加了文物的历史价值，也使观众在欣赏美术品的同时，学习到相关的历史知识。

Although the cultural relic was made a long time ago, its colors can still be clearly seen.

这句话指出"虽然这件文物制作于很久以前，它的颜色仍然清晰可见"，突出了该文物虽然历史久远但仍保持良好的保存状态。这不仅展示了文物本身的高质量，也让观众直观地感受到这件文物的历史价值和艺术美。随后，该报道还提到丝绸之路，将唐三彩载乐骆驼俑与丝绸之路的经济和文化繁荣联系起来，在传播中国文物的同时，向世界展示古代中国与其他文明的交流和互动。

Guo said: "The camel is called the boat of the desert, the best companion of people on the journey, so in the Tang Dynasty, a large number of camel-themed artworks appeared. Along the Silk Road, the business journey is very lonely and arduous, but people still maintain a positive, optimistic attitude and this is what the artist wants to convey to us. "

CGTN 采访了陕西历史博物馆的工作人员郭玮璐，她用"沙漠之舟"这一形象比喻描述骆驼，强调了骆驼在古代丝绸之路贸易中的重要作用。这不仅展示了唐代人民对骆驼的重视和喜爱，也反映了那个时代艺术创作的丰富和多元。这篇报道指出丝绸之路的商业旅程非常孤独和艰难，但人们仍然保持积极乐观的态度，这一描述不仅讲述了丝绸之路上商旅的实际困难，更重要的是展现了古代人民面对困难的积极态度，而这种乐观精神与当代观众的价值观相呼应，有助于传播一种跨越时空的共通文化情感，增强文物的现代传播力。最后一句"这正是艺术家想要传达给我们的东西"，则从人文关怀的角度使得文物报道不仅是对物质文化的展示，更是对艺术家情感世界和创作精神的探讨，让观众能够更加深入地理解和感受这件文物背后的艺术价值和人文意义，让观众看到影像所呈现的人情温暖和文化精髓。

CGTN在上述案例当中，擅长在影像中寻找有趣的易于传播的价值点、兴趣点和知识点，或加以凸显和发挥，或加以阐释和解说，就使得报道更为生动形象，其中蕴含的文化精神也容易得到传扬。

六 价值引领：CGTN中国文物报道的重点方向与传播视角

通过对908篇报道的详细检索和分析，发现CGTN在报道中国文物和文化遗产方面，特别偏好故宫、三星堆、圆明园、敦煌石窟等历史遗迹和古迹。

（一）"故宫"报道的个案分析

笔者从908篇报道中挑选出具有代表性的关于故宫的6篇报道，这6篇报道从不同的角度展示了故宫的多样性和文化价值，所有报道都强调了故宫作为中国文化遗产的重要性，无论是培训文物医生、举办论坛，还是举办展览，故宫都致力于教育公众和传承传统文化。CGTN在报道中会介绍遗迹的历史背景和建筑特色，突出其在中国历史上的地位。CGTN会强调故宫（紫禁城）是明清两代的皇家宫殿，是中国文化的象征。

在《在春天遇见紫禁城》（"Meet the Forbidden City in Spring Time"）报道中，故宫被描述为中国的文化图标，象征着丰富的历史遗产和深厚的文化传统。这不仅体现在其壮观的建筑和庞大的规模上，还体现在它所收藏的各种珍贵文化遗物上，这些文物反映了中国几个世纪以来的艺术和工艺水平。除此之外，CGTN还强调了故宫从皇家宫殿向公众博物馆的转变，加深了人们对中华优秀传统文化的认识和理解，这样更利于打破文化壁垒。

关于故宫、圆明园、颐和园的文物内容的传播，关于文物古迹的保护和修复工作等，都是 CGTN 的报道重点。除了上述报道之外，CGTN 在多篇报道中提及故宫与国际社会的合作，如与意大利团队合作修复，或邀请国际专家参加文化遗产保护论坛，展示故宫在全球文化交流中的积极角色。与此同时，不少报道显示故宫采用了现代技术和新的传播方式，如通过采用 3D 技术、参加电视节目等来吸引和教育公众，使传统文化以更吸引人的方式呈现。

《故宫博物院将建学校培养"文物医生"》（"Palace Museum to Build School to Train Cultural Relic 'Doctors'"）这则报道实际是"两会"报道当中的"委员通道"的视频报道，全国政协委员、故宫文物医院院长宋纪蓉在回答记者提问时表示故宫博物院将和一些高校合作建设中国第一所文物医学院，专注于培养专门的文物修复专家，即文物医生，这篇报道强调了专业技能在文化遗产保护中的重要性。《紫禁城 600 年："文物医生"为老文物带来新生》（"600 Years of the Forbidden City: 'Cultural Relic Doctors' Bring New Life to Old Artefacts"）这则报道是在 2020 年故宫 600 周年大庆之际，专访了故宫的文物医生们。王有亮是青铜器修复专家，他讲述了自己修复一个青铜酒器的难忘经历，"它的主体已经完全断裂，最小的碎片已经碎成了大豆大小的碎片，修复起来非常困难，我们花了一年多的时间才修复好"。在视频当中，我们可以看到文物医生都穿上特殊的衣服和手套，并非常仔细地观察每一件物品。这篇报道从非常具体生动的文物修复细节和新老"文物医生"传承等方面展示了故宫文物背后的精彩故事和故宫的价值魅力。

《故宫博物院分享文化遗产保护知识》（"Palace Museum Shares Cultural Heritage Preservation Know-how"）这则报道以第三届"太和·世界古代文明保护论坛"为由头，探讨了如何保护世界古都的文化遗产，强调了城市化和自然灾害对古都的威胁，以及如何通过国际合作解决这些问题。时任故宫博物院院长的单霁翔在接受记者采访时表示这已经是故宫博物院举办论坛的第三年了，太和论坛始于 2016 年，旨在促进不同文明之间的对话。《故宫博物院文物展》（"Cultural Relics from Palace Museum on Display"）这则报道聚焦于故宫博物院将更多藏品带出去展示，让更多公众有机会近距离欣赏这些文物，扩大了文物的公共接触面。《故宫博物院采用现代方式弘扬传统文化》（"Palace Museum adopts modern approaches to promote traditional culture"）这则报道强调故宫如何通过电视节目等推广文化遗产，展示了故宫在传统文化教育和现代媒介融合方面的努力。

总之，这些报道讲述故宫的故事，让受众不仅获得信息和知识，还能直接获得对中国文化和精神价值的多方面的感触及体验。故宫不仅是中国古代文化的宝库，也是活跃的文化传播者。CGTN 在对故宫的报道中突出了故宫在全球文化保护和教育中的重要角色，以及其在文化传播和教育中不断创新和适应现代社会的努力。

（二）"敦煌莫高窟"报道的个案分析

笔者从 908 篇报道中挑选出具有代表性的 8 篇报道，它们从不同的视角展示了敦煌文化的多样性和文化价值。这些报道一方面显示出敦煌作为中国文化遗产的重要性和对全球文化遗产的贡献；另一方面非常生动地讲述了如何用现代技术和科学方法来保护和展示这些文化财富。还有报道讲述敦煌的国际合作故事，强调敦煌作为文化交流中心的历史和现代角色，以及敦煌文化在全球的影响力。其中，有多篇报道聚焦如何用数字技术（如 3D 建模和高清数字化技术）来保存和展示敦煌的文化遗产的话题，展示了技术在文化遗产保护中的应用和重要性。例如，《"数字敦煌"：科技保护文化遗产》（"'Digital Dunhuang'—protecting cultural heritage through technology"）、《数字化助力敦煌文物回归》（"Digitalization helps bring back Dunhuang's cultural relics"）、《青年技术人员利用数字技术保护敦煌文物》（"Young technicians use digital technology to preserve Dunhuang relics"）、《文化保护：中国敦煌石窟在高新技术博物馆中重现生机》（"Cultural Conservation：China's Dunhuang Grottoes brought to life in new high-tech museum"），从不同侧面和视角报道数字化技术在保护敦煌文化遗产中的应用，呈现敦煌莫高窟的"数字藏经洞"和流失海外文物的数字影像。

CGTN 不仅详尽介绍了敦煌莫高窟的历史和艺术价值，还强调了莫高窟是佛教艺术的圣地，这些洞窟不仅仅是宗教场所，也是中国古代文明在绘画、雕塑和建筑设计方面灿烂成就的展示。这不仅强调了敦煌艺术在佛教文化传播中的核心角色，而且展示了其艺术价值和技术成就。不仅如此，

CGTN 通过讲述乐尊和尚因看到万丈金光而受到启发，开凿了莫高窟历史上第一个石窟的故事，强调文化和艺术从自然界和宗教体验中汲取灵感的方式，深化了观众对这一世界文化遗产的认识，增添了一种人文情怀。报道中还提到了敦煌被沙漠环绕的独特地理位置，这不仅增加了莫高窟的神秘感，也凸显了保护这样一个宝贵文化遗产所面临的自然挑战和努力。这种报道方式有效地将敦煌莫高窟描述为一个历史的、艺术的和文化的瑰宝。

《敦煌在千年丝路上熠熠生辉》（"Dunhuang shines along the Silk Road through millennia"）、《"一带一路"倡议下敦煌大力发展文化旅游》（"Dunhuang boosts cultural tourism under BRI"）报道了敦煌是如何通过整合其丰富的文化资源来促进旅游业发展的，以及这种发展如何吸引了大量游客，展示了文化资源与旅游业的结合可以怎样促进经济增长。人物报道《面孔：敦煌女儿樊锦诗》（"CPC Faces：Fan Jinshi，'The Daughter of Dunhuang'"）通过讲述樊锦诗的故事，凸显个人在文化遗产保护工作中的贡献和影响力，强调了个人热情和奉献对文化遗产保护的重要性。《敦煌文化对外国观众代表着文化自信》（"Dunhuang culture to foreign audiences represents cultural confidence"）则是在党的二十大召开之际专访了敦煌研究院党委书记赵声良，内容聚焦在如何向外国受众讲好中国故事上。

以上这些报道说明 CGTN 在报道敦煌文化时，不仅关注文化遗产的保护和技术应用，还注重文化的国际交流和教育。同时，每篇报道都突出了敦煌在全球文化保护和传播中的积极角色，以及其在文化传播和国际合作中不断创新和适应现代社会的努力。

综合来看，CGTN 在"用文物讲好中国故事"时，往往重在挖掘中国文物背后的悠久历史，同时引领受众感悟中华文化的博大精深。

七 理论思考：CGTN 中国文物报道的跨文化传播策略

从 908 篇文物报道样本的报道时间分布（见表 1 和图 6）来看，2018～2023 年大致呈 U 形，说明文物报道受到疫情影响数量减少，到 2023 年迅速回升并超越从前，并呈递增态势。其中，2018 年 CGTN 的文物报道数量为 188 篇；2019 年降为 160 篇；2020～2022 年，CGTN 的报道重点逐渐转向全球公共卫生领域，文化类报道相应减少，所以，文物报道的数量明显减少。2023 年的文物报道数量显著回升，激增至 254 篇，超越 2018 年的 188 篇。

这种增长趋势可能源于几个因素。首先，随着全球疫情的逐步控制，国际文化交流和旅游活动有所复苏，CGTN 可能在加强对中国丰富文化遗产的报道，以吸引全球观众并促进文化旅游。其次，CGTN 在增强国家文化软实力方面扮演了关键角色，强化对文物传播的报道符合其长期战略目标。最后，这种报道量的增加反映了 CGTN 在内容多样化和质量提升上的持续努力，这不仅能提升观众的文化认知，还能加深其对中国历史与现代性的理解。

图 6　2018~2023 年 CGTN 文物报道数量

在此基础上，进一步探讨 CGTN 中国文物报道的跨文化传播策略。笔者就传播内容、视觉体验、叙事策略和认同建构等方面提出如下策略。

（一）在跨文化传播的内容上，拓宽内容广度，深挖内容深度

CGTN 不仅关注宏大的国际叙事，还挖掘可传播的内容价值点。CGTN 在提升国家文化软实力、展示国家形象的时候，运用"柔性"手法，创新内容和形式，并结合感官刺激，在报道中运用亲切的话语。比如，《CGTN 提示：参观文物的注意事项》（"CGTN Tips：What to Consider When Visiting Cultural relics"），该报道从标题到内容，都展现出中国友好的国际形象。再如，CGTN 为提高《千年调·宋代人物图谱》文物数字展的深度，邀请了十余位海内外知名艺术家和学者赏析宋代人物画作，由此帮助观众从多个

角度理解画作的内涵、感受千年前的社会民生、了解中国的文化。① 从这一案例来看，CGTN 运用技术手段对其宣传内容精益求精，深挖中华优秀传统文化的价值，从广度和深度两个方面入手，产出高标准、高质量的文化内容。

（二）在跨文化传播的视觉体验上，充分运用技术，增强视觉体验

在当今全球媒介环境中，互联网、大数据、人工智能等现代技术的突破性发展为传统文化的传播提供了新的生命力。CGTN 紧跟技术发展步伐，通过创新报道方式，赋予中华优秀传统文化新的活力。从 CGTN 的报道形式来看，视频被广泛运用，占据了接近一半的报道比例，而每篇报道都使用了图片，显示了 CGTN 对视觉符号的重视。特别是在文物传播与报道方面，20.5% 的报道采用了直播形式，例如，直播参观北京中轴线、直播参观陕西历史博物馆、直播观看 5000 年前的中国文化掠影等，这些直播将画面录制成约 1 个小时的视频发布，类似于纪录片，让全球观众能沉浸式体验中国文化的魅力。此外，CGTN 运用 GIF、Vlog 等多样化格式，如在《Vlog：科技让中国文物栩栩如生》（"Vlog：Technology brings Chinese cultural relics to life"）报道中，记者体验首都博物馆的数字文物展览，这拉近了展览与全球受众的距离。

（三）在跨文化传播的叙事策略上，桥接文化差异，促进文化对话

我国在对外宣传输出时多采用宏大叙事策略，这往往会忽略他国的文化特征和认知模式，使对外传播效果大打折扣。因此，CGTN 在报道中采取了"凝聚共识，凸显差异"的传播策略，可以看到在文物传播报道中关于文物交流与合作的类型占据第二位。例如，中国与埃及在考古领域共同发掘古代遗址，这种合作被 CGTN 作为文化交流和相互学习的典范进行报道。作为对外传播的官方窗口，CGTN 的每一篇报道都需要有一定的代表性，CGTN 文物报道会选取具有文化代表性的内容，这些内容既能够深刻表现所传播文物、文化的特性，也能展现其背后所蕴含的文化内涵。三星堆遗址、

---

① 吴海霞：《让文物"活"起来 让文化"走出去"——以〈千年调·宋代人物画谱〉数字特展为例》，《国际传播》2023 年第 2 期。

故宫博物院、敦煌莫高窟等在全球都备受瞩目。CGTN紧跟受众的注意动向，将这些内容通过图片、视频、文字展现中国文化遗产的艺术，也通过多种语言的解说，清除由语言不通所带来的传播障碍，从而促进文化对话。

（四）在跨文化传播的认同建构上，增进交流互鉴，促进文明欣赏

在当前全球化快速发展的背景下，国际媒体采取了创新策略来占据话语权的制高点。CGTN这一国际传播平台不仅是连接国内外的窗口，也是沟通过去、现在与未来的桥梁，推动着国际文化合作的持续发展。CGTN在报道中国文物时，不仅着重展示文物本身的历史和文化价值，还会探讨这些文物在全球文化交流中的作用和意义。例如，在介绍中国古代丝绸之路的故事时，CGTN强调了丝绸之路作为古代全球交往的典范，促进了东西方文化、技术和商品的交流。CGTN还十分重视文物的教育与传承意义，特别是希望全球年青一代能通过文物了解中国丰富的历史和文化。CGTN的报道深入探讨了文物在教育和文化传承中的核心作用，强调了其有助于激发年青一代对中国悠久历史与丰富文化遗产的兴趣。CGTN通过生动的案例和深刻的分析，展示了如何通过文物激发年轻人的好奇心和探索欲。可以说，文物这一媒介可以帮助形成跨文化的认同建构，让世界各国人民，特别是年轻人，增进彼此了解，从而促进不同文明之间的彼此欣赏。

八 结语展望：用文物讲好中国故事的历史机遇与未来前景

2021年11月24日，中央全面深化改革委员会审议通过的《关于让文物活起来、扩大中华文化国际影响力的实施意见》的核心要义是"要加强文物保护利用和文化遗产保护传承，提高文物研究阐释和展示传播水平，让文物真正活起来，成为加强社会主义精神文明建设的深厚滋养，成为扩大中华文化国际影响力的重要名片"。[①] 当前，世界信息传播格局的总体态势依然是"西强我弱"，在这种情况下，"用文物讲好中国故事"有其独特的历史机遇和文化价值。文化"出海"，其实一直是中国对外传播的方向，

---

① 李群：《新时代文物工作：更好展示中华文明风采》，《求是》2022年第4期。

习近平总书记也多次在会议上强调"讲好中国故事",而中国文物正是中国文化对外传播的重要载体。中国文物是中国文化的缩影,是中国文化的结晶,它天然具有故事属性,具有历史价值、审美价值、符号价值等。文物因其内容丰富、形式多元成为跨文化传播的重要媒介。

CGTN 作为国家对外传播的旗舰平台,担负着"讲好中国故事"的重大使命,近年来在多方面进行有益探索,优化传播生态,做大做强国际传播矩阵,[①] 取得高质量发展的初步成效。[②] 本研究通过对 CGTN 近年来文物报道的分析,展示了文物传播在全球化和数字化时代下的策略和效果,为中国文物的全球传播提供了实据。当然,本研究也存在一些不足之处,需要在今后做进一步的改进和完善,比如在受众反馈方面,由于 CGTN 官网新闻的互动设置,难以获取这方面的完整受众数据。在研究中笔者也发现,虽然在跨文化传播中仍然存在很多难题,但整体上,我国的文化软实力和对外影响力仍在不断提升。本研究的实证案例让人看到 CGTN 等主流媒体对外文物报道的一角,由此展望未来,通过文物这一微观视角将中国深厚的文化底蕴向世界传播开来必将成为中国未来跨文化全球传播的重要途径。

---

① 江和平:《论传播生态与做大做强国际传播》,《电视研究》2019 年第 8 期。
② 江和平:《深融合 强发声 创旗舰——CGTN 积极推进高质量发展升级改版工作》,《电视研究》2019 年第 11 期。

共情·共识·共享：文化类节目《故事里的中国》传播研究[*]

袁爱清　杨钰琦[**]

摘　要　在中国国力日益强大的今天，要想实现文化认同、铸牢中华民族共同体意识，就必然要将抽象的优秀传统文化符号形象化，使之以令受众喜闻乐见的形式进行传播。CCTV《故事里的中国》通过巧用数字技术，打造沉浸式影视体验，营造仪式空间；强化媒介记忆激起情感涟漪，形成共情传播；以影视声像媒介为仪式载体引导共同体参与互动，从而强化共同体身份认知、深化家国情怀和中华民族认同感。通过数字化传播中华优秀传统文化、铸牢中华民族共同体意识是文化工作者应该承担的社会责任。

关键词　中华民族共同体意识；《故事里的中国》；文化认同

一　研究背景

2014 年召开的中央民族工作会议上，习近平总书记指出，"坚持打牢中华民族共同体的思想基础"，① 2017 年在党的十九大上，习近平总书记正式

---

* 本文系江西师范大学研究生创新基金项目"突发性事件中媒体与公众的时序议程关系及舆论疏导策略研究——基于 ARIMA 模型时间序列分析的视角"（项目编号：YC2023-S342）的阶段性成果。

** 袁爱清，江西师范大学新闻与传播学院教授、博士生导师，研究方向为华莱坞电影、媒介幸福感、特殊群体信息传播等；杨钰琦，江西师范大学新闻与传播学院硕士研究生，研究方向为华莱坞电影、媒介与社会、媒介幸福感等。

① 《习近平关于尊重和保障人权论述摘编》，中央文献出版社，2021，第 18 页。

提出"铸牢中华民族共同体意识"，^① 并推动其写入党章。2020 年，党的十九届五中全会把"中华民族凝聚力进一步增强"列入"十四五"时期经济社会发展主要目标，^② 对铸牢中华民族共同体意识进行了战略部署。这些重要论述充分体现了党中央对民族工作的高度重视和对民族问题发展规律的准确把握，这些论述为以铸牢中华民族共同体意识为主线做好新时代民族工作指明了方向、提供了遵循。^③ 中华民族共同体意识之所以能够固化，与各民族文化认同密不可分。在当前全球化语境下，中国面临多元一体格局下多种思潮与理念相互激荡、西方社会思潮向本国意识形态领域不断渗透的挑战。铸牢中华民族共同体意识不仅是马克思主义中国本土化、时代化的突出表现，更是中华民族伟大复兴、中国梦实现的必然保证。^④

文化是国家和民族之魂。在新时代下，人文综艺节目成为民族文化的关键耦合环节之一。运用影视声像媒介这一仪式载体引领共同体参与交往、加深媒介记忆、强化文化认同。习近平总书记曾明确要求以优秀作品的创作和制作为文艺工作中心环节，力求制作和传播符合当代中国价值观念，贴近中国人审美和追求，集思想性、艺术性、观赏性于一体的影视力作。这就要求广大文艺工作者抓住时代机遇，倾情投入，用心创作，把提高质量作为文艺作品的生命线，不断提升作品的文化内涵、艺术水平和思想价值。^⑤ 当前，读书类、旅行体验纪实类等各类文化类节目蓬勃发展、走俏荧屏，引起了广大受众的广泛注意，也使得学界对于此类节目的研究随之增加。一方面，将文化类节目视为记忆载体本身，既是抵御遗忘的存贮容器，又是连接过去、现在和未来的纽带，而非信息的简单传递。另一方面，分析 CCTV《故事里的中国》电视节目如何创新回忆的方式、如何完成记忆的

① 习近平：《决胜全面建成小康社会 夺取新时代中国特色社会主义伟大胜利——在中国共产党第十九次全国代表大会上的报告》，人民出版社，2017，第 46 页。

② 《中国共产党第十九届中央委员会第五次全体会议公报》，求是网，http://www.qstheory.cn/yaowen/2020-10/29/c_1126674174.htm，最后访问时间：2024 年 1 月 31 日。

③ 郝时远：《文化自信、文化认同与铸牢中华民族共同体意识》，《中南民族大学学报》（人文社会科学版）2020 年第 6 期。

④ 彭双贞：《马克思共同体思想中的分工理论及其世界历史意义》，《思想教育研究》2023 年第 4 期。

⑤ 《习近平在中国文联第十一次全国代表大会中国作协第十次全国代表大会开幕式上强调 增强文化自觉 坚定文化自信 展示中国文艺新气象铸就中华文化新辉煌 李克强栗战书汪洋王沪宁赵乐际韩正出席》，《思想政治工作研究》2022 年第 1 期。

塑造，使受众完成自我唤醒、激活记忆，以及使之在接受媒介记忆的过程中产生情感共鸣、形成文化认同，进而铸牢中华民族共同体意识，为其他电视节目和网络综艺的创新性发展提供借鉴和参考，以促进文化类节目的不断创新与可持续发展，充分发挥电视媒介引领思想的功能，这对中华民族共同体意识的铸牢实践具有现实意义。此外，以现实主义为主题的传统文艺佳作得到了传播的新机遇，这有利于提升文化自觉并坚定文化自信。

二 共情：情感和记忆的同频共振

（一）节目内容温情叙事：营造共同的情感体验

《故事里的中国》当前共播出三季节目，是由中央广播电视总台推出的大型文化类节目，首季 13 期邀请 21 位嘉宾，笔者通过对节目内容进行分析，发现内容具有多样性，节目讲述优秀人物的故事，此类文本其实表达了人与人之间的共同情感体验，而不只是单纯语言层面的表达。节目中也会有很多有特定含义或者内涵的人物关系产生，比如父母间的爱情、兄弟间的感情和恋人间的感情等，从而引起了对于生命价值的反思。从中我们可以看到，节目创造出的情感体验具有多维度、多层次的特点，涉及人与人之间的关系、人与民族乃至全人类之间的感受等。在情感类型上主要有亲情、友情、爱情和人类命运共同体感情。这些情感体验普遍存在于人与人之间，它们之间你中有我、我中有你，极其容易唤起公众内心深处的记忆和引起情感上的共鸣。

从故事内容的角度来看，《故事里的中国》通过对思想情感的认同，成功实现了"文艺作品加史实、加精神传承"的叙事目标。这不仅革新了电视媒介在新历史时期对文化记忆的追溯与书写方式，也在节目播出过程中扩展了其深远的文化意义。通过经典英雄故事的再现，节目不仅实现了即时的意义传递，还通过回放重播与语言符号的自主传播，进一步增强了情感表达和意义延展。例如，第一季中演绎了展现深厚公仆精神的《兰考焦裕禄》、讲述歼灭匪徒并取得全面胜利的《林海雪原》以及曾掀起解放区"白毛女旋风"的民族歌剧《白毛女》等经典故事。这些故事在观众中引发了强烈的情感共鸣，并具有仪式性的聚拢作用，使观赏者的文化记忆重新活化。通过舞台剧的呈现，观众自然获取了浓厚的民族情感，从而进一步强化了文化认同感。

（二）媒介承载高光故事：影视声像丰富记忆鲜明度

媒介的进步使记忆大量外化并贮存在无限大的媒介容器中。媒介承载着巨大且复杂的人类记忆，诉诸情感则是增强媒介传播效果行之有效的手段，媒介记忆书写则提升了信息汪洋下局部记忆的显示度与鲜明性。《故事里的中国》以影视声像媒介唤起民族记忆，集影视和综艺于一体，将历史事实和现场观众联系在一起。对经典文艺作品的追忆与重建，让优秀文化作品再度焕发新的活力。以《故事里的中国》第一季第一集《永不消逝的电波》为例，该节目以于 1958 年放映的同名老电影为介绍对象；特邀片中何兰芬饰演者袁霞，讲述自己在拍摄过程中的经历和感受；故事角色原型李白烈士之孙李立立，应邀讲祖父和祖母的革命和爱情故事；演员们在深入讨论剧本、聆听故事的过程中，逐渐获得了更为深刻的情感体验。这不仅帮助他们更好地诠释经典人物，更使他们完成了向民族英雄致敬的使命。在舞台上，他们通过精湛的演技，引领观众走入经典故事，使其感受其中蕴含的历史灵气与情感力量。演出结束时，配角、主演以及编剧导演依次上台谢幕，现场观众不禁为之动容，纷纷起立鼓掌，热烈的掌声充满了整个剧场。

在《故事里的中国》节目播出之外，节目中出现过的经典影视片段、演员独白、采访等实现独立切片化传播。剧中演员重新演绎的经典作品现已在央视频、腾讯视频、Bilibili、抖音等多个社交平台上线播放。许多精彩的节目片段不仅在平台上获得了独立传播的广泛认可，还吸引了更多观众的关注与讨论。这些视频片段成功地吸引了大批的观众，实现了"破圈"传播，构建了不同群体或个体之间高度互动的中介，同时传播内容为观众提供了有价值的信息和情感反馈，从而确保了节目的持续性传播和液态化蔓延。借助小而轻的演绎片段实现二次传播甚至裂变式传播，该节目承载的文化与情感获得了广泛的接受，观众对于民族文化在情感上的认同感进一步增强。①

---

① 毕琳：《从文化启蒙到情感共享：电视文化节目的情感转向研究》，《青年记者》2023 年第 12 期。

三 共识：历史文化与共时意识交融

（一）时间维度：历史叙事完善民族历史图谱

《故事里的中国》在追忆过往中总结经验和教训，通过历史性叙事策略完善故事情节、丰富人物形象，进而构建记忆和拉开了新中国"影像艺术博物馆"的序幕；该节目讲述了"让经典照到真实，让全世界体味中国的魅力"，复现遥远的经典的英雄故事，从英雄人物身上汲取奋进力量，为新时期社会主义建设服务；讲述人民的生活故事是对人民生活改善的真实写照，由此展望未来人民生活富裕和精神富足，将多条叙事线索呈现于方寸之间，这对文化综艺节目来说非常具有挑战性，而《故事里的中国》所追求的不仅仅是舞台的展示，该节目率先采用"1+N"多舞台设计并将故事情节关联的不同情境同步演绎，试图通过精心策划舞台设计、空间布局来完成多线条平行立体化叙事。《故事里的中国》通过舞美设计、灯光语言以及镜头调度，将"历史文本的现代演绎"转化为一种"具身化参与仪式"，建构起连接个体与民族的"想象性仪式场域"。这种媒介化的仪式实践，使观众在"观看"行为中完成从"他者"到"共同体成员"的身份转换。在历史性视角下，《故事里的中国》内容涉及从新民主主义革命时期，到社会主义革命与建设时期，再到改革开放与社会主义现代化建设时期，以及新时代中国特色社会主义各个阶段的中国故事（见表1），在一定程度上折射建党100多年波澜壮阔的历史征程，故事脉络具有较强系统性。

表1 《故事里的中国》节目故事的历史性维度

发展历程	节目名称
1919~1949 年	《永不消逝的电波》《林海雪原》 《红高粱》《烈火中永生》 《英雄儿女》《青春之歌》《白毛女》
1949~1978 年	《平凡的世界》《焦裕禄》《横空出世》 《青春万岁》《国家的孩子》 《父母爱情》《雷锋》

续表

发展历程	节目名称
1978～2012 年	《凤凰琴》《渴望》《人到中年》《南仁东》
2012 年至今	《十八洞村》《扶贫路上》《钟南山》《战"疫"中的青春》

（二）空间维度：媒介技术融入塑造仿真场景

我国文化类综艺节目可以通过空间场景并置这一模式，抛去空间历史维度这一属性，使各种物质空间在实际生活中得以并存。就像人文综艺节目能够发挥自身媒介特性一样，把场景并置在一起，在过去、现在和未来间建立文化连接，借助网络媒体的各种平台促进传播，使全国人民都能享受到一场民族文化盛宴。节目中设定人物访谈区域的场景，节目组精心设计"人"字形访谈桌，来宾落座在访谈台左座，主持人落座在访谈台右座，二者并不是相向而坐的空间结构，都偏向于受众。这一空间排布使主持人、嘉宾和观众之间的心理更具有贴近性，可以用面对面吐露心声的"唠家常"方式将故事娓娓道来。采访部分则围绕同一个话题邀请了和故事人物有不同关系的采访对象，比如核心人物后代亲属、好朋友、同事等来参加节目，从亲历者和见证者两个角度叙述这个故事。在访谈之后，180°旋转使访谈区和表演区紧密相连，主持人和嘉宾融入观众群体，并在"看"的故事进程中进一步加深由"听"故事所获得的感情。①

在共时性维度上，每个历史时期所选择的故事人物具有差异性。《故事里的中国》节目通过"戏剧加影视加综艺等"全面表达，重现经典场景，完成故事文化记忆改写，唤醒并重绎经典文艺作品，展现深厚家国情怀，使近现代典型人物、感人故事、民族精神为观众所铭记，达到传播节目思想文化、挖掘精神价值、提升观众国家归属感、构建身份认同的目的。

传播总在特定的时间和空间中进行，仪式也是如此。与线性排版文字阅读不同，视频观赏排除主动深度思考需求，从现象层面解码视觉范围，

---

① 宋凯、海雨涵：《文化类综艺节目叙事的空间性及其表达》，《中国电视》2023 年第 7 期。

而现代智慧技术则消弭场景表达的时空错位和失语。将视觉图像符号直观再现和表意融合于同一时空中，这一主动展现表达方式指引受众解码走向，并在完成故事讲述中持续优化受众的具身性体验。① 仪式在某种程度上是由不同类型的空间共同塑造而成的，而这些不同类型的空间则会形成具有象征意义的时空结构。影视作品作为一种特殊的仪式媒介，具有跨越时间和空间限制的能力。《故事里的中国》通过精心设计的舞台环境来营造和传播仪式的氛围，并通过服装、妆容、音响和灯光等多种手段来提升空间的质感。科技与传统文化在联动中呈现中国故事的现代张力。摄影团队在舞台环境完全准备就绪后，通过镜头向观众展示了画面的多层次含义，并在后期剪辑过程中显著提升了节目现场的仪式感。从时空维度来看，《故事里的中国》节目中仪式感无处不在，并运用舞美、灯光和镜头增强仪式感，使观众通过现场视角感受到我国历史和新时代的交融。

四　共享：民族文化的建构与认同

（一）仪式维系交往信念：共同建构集体记忆

詹姆斯·凯瑞（James W. Carey）的传播仪式观指出，仪式通过隐性整合机制作用于传播主体的意义生产，其核心在于以参与性实践为路径，推动个体身份建构与集体文化认同的互构性生成。② 影视声像媒介在现代传播中有非常重要的地位，就如同仪式观中圣徒们参加的"典礼"一样，信念感的加强需要某种"仪式"来维系，而这个仪式（典礼）在现代传播中可借助影视声像媒介的力量来实现，文化之实现并不是以传递信息为目的，而是以共信与共享为目的。仪式既是传播方式又把文化作为传播对象。文化共享的本质是在达成成员之间互认与互敬的基础之上，通过共同参与、平等对话、情感共鸣等方式，使个体在价值判断上达成共识性理解。

---

① 苏静婷、董晨宇：《"娱乐"何以"至死"——尼尔·波兹曼在流行文化中的误读》，《中国图书评论》2020年第11期。

② 〔美〕詹姆斯·W. 凯瑞：《作为文化的传播："媒介与社会"论文集》，丁未译，华夏出版社，2005，第47页。

仪式，作为一种独特的交流手段，有助于人们在相同的环境中进行深入互动和沟通。凯瑞认为参加各种仪式是一种加强身份认同和集体记忆的重要方式。个人的选择并不是由其他人来决定的，那些深藏在集体潜意识中的元素，只有在相似的环境或场合下才能重新展现。作为一种独特的文化表现，仪式活动在本质上构成了一个错综复杂的心理框架。

总体来看，民族文化的传播给观众提供了范本，它以各种仪式把人们团结成一个整体，共同的资讯、文化环境与信仰价值是建构共同体的必要条件，于是社会便在共同体中实现资讯流通与互惠生存。从这个意义上讲，仪式和人类生活密切相关，仪式既是文化现象也是人类生存中不可或缺的内容。仪式之下共享的"象征—身份"机制使得共同体作为一种象征意义上的集体记忆形式，既反映了个体与共同体各成员之间的情感关联，又显示了组织内各成员之间的认同感和归属感，人类对文化世界的建构与维系来自一种深层次以共有为基础的仪式观。

（二）民族历史强化认知：巩固群体身份认同

从宏观上看，首先通过信息共享来更深刻地认识个体身份，并在此基础上构建一个信息共享社群；其次通过共享价值观来推动个体成长，并通过共同努力最终实现集体所设定的目标；最后通过创建一个充满戏剧张力的力量和行动平台，深入研究社会各群体识别和认同自己身份的方式，从而推动社会共同体在价值观和精神信仰方面的共享和交流。在中观层面，各个民族由于其独有的文化遗产和地理位置的不同，构建了自己特有的社群结构。隐藏在这些普遍特质之下的，是不同族群成员对自己的由历史背景、地理位置和生活习惯等多重因素所形成的集体记忆的持续构建。

仪式不只是传递信息的一种手段，它还是人们表达情感的工具。在这一发展过程中，语言符号起到了不可替代的作用，而物质的声音则相对次要，这进一步凸显了仪式在社会共识中的核心地位。《故事里的中国》把影视声像媒介作为仪式载体，引导共同体共同参与交往，用现实主义的影像文本和模范人物事迹来叙述中国故事，从记忆选取、记忆唤醒、记忆激活以及记忆强化等方面完成了对文化记忆的媒介重塑（见表2），从而使中国故事呈现符合时代发展要求的新面貌，让中国故事的生命力旺盛下去。

表 2 《故事里的中国》节目主题与民族文化之间的关联

节目主题	主题解读	主题人物	代表性节目	表演者	表演前的回顾
红色革命	红色文化是中国共产党百年奋斗历程的生动再现，承载着中国共产党和中国人民不朽的革命史、探索史、奋斗史、英雄史	李白、杨子荣、江姐、抗美援朝战士、王成、瞿独伊	《永不消逝的电波》	胡歌刘涛	1958 年，一部以地下党李白烈士为人物原型，讲述主人公在上海解放前夕潜伏在敌占区、冒着生命危险坚持发送情报直至牺牲的电影成为感动几代人的红色经典
新中国建设	中国人民凭借勤奋、智慧和无畏的勇气，成功地创作了一首震撼人心、气势磅礴的斗争颂歌	焦裕禄、草原母亲、雷锋、彭士禄、常香玉、陆光达	《兰考焦裕禄》	王络勇	1966 年 2 月，长篇通讯《县委书记的榜样——焦裕禄》播发，焦裕禄的名字传遍千家万户
新时代新征程	新时代下的中国精神成功地结合了以爱国主义为核心的民族精神和以改革创新为核心的时代精神，这充分展示了中华优秀传统文化所产生的深远影响	黄文秀、南仁东、张桂梅、辛育龄、魏德友、钟扬、孙家栋、樊锦诗、钟南山	《樊锦诗》	樊锦诗苏伯民	自 20 世纪初，敦煌迎来了一位又一位"守护人"，从常书鸿、段文杰到樊锦诗，一待便是一辈子

　　媒介建构社会记忆最基本的就是人们运用媒介建构社会记忆，它会受到许多主客观因素的影响，如福柯所说"谁控制了人们的记忆，谁就控制了人们的行为，记忆的占有关系到人的生死"。① 集体记忆通过社会记忆的有意识传承与塑造，服务于民族团结与社会稳定。媒介基于社会需求，借助构建社会记忆来促进社会稳定发展。在当前时代背景下，我国尤为重视文化建设在维护社会和谐与发展方面的示范作用。

　　电视节目《故事里的中国》通过展现黄文秀、焦裕禄、钟南山、樊锦诗等人物的杰出事迹，既彰显了他们的个人成就，也体现了不同年龄层次的精神面貌，如青年的进取心、中年的奉献精神。这凸显了人民在历史发展中的主体地位，英雄人物不仅反映人民的愿望，也是人民意志的执行者。

---

　　① 〔法〕福柯：《规训与惩罚：监狱的诞生》，刘北成、杨远婴译，生活·读书·新知三联书店，1999。

节目通过强调这些民族与时代英雄的品质，激励观众将这种民族精神认同转化为积极参与国家建设的实际行动。《故事里的中国》借助这些楷模的力量，激励观众主动学习这些榜样，以期实现民族精神和爱国精神的世代相传。

五　结语

《故事里的中国》通过故事来重塑记忆、通过历史来连接时代，既使文化记忆世代传承，又使其以一种崭新的风貌展现在世人面前。它不仅是文化类节目的成功尝试和革新，更是以新形式建构文化认同并对媒介记忆写作具有借鉴意义的成功实践。

语言选择视角下法国和美国国际中文传播比较研究[*]

王姝桥^{**}

摘　要　语言选择是语言主体在特定的语境中基于一定的内在动因选定某一语言进行学习和使用的行为①。语言选择是一定主体的语言行为；语言选择是在行为主体一定的内在动因基础上做出的；语言选择是在一定语境下做出的。本文将借鉴李清清的语言选择理论比较中文在法国和美国的传播情况，从语言选择的行为主体、语言选择的语境、语言选择的动因机制和语言选择的结果出发，聚焦两国的人们在怎样的语言环境中依据什么动因机制做出怎样的选择。

关键词　语言选择；法国；美国；中文传播

随着我国经济的快速增长和综合国力的稳步提升，世界汉语学习者人数总体呈上升态势。法国是最早研究汉语汉字的西方国家，目前也是欧洲学习汉语人数最多的国家。法国的汉语教学已进入国民教育体系的不同层级，法国已建立相对完善的汉语教师选拔、评估体系和汉语考试认证以及汉语督学机制。美国是全球中文教育的大国，自 20 世纪初，一系列的美国外语政策推动中文教育的发展，并且在 2006 年提出"国家安全语言倡议"，明确鼓励美国公民学习 8 种"关键语言"之一——汉语。目前美国中文教学资源丰富，贯穿美国教育体系的各个层级。本文运用年轻学者李清清在

---

*　本文系 2022 年湖南省教育厅科学研究项目（一般项目）"语言选择视角下法国和美国的国际中文传播比较研究"（项目编号：22C0355）的阶段性成果。

**　王姝桥，湖南工商大学讲师，湖南师范大学汉语国际教育博士研究生在读，研究方向为汉语国际教育。

①　李清清：《英语和法语国际传播对比研究》，北京外国语大学博士学位论文，2014。

其博士学位论文《英语和法语国际传播对比研究》中构建的语言选择理论，从国家、学校和个人层面比较法国和美国的中文语言政策、中文教育情况，以及两国人民选择中文进行学习的动因机制。

一　法国和美国关于中文语言政策的对比研究

（一）法国和美国作为语言政策制定的行为主体，受到国际环境的制约

语言选择发生在特定的语境中，并受到该语境的制约与影响①，语言选择的行为主体可以是国家、学校和个人等。法国和美国的语言政策由国家制定，所以两国语言政策制定的行为主体为国家。同时，两国语言政策的制定受到其他语境的制约和影响。此部分主要阐述法国和美国作为语言政策制定的行为主体在制定语言政策时受到的国际环境制约。

法语曾经是欧洲上层社会的通用语言，但是一战和二战以后，法语对世界的影响力降低。随着英国工业革命和美国战后逐渐成为超级大国，英语逐渐成为全球通用语言。法国为了抵制唯英语独尊的洪流，提出语言人权和世界文化多样性的倡议，如法国致力于维护欧盟的多语制；倡导所有在欧洲学习的学生至少学习两门外语等。法国推广多语制的真正目的是试图维持法语在全球的战略地位。在此背景下，汉语作为第一外语、第二外语或是第三外语进入法国的中小学。

美国在立国之初，虽没有制定国家语言政策，但以英语为中心的语言一致性理念一直是美国政府和大多民众的一贯信念。美国政府倡导"单一语言、多元文化"保障英语的统治地位。但当美国遭遇安全危机（如珍珠港事件、苏联成功发射史普尼克卫星、"9·11"事件）时，美国政府做出应急反应，推出鼓励国民学习外语的语言政策，其中美国涉及汉语的外语政策主要有1958年的《国防教育法》、2006年的《国家安全语言倡议》，汉语被列为关键语言之一。

---

① 李清清：《英语和法语国际传播对比研究》，北京外国语大学博士学位论文，2014。

（二）法国和美国作为语言政策制定的行为主体，受到本国社会、家庭和个人的制约

在通常情况下，国家在制定语言政策时不仅考虑国际环境的影响，也必然会根据本国的环境和本国民众的需求颁布有导向性的、符合国家意志的语言政策，法国亦是如此。美国战后一跃成为世界一流强国，英语地位随之上升，英语逐渐成为全球通用语言，法国民众也逐渐重视英语学习。20世纪90年代法国外语教学展现唯英语化的特征[1]，据1994年法国文化部部长杜邦提交的《区域语言数据（1992—1993）》，1992~1993年度法国在校学生选择英语作为外语的人数占选择语言类学习学生总数的94%；根据法国中学外语教师资格考试数据的统计，2012~2018年，英语教师获得教师资格证的人数分别是792、919、1060、1143、1283、1076、1155人，英语教师获得教师资格证数量多年稳居榜首，英语教师岗位数量是法国外语教师招聘岗位最多的[2]，由此可见英语教学在法国外语教学中的分量，以及法国民众对英语学习的重视程度。基于此，法国政府在1990年前后，"要求孩子必须学习两门外语"，这样可以改变在校外语教育唯英语独尊的趋势，也能满足家长们的需求。21世纪以来，随着中国综合国力逐步上升，汉语成为国际政治经济生活中的重要语言之一。越来越多的法国孩子选择学习汉语作为第二外语或第三外语，甚至第一外语进行学习。

美国虽然是移民国家，拥有众多的移民语言，但是"一个国家，一种语言"的观念已经植根于国民的心中，且经过两次世界大战，美国在经济、教育、科技领域均处于世界领先地位，英语几乎成为世界通用语言，所以大部分美国人有一种天生的优越感，认为没有必要学习外语，会英语便可以走遍世界[3]。2000年以前，美联邦政府颁布《国防教育法》《双语教育法》等，在一定程度上促进了外语教育的发展，但没有激起美国国民学习外语的热情，且联邦政府的一些语言政策不是为了促进外语教育发展，而只是为了缓和国内移民矛盾。"9·11"事件后，美国人心目中的"英语就

① 许静荣：《法国语言政策研究》，社会科学文献出版社，2020，第105页。
② 崔欢、杨金成：《论法国中小学汉语教学的体系化构建》，《国际中文教育（中英文）》2021年第2期。
③ 肖顺良：《美国汉语传播研究》，中央民族大学博士学位论文，2015。

是世界语"的观念彻底被颠覆了，在美国联邦政府的倡导和推动下，美国民众不断认识到学习外语的重要性，学习外语不仅关乎国家安全、外交和经贸发展，而且有助于个人认知和学业发展。然而，由于美国大量的移民来自欧洲和美洲，美国在校学生即使学习外语，在 2000 年以前也多倾向于选择西班牙语、法语、德语等。美国联邦政府更多是出于国家安全战略考量，更希望国民学习阿拉伯语、汉语、印地语等。2006 年布什政府启动《国家安全语言计划》，倡议美国公民学习关键语言，以大幅提高包括汉语在内的关键语言的学习人数。美国多部门联动，通过"K-12""K-16""国家旗舰语言""星谈"等计划支持汉语在内的关键语言项目。美联邦政府不仅考虑国际形势，而且基于国民对于外语学习认识的不足，通过一系列语言政策，倡导美国公民学习外语，并重点资助汉语等非传统外语，扭转了美国人"学习英语便可以通行天下"的观念，并掀起了美国人学习包括汉语在内的非传统外语的热潮。

（三）法国和美国关于中文的语言政策差异比较

法国和美国关于中文的语言政策既存在一致性，又存在差异性，本部分主要从国家层面讨论两国关于中文政策的相同点和不同点。

法国和美国关于中文的语言政策的相同点如下。

在国家层面，法国和美国作为语言选择的主体，是国家语言政策的制定者，它们都不约而同地考量国际形势和本国的语言现状，运用语言政策的调节作用，巩固和加强本国在世界政治经济生活中的地位。其中汉语在两国政府的语言选择中只是作为众多外语的一种参与两国语言政策。法国提倡"多语主义"，鼓励本国和欧盟各国在校学生学习两门外语，旨在对抗英语全球霸权主义，从而巩固法国在全球的地位。美国通过关键语言项目，呼吁国民学习阿拉伯语、汉语、朝鲜语等非传统外语，旨在维护国家政治、经济安全。

法国和美国关于中文的语言政策的不同点如下。

关于汉语的语言政策，两国分别从不同的领域加以重视，制定相关语言政策。美国主要从国家安全角度考虑，1958 年美国国会通过《国防教育法》，并随后公布 6 个关键语言，其中包括汉语。另外，美国政府通过中文领航项目、"星谈"计划、"十万强计划"三大措施推动汉语教育发展；而法国的汉语语言政策主要出现在教育领域，一般与其他第二语言的语言政策一起颁布，汉语作为众多外语的一种服务法国的整体语言战略。汉语面临英语、西班牙语、德语等，甚至法国区域方言的竞争。由此可见，美国关于汉语的语言政策更有针对性，且政治意图更为明显，汉语的语言政策与"国防""国家安全"的字眼关联起来，美国在政治、经济上视中国为强有力的竞争对手，甚至是假想的敌人；而法国为保护本国语言、对抗英语的国际地位，从教育领域出台关于汉语的语言政策。

二 法国和美国国民教育体系中的中文教育比较研究

语言选择的主体可以为学校，它受到其他语境的制约，国家语境下的语言政策对语言选择产生最为重要的影响。学校根据国家的语言政策做出语言选择，同时学校的语言选择制约和影响个人的语言选择。

（一）法国学校和美国学校的语言选择

法国教育实行中央集权管理制，教育部垂直治理基础教育，强调教育治理的统一，且中央政府对于推进外语教育有着绝对的领导权。上述提到，法国政府推行"多语制，主张世界文化多元化"。法国教育部要求学校尽量从初一开设两门外语，鼓励学生学习第三门外语，且在法国小学实行早期外语教育①。另外，法国教育督导由国家负责是法国重要的教育制度。履行督导职责的专门机构是国民教育总督办，在总督办工作的督学被称为"教育总督学"，直接向教育部部长负责②。从1977年开始，法国教育部设兼职汉语总督学，2006年设立专职汉语总督学③。汉语督学制在汉语学科建设中起到了关键性的作用，促进汉语教育蓬勃发展，在一定程度上促使基础教育体系中越来越多的学校开设汉语课程。然而，我们也应该清醒认识到，

① 戴冬梅：《法国外语教育政策与教学体系考察》，《外语教学与研究》2014年第14期。
② 唐一鹏：《法国教育督导制度的现状与特点研究》，《比较教育研究》2013年第10期。
③ 〔法〕白乐桑：《法国汉语教育研究》，北京语言大学出版社，2018，第13页。

虽然到 2013 年法国本土所有学区都开设了汉语课①，但也只是法国部分学校开设了汉语课程，这样势必会影响法国学生的语言选择。另外，由于国际政治环境影响，法国汉语教育受到一定的影响。根据孙巧艳调查，法国基础教育体系中的中文教育受到波动较小，有些中小学汉语学习者的人数不降反升，但高等教育和孔子学院招生人数变化较为明显，其中高等教育学生人数小幅下降，孔子学院招生人数显著下滑。②

美国教育体制为地方教育分权制，地方各州政府掌管教育权。联邦政府不能通过法律法规强迫各州执行联邦政府教育政策，只能通过立法以财政补贴的方式鼓励地方与联邦建立合作关系③。各州学校在联邦政府不干涉学术自由的前提下，愿意向联邦政府申请资助。上述提到，"9·11"事件后，美国国务院、国防部和教育部共同启动《国家安全语言计划》，倡导国民学习关键语言，且根据这一计划，美国联邦政府在 2007 年财政拨款 1.14 亿美元资助一系列的外语项目④，其中汉语也在被资助范围之内。在中文领航项目中，美国的 12 个州的 12 所大学选择接受美国国防部国家安全教育系统提供的资助，培养既懂专业又懂汉语的高级人才，如亚利桑那州立大学、杨百翰大学、亨特学院、印第安纳大学等，它们属于美国中型大学⑤。美国各州教育还受到美国私人基金会的支持。美国三大传统私人基金会——卡耐基基金会、洛克菲勒基金会和福特基金会都积极资助过美国国民教育系统中汉语教育发展，如 1960~1974 年，卡耐基基金会投入 100 多万美元资助汉语项目⑥，促使美国多所大学和高中选择开设汉语系列课程，旨在培养懂汉语的人才和中国研究专家。

（二）法国和美国国民教育体系中的中文教育相同点

法国和美国国民教育体系中的中文发展有一些共性，本文在研究此部

---

① 〔法〕白乐桑：《法国汉语教育研究》，北京语言大学出版社，2018，第 21 页。
② 孙巧艳：《法国国际中文教育现状研究》，中国传媒大学硕士学位论文，2023。
③ 李艳红：《美国关键语言教育政策与战略规划》，中国人民大学出版社，2022，第 119 页。
④ 周玉忠：《美国语言政策研究》，外语教学与研究出版社，2012，第 161 页。
⑤ 顾利程：《美国汉语教学动态研究》，北京语言大学出版社，2019，第 204 页。
⑥ 臧震：《试析卡内基基金会的高中汉语教学项目（1961~1974）》，《历史教学问题》2021 年第 6 期。

分时将主要以学校作为行为主体，对比两国中文发展的若干问题。

1. 法国和美国的学校对于中文的选择都受到本国语言政策的影响

法国基础教育体系中的学校在中央集权式的教育体制下，执行国家政令设置外语课程，也在部分学校开设汉语课程以供学生选择；美国联邦政府由于政体原因不能像法国政府那样强制各州学校执行教育政令，美国教育部的职权也不涉及课程标准的设置，但美国政府通过财政补贴的方式吸引地方各学校响应联邦政府号召，汉语教育的发展主要得益于"9·11"事件后美联邦政府出台的多项国家安全教育外语政策。然而，2018 年美国公布了《2019 财政国防授权法案》，明令禁止联邦政府资助孔子学院在美开办的任何中文课程，还规定美国各大学不能同时获得汉办和美国国防部的资助①，这导致孔子学院数量在美国的断崖式下滑，势必严重影响美国学校对于汉语的选择。

2. 法国和美国汉语教育的起始时间早，均在 19 世纪正式进入两国的教育体系

法国于 17 世纪曾派遣"国王数学家"前往中国传播基督教，并进行有关中国的科学研究，白晋、马若瑟、宋君荣等传教士汉学家翻译中国经典、著书立说，并将大量的中文原版著作带回法国，为中西方文化交流作出了巨大的贡献。1814 年法兰西学院开设了"汉语与鞑靼—满文语言文学教授席位"，雷慕沙（Jean Pierre Abel Rémusat）为法兰西学院第一任汉语教习。他受马若瑟（Joseph de Prémare）的《汉语札记》（*Notita Linguea Sinicae*）的影响，编写汉语教材《汉文启蒙》（*Élémens de La Grammaire Chinoise ou Principes Généraux*），并进行汉语教学，由此法国汉语教育正式在法国本土生根发芽。美国于 1877 年在耶鲁大学设立第一个汉学教授职位，由著名汉学家卫三畏（Samuel Wells Williams）出任。他在中国居住长达 40 余年，编写汉语与汉学著作有《拾级大成》（*Easy Lessons in Chinese*）、《中国总论》（*The Middle kingdom*）等②。在耶鲁期间，他成功地开设汉语课程，建立了东亚图书馆，为美国汉语教学奠定了良好的基础。

① 刘玉屏、路义旭：《美国孔子学院发展历程、影响因素与未来走向》，《民族教育研究》2023 年第 2 期。
② 顾钧：《汉学与跨文化研究》，人民出版社，2021，第 26 页。

3. 法美两国都与中方合作，在一定程度上促进本国汉语教育发展

2004 年，首个孔子学院开设于韩国首尔，同期孔院与美国马里兰大学合作成立美国第一所孔院，汉办官网的统计数据显示，巅峰时期美国的孔子学院有 100 多所，孔子课堂有 500 多所；美国著名的 AP（Advanced Placement）课程，即大学先修课程中也有汉语课程，促使美国更多的中小学开设汉语课程，大大地提高了美国中小学汉语教学的水平[①]；法国于 2005 年开设的第一所孔院是由普瓦提埃大学与南昌大学合办的，目前共有 18 所孔院[②]。据白乐桑的研究，截至 2018 年法国学习汉语的人数超过 10 万，其中约 3 万汉语学习者得到孔子学院和华人社团的支持。法国教育部于 2008 年与中国教育部合作，在法国中小学阶段开设中文国际班，旨在培养深度了解中国语言和文化知识的汉语精英。另外，中方为来华的法国和美国学生提供多种类型的奖学金，如长城奖学金、优秀生奖学金、中华文化研究项目奖学金等，从学费、住宿费和生活费上进行全方位资助。中方与法方、中方与美方的这些合作举措大大地推动了两国汉语教育的发展。

4. 法国和美国都有汉语教师资格证考试，且都重视测评双语能力

法国从 1966 年开始举行汉语中等教师会考，特级汉语教师会考则于 1999 年开始[③]。法国的教师资格证考试内容深入、重视教学实操，考试纪律严苛，录取工作严格把关，宁缺毋滥。法国语言类的教师资格证考试重视考查法语和目的语的双语言能力，汉语也是如此。以汉语中等教师资格证考试（Capes）为例，考试分为笔试和口试。笔试一共有两场，第一场包括写作和翻译两个部分，写作要求用中文撰写文学或者文化类的文章，翻译要求汉、法互译。笔试第二场主要考查教学法，针对所给出的教学材料，用法语写出教学流程。口试也分为两场。第一场分为两个部分，第一部分用汉语分析视频或者音频材料，第二部分用法语讲授汉语课程。第二场考试主要涉及应试者的学习工作经历、学习汉语动机、价值观等。从考题的组成来看，法语和汉语几乎各占一半，不仅考查应试者的汉语能力，而且重视考查法语水平。

---

① 梁霞：《美国大学汉语教育研究》，北京语言大学出版社，2020，第 4 页。

② 池佳斌：《试析法国汉语教育与孔子学院之间的平衡现象》，《法国研究》2021 年第 2 期。

③ 〔法〕白乐桑：《法国汉语教育研究》，北京语言大学出版社，2018，第 92 页。

在美国要想成为中小学公立学校的教师，就必须持有教师资格证。由于美国实行地方分权的教育体制，各州自行组织教师资格考试，考试科目、标准方面存在一致性，同时存在差异性。PRAXIS 是美国 40 多个州都采用的教师资格证考试，要想成为汉语老师，也要通过此考试。考试科目包括英语阅读、英语写作、数学、汉语听说读写、教学法。然而，在加利福尼亚、纽约等州，考试的科目略有不同，如加州需要通过 CBEST 和 CSET 考试，CBEST 包括英语阅读、英语写作、数学三门考试，CSET 包括语言学、中文听说读写、中国文化和文学三门考试。由此可见，想在美国成为公立学校的中小学汉语教师需要熟练掌握中文、英文两种语言。

5. 法国和美国都编有大量的本土汉语教材

法国汉语教学的历史悠久，汉语教学的重要工具就是教材。早期的一些传教士来到中国后，逐步编写了一些拉丁语—汉语词典、法汉词典，如马若瑟的《汉语札记》；19 世纪初期雷慕沙编写的《汉文启蒙》成为一代又一代法国及其他国家汉语学生的教科书；近代鸦片战争后，大量法国传教士涌入中国，他们编写了一定数量的汉语工具书、语法书和教材；二战后法国汉学研究再次蓬勃发展，大量汉语教材陆续出版，如白乐桑、张朋朋的《汉语语言文字启蒙》（*Méthode d'Initiation à la Langue et à lÉcriture chinoise*）、华为民（Monique HOA）的《双语双轨教程》（*C'est du chinois*）等。现行法国最为流行的中小学本土教材是《你说吧》《你说呀》《来吧》；在高等教育阶段使用较多的是法国国立东方语言学院杨志棠（Zhitang Yang-Drocourt）等编写的《汉语入门》（*Méthode de chinois*）。

美国也编有大量的汉语本土教材。早在 1842 年美国汉学家卫三畏在澳门出版了汉语教材《拾级大成》，1874 年出版了《汉英韵府》（*Syllabic Dictionary of the Chinese Language*）；二战时美国需要大批军人学会汉语赴亚洲工作，Charles Hockett（查尔斯·霍凯特）与房兆楹合编《中文口语》（*Spoken Chinese*）；二战后，赵元任的《国语入门》（*Mandarin Primer*）出版，1963 年"德范克系列"12 册教材陆续出版；1997 年，由刘月华、姚道中等共同编写的《中文听说读写》（*Integrated Chinese*）出版，成为从 20 世纪 90 年代至今最受美国学校欢迎的汉语教材之一。另外，由周质平主编的普林斯顿系列汉语教材在美国具有很大的影响力。

（三）法国和美国国民教育体系中的中文教育的差异

法国和美国国民教育体系中的中文教育有一些共性，同时存在差异性，本文在研究此部分时将主要以学校作为行为主体，找出两国中文发展情况的一些差异。

1. 法国和美国的教育体制不同导致对汉语教学体系化影响不同

法国实行中央集权制，中央政府在教育方面有着绝对的权威，教育部是法国教育行政管理的最高机构，负责制定教育政策、教育计划和教育标准等。汉语教育作为法国教育体系中的组成部分，受到中央教育系统的统一管理，如汉语列入高考范围、设定汉语总督学职位、组织汉语教师资格水平考试、进行全国汉语教师培训、进行汉语测试评估、制定中小学教学大纲等。可以说国家政策的干预是法国汉语教学体系化的重要因素。

美国的教育制度是地方分权制。美国的教育行政管理权主要在州政府手中，各州拥有独立的教育立法权和行政管理权，可以制定自己的教育政策、教育标准和规定自己的教科书，并自主评估和监督本州的教育机构。汉语教育同样主要由各州支配。在美国，各州、各学校没有全国统一的汉语教学大纲；汉语教师资格证考试由各州组织，并且考试科目、录取条件等存在差异；各州、各校根据自身的财政实力、教学理念、民意需求等选择是否开设汉语课程。

2. 法国和美国的汉学基础不同，法国更具悠久的历史

从发展历程来看，法国汉学有着悠久的历史和深厚的传统。17 世纪法国出现一些传教士汉学家，他们不仅研究宗教学，并且涉足中国文字、历史、地理、医学、社会等领域，引起当时法国甚至整个欧洲"汉学热"，极大地促进了中西文明的交流。1814 年法国开设汉学讲座标志着法国进入了专业汉学时代。19 世纪上半叶到 20 世纪中期，涌现大批汉学家，如雷慕沙、伯希和、儒莲、马伯乐、戴密微等。他们不仅研究中国历史、文学、哲学等，也研究汉语汉字，如雷慕沙的《汉语启蒙》、儒莲的《三字经》等。可以说，早期的法国汉学的发展推动了汉语教育的形成，法国汉语教育是建立在法国汉学的基础上的。

相比之下，美国汉学的发展历史较短。美国是一个年轻的国家，早期

对于中国的了解主要依赖欧洲，尤其是法国。实际上，美国第一个汉学教授席位的设置时间要比法国晚 60 余年。1928 年哈佛燕京学社建立后，在美国没有找到合适的社长人选，曾计划邀请法国著名的汉学家伯希和来担任社长，后社长由伯希和学生俄裔法籍汉学家叶理绥出任①。美国的汉学教育虽在 1877 年正式进入教育系统，但直到 1958 年《国防教育法》出台后才得到前所未有的发展。因此，相对于法国来说，美国早期的汉学基础比较薄弱，早期的汉语教育发展落后于法国。

3. 法国相对于美国更注重汉语文化教育

2013 年，法国外语高考参考了《欧洲语言共同参考框架》的相关条款，将四个文化概念作为切入点纳入教学评估的内容，无论是阅读理解，还是写作、口语表达都围绕文化概念展开。四个文化概念分别为神话和英雄、空间和交流、政权所在地和政权形式、进步的理念。②法国汉语的各个层级的教学大纲专门列有文化大纲，其中明确了各个年级需要掌握的汉语文化要素，汉语教师根据文化大纲开展相应的汉语教学，并把它融入阅读、写作和口语教学中。然而，美国的汉语教育更注重实践和应用，美国的沉浸式语言学习模式，以及关键语言政策出台后的"区域+语言"的汉语培养模式都是美国极其看重实用性原则的最好体现。美国也重视汉语文化教育，如著名的普林斯顿系列教材，内容涉及中国文学、社会、电影、商业等方面，旨在让美国学生不仅学习中国语言，而且了解中国文化和中国社会百态。综上，在汉语文化教育方面法国更胜一筹。

4. 美国相对法国更注重实践应用，更重视口语教学

美国的汉语教育历来有实用主义的色彩。二战时期，美国军方在哈佛大学、芝加哥大学等名校成立短期汉语培训班，只教授美国士兵与战争有关的汉语口语，使他们能够快速奔赴中国作战③；1957 年苏联史普尼克卫星成功发射，随后美国出台《国防教育法》鼓励国民学习包括汉语在内的关乎国家安全的 8 门关键语言，鼓励采用"区域+语言"的学习模式④，也就

---

① 顾钧：《卫三畏与美国早期汉学》，外语教学与研究出版社，2009，第 4 页。
② 宇璐：《法国汉语传播研究》，吉林大学博士学位论文，2019。
③ 顾利程：《美国汉语教学动态研究》，北京语言大学出版社，2019，第 15 页。
④ 李艳红：《美国关键语言教育政策与战略规划》，中国人民大学出版社，2022，第 5 页。

是不仅要学习语言本身，还要用语言研究当地民情和文化，这一方案体现了美国汉语教育的实用主义色彩；另外，美国非常流行汉语沉浸式教学模式。沉浸式教学的特点之一是学生在课堂上只能说汉语，不可以说其他语言，否则会受到惩罚。美国很多中小学开展此项目，一些学校用中文教授数学、科学、社会学等，各个学校用汉语和英语教授的时间、科目有差异，有的用汉语和英语授课的时间各为一半，有的用汉语授课的时间更长，甚至在一些著名暑期项目，如明德暑校、哥大班、普北班等进行 24 小时高强度的汉语强化。

相对于美国来说，法国汉语教学的实用主义色彩要弱一些。法国基础教育体系的教学大纲和考试评估认证参考《欧洲语言共同参考框架》制定。《欧洲语言共同参考框架》区分了五种语言活动，即听力、阅读、对话、连贯表达、书写，并将语言能力分为六个等级（A1、A2、B1、B2、C1、C2）。在法国高中会考中，第一外语的听说读写的能力均须达到 B2，第二外语须达到 B1，第三外语达到 A2①。但由于汉语本身的特性和与法语之间的"语言距离"，高中会考对汉语听力、阅读、书写都放宽要求，均未达到欧洲语言的 B2、B1、A2 的水平，唯有口语表达（对话、连贯表达）达到与其他外语同等的标准。另外，法国著名当代汉学家、前汉语总督学白乐桑先生明确提出汉语学习要遵循经济原则，鉴于汉语是距离法语比较远的语言，且学校的课时安排相对有限，在课时固定的前提下掌握汉语时一定要遵循经济原则，如区分主动知识点和被动知识点，针对不同的年级和不同课类所使用的汉语和母语比例有所不同等，目的是从经济实用角度出发以最少的投入获得最大的产出。综上，法国汉语教学虽不及美国重视汉语的口语教学，且不及美国注重实践应用，但法国的汉语教学遵循经济实用原则，且口语教学与其他板块的教学相比地位最为突出。

三　法国和美国的中文传播动因机制研究

行为主体在评估自身需要和语言满足其需要功能大小的基础上确定某

---

① 宇璐：《法国汉语传播研究》，吉林大学博士学位论文，2019。

种语言的价值，并对该语言及其相关属性形成一定的语言态度①。鉴于前文分别讨论了以国家和学校为主体的语言选择问题，本部分主要以个人为主体，基于中文的价值、中文的语言需求及对中文态度三个要素，研究法国和美国的中文传播动因机制。

1. 个人是语言选择的行为主体，两国人民基于中文的价值选择中文作为学习的对象

中文是世界上使用人数最多的语言，近 1/5 的全球人口在使用中文。中文不仅仅是中国的官方语言，也是新加坡的官方语言之一，日本、韩国等国家也广泛使用汉字。中文的文化和历史价值也非常高。中文拥有数千年的历史，承载着丰富的文化传统和人类智慧。中文的书法、诗歌、戏曲等都是中华文化的瑰宝，是文化遗产的重要组成部分。中文在商业和职业领域也有很高的价值。随着中国经济的崛起，许多国际公司和组织开始重视中国市场，学习和掌握中文可以提高个人在职场上的竞争力。法国和美国的孩子出于中文使用价值、文化价值、历史价值和商业价值考虑，选择中文进行学习。2002 年以来法国学习汉语的中学生迅速增加：2002～2003 学年仅有 5384 人，2003～2004 学年有 7628 人，2016～2017 学年猛增到 486500 人（当年还有 3500 名小学生学习汉语）。汉语成为继英语、德语、西班牙语、意大利语在法国的第五大语种②。但需要看到受当前的国际形势的影响，法国学习汉语的人数有所下滑；"9·11"事件以后，美国加大外语项目投入力度，导致包括汉语在内的关键语言的外语学习者人数猛增。2008 年美国发生次贷危机，联邦政府减少对外语项目的补贴，直接导致美国学习外语的人数严重下滑。然而，少数语种仍保持上升的态势，如从 2009 年到 2013 年，汉语学习者的人数增加了 6 万多③。但要注意到当前美国的"逆全球化"的政策，以及孔子学院在美数量的断崖式下跌，势必会对汉语学习者的积极性造成影响。

2. 两国人民基于对中文的需求选择中文作为学习的对象

从个人角度而言，法国人和美国人选择汉语进行学习，主要是出于个

---

① 李清清：《英语和法语国际传播对比研究》，北京外国语大学博士学位论文，2014。
② 宇璐：《法国汉语传播研究》，吉林大学博士学位论文，2019。
③ 梁霞：《美国大学汉语教育研究》，北京语言大学出版社，2020，第 6 页。

人发展需要、文化需求、旅游需求、个人兴趣爱好等，其中个人发展需要是两国汉语学习者的重要动因。一个家庭在考虑孩子的未来时，相对于语言本身的价值，更多考虑的是这门语言对于孩子未来的价值。2020 年前，由于中国经济实力稳步上升，且与西方关系较为乐观，很多法国和美国家庭出于孩子未来发展的需求，让孩子选择汉语进行学习。但 2020 年受到全球政治气候的影响，法国高等教育和孔子学院的招生受到极大影响；美国的一些家庭也早早为孩子规划人生，随着近年来中国经济腾飞，汉语沉浸式项目增多，越来越多的非华裔孩子从四五岁开始学习汉语，主要原因之一是美国人有着名校情结，能说一口流利的中文是进入名校的加分项。另外，一些美国高中生选择修习 AP 课程，即大学先修课程，其中汉语课程于 2003 年开设，由于美国大学的学费昂贵，学生提前修习 AP 课程可以省下部分大学学费。但近年来，美国联邦政府出台的一些不利于孔子学院生存和发展的政策，以及美国国内一些媒体恶意中伤中国的言论，势必会影响美国家庭对汉语的选择。

3. 法国人和美国人对于中文的态度

由于法语和英语都属于印欧语系、汉语属于汉藏语系，英语、法语两门语言和中文存在一定的距离，大部分法国人和美国人觉得中文很难。法国人和美国人想找到汉语语言文字、文化与本国语言文字、文化之间的差别，这正是法国人和美国人学习汉语的兴趣和动力所在。另外，对于法国和美国小学生而言，汉语是一门启蒙的语言，是一个开发智力的工具。汉字独具"明确简短"的优点，可以启发联想。法国第一任专职汉语总督学白乐桑先生说："我教法国小孩学汉字，要紧的目的在于开发儿童的右脑。"① 美国人也认为汉语有助于锻炼思维，有益智的作用，鉴于此，法国和美国很多的学生在小学阶段就开始学习汉语。然而，法国人和美国人对中文的态度不可避免地受到国际环境的影响，当前部分法国人和美国人对中文的态度不容乐观，还须我们积极研究对策扭转不利态势。

四　结语

综上，语言选择的主体可以为国家、学校和个人，这些主体基于一定

---

① 〔法〕白乐桑：《再见了，中国——我的"七零"印记》，东方出版社，2007，第 114 页。

的内在动因选择中文进行学习，彼此之间相互影响，同时受到国际环境、本国社会、家庭等因素的制约。从国家层面上看，法国和美国为巩固自身在国际上政治、经济和文化地位，分别从不同领域出台与汉语相关的政策。其中，法国关于中文的语言政策主要集中在教育领域，汉语作为法国众多外语之一服务法国国家整体语言战略；美国主要从国防领域、国家安全的角度考虑，关于汉语的语言政策政治意图更加明显。从学校层面上看，第一，法国学校和美国学校都受到国家政策影响，但由于教育体制不同，两国政策对学校的影响方式不同。其中，法国教育实行中央集权制，强制法国公立中学必须开设外语课程。随着中国综合国力的提升，汉语作为第一、第二、第三外语进入法国的全部学区。相反，美国实行教育分权制度，联邦政府只能通过立法财政补贴的方式鼓励各地方学校开设汉语课程，美国学校再考虑学术自由、资金、需求等因素决定是否开设汉语课程。第二，法国和美国的汉语选择受到历史文化因素的影响。两国的汉语均在19世纪正式进入国民教育体系，但法国比美国的汉语教育起始更早，法国的汉语教育建立在法国悠久深厚的汉学基础之上，这也是法国现代汉语教育相对于美国汉语现代教育更重视汉语文化教学的原因之一。然而，由于美国长期地受到实用主义观念的影响，美国的学校相对于法国的学校更重视汉语口语教学。第三，法国和美国都有汉语教师资格证考试，且都重视测评双语能力。美国的汉语教师资格证考试由各州政府组织，各州的考试科目和考试标准存在共性和差异性。然而，法国的教师资格证考试由法国中央教育系统统一组织，全国考题统一、评审标准一致。第四，法国和美国都编有大量的本土汉语教材，它们促进本国汉语教育本土化发展。从个人层面上看，法国和美国的孩子基于中文的历史文化价值、商业经济价值、使用价值，同时考虑自身学业发展、职业发展的需求，选择中文作为学习的对象。汉语自身的神秘感和汉语学习的益智作用是法国人和美国人学习汉语的内在动因。但受到国际政治环境的不利影响，中文在法国和美国的发展受到挑战，需要我们进一步调查汉语在两国的后续发展情况，从而有的放矢地制定相关策略和应对措施。

征稿启事

《中华文化海外传播研究》是以中国文化的海外传播为研究对象，面向全球中国学界的社会科学类中文刊物，创刊于 2017 年，由大连外国语大学中华文化海外传播研究中心主编，社会科学文献出版社出版发行，是我国中华文化海外传播领域唯一的学术集刊。

本刊紧密贴近中华文化海外传播工作实际，着力解决中华文化海外传播中的理论和实践问题，推动构建具有中国风格、中国气派、中国精神和时代面貌的文化传播理论，促进中华文化海外传播实现国家战略和外交政策目标。自 2018 年起，《中华文化海外传播研究》已被中国知网（CNKI）中国期刊全文数据库全文收录。

《中华文化海外传播研究》每年出版两辑，出版时间为每年 6 月和 12 月；每辑容量为 30 万字左右，本刊设"本刊特稿""名家对话""研究发布""传播战略与策略""海外汉学""汉语传播""孔子学院传播""跨文化传播""学术动态""书评"等相关栏目。论文一般以 1.5 万字左右为宜；书评一般不超过 8000 字。

投稿说明：

1. 稿件应为中华文化海外传播相关领域，不仅涵盖社会、历史、文化、经济等学科范畴，更着重将思想的触角延伸至人类科学的各个门类。

2. 稿件应为尚未公开发表的原创性学术作品。本刊以质取稿，特别优秀的文章字数不限。

3. 请尊重学术规范，勿一稿二投。本刊实行匿名评审和三审定稿制度，审稿周期大约 1 个月，作者可随时致电咨询。

4. 本刊不收取审稿费、版面费等任何费用，实行优稿重酬。

5. 投稿邮箱：ccoc@ dlufl. edu. cn，邮件主题格式请用"投稿工作单位姓名职称论文名"，如"投稿××大学××教授海外汉学研究"。

《中华文化海外传播研究》真诚地欢迎来自全球中华文化传播学界的赐稿和监督批评。

联系方式：

联系电话：0411-86111821

联系邮箱：ccoc@dlufl.edu.cn

联系人：蔡馥谣

联系地址：大连市旅顺南路西段6号大连外国语大学中华文化海外传播研究中心《中华文化海外传播研究》编辑部

邮政编码：116044

格式规范：

一、论文内容基本要求

尚未公开发表的原创论文。主题与内容不限，与"中华文化海外传播"相关研究均可。论文字数范围以7000~12000字为佳。所有投稿论文必须包含以下内容模块：题目（中、英文）、摘要（中、英文）、关键词（中、英文）、作者简介、正文、参考文献或注释。获得科研基金资助的文章须注明基金项目名称及项目编号。论文以课题组署名须注明课题组主要成员姓名及工作单位。

二、摘要、关键词、作者简介要求

（一）摘要：字数为200字左右，简明扼要地陈述研究目的和结论；摘要，五号，宋体。

（二）关键词：3~5个词条，用分号隔开；英文关键词词组首字母大写。

（三）作者简介：应包括姓名、出生年月、性别、民族、职称或学位、工作单位等内容；请一并附上作者的通讯地址、邮政编码、E-mail、联系电话等，并列于文末。

三、正文部分要求

（一）正文内容，五号，宋体，1.5倍行间距。正文标题，宋体，三号居中，加粗。姓名，宋体，四号，居中，加粗，与正文标题隔一行。

1. 一级标题：居中，宋体，无标点，加粗，四号，例："一 标题"

2. 二级标题：空2格，宋体，小四，加粗，例："（一）标题"

3. 三级标题：空2格，宋体，五号，加粗，例："1. 标题"

4. 四级标题：宋体，五号，例："（1）标题"。原则上不超过三级标题。

注意：一级、二级标题在标题和文章之间空一行。三级标题与文章之间不空行。

"注释"：文中脚注，五号，宋体。注释内容：五号，宋体，1.5 倍行间距。

（二）图表规范。

1. 图表的标题中需加单位；图标题放在图的下方，表标题放在表的上方；图名称不需要"××图"，但是表格的名称中可加"××表"。

2. 注意图表数据和文中数据的统一。

3. 全文图表数据，统一保留小数点后一位。

4. 图表形状的选择：当图表中百分比大于 100%，需要注明是多选题，或者造成该结果的原因，同时建议使用柱状图，而非饼状图。

5. 自动生成图表数据，可能会造成数据总量的出入，需要慎用，或者使用后手动检查。

（三）论文中出现的英文作者或英文书名等，需翻译成中文，并在第一次出现时用括号标示英文。

例如：乌尔里希·贝克（Ulrich Beck）。

图书在版编目（CIP）数据

　　中华文化海外传播研究 . 总第十二辑／丛明才，张
恒军，唐润华主编 . -- 北京：社会科学文献出版社，
2025.6. -- ISBN 978-7-5228-4926-3

　　Ⅰ . G125

　　中国国家版本馆 CIP 数据核字第 202557WZ23 号

中华文化海外传播研究　　总第十二辑

主　　编／丛明才　张恒军　唐润华

出 版 人／冀祥德
组稿编辑／周　琼
责任编辑／朱　月
责任印制／岳　阳

出　　版／社会科学文献出版社（010）59367126
　　　　　地址：北京市北三环中路甲 29 号院华龙大厦　邮编：100029
　　　　　网址：www.ssap.com.cn
发　　行／社会科学文献出版社（010）59367028
印　　装／三河市尚艺印装有限公司

规　　格／开 本：787mm × 1092mm　1/16
　　　　　印 张：22　字 数：351 千字
版　　次／2025 年 6 月第 1 版　2025 年 6 月第 1 次印刷
书　　号／ISBN 978-7-5228-4926-3
定　　价／128.00 元

读者服务电话：4008918866

Ⓐ 版权所有 翻印必究